SPIRITUALITÉ

ET

IMMORTALITÉ

THÈSE

Pour le Doctorat d'agrégation en Philosophie

PRÉSENTÉE

A LA FACULTÉ DE PHILOSOPHIE DE L'INSTITUT CATHOLIQUE DE PARIS

PAR

V.-L. BERNIÈS

LA CHAPELLE-MONTLIGEON
IMPRIMERIE DE NOTRE-DAME DE MONTLIGEON

1901

SPIRITUALITÉ ET IMMORTALITÉ

SPIRITUALITÉ

ET

IMMORTALITÉ

THÈSE

Pour le Doctorat d'agrégation en Philosophie

PRÉSENTÉE

A LA FACULTÉ DE PHILOSOPHIE DE L'INSTITUT CATHOLIQUE DE PARIS

PAR

V.-L. BERNIES

LA CHAPELLE-MONTLIGEON

IMPRIMERIE DE NOTRE-DAME DE MONTLIGEON

1901

PRÉFACE

La mort, quel problème ! Là, dans ce tombeau, reposent des êtres qui nous furent chers. Un jour, leurs yeux se fermèrent, leurs membres se raidirent, un cercueil nous les ravit, la tombe les reçut et se referma. Étourdis de douleur et portés comme dans une sorte d'automatisme, nous n'eûmes alors que la sensation aiguë de notre abandon. Mais plus tard, quand, revenus à la funèbre demeure et appuyés sur la croix sépulcrale, nous avons évoqué le passé, pleuré le présent, interrogé l'avenir, il est impossible que cette question ne se soit pas posée devant notre esprit, et surtout devant notre cœur. « Tout est-il donc fini ? Ce tombeau sera-t-il à jamais silencieux ? Est-ce là ce qui me reste de ceux que j'ai aimés ? Au lit de mort faut-il se dire un éternel adieu, ou peut-on garder l'espoir de se retrouver un jour ?

Et moi-même dois-je me survivre ou périr tout entier ? Suis-je immortel ou faut-il me résoudre à n'être qu'une poignée de cendres, comme cette poussière humaine que l'on retrouve dans les sépultures des Catacombes, et qu'un souffle soulève et disperse ?

Quelle est la fin de tout, la vie ou bien la tombe ?...
(V. Hugo, Rayons et Ombres.)

Qui a raison enfin ou de ceux qui disent en ricanant :

> ..... Il n'est rien ici-bas de réel
> Que ce qui tient la main de l'homme
>
> (V. Hugo, Ch. du Crépuscule.)

ou de ceux qui croient et affirment :

> ..... La tombe est un nid où l'âme
> Prend des ailes comme l'oiseau.
>
> (V. Hugo, Voix intérieures.)

On ne saurait contester que le problème posé ne soit pour chacun de nous intéressant, important au premier chef. On se souvient du mot de Pascal : « Il faut avoir perdu tout sentiment pour être dans l'indifférence de savoir ce qui en est. »

L'Immortalité est en effet une question formidable. Car, enfin, l'expérience est là pour en témoigner : il y a grandement lieu de douter que l'on puisse établir une religion, et par suite une morale, sans les sanctions de l'Au-delà.

Il importe au plus haut point d'être fixé. De la solution apportée peuvent dépendre et notre suprême avenir, et l'orientation donnée à notre vie.

> La mort, c'est le sommeil, c'est le réveil peut-être.
> Peut-être ! — Ah ! c'est le mot qui glace épouvanté,
> L'homme, au bord du cercueil par le doute arrêté !...
>
> (Ducis, Hamlet.)

Le néant, ou bien une éternité de bonheur ou de malheur, telle est l'alternative à laquelle nul ne saurait échapper.

Le néant final et dès lors il faut vivre en jouisseurs ; ou le choix entre le bonheur sans fin et un irrémédiable malheur, et dans ce cas il faut organiser sa vie en conséquence. Il serait extravagant d'en agir autrement. Nous sommes en face d'un problème toujours palpitant d'actualité. Mais depuis environ trente ou quarante ans, de façon dissimulée ou brutale, on s'est acharné à le résoudre négativement. Il a été enveloppé dans le même discrédit, et parfois dans la même réprobation que toute vérité métaphysique et religieuse.

Nous assistons à la plus effroyable expérience de nihilisme qui ait jamais été tentée. Il y a des siècles que le libre examen a commencé son œuvre. Jamais il ne l'avait poursuivie aussi activement et avec autant de succès. Le libre examen, vous savez cette curiosité insatiable, fiévreuse, affolée, qui veut tout éprouver, tout vérifier. Elle veut atteindre les suprêmes confins de la réalité ; elle veut descendre jusqu'aux premiers fondements des choses ; elle veut les découvrir et les toucher ; elle veut se démontrer à elle-même et leur réalité et leur nécessité. On les remplacera, si l'on peut, ne serait-ce que pour faire mentir les vieux sages, les prophètes de malheur. C'est une ivresse monstrueuse ! C'est un entraînement délirant dont les foules ne se défendent plus. Aussi que de ruines déjà ! Religion, âme, Dieu, propriété, famille, société, justice, moralité, les assises les plus augustes des choses ont été sapées, et dans combien de consciences ces réalités sacrées ne s'effritent-elles pas, ne tombent-elles pas en poussière ? Mais peut-être dans l'avenir, comme dans le passé, la terre se couvrira de cendres et de morts ! Peut-être couleront des flots de sang ! Peut-être devrons-nous assister à des convulsions sociales, à des cataclysmes sans précédent dans les annales de l'histoire !...

Cela importe peu. Le vertige a pris l'humanité ; l'enivrement fatal gagne de proche en proche. Nul avertissement n'est plus écouté. Tant pis si l'on court aux abîmes. Il faut que la raison suive sa destinée. « La France en mourra peut-être, clame l'un de ces forcenés, mais ce sera une expérience scientifique pour l'humanité. »

Puis un jour, sur des débris fumants, des hommes, pâlis par l'épouvante, reculeront devant le gouffre entr'ouvert, qui aura failli devenir la tombe du genre humain. Avec du ciment pétri de sang, avec les matériaux épars de l'antique société, ces hommes reconstruiront sur des bases désormais éprouvées. Ce sera un laborieux recommencement; l'édifice ne remontera que lentement et douloureusement. Chaque pierre portera l'empreinte de sa catastrophe. Clémenceau raconte le désastre; qui peindra le relèvement? De nouveau le genre humain fera fond sur le travail accumulé des générations... si toutefois Dieu et les révolutions cosmiques lui en laissent le temps. — Nous avons connu les premières douleurs; que les suprêmes épreuves nous soient épargnées!

C'est à cette fièvre de tout examiner et de tout démolir pièce par pièce au moins autant qu'à la fureur de jouir que doit se rattacher la négation de l'immortalité. Folle et redoutable expérience! Car l'immortalité n'est pas un dogme, qui se laisse nier impunément. Qu'on le veuille ou non, la ruine de cette vérité doit avoir un effroyable contre-coup dans le monde réel.

C'est la crise plus que jamais ouverte du suicide. On sait, toutes les statistiques en font foi, que le nombre des suicides va s'élevant dans une progression alarmante. Si vous apprenez à l'homme, au malheureux particulièrement, que la vie présente est avec ses joies notre ultime fin, pourrez-vous bien lui faire un grief d'abréger son existence, dès l'instant qu'il la considère comme manquée par le fait de la misère, des infirmités, des revers de toute nature ? Lui seul est logique, et il se charge de vous prouver que vous ne l'êtes pas.

Mais on ne se suicide que lorsqu'on est impuissant. Quand on est le nombre et la force, on lutte contre la fatalité, on redresse sa destinée imbécile. Malheur à ceux qui se mettront en travers des féroces appétits. Si l'homme n'est qu'un agrégat organique de molécules toujours prêtes à se dissoudre ; si la vie présente est tout et la vie future un mensonge, à tout prix il faut que chacun ait sa part de terrestres jouissances ; il faut que la vie exprime sur nos lèvres tout ce qu'elle peut donner de délices et de volupté. Et comme la société s'oppose à l'assouvissement de toutes les convoitises, comme certains hommes en minorité ont confisqué à leur profit individuel le bien-être de tous, malheur à ces hommes et à la société.

Il faudrait une morale pour museler les passions destructives ; et aujourd'hui la démonstration semble faite pour jamais : la morale sans immortalité est une chimère, une impossibilité.

Outre ces raisons d'ordre moral et social, il en est d'ordre plutôt intellectuel. En dehors de la philosophie si meurtrière de la négation, il est une autre philosophie qui, sans nier, sans même douter, a néanmoins trop subi l'influence de Kant. Elle croit, elle affirme ; mais elle conteste l'efficacité des preuves traditionnelles. Elle a la prétention d'arriver au même but, mais par des voies qui n'ont pas été frayées. Elle est tour à tour apologétique, dogmatisante, voire théologienne... mais à la suite de Kant. Elle tient qu'après la Critique de la Raison pure nul n'a le droit d'accorder une valeur quelconque à la démonstration métaphysique ; les processus rationnels de nos pères sont irrévocablement voués à l'impuissance. D'où la nécessité de s'en référer à l'action, au *sentiment*. C'est la raison pratique ou l'analyse du devoir qui nous donneront ce que la raison théorique ne saurait nous fournir. Ici, par exemple, inutile de se travailler pour échafauder une démonstration nécessairement branlante de l'immortalité ; il est beaucoup plus simple et beaucoup plus sûr de s'en tenir aux intuitions du cœur et à ce qui nous est immédiatement donné comme condition du devoir. Bref, pour ces catholiques kantiens, le raisonnement a cessé d'être un instrument de vérité. — Nous croyons qu'il y a là méconnaissance et réelle injustice. Essayons, dans la question qui nous préoccupe, de restituer ses droits à la déduction métaphysique.

Sans appartenir à cette école, d'autres philosophes ont cependant été touchés par l'influence de Kant, du moins en ce qui concerne telle conclusion ou telle preuve. En principe, la raison a pour eux la même valeur ; mais, bien qu'irréprochable, tel processus métaphysique ne leur offre plus les mêmes garanties. Ils se tiennent en défiance contre la plus solide argumentation. Ce changement de front vis-à-vis de la démonstration rationnelle est-il le fait des circonstances extérieures, ou simplement des dispositions personnelles? Touchant la question de l'immortalité, par exemple, faut-il croire, comme on l'a écrit tout récemment, « que l'ontologie de l'âme, telle que la tradition nous l'a léguée, ne suffit plus à la résoudre »; que « d'un autre côté, l'ontologie de la matière tend plutôt à lui donner une solution négative?... »

En sommes-nous vraiment là? Est-il bien vrai que les progrès de la pensée ont rendu à ce point intenable la position séculaire de nos devanciers? En un mot, le changement supposé est-il réellement dans les faits ou simplement dans les idées de quelques hommes? Plus clairement la preuve métaphysique de l'immortalité par la spiritualité a-t-elle perdu de sa valeur, et faut-il se résoudre à ne voir plus dans l'immortalité qu'affaire de croyance ou de sentiment, ou bien cette disposition à ne pas trouver concluantes les anciennes démonstrations serait-elle un état d'esprit particulier à quelques philosophes?

C'est pour répondre que nous allons de nouveau soumettre à l'examen d'une critique sévère la vieille argumentation qui prouve l'immortalité par la spiritualité. Elle est assez connue. Les manifestations de notre activité intellectuelle et volontaire sont spirituelles ; donc, la source de ces opérations est également spirituelle ; ce sont là des phénomènes ; donc ils supposent une substance. D'où réalité d'une substance spirituelle, de soi indestructible et nécessairement immortelle.

Dans les trois premiers chapitres, nous étudierons les deux classes de phénomènes intellectuels, concepts et actes volontaires. Des faits nous déduirons la nécessité d'une cause réelle et spirituelle comme ses opérations. C'est l'objet des chapitres quatre, cinq, six et sept. Dans le chapitre huit, cette cause nous étant apparue avec des caractères d'unité, d'identité et de non-inhérence, nous conclurons à sa substantialité. Enfin, les chapitres neuf et dix montreront son indestructibilité.

L'argumentation est donc fondée sur l'étude psychologique de la pensée et du moi. La téléologie n'interviendra qu'à titre de complément nécessaire à la preuve métaphysique.

SPIRITUALITÉ ET IMMORTALITÉ

CHAPITRE PREMIER

RÉALITÉ DU CONCEPT

I. Diverses formes de connaissance : sensation, image, concept. — II. Le concept n'est pas une sensation. — III. Le concept n'est pas une image. — IV. Le concept n'est pas un nom commun. — V. Irréductibilité absolue du concept. — VI. Ses caractères.

I

J'aperçois un moineau.

J'aperçois... qu'est-ce à dire? Les ondes lumineuses des rayons solaires, diversement réverbérées par les plumes, les organes du petit animal, actionnent ma rétine. Celle-ci réagit sous le choc, et le nerf optique transmet au cerveau l'impression reçue. On dit alors qu'il y a sensation. Les ondes lumineuses provoquent dans mon œil un groupe d'impressions analogue au groupe de qualités qui constituent l'objet de ma vision. Je vois, j'ai une ébauche de connaissance. La sensation est donc une forme rudimentaire de la connaissance qui naît en nous du conflit entre l'impression d'un objet matériel et la réaction de l'organe sensoriel. Je puis donc, par l'intermédiaire des sens, obtenir cinq connaissances différentes de la même réalité, sous le rapport de la couleur, du tact, du goût, de l'odeur et du son.

Passons dans un autre domaine. L'oiseau s'est envolé. Néanmoins dans un champ de vision plus intime, il ne cesse pas de m'être présent. Je le revois avec ses yeux si vifs et si interrogateurs, avec ses plumes grisâtres, fauves et noires, où s'enfonce la tête frileuse. Je le vois toujours, et pourtant il n'est plus là ; la sensation non plus, puisqu'elle est liée à la présence de l'objet.

A la sensation succède une nouvelle forme de connaissance : l'image. De l'avis de plusieurs psycho-physiologistes, l'image ne serait que l'état faible, l'écho lointain, le résidu de la sensation ; l'image ne serait que la sensation en tant qu'elle est perçue et conservée par certains organes situés dans l'écorce du cerveau. De fait, l'impression, transmise par les cordons nerveux afférents, doit, évidemment, actionner nos centres sensoriels internes. Telle cellule nerveuse, telle fibre en relation avec les organes périphériques doit vibrer plus particulièrement. Peu à peu, l'état violent fait place au calme, non sans laisser, comme trace de son passage, une sorte d'aptitude à faire revivre et la même excitation, et la même vibration. Cet ensemble de caractères, voilà l'image.

D'autres — et c'est aujourd'hui la tendance prédominante, — voient dans l'image un élément spécifiquement distinct de la sensation.

Quoi qu'il en soit de ces dissentiments ontologiques, il est certain que, au regard de la conscience, l'image se présente à nous comme une sensation continuée ou restaurée. C'est encore, par conséquent, un phénomène de connaissance.

Avec l'image avons-nous épuisé toutes les formes de connaissance? En me ressouvenant de l'oiseau de tout à l'heure, un fait singulier me frappe. Après l'avoir vu, entendu, etc., présent et absent, je puis le nommer, je puis le caractériser, je puis le définir : c'est un être, réel, causal, substantiel, matériel, vivant, organisé : autant de notes que je dissocie pour les signaler tour à tour. Je fais là ce qu'on est convenu d'appeler une abstraction ou des abstractions successives.

Je remarque, en outre, que ces caractères je puis également et au même titre les attribuer non seulement à tout autre moineau, mais à tout autre oiseau, à tout animal concevable. Je puis, de même, affirmer de tout végétal qu'il est vivant, de tout corps qu'il est matériel, de toute substance en action qu'elle est réelle, qu'elle existe, etc. Voilà donc des caractères qui ne sont pas particuliers à mon passereau ; ce sont traits universels ou génériques.

Il y a plus. Dès le moment que je suis fondé à prononcer que c'est là un animal, je puis prononcer avec certitude que c'est un vivant, organisé, matériel, substantiel, causal, réel. C'est dire que ces attributions sont enchaînées entre elles par la nécessité. Abstraction, généralité, nécessité, telles sont les propriétés de ma définition et de ses éléments.

Que conclure? Ces propriétés sont-elles le fait de la sensation ou d'un succédané, de l'image ou d'un succédané ; ou bien faut-il croire qu'elles trahissent une nouvelle forme de connaissance?

II

Ce n'est pas en quelques pages, on le comprend, que l'on peut espérer traiter aujourd'hui à fond une question si complexe et si débattue. Les sciences naturelles, les travaux d'observation physiologique et psycho-physique, les expériences de psychométrie et d'ergographie, les études d'embryogénie et de cérébroscopie, ont accumulé les documents sur ce sujet.

Il y a quelques années à peine, un travail de ce genre a été entrepris et mené à bonne fin par un psychologue à l'esprit ouvert et pénétrant. Pour plus de détails on n'aura qu'à s'en référer à cet ouvrage (*Théorie des Concepts* : R. P. Peillaube. Lethielleux, 1895). Nous ne ferons guère ici que résumer et compléter cette étude en l'adaptant au point de vue qui nous occupe. Nous devons simplement répondre à la question : la sensation ou un équivalent de la sensation n'explique-t-il pas les caractères d'abstraction, d'universalité et de nécessité, observés dans les termes de nos définitions, de nos formules scientifiques et philosophiques, etc. ?

Ils sont plus nombreux qu'on ne pourrait être porté à le croire, ceux qui répondent affirmativement. Sans remonter jusqu'à l'antiquité philosophique et matérialiste, depuis Locke et Condillac, matérialistes, positivistes, naturalistes, évolutionnistes, voire certains idéalistes, forment le nombreux clan de l'école sensationniste. D'aucuns se prononcent nettement ; d'autres y mettent des formes ; ils obliquent, ils font des détours, ils dissimulent leur marche. Finalement ils en arrivent tous à conclure que la sensation ou un succédané empirique rend suffisamment raison des caractères signalés plus haut.

Et en fait ils fournissent des explications, qui, de prime-abord, ne sont pas dépourvues de vraisemblance.

A certains égards ne peut-on pas dire que la sensation est abstraite? Les cinq organes des sens ne peuvent-ils pas être comparés à des explorateurs, qui, débarqués sur des plages lointaines, se partagent les régions inconnues qui s'étendent devant eux? Ils posent des bornes, ils assignent des limites qui seront inviolablement respectées. Ainsi en agissent nos sens. Ils se divisent le monde de la sensibilité. Ils l'explorent, le parcourent dans toutes les directions ; leur champ d'action est naturellement circonscrit. L'œil est préposé au département de la lumière et de la couleur ; l'ouïe au département des sons, etc. Or, c'est là incontestablement une manière d'abstraction. A des titres divers un même corps relève à la fois de plusieurs sens, quand il a simultanément couleur, odeur, saveur, etc. Dans ce même objet chaque sens prend ce qui lui convient; il l'isole de tout le reste, il l'abstrait. Laromiguière disait bien : « Nos sens sont des machines à abstraction. »

Tout cela est fort juste. Mais il y a abstraction et abstraction.

On peut distinguer trois sortes d'abstractions : les abstractions purement matérielles, les abstractions purement psychologiques et les abstractions mixtes.

Les premières n'opèrent que sur des réalités matérielles et ont pour résultat la dissociation des qualités ou des éléments empiriques. C'est dans ce sens que nos organes sont de grands abstracteurs.

Les secondes s'exercent sur des réalités ou des vérités, des représentations absolument immatérielles, spirituelles. Résultat : isolation de propriétés spirituelles.

Enfin les troisièmes opèrent sur des corps, et néanmoins aboutissent à la mise à part de qualités incorporelles.

Et voilà bien, si je ne me trompe, notre opération de tout à l'heure. C'est dans ces conditions que nous cherchions à nous faire une idée du petit moineau. L'oiseau est un corps; et malgré tout nous pouvions détailler en lui de multiples caractères totalement immatériels. Nous disions de lui qu'il était un être, réel, substantiel, causal, vivant; voilà certes des qualités qui peuvent être parfaitement indépendantes de la matière. Supposé qu'il existe des esprits, ces qualités leur conviendront. Ce sont là attributs, qui se réfèrent indifféremment à la matière et à l'esprit... donc transcendants et immatériels.

Bien plus les qualités, qui dans la réalité impliquent nécessairement la matérialité, cessent d'être matérielles, dès l'instant qu'elles remplissent le rôle d'attribut universel. En voulez-vous la preuve? Le passereau est un être organisé. Je puis le dire exactement au même titre de tout passereau. Pourquoi, si ce n'est parce que dans cette attribution je fais abstraction de la matière nécessairement déterminée qui entre dans tout organisme? Supposez en effet que l'attribution soit matérielle, j'aurai tel organisme donné, tels membres, telles particularités. Il est dès lors évident que les qualités attribuées seront propres à tel moineau; elles ne conviendront pas à d'autres. C'est l'immatérialisation qui permet et explique seule la généralisation. La matière est nécessairement concrète et singulière.

L'opération transformatrice est intervenue pour les caractères attribués à l'oiseau; et, chacun peut le remarquer, dès lors ces caractères sont généralisés et, partant, immatérialisés.

Notre abstraction portait sur un corps, et nous avons obtenu des qualités incorporelles. C'est bien l'abstraction mixte.

Dans l'abstraction opérée par les organes, les sens dissocient bien les notes empiriques; mais ces notes demeurent empiriques, concrètes, incommunicables. La couleur fauve de mon passereau n'est la couleur propre de nul autre volatile. Si semblable soit la nuance d'un autre passereau, elle se distinguera ou pourra toujours se distinguer; elle sera celle-ci et non celle-là. — Les sens n'opèrent donc que des abstractions purement matérielles, sans rapport avec l'abstraction mixte. La sensation n'explique pas l'élément abstrait de connaissance que j'ai observé en moi.

L'abstraction mixte est une immatérialisation. La sensation disjoint, elle n'immatérialise pas. Les éléments séparés demeurent concrets. C'est le concret abstrait de M. Ribot. Ce n'est pas l'incorporel, l'abstrait pur de toute matière que nous avons trouvé au fond de notre analyse, lorsque nous avons défini l'oiseau.

L'abstrait de la sensation ne ressemble en rien à l'abstrait immatériel, inconditionnel, que nous signalions dans notre définition. Une somme de sensations ressemble-t-elle davantage à l'universel? On l'a prétendu. On a parlé de sensations fusionnées, c'est-à-dire de sensations qui se confondent, qui s'identifient dans l'organe qui les perçoit, par le renforcement des propriétés similaires et l'annulation des différences. La similarité des sensations et l'identité d'organe expliquent assez cette loi de fusion. Il ne nous en coûte nullement de l'admettre, surtout pour les sensations répétées à brève échéance et qui ont le même siège. Quant aux sensations simultanées, les exemples que l'on cite habituellement ne sont peut-être pas tout à fait concluants. La dualité des pointes du compas mousse de Weber et des deux fils placés à une certaine distance de la rétine n'est perceptible que dans des conditions données de mise à point, etc., qui varient avec les dispositions de l'organe. La dualité n'est pas perçue, et l'on veut tout de même qu'il y ait deux sensations qui se fusionnent. Cette déduction n'est rien moins que rigoureuse.

En réalité, dans l'hypothèse où mon organe n'est pas suffisamment délicat et subtil pour percevoir la dualité, ce sont les deux objets qui se confondent, et nullement des sensations distinctes. Il y a unité apparente d'objet, et par suite unité de sensation. Aussi bien c'est là une loi constante dans les faits de sensation. Les agrégats atomiques ou moléculaires comptent des milliers de molécules bien distinctes. Perçoit-on la distinction, la multiplicité des parties? Nullement. Nos organes saisissent l'ensemble des éléments *per modum totius unius,* et il en résulte une impression simple. D'après cela, il n'y aurait pas de fusion entre les sensations simultanées, mais plutôt entre les objets destinés à actionner nos organes périphériques.

Au demeurant, que, oui ou non, il y ait des sensations simultanées qui se fusionnent, cela importe peu. La loi ne semble pas contestable pour les sensations successives, et cela ne sert pas beaucoup la thèse empiriste de l'universel sensible. Que les sensations se soudent, qu'elles se mélangent, qu'elles s'identifient par superposition ou de toute autre manière, ces éléments composites ne changeront pas de nature. Ils pourront présenter une autre physionomie, se faire remarquer par d'autres propriétés, obtenir d'autres résultats, rien n'indique qu'ils vont changer de nature, et de matériels devenir immatériels, de particuliers devenir généraux. La sensation fusionnée pourra bien réunir les caractères particuliers d'un nombre quelconque d'unités déterminées ; il n'y a pas là trace de généralisation. Tout au plus un essai impuissant. Il y a là une somme, pas un universel. La caractéristique de l'universel, des termes énoncés plus haut par exemple, c'est qu'il convient également et au même titre à toutes les unités non seulement réelles, mais possibles, d'une espèce ou d'un genre donnés ; au contraire, la sensation fusionnée ne sera jamais que la représentation vague et imprécise d'un certain nombre d'objets particuliers, individuels.

Est-il besoin d'ajouter que l'abstrait de la sensation ne présente aucun caractère de nécessité et de permanence ? Tout dans la perception sensible, tout est relatif, mobile, flottant, éphémère, accidentel, variable comme les teintes de cet horizon montagneux et vaporeux, qui, aux dernières lueurs du crépuscule, semble de minute en minute se nuancer diversement, et va s'estompant dans la nuit.

On nous objectera peut-être que, malgré les apparences changeantes des propriétés empiriques, elles ne laissent pas d'être les objets permanents de tel sens. Les couleurs, si variables soient-elles, sont toujours l'objet de la vue.

On confond deux choses bien distinctes : la raison de couleur et les accessoires. Voilà plusieurs jaunes avec des déterminations différentes de tons, de conformation, d'étendue. Pour les facultés empiriques il y aura là autant de colorations individuellement distinctes et sans rapport perçu de ressemblance ou de différence ; tout au plus, association confusive par annulation mécanique des différences, ou, dans d'autres cas, maintien de la différenciation, de la distinction absolue. Quant à la perception des différences et des ressemblances comme telles, de ce qui fait que toutes ces nuances : ocre, safran, etc., ne constituent qu'un seul jaune, ce qui est proprement appelé la raison du jaune, c'est là tout autre chose, et il n'apparait pas que nos pouvoirs psycho-physiologiques puissent en rendre compte. L'objet de la vue est précisément tout ce qui dans la couleur se modifie incessamment, tout ce qu'il y a de singulier, d'individuel, de fluent, tout ce qui est jeu de lumière et de mouvement, sans être jamais identique à soi-même ; le fond permanent est objet de réflexion.

III

Le concret abstrait de la sensation n'est nullement identique à l'abstrait immatériel qu'il s'agit d'expliquer. Les abstractions organiques ne rendent nullement raison de l'abstraction, de la généralité, de la nécessité des termes dans nos définitions. Serons-nous plus heureux avec l'image?

Nous connaissons l'image.

« L'image et la sensation se ressemblent au moins comme le corps et l'ombre, et se distinguent au moins comme un état fort se distingue d'un état faible. » (*Théorie du Concept,* pp. 37, 40.)

« Comme le corps et l'ombre. » L'image est donc plus largement abstraite que la sensation. L'objet matériel est absent. Le sensible perçu n'est plus une qualité réelle, mais une qualité figurée. Le renouveau de sensation est plutôt le souvenir de l'impression objective que sa reproduction. Par suite, la vibration nerveuse n'est certainement plus la même ; elle se produit en des centres différents ; elle est plus intime. L'organe périphérique n'est que secondairement ébranlé. L'ébranlement est moins considérable, si ce n'est peut-être dans les cas passionnels ou morbides d'hyperesthésie ou d'hallucination. D'un mot, l'excitation semble venir du dedans, et non plus du dehors.

Cette double distinction de siège et de modalité objective est-elle assez profonde pour fonder une diversité de nature d'avec la sensation ? De bons esprits continuent à le penser. D'autres, comme Bain, Spencer, et le plus grand nombre des psychologues-physiologistes, n'admettent entre l'image et la sensation qu'une différence de degrés. Nous n'avons pas à prendre couleur. Nous nous contenterons d'observer que dans les deux camps on maintient au moins l'identité générique. Cela suffit. Dans les deux cas la représentation est matérielle, organique, concrète, individuelle, contingente.

Précisons. Toute sensation primitive ou restaurée dans l'image suppose excitation, production et représentation. L'excitation peut être matérielle ou immatérielle, cela ne nous intéresse pas ; l'objet représenté est nécessairement matériel. La genèse est à la fois matérielle et simple. Simple de par l'intervention du psychisme qui confère l'unité et provoque un sentiment ; matérielle, puisqu'elle est un travail organique. Aussi dit-on que c'est là un psycho-organique. La matière entre donc dans la constitution de l'image ou de la sensation et comme objet représenté et comme facteur physiologique. C'est plus qu'il n'en faut pour que le fruit d'une semblable activité demeure matériel et concret. Comme dans la sensation proprement dite, s'il intervient une isolation, le résultat ne sera jamais qu'un concret-abstrait, ou un psycho-organique dissocié.

Dans la sensation l'abstraction porte sur les qualités elles-mêmes de l'objet, dans l'image elle porte sur la représentation de ces qualités. A notre point de vue l'opération et ses résultats sont exactement les mêmes. Précisément parce que l'image est la copie de l'objet, elle présente absolument les mêmes caractères de contingence, de particularité, d'empirisme, etc. Par suite, l'abstrait de l'image, tout comme l'abstrait de la sensation, n'offre aucune espèce d'analogie avec l'abstrait supérieur.

Voilà pour la synthèse de l'image. Mais chaque élément, chaque trait de cette synthèse ne pourrait-il pas être abstrait et général à un autre titre, dans un autre sens que le groupe lui-même ? Ne pourrions-nous pas ramener l'universel de l'abstraction mixte à une propriété, empirique sans doute, mais simplifiée et commune à plusieurs individus, grâce à divers procédés que nous étudierons tour à tour ? On l'a cru, on l'a dit si fréquemment que nous avons le devoir de ne pas passer sans entrer ici dans quelques détails.

Les sens externes sont des abstracteurs. Les organes de sensibilité interne le sont également.

L'image est la vibration d'une cellule, d'une fibre nerveuse, monopolisée par telle catégorie d'impressions. Souventes fois actionnée par des impressions de même nature, à la longue la matière nerveuse se ramasse, se dispose, s'organise ; ce sera désormais un centre prédominant. Une tendance se sera développée à faire revivre les sensations, les images passées à l'état de virtualités subconscientes, ou de dispositions habituelles.

Et ce n'est pas là une hypothèse gratuite. Il est avéré que certains centres se déplacent, que d'autres centres se créent pour suppléer des fonctions accidentellement disparues ou suspendues. De ces faits et d'autres semblables une conséquence se dégage, à savoir que l'habitude et la répétition des actes peuvent fonder au moins des centres secondaires de sensibilité interne.

Toutefois nous ne prétendons pas expliquer tous nos centres sensoriels imaginatifs par l'habitude ou la répétition des actes. Nos centres ne sont pas tous acquis. La nature a dû approprier certaines régions du cerveau à telle fonction psycho-physiologique, comme elle appropria tel organe à tel groupe de sensations. En un mot, il faut admettre les localisations cérébrales, comme nous admettons les localisations périphériques. C'est ainsi que les centres de l'écorce du cerveau sont les correspondants des organes externes.

On peut bien dire que la sensibilité du dedans a ses départements, comme la sensibilité du dehors.

Des centres internes existent, les uns naturels, les autres acquis. Tous ne sont pas encore déterminés, localisés, il s'en faut bien.

Ceci n'a pour nous qu'un intérêt secondaire. Il reste démontré que nos appareils de sensibilité corticale désunissent, ou maintiennent désunies les qualités d'un groupement empirique quelconque. Chacun des centres prend la part qui lui revient dans ce complexus en quelque sorte effrité.

Eh bien! cette « simplification de simplifications », comme s'exprime M. Ribot, ne constituerait-elle pas l'abstrait supérieur dont nous recherchons l'explication? Ces fragments d'images ainsi isolés, abstraits par conséquent, ne seraient-ils pas le fond des idées génériques?

Voici le processus : perceptions organiques transmises aux centres respectifs par les cordons nerveux, perception centrale, qui élabore l'impression reçue et la télégraphie dans les centres d'association. Ici fixation d'une attention privilégiée sur la qualité perçue et sorte de généralisation à la suite d'expériences réitérées sur des sujets semblables. Le résultat de cette opération à la fois *positive*, puisque condensatrice de l'attention, et *négative* puisque exclusive, annulatrice des propriétés voisines, ne serait-il pas de nous donner un véritable abstrait, un véritable universel ? On aurait obtenu la représentation d'une qualité abstraite et identique dans un grand nombre d'unités.

Quelque pulvérisée que soit l'image, quelque considérable que soit le chiffre des unités englobées dans la généralisation susdite, la critique de cette théorie ne saurait nous retenir longtemps. Il est trop manifeste que les fragments sont de même nature que l'unité. Morcelez un agrégat quelconque ; dans les éléments séparés, disjoints, vous ne trouverez pas ce qui est étranger au complexus. La partie est de même nature que le tout, cela est d'une évidence axiomatique.

Partant, si le groupe matériel ne peut être que particulier et concret, matérielle, particulière et concrète sera chacune des propriétés constitutives. La preuve a été faite pour le complexus ; elle est donc faite également pour chacun des éléments.

Ces éléments constitutifs de l'image n'ayant subi dans les centres d'association qu'un travail de séjonction et d'isolation, ce travail ne saurait être regardé comme une élaboration transformatrice indispensable. A l'état de dissociation les caractères matériels demeurent ce qu'ils étaient à l'état de groupement ; ils représentent toujours quelque chose de sensible, de matériel, d'absolument individuel. Pour être susceptibles d'une généralisation quelconque, nous répétons qu'ils doivent au préalable subir une sorte d'immatérialisation.

Intégrale ou partielle, l'image n'offre aucune des notes essentielles signalées dans les termes de notre définition. Supposé cependant qu'un nombre donné d'images fragmentaires, représentations colorées de roses pourpre, s'associent, se fusionnent, s'identifient au point de ne former plus qu'une seule représentation, n'obtiendrons-nous pas alors le résidu abstrait et général dont il nous faut rendre raison? Peut-être bien l'image ainsi fusionnée, schématisée, doit-elle être considérée comme immatériellement abstraite et universelle.

A propos de la sensation, nous avons déjà étudié ce phénomène de l'association par fusion.

Ici encore, l'identité de nature et l'identité de siège expliquent la loi de fusion.

Nous avons déjà montré que, par le fait de la nature ou de la répétition des actes, tel centre en vient à monopoliser telle catégorie d'images.

D'autre part, il est assez naturel que des images semblables ressortissant au même centre provoquent la même vibration. Sans doute, c'est une question de savoir s'il existe deux impressions parfaitement semblables : « C'est très douteux, observe judicieusement M. Ribot. On pourrait croire que celui qui lit une phrase plusieurs fois de suite, écoute plusieurs fois le même air, déguste l'un après l'autre les quatre quartiers d'un même fruit, éprouve dans chaque cas des perceptions identiques. Il n'en est rien. Un peu de réflexion montre que, outre les différences dans le temps, dans les dispositions variables du sujet, dans l'effet cumulatif des perceptions réitérées, il y a au moins, entre la première perception et la seconde, cette différence radicale qui sépare le nouveau du répété. En fait, ce que nous donne l'expérience intérieure et extérieure consiste en ressemblances mêlées de différences... » (*Évolution des Idées générales*. ALCAN, 1897, p. 11.)

C'est bien là l'expression de la réalité. Poursuivons. Dans l'écorce du cerveau, l'expérience a entassé les tendances, les dispositions fonctionnelles capables de faire revivre les échos du passé. Nous entendons un son quelconque : les murmures de la nuit, les mille bruits de l'océan, une mélodie lointaine, quelques notes d'une voix amie. Ces notes, ces sons, perçus par l'organe extérieur, vont actionner les centres corticaux, députés à cet effet. La matière nerveuse entre en vibration, et du coup éveille et restaure les vibrations passées, les images semblables accumulées en elle. Même siège, même image, donc même vibration ; les vibrations multiples doivent forcément se confondre en tant qu'elles se ressemblent. Les ressemblances s'identifieront et, par là même, s'accuseront plus nettement, se renforceront ; au lieu que les divergences, tirant la cellule nerveuse en sens contraire, se neutraliseront, s'aboliront réciproquement. Au prix de sacrifices partiels imposés à chaque image, nous obtiendrons ainsi une représentation complexe, globale, une sorte de schème figurant les éléments communs d'objets semblables en traits plus accentués, estompant au contraire le rejetant dans la pénombre, sinon dans la nuit, les attributs disparates. C'est l'image générique ou schématisée.

L'image générique, cette remarque a été faite mainte fois, est le résultat d'une opération psycho-organique qui offre d'assez frappantes analogies avec la production des photographies composites de Galton, à cette différence près que la plaque photographique n'est plus un appareil sans vie, mais un centre nerveux à réaction vitale. On a souvent décrit depuis Huxley, qui en fit la première application à l'image générique, le procédé photographique dont le portrait composite est le résultat, et nous passons rapidement. Il nous suffit de retenir que, dans le schème imaginatif, comme dans le portrait générique, les dissemblances s'annulent et les ressemblances acquièrent plus de relief. Dans les deux cas, il y a fusion et renforcement des similarités, effacement, neutralisation des différences, qui, d'abord imprécises, flottantes, finiront par s'annuler, précisément parce que dans la cellule nerveuse elles vibrent en sens contraire.

Nous n'avons que faire de nous arrêter davantage à l'étude de cette opération. Seuls, les résultats nous intéressent. Génériques ou composites, schématisées ou fusionnées, consolidations d'états de conscience d'après Spencer, ou constructions d'une sorte d'isomérie, d'une sorte de cristallisation mentale, qui, dit M. Binet, agglomère les éléments homogènes de nos connaissances organiques et les fusionne à notre insu ; constructions d'un automatisme aveugle et fatal, expliquent les Anglais, automatisme qui donne plus de relief aux traits semblables et laisse dans l'ombre les traits divergents, les images ne cessent pas d'être des images, des résidus transformés de la sensation, à représentation matérielle, quantitative et déterminée, quel que soit d'ailleurs le nombre des objets figurés.

Dès lors, il est oiseux et chimérique de tenter, comme les empiristes, l'identification de l'abstrait supérieur avec l'image composite.

« Cette doctrine de l'empirisme, remarque à ce propos M. Fonsegrive, est sujette à cette objection que l'image, résidu des sensations antérieures, ne saurait être que singulière, et dès lors se trouve incapable de nous représenter tous les êtres de même espèce. Le concept empiriquement formé ne saurait jamais être véritablement universel. Or, il est bien clair que je puis concevoir le jaune ou le rouge, colorer indifféremment n'importe quelle surface, grande ou petite, courbe ou plane, circulaire ou polygonale, rugueuse ou polie. Et de même, je vois bien que rien ne s'oppose à ce que l'idée que j'ai d'un singe ou d'un chien soit réalisée en n'importe quelle circonstance de temps et de lieu. » (*Revue philosophique*, XLI, p. 375.)

Ce détail que l'image générique est une espèce de fusion n'enlève rien au bien fondé de cette critique. On nous parle de combinaison chimique. Les images fusionneraient dans les centres nerveux comme certains composants mis en présence dans une cornue. Soit; et après?... Le véritable universel sous-entend l'immatérialité. Prétendrait-on qu'une fusion chimique peut immatérialiser quoi que ce soit? Admis qu'elle entraîne un changement d'espèces, — on sait que tous les chimistes n'admettraient même pas cette transformation; — il n'y aura certainement pas transposition de genre, d'ordre. Pour parler plus clair, il se produira peut-être un changement de nature, mais dans le même ordre de la matérialité. Une réalité concrète, particulière, ne cessera pas d'être concrète et particulière. A preuve une image composite de roses pourpre. Examinons introspectivement les caractères que présentera cette image fusionnée. Que voyons-nous? Une somme d'attributs individuels agglomérés et se corroborant mutuellement dans leurs éléments semblables. La physionomie de l'image schématisée offre quelque ressemblance avec chacune des réalités figurées, elle n'est la copie d'aucune. Elle a mis en saillie les traits communs, elle a neutralisé les disparates. Bien que la comparaison ne soit pas tout à fait juste, l'image composite peut être considérée comme une moyenne.

Mais, avec des différences peu importantes dans le détail, la moyenne est de même nature que ses éléments. La moyenne d'éléments concrets, individuels, sera fatalement concrète, individuelle.

On répliquera sans doute que la moyenne doit être assimilée aux collectifs. L'unité ne constitue pas le collectif; il en va autrement des unités réunies. Ainsi chacune des images aurait été impuissante à fonder le général, tandis qu'on n'en peut dire autant de la somme, de la moyenne de ces images.

Précisément parce qu'on assimile la moyenne à un collectif, ce n'est pas là notre universel. L'universel est indéfini, il ne saurait être chiffré. On peut toujours chiffrer le collectif.

L'image consolidée de vingt roses pourpre ne sera jamais la moyenne de toutes les roses pourpre. Le serait-elle, elle sera la moyenne des roses réelles, jamais des roses pourpre possibles. Cette image moyenne ne sera jamais universelle, au sens absolu du mot.

Au surplus, l'idée universelle, l'abstrait supérieur que nous connaissons, convient très exactement dans toute sa complexité à chacun des individus réels ou possibles d'une même classe, d'un même genre. Rien de semblable dans l'image schématisée. Non seulement elle ne s'adapte pas parfaitement à tous les possibles, ni à toutes les réalités de même ordre, mais même à toutes les unités dont elle est la moyenne. L'image générique de dix hommes n'est le portrait d'aucun, puisque les traits dissemblables ont été effacés.

L'image schématisée n'est pas universelle. Elle n'est pas davantage abstraite. L'isolation d'avec les propriétés quantitatives est, nous l'avons montré, le premier caractère de l'abstrait supérieur. Jetez un regard sur le schème imaginatif. Il n'y a là rien que de quantitatif, des traits matériels empruntés à diverses images concrètes, déterminées et quant au nombre et quant au mode d'être. L'image consolidée de dix roses blanches n'offre que la couleur, les contours, les dimensions de ces dix roses, nullement les qualités abstraites de la rose blanche en général.

Encore un coup dans l'image générique tout est particulier, concret, contingent, comme dans la sensation elle-même. Cet abstrait nous est commun avec les animaux.

IV

Si diversement agencées et combinées qu'on les suppose, la sensation et l'image ne sauraient constituer l'abstrait supérieur, l'universel véritable.

Mais qu'est-il besoin de chercher en dehors du mot ? Est-il prouvé qu'il ne se suffit pas ? Les Nominalistes n'ont-ils pas enseigné que nos soi-disant formes suprasensibles de connaissance n'étaient au fond que des mots ?

De l'aveu de tous, le mot doit être rangé dans la catégorie des symboles. Or le symbole présente deux aspects, son être physique et son être représentatif. L'être physique, le *flatus vocis,* ou combinaison de traits graphiques, n'est évidemment qu'un accident du monde empirique et n'a rien que de particulier et de concret : c'est un objet et non une forme de connaissance.

L'être symbolique, l'aspect figuratif, emblématique, voilà certes un point de vue qui approche davantage de l'abstrait et du général métempirique, puisqu'il l'exprime. Mais c'est un signe, et partant il n'a de raison d'être qu'autant qu'il sous-entend, qu'il symbolise une chose signifiée et cachée, avec laquelle il est naturellement ou conventionnellement identifié, avec laquelle il fait corps pour ainsi dire. C'est du moins ce que nous donne l'analyse métaphysique du signe. Dans l'espèce les termes généraux ne doivent et ne peuvent être que des indices, des substituts, des révélateurs. Que disent-ils à l'œil ou à l'oreille sinon les phénomènes de notre psychisme? La terminologie ne nous apparaît-elle pas comme un mouvement significatif de phonation ou de graphisme parallèle à nos états de connaissance? Le vocable n'est un symbole que s'il existe préalablement en nous une chose symbolisée.

On va peut-être nous mettre en demeure de prouver que la réalité signifiée se trouve nécessairement en nous. Pourquoi ne pas dire, comme certains psychologues, que la réalité correspondante au signe n'est pas en nous, mais en dehors de nous? Ce seraient les caractères, les attributs généraux de nos objets de connaissance.

A cela nous répondrons qu'en effet le mot est le substitut de la réalité, mais indirectement et secondairement. Avant d'être symbolisée, la réalité doit passer par le creuset de notre connaissance. La réalité doit être perçue avant d'être signifiée.

C'est trop clair. Supposez l'équation du mot et de la réalité : $M = R$. Comment pourrais-je établir l'équation, en avoir même l'idée, si R m'est absolument étranger, si je ne puis rapporter et comparer les deux termes de la formule, si je ne soupçonne même pas son existence ? Il faut connaître, ou du moins voir, imaginer pour nommer. Inéluctablement l'imposition du mot implique un phénomène psychique de perception. Une preuve irréfragable, c'est que nous dénommons comme nous connaissons. Une perception fausse entraîne une dénomination également erronée. Témoin les aberrations de l'halluciné.

Une autre preuve, c'est que nous exprimons des réalités immatérielles, invisibles par conséquent, des réalités absentes, des événements passés ou futurs. La chose serait-elle possible, si ces événements et ces réalités n'avaient pas dans notre connaissance des substituts psychiques pour les rendre incessamment présents, de manière à ce qu'il soit toujours loisible de rapprocher le vocable et la réalité lointaine ?

Il est donc bien démontré que le signe verbal est le substitut direct de nos états psychiques ; il exprime la réalité comme déjà connue. Aussi les mots cessent-ils d'avoir un sens, d'être des symboles, dès que nous ignorons la réalité exprimée ou l'équation établie entre ces deux termes. Ce sont phonèmes d'une langue inconnue, mystérieux hiéroglyphes incapables de parler aux oreilles, aux yeux, de nous instruire.

C'est la raison donnée par M. Ribot : « S'en est-il rencontré de pareils (*des nominalistes*), qui aient prétendu que nous n'avons dans l'esprit que le mot, le seul mot, sans rien de plus ? C'est un problème historique qu'il est inutile pour nous d'examiner. Il est possible que quelques-uns aient poussé jusque-là leur réaction contre les extravagances du réalisme ; mais c'est une thèse totalement insoutenable ; car, à ce compte, il n'y aurait aucune différence entre un terme général et un mot d'une langue qu'on ne comprend pas ; c'est celui-ci qui est le pur *flatus vocis*, un son qui n'évoque rien. D'un autre côté, si par mot on entend *signe*, alors tout change, puisque le signe implique et enveloppe quelque chose. Telle me paraît être la véritable interprétation. » (*L'Évolution des Idées générales*, p. 146.)

Il est impossible de méconnaître la gravité de ces observations. Elles sont accablantes pour le nominalisme pur. Aussi deviennent-ils de plus en plus rares, les nominalistes qui s'avouent. Même S. Mill, qui s'élève avec tant de force contre le conceptualisme hybride et louche de Hamilton et de Mansel, tente de se dérober à cette qualification. Au fond, il est nominaliste. Nominalistes également tous ceux qui ne concèdent pas au terme général un correspondant harmonique dans la vie psychologique.

C'est là une conséquence des principes posés. Si les mots sont des traducteurs de nos états psychiques de connaissance, la pluralité des mots entraînera la pluralité de ces états ; les mots impliqueront des modalités psychiques correspondantes, harmoniques. Singulier et concret, le nom propre symbolisera très justement la sensation, l'image de sa nature particulière et concrète. Mais le terme général ne pourra proprement se substituer qu'à un élément psychique, général et immatériel. Les états de conscience seront entre eux comme les mots eux-mêmes. Le correspondant mental du terme général sera à l'image et à la sensation ce que le nom commun est au nom propre.

Plus brièvement deux conditions s'imposent à nous désormais : le nom commun ou général doit nécessairement avoir un accompagnement dans la conscience. — Cet accompagnement doit être un correspondant harmonique du nom commun. Il doit être immatériel et universel comme lui.

Ils sont nombreux ceux qui rejettent cette dernière conclusion, et qui pourtant ne veulent pas être considérés comme nominalistes. Ils proposent un compromis. Oui, le terme général de nos définitions aurait dans la conscience un accompagnement, mais ce serait une image, ou complexive et fusionnée, ou fragmentaire. L'attention se concentrerait sur elle, l'abstrairait et, finalement, un terme général la légaliserait. C'est, au fond, la pensée de Hamilton, diversement interprétée par S. Mill et Mansel. Cette vue philosophique est inadmissible. Un renforcement attentionnel fait mieux distinguer les éléments naturels d'un objet ; il n'en introduit pas de nouveaux. Si concentrée soit-elle, l'attention des pouvoirs empirique ne conférera jamais à l'image des caractères d'abstraction et d'universalité dont elle n'est pas susceptible. Elle sera mieux connue, nullement surélevée.

Il ne faut pas se lasser de le redire : quelque manipulation que vous fassiez subir à l'image, tout autant qu'elle demeurera image, elle ne saurait constituer le substitut psychique du nom commun. L'image fractionnée ou schématisée ne laisse pas d'être concrète, singulière, individuelle : elle ne saurait être l'accompagnement psychique connaturel du terme général ; ces deux termes ne peuvent marcher de pair, s'accoupler. Il y aurait là monstruosité, mensonge, mystère, ou plutôt impossibilité.

Monstruosité : on tenterait d'associer deux éléments disparates, sans rapport possible, qui s'excluent et se nient : le concret et l'abstrait, le particulier et le général, le matériel et l'immatériel.

Mensonge : le mot est un traducteur ; il doit nous

exprimer aussi exactement que possible la physionomie intime de l'événement psychologique dont il est le révélateur. Or, le nom commun ne reflète qu'abstrait, universel, suprasensible, au lieu que l'image, son prétendu correspondant, est un fait concret, particulier, organique.

Enfin mystère et même impossibilité, attendu qu'ici se dressent à nouveau les objections insolubles que fait nécessairement surgir la prétention d'isoler le terme général, de lui dénier un accompagnement psychique de même nature. D'où viendrait donc à ce fait matériel qu'est le signe verbal la faculté de symboliser l'immatériel? Que serait-ce, d'ailleurs, que cet objet abstrait et général, symbolisé, signifié par le mot?

Sans un correspondant mental proportionné, le nom commun devient une anomalie sans précédent, un paradoxe, un pur non-sens. Et pourtant il est là; il faut l'expliquer. Le psychologisme physiologique aux abois usera de tous les biais et de tous les subterfuges pour se dérober à la conclusion spiritualiste; il fera tout pour l'écarter et lui substituer une solution qui offre quelque vraisemblance. Il s'est travaillé en pure perte.

Il nous fallait un événement psychique dont le nom commun serait le traducteur, une âme dont il serait le corps. L'image ne saurait jouer ce rôle : Hume, Taine, Ribot l'ont parfaitement compris. Aussi, ont-ils essayé de transformer, d'immatérialiser et surtout de généraliser l'image, le premier au moyen d'une habitude, le second au moyen d'une tendance, le troisième au moyen de l'inconscient. Disons un mot de chacun de ces expédients. Oui, des expédients et des faux-fuyants qui, loin de les dissiper, ne peuvent que multiplier les équivoques

D'abord, que faut-il entendre par cette habitude d'évoquer les différentes images d'une même classe? Hume, qui est très abondant sur le rôle de ce nouveau facteur, a négligé de bien s'expliquer sur sa vraie nature. Il nous invite, du reste, à modérer, à contenir notre curiosité, très légitime pourtant ; il sollicite l'indulgence en des termes qui ne seraient pas sans nous impressionner, s'il s'était montré lui-même moins âpre, moins acharné à la démolition de tout ce qui ne cadre pas avec ses idées. Au demeurant, quelque définition qu'il puisse nous donner de son habitude, il lui sera, croyons-nous, malaisé d'échapper à ce dilemme : ou son habitude est un élément transcendant, véritablement universel, ou un élément empirique. Dans la première alternative, nous pourrions nous entendre avec l'auteur des *Essays :* dès le moment qu'il assigne un correspondant harmonique au terme général, nous ne voyons pas trop ce qu'on pourrait lui reprocher, si ce n'est l'imprécision de son langage. A certains égards, le substitut mental du nom commun peut être présenté comme une habitude, puisqu'elle nous confère la disposition de passer du savoir potentiel au savoir actuel. Ce ne serait là, d'ailleurs, qu'une question de vocabulaire. Si, au contraire, Hume fait de son habitude un dynamisme organique ou imaginatif, entre nous l'accord n'est plus possible. Le nom commun n'est plus le traducteur d'un fait psychique supérieur, et l'on retombe dans l'hypothèse nominaliste ; on n'en sortira plus. Pour l'empiriste, l'image ne saurait être qu'un élément empirique, et l'universalité du nom commun un mystère, ou, pis encore, une contradiction.

Sans entrer dans plus de détails, ces raisons nous paraissent concluantes contre l'habitude de Hume ; concluantes également contre la tendance de Taine. Comme le penseur anglo-saxon, et mieux que lui, le Philosophe français a compris qu'il fallait, sous le terme général, placer une réalité psychique qui servit de trait d'union entre le mot et l'image, et dont le mot refléterait l'universalité et l'immatérialité. Il a proposé une « *tendance* à nommer ».

Que faut-il entendre par cette disposition tendantielle ? Faut-il voir ici l'élément abstrait et général dont Taine reconnaît l'impérieuse nécessité ? A tel endroit de son livre *De l'intelligence*, vous croiriez avoir affaire à un spiritualiste. Prenez garde. Le Naturaliste incorrigible qu'est M. Taine va prendre sa revanche et exercer des représailles. Nous n'en serons plus même aux suppositions comme avec Hume. A coup de négations, le Positiviste français saura bien nous montrer qu'il n'est pas et ne veut pas être partisan des idées générales ou abstraites.

Quelle est donc en nous la réalité mentale dont le mot général est en quelque sorte le délégué ? — Une tendance à nommer. — Mais encore ? Une représentation psychique supérieure et immatérielle peut bien s'offrir à nous sous les apparences d'une tendance à s'extérioriser, à s'incarner dans un symbole ? — Ce n'est pas cela. Si nous avons bien compris Taine, la tendance à nommer serait une schématisation de tendances particulières, accumulées dans les centres nerveux de coordination motrice, correspondant et faisant écho à la schématisation d'impressions particulières, qui tendent à se nommer. En d'autres termes, c'est une tendance motrice schématisée, en réponse à des impressions également schématisées et qui tendent à se produire dans un signe verbal.

Nous insistons, et nous posons à nouveau la question débattue : finalement votre disposition tendantielle est-elle, oui ou non, une virtualité psychique supérieure, abstraite et générale ? Si oui, restons-en là. Vous admettez l'existence d'une troisième forme de connaissance, transcendante, hors de pair avec l'image et la sensation.

Taine ne répond pas d'une manière explicite. Toutefois la logique de son système, ou plutôt de ses négations, l'amène à faire des aveux, qui ne nous laissent pas le moindre doute à cet égard. La tendance fusionnée ou schématisée est et doit être de même nature que l'image toujours concrète, particulière, contingente. La tendance serait un effort réactif de la sensibilité motrice, en réponse à l'excitation, et rien de plus. C'est l'image-force tendant à se rendre visible dans un mot. C'est une impression sensorielle imaginative, qui se transorme en mouvement verbal dans les centres de coordination. Nous ne sortons aucunement de l'empirisme. Le nom commun reste toujours sans représentant psychique proportionné.

Qu'on cesse donc de nous parler d'abstrait et d'universel ; qu'on ne se défende plus d'être nominaliste. Les nominalistes ne nièrent jamais l'image et les réactions motrices qui lui font écho ; ils admettront sans difficulté et images schématisées, et habitudes, et tendances consolidées dans les centres moteurs, pourvu que vous n'assigniez point de correspondant harmonique au terme général dans la hiérarchie des événements psychologiques. N'est-ce pas exactement la position de Taine ? Il ne le voudrait pas. Lui, si impérieux, si systématique d'ordinaire, on dirait ici qu'il hésite. Tour à tour il veut et il ne veut pas que sa tendance soit d'ordre à part. Il sent qu'il ne peut se passer de l'élément proprement intellectuel ; d'autre part, ses opinions de positiviste protestent contre l'acceptation d'un point de doctrine si fondamental ; ce serait faire à son système une brèche par laquelle le spiritualisme passerait tout entier.

Après mainte explication embarrassée, il finit par conclure que la tendance, événement tout empirique, « n'est en soi rien de distinct... En fait d'actes positifs et définitifs, lorsque nous pensons et nous connaissons les qualités abstraites, il n'y a en nous que des noms, les uns en train de s'énoncer ou de se figurer mentalement, les autres tout énoncés et figurés. » (*De l'intelligence*, t. I, p. 42.)

« Rien que des noms », nous disions bien que Taine était nominaliste. — Des noms, sans doute ; mais des noms « significatifs et compris », se hâte de reprendre l'habile philosophe. — Eh ! qu'est-ce donc que cette compréhension du mot ? Qu'est-ce surtout que la chose comprise antérieurement à toute appellation, cette chose que je porte en moi et dont le mot est le signe ? Qu'est-ce donc qui distingue le mot compris du mot incompris ? Qui peut donc conférer au terme général ce privilège d'être transcendant et universel ? L'élément empirique ne saurait donner ce qu'il n'a pas.

Des noms communs, significatifs et compris sans représentation psychologique proportionnée, qui s'infuse en eux pour leur apporter l'être et la vie symbolique, l'immatérialité et l'universalité, autant vaudrait parler de vivant sans vie, d'être animé sans âme, de flambeau sans lumière.

L'être matériel, image ou sensation, habitude ou tendance, ne saurait, à cause même de son état de concrétion et de particularité, communiquer au nom commun son être significatif, abstrait et général. D'où rigoureuse nécessité d'avoir recours à un élément immatériel de connaissance.

Taine se débat en vain. Il est acculé à la formule nominaliste d'après laquelle même nos connaissances supérieures se réduisent à un mot plus un élément concret ; il ne peut se dérober à la condamnation qui frappe le système. (Pour plus de détails, cf. *Théorie du Concept*, R. P. Peillaube, p. 80-112.)

M. Ribot semble davantage se rapprocher de la vérité ; on dirait même qu'il y touche. Nous avons vu avec quelle vigueur et quelle résolution il attaquait la thèse nominaliste, d'après lui « totalement insoutenable ».

Qu'avons-nous donc dans l'esprit au prononcé d'un terme général ? C'est ainsi que M. Ribot pose lui-même la question : « Deux éléments, répond-il : l'un qui existe dans la conscience (*le mot entendu ou l'image auditive*), l'autre qui est au-dessous de la conscience, mais qui n'est pas pour cela sans valeur ou sans action. Il nous faut donc pénétrer dans le domaine obscur de l'inconscient pour saisir ce quelque chose qui donne au mot sa signification, sa vie, son pouvoir de substitution. » Et plus bas : « Sous les termes généraux ou abstraits, est emmagasiné un savoir potentiel. » (*L'Évolution des Idées générales*, pp. 148, 149.)

La question est nettement posée, et la solution de prime-abord paraît irréprochable. Le nom significatif et compris suppose, en effet, un savoir potentiel, « organisé, latent, qui est le capital caché sans lequel nous serions en état de banqueroute, manipulant de la fausse monnaie. Les idées générales sont des *habitudes dans l'ordre intellectuel.* » (*Loc. cit.*, p. 149.) On ne dit pas mieux, ni plus vrai.

Nous pouvons presque souscrire à la définition du savoir potentiel, « qui est au-dessous des concepts ».

Il « consiste, lui, en une somme de caractères, qualités, extraits, qui sont d'autant moins nombreux que le concept se rapproche davantage du symbolisme pur : en d'autres termes, ce qu'il y a sous le concept, c'est une mémoire abstraite ou d'abstraits ». (*Loc. cit.*, p. 150.)

Malheureusement ces expressions n'ont pas de quoi nous rassurer tout à fait, et c'est ici qu'entre l'auteur et nous les dissentiments vont se faire jour. Mémoire d'abstraits!... A la bonne heure. Mais nous le savons trop bien, pour M. Ribot l'abstraction n'étant qu'un morcelage d'éléments empiriques, des abstraits potentiels ne sauraient représenter que des concrets abstraits, des fusions ou des fractions d'images. Comme au cours de l'ouvrage il ne fut jamais question que de sensations, de perceptions organiques et individuelles, d'abstractions toujours empiriques, bien que de plus en plus fragmentaires, nous ne sommes que trop fondés à conclure : ce fonds subconscient de prétendus abstraits ne renferme en réalité que des éléments dissociés, si l'on veut, mais toujours concrets, et individuels. Il reste toujours vrai que le terme général n'a pas dans la conscience ou dans l'inconscient un correspondant harmonique connaturel.

Et puis, dans la dernière citation qui précède, M. Th. Ribot réduit le concept au mot seul. Cette réduction, dont on n'est pas suffisamment averti, peut induire en erreur.

A l'instar de ses devanciers, il nie l'existence propre et distincte du concept, comme accompagnement psychologique, suprasensible et universel, du terme général ; il le réduit au mot accompagné d'une image consciente ou inconsciente. C'est remettre en honneur la formule nominaliste ; c'est verser dans ce même nominalisme contre lequel on a fulminé à si bon droit : bref, c'est nier l'idée générale.

Aussi à la question : avons-nous des idées générales ou seulement des termes généraux, il fait une réponse non seulement évasive, mais parfaitement négative sous sa forme affirmative. Qu'on en juge : « Je préférerais pour ma part, dit-il, la formule de Höffding : « Les idées générales existent en ce sens que nous « avons le pouvoir de concentrer notre attention sur « certains éléments de la représentation individuelle et « de laisser les autres dans une faible lumière. » Tel est le seul mode d'existence qui puisse leur être concédé légitimement. » C'est-à-dire que l'idée générale est un mythe : car, à moins d'abuser étrangement des mots, on ne dira jamais que mon attention, plus particulièrement attirée par le coloris d'une fleur, a constitué une idée générale.

Ses idées préconçues et malheureusement trop arrêtées d'évolutionniste naturaliste ont mal servi M. Ribot; bon gré mal gré il passe au nominalisme. Comme Mill, Hume, Taine, etc., il semble se décider à regret, mais plutôt le nominalisme que le spiritualisme.

Il est du reste une critique que nous pouvons adresser en commun à ces penseurs. Il semble qu'on puisse expliquer leur passage voulu ou forcé au nominalisme par une fausse vue, par une erreur de perspective mentale.

Il n'y a pas de cloison étanche entre notre sensibilité et notre mentalité. Certaine philosophie a peut-être encouru le reproche de trop isoler nos pouvoirs. Au vrai, comme l'a dit quelqu'un, notre raison est immanente à notre connaissance sensible. Nous en venons par l'expérience et la fréquente répétition des actes à percevoir simultanément et les caractères empiriques et les caractères abstraits, et les phénomènes et les noumènes.

De là, si l'on n'y prend garde, le danger de tout idéaliser, ou de tout sensibiliser. Il est facile de le prévoir, nos empiristes nominalistes sensibilisent tout. Leur pensée se projette dans la sensation et ne veut plus s'en distinguer.

Telle fleur arrête mon regard. Je puis avoir simultanément deux connaissances de ses couleurs : la perception sensible ou image, et dans cette image la perception idéale ou universelle. L'organe perçoit telle couleur en particulier : le rouge de cette rose, les nuances pâles de cette violette ; ce sont là réalités concrètes singulières. Le centre nerveux ne perçoit que cela. Mais en même temps la pensée saisira le degré minimum de telle couleur, la raison de couleur. Il y a là ou il peut y avoir simultanéité de connaissance empirique et rationnelle ; si l'on n'est attentif, on s'expose à identifier les deux perceptions et à concéder aux organes la faculté d'idéaliser, de comprendre, etc.

Et pourtant la distinction s'impose. Voici comment, dans un article de la *Revue philosophique* déjà cité, M. Fonsegrive établit cette distinction. Il a parlé de l'abstraction organique. « Maintenant la qualité ainsi abstraite par le sens est-elle identique à l'idée ? Il n'en est assurément rien. Car la vue me donne ce rouge avec cette forme et ces dimensions, et non pas le rouge de même nuance, mais susceptible de se retrouver semblable avec toute autre forme ou toutes autres dimensions. Il y a donc, en dehors de l'abstraction opérée naturellement par le sens, une autre abstraction qui échappe aux fonctions sensorielles ; c'est celle par laquelle la sensation donnée, le rouge par exemple, est distinguée des éléments concomitants comme la forme et les dimensions qui sont aussi des sensibles propres du sens. » (*Revue philos.*, t. XLI, p. 367.)

Tout ce qui vient des organes épidermiques ou corticaux est fatalement concret, matériel, individuel, comme la source elle-même. Nommez-le comme il vous plaira, sensation, image fractionnée ou fusionnée, habitude, tendance, inconscient, dès l'instant que cela découle de la matière, cela est matériel ; d'un organe concret et particulier, cela est organique, concret, particulier.

Et cependant, nous l'avons constaté, il y a dans la connaissance un autre abstrait que le concret abstrait, un autre universel que le schème empirique et fusionné.

Or, cet abstrait, cet universel supérieur s'oppose à l'abstrait organique comme l'esprit à la matière, et l'illimité au limité. A moins donc de prétendre que le oui et le non, que les contraires peuvent procéder à la fois d'un même antécédent, il nous est interdit de penser que nos sens puissent donner naissance à cet abstrait supérieur. Nous reviendrons sur ce sujet ; il nous suffit pour le moment de prendre acte de l'impossibilité où se trouve l'organisme d'aboutir à de tels résultats. Voulez-vous que le matériel immatérialise, que l'individuel généralise ? Il y aurait là contradiction flagrante.

Néanmoins, les deux opérations peuvent être simultanées et s'exercer sur le même objet. Double danger de confusion. Si l'on n'est sur ses gardes, on identifiera les deux perceptions ; on est réellement victime d'une sorte d'illusion d'optique, d'un phénomène de mirage psychique. On projette dans la connaissance organique ce que l'on doit situer bien plus haut dans la mentalité. Eh bien ! nous prétendons qu'en très grand nombre nos philosophes actuels sont victimes de cette erreur de perspective. Pour ne pas avoir suffisamment distingué ce qui revient aux sens et à l'intelligence dans la connaissance intégrale, certains d'entre eux ont commis les plus regrettables confusions.

Ardent à se nier, l'esprit se suppose partout en se niant. Il se dissimule dans la sensation et proteste qu'il n'est pas. Il veut tout expliquer par les sens qu'il surélève arbitrairement, inconsciemment peut-être ; il passe à d'autres ses fonctions et ne voit plus sa raison d'être. On a négligé de faire le triage entre les éléments supérieurs et les éléments inférieurs de la connaissance ; on conçoit que subrepticement il soit ainsi possible de les identifier, de les attribuer au même facteur.

On n'aura pas oublié le processus le plus en faveur pour expliquer le général. Vrai tour de force. On perçoit des analogies, des ressemblances dans une somme de réalités empiriques données. Les attributs semblables se fusionnent sous l'effort de l'attention ; les attributs dissemblables s'annulent par inhibition volontaire. Les ressemblances se condensent : « L'association de cette série particulière (*des qualités semblables isolées des différences par l'attention*) avec un mot donné, c'est, affirme S. Mill dans sa *Philosophie de Hamilton* (p. 373), ce qui les lie ensemble dans l'esprit par une attache plus forte que celle qui les associe au reste de l'image concrète. Pour parler le langage de Hamilton, cette association leur donne une unité dans la conscience. Ce n'est que lorsque cette association est accomplie que nous possédons ce que Hamilton appelle un concept, et voilà tout le phénomène mental impliqué dans le concept. »

Toutes ou à peu près toutes les explications empiristes les plus récentes du concept ne sont que des variations sur le même thème et aboutissent finalement à un couple d'image et de mot. En réalité, les choses ne vont pas aussi simplement qu'on a l'air de le penser.

Le renforcement de l'attention rendrait compte du surcroît d'abstraction observé dans le concept. Mais encore que faut-il entendre par l'attention ? Comme dans tel passage de Bossuet s'agit-il d'une faculté mentale ? On le croirait à lire telle page de S. Mill ou de Th. Ribot. Nous en sommes : l'attention peut rendre raison de l'abstrait supérieur.

Mais, hélas ! à parcourir d'autres passages nous devons nous résigner à des déconvenues. Ces mêmes auteurs font couramment intervenir les appellations d'esprit, de mentalité, d'intelligence, etc. Au fond ces pouvoirs ne seraient pour eux que des formes diverses de l'activité cérébrale ou sensitivo-motrice. Dès lors l'attention ne serait qu'un renforcement de cette activité. D'où nous concluons que jamais, avec des pouvoirs simplement empiriques, l'attention n'expliquera l'universel. Attentif, le sens percevra mieux son objet ; mais loin de s'immatérialiser, la perception n'en sera que plus concrète, plus individuelle, à raison même de la perfection de la photographie, de la vue prise sur la réalité. L'image, la copie, le portrait seront d'autant plus irréprochables qu'ils reproduiront plus fidèlement jusqu'aux plus menus détails de la réalité concrète, qui s'offre à l'objectif de notre faculté. Le renforcement attentionnel ajoutera à la singularité de l'image.

Il y a plus. Pour les besoins du système on fait appel à la perception des ressemblances et des différences. Imagine-t-on par hasard que ce soit là un fait de si mince importance ? « L'animal, lui aussi, a l'aperception des ressemblances et des différences ; il ne confond pas une sensation avec une autre, il l'apprécie même et la juge, sous forme sensible et particulière, bonne ou mauvaise, utile ou nuisible. Chez l'homme comme chez l'animal, ces aperceptions ou intuitions sensibles sont concrètes et individuelles. Elles ne constituent pas des connaissances de la ressemblance en tant que ressemblance, de la différence en tant que différence ; en d'autres termes, les sens internes saisissent la ressemblance, mais nullement la raison de ressemblance ; ils apprécient ce qui est utile ou nuisible, et cela par un jugement sensible précédé d'une comparaison sensible ; mais ils ne connaissent pas la raison d'utile et de nuisible ; les raisons des choses leur échappent complètement... » (R. P. Peillaube : *Théorie du Concept*, p. 85.)

La brute a des impressions, pas des raisons. Et néanmoins il faut des raisons pour généraliser des ressemblances. Pour référer à toute une classe de sujets un même attribut, pris dans le même sens, on a beau dire, il faut que cet attribut soit préalablement immatérialisé ; sans cela vous aurez une somme, un collectif empirique, pas d'universel. L'attribution sera incertaine ; toute classification générique ou spécifique, toute série vraiment générale doit se fonder sur les raisons des choses, c'est-à-dire sur l'abstrait supérieur et universel, tel que nous l'avons étudié en son lieu. Si vous ne dépouillez l'essence de ses notes individuelles et matérielles, vous n'obtiendrez jamais l'universel proprement dit. Tournez et retournez tant qu'il vous plaira, vous ne sortirez pas du concret et du particulier.

Et puis l'imposition d'un nom, la substitution d'un symbole à une représentation psychique ou à telle réalité vous semble-t-elle un événement si banal ? En dernière analyse, il y a là identification conventionnelle et voulue entre l'intime objet de connaissance et le vocable. Or identifier délibérément, c'est percevoir ou objectiver l'identité ; c'est par conséquent avoir déjà cet archétype mental, universel, ou du moins être susceptible de l'acquérir. La brute a des identifications naturelles ; dans ce cas, c'est la nature qui identifie. Au contraire, l'identification réfléchie et voulue suppose l'archétype abstrait, le concept d'identité ou le pouvoir supérieur de généraliser, le pouvoir de le former.

La création elle-même du mot, événement si commun, ne suppose-t-elle pas également la connaissance générale de la fin et des moyens ? On cherche à correspondre, à se souvenir au moyen d'un signe. Qu'y a-t-il de plus rationnel, de plus transcendant, de plus général ?

C'est trop manifeste, la pensée abstraite et supérieure ne saurait avancer d'un pas sans se supposer, sans se projeter au dehors dans le langage symbolique, vide de sens et incapable d'être significatif, si elle ne l'anime et n'en fait le plein. L'esprit se prouve en se niant, a dit quelqu'un. Rien de plus vrai. Et c'est assurément un des plus étranges phénomènes de notre temps que cet acharnement de la pensée à se nier elle-même. L'intelligence se projette dans l'organe et dit qu'elle n'est pas. Erreur de perspective, qui confond les limites, illusion d'optique et mirage !

V

Nous ne saurions trop le répéter, cette méprise est regrettable. A notre avis, elle a seule motivé la méconnaissance de l'idée générale.

Effectivement s'il est vrai, comme nous l'avons établi, que le mot n'est que le symbole, la traduction d'un événement psychique, les mots doivent être entre eux comme nos états de conscience, et réciproquement. La hiérarchie des mots s'adaptera exactement à la hiérarchie des formes psychologiques de la connaissance, et *vice versa*. Même nature, même valeur, même compréhension. L'un des degrés de la hiérarchie impliquera et affirmera le degré correspondant de la hiérarchie parallèle. Le nom propre, le symbole particulier, individuel, représentera et prouvera la connaissance particulière, individuelle, d'un concret. Au contraire, le terme général sera le substitut, l'expression et par le fait la démonstration d'un état psychologique destiné à exprimer, à nous faire connaître les qualités abstraites et générales d'un objet. Cet événement psychique, nous l'appelons une idée, un concept. En toute rigueur de logique nous sommes donc contraints de conclure à l'existence propre et distincte de l'idée générale ou du concept.

Le terme général, le nom commun est un fait, qui se reproduit incessamment sous nos yeux. Par ailleurs il est de toute évidence que le nom commun est universel et indépendant des conditions particulières de la matérialité, du moins en tant que signe. D'où lui viendrait donc ce privilège de symboliser l'universel, si ce n'est d'une forme intellectuelle de connaissance, qui, elle, n'a pas d'autre fonction que de représenter mentalement les propriétés nouménales, proprement abstraites et universelles de toute réalité ?

L'être symbolique du nom commun ne s'expliquerait pas sans le correspondant mental dont il est le substitut. Supprimez l'idée générale, le terme général devient une énigme, une impossibilité, un effet sans cause, un signe sans réalité signifiée, un membre sans corps, en suspens dans le vide. Le mot général prouve l'idée, et à son tour l'idée vivifie le mot. Pas plus qu'une tige ne peut vivre sans sa racine, le mot ne peut vivre sans l'idée.

On est réduit, par conséquent, à l'implacable nécessité ou de nier le terme général, ce qui équivaut à nier l'évidence, ou à lui concéder un accompagnement psychique connaturel et proportionné, suprasensible et universel. Il doit faire couple avec l'idée.

Cette argumentation nous paraît sans réplique contre les nominalistes de toute nuance et de toute opinion. Oui, le concept s'accuse, se révèle dans le nom commun. En s'identifiant avec le mot, il a pris pour ainsi dire un corps; si l'on nous permet un rapprochement, il s'est incarné à l'instar du Verbe de Dieu, pour vivre dans le monde matériel, d'une vie humaine, avec corps et âme, comme l'homme lui-même dont la pensée le conçut et l'enfanta. Comme le Dieu fait homme il se trahit par ses œuvres.

Mais la raison déductive n'est pas seule à proclamer la dualité des deux éléments, psychique et verbal, dans le concept, et l'existence distincte, absolue, de l'idée générale. Le sens intime témoigne dans le même sens. Qui n'en a fait cent fois l'expérience ? On a l'idée, le mot vous manque. Et cela, non pas seulement dans le domaine de l'image, mais aussi et surtout dans le domaine de l'abstraction supérieure, des concepts les plus complexes comme les plus généraux et les plus simples. L'observation des aphasiques présente sous ce rapport le plus grand intérêt.

M. le Dr Grasset cite le cas remarquable de Lordat, un professeur de physiologie, qui, frappé tout à coup d'aphasie, écrivait la curieuse auto-observation que voici : « La pensée était toute prête, mais les sons qui devaient la confier à l'intermédiaire n'étaient plus à ma disposition... Accoutumé depuis tant d'années aux travaux de l'enseignement, je me félicitais de pouvoir arranger dans ma tête les propositions principales d'une leçon, et de ne pas trouver plus de difficulté dans les changements qu'il me plaisait d'introduire dans l'ordre des idées. Le souvenir des faits, des principes, des dogmes, des *notions abstraites,* était comme dans l'état de santé. Je ne me croyais donc pas malade... Mais, dès qu'on venait me voir, je ressentais mon mal à l'impossibilité où je me trouvais de dire : Bonjour, comment vous portez-vous? »

Lordat constate lui-même la nouveauté de cette analyse et de cette caractéristique ; « car, dit-il, les auteurs n'avaient pas songé à séparer les privations de la parole d'avec la perte de l'intelligence ». (*Leçons de clinique médicale,* Montpellier, p. 26.)

Ces diverses remarques semblent mettre le nominalisme en assez fâcheuse posture. Si on a l'idée sans le mot, la dualité d'éléments est scientifiquement prouvée. Mais les coryphées du système n'auraient sans doute pas manqué d'objecter à l'intéressant aphasique qu'il était seulement privé de la parole extérieure, nullement de cette parole intérieure qu'a si bien monographiée M. V. Egger. A cela Lordat seul eût pu répondre.

Il n'en demeure pas moins certain, d'après la conscience, que nous avons parfois les idées les plus claires et les plus immatérielles, sans qu'il soit possible de trouver le mot qui doit les exprimer. Donc il y a dualité. Donc nous possédons une troisième forme de connaissance, une perception idéale, qui se distingue du mot, comme de l'image.

La contre-épreuve n'est pas moins décisive. Tout comme on peut avoir l'idée sans le mot, il arrive que le mot n'est pas toujours accompagné de l'idée : c'est le langage de l'incohérence, du non-sens, ou bien c'est l'écholalie, le langage de la brute, du perroquet. Sous peine de n'être plus qu'un vain bruissement, le nom commun doit donc être vivifié par l'idée qu'il suppose et manifeste.

C'est donc un fait de conscience que nous avons sur les choses des vues plus profondes, plus générales, plus scientifiques, que ne sauraient l'être l'image et la sensation.

Nos contradicteurs, certains, du moins, en conviennent, sauf à ne pas aller jusqu'au bout de leurs déductions : « Un myriagone est un polygone de dix mille côtés. Impossible de l'imaginer, même coloré et particulier, à plus forte raison, général et abstrait. Si lucide et si compréhensive que soit la vue intérieure, après cinq ou six, vingt ou trente lignes, l'image se brouille et s'efface ; et cependant ma conception du myriagone n'a rien de brouillé ni d'effacé ; ce que je conçois, ce n'est pas un myriagone comme celui-ci, incomplet et tombant en ruines, c'est un myriagone achevé et dont toutes les parties subsistent ensemble ; j'imagine très mal le premier, et je conçois très bien le second ; ce que je conçois est donc autre que ce que j'imagine, et ma conception n'est point la figure vacillante qui l'accompagne. Mais, d'autre part, cette conception existe ; il y a en moi quelque chose qui représente le myriagone et qui lui correspond exactement. En quoi donc consiste ce représentant intérieur, ce correspondant exact, et qu'y a-t-il en moi lorsque, par le moyen d'un nom général que j'entends, je pense une qualité commune à plusieurs individus, une chose générale, bref, un caractère abstrait? » (Taine : *De l'intelligence*, t. I, p. 37 de la cinquième édition.)

Ma conception se confond si peu avec mon image que la conception intervient pour rectifier ce que la figuration empirique a de défectueux et d'inexact. Elle s'en distingue donc. Mais qu'est-ce encore? Taine répondit naguère par l'introduction en philosophie de sa fameuse tendance. Quelques années après, 1889, M. Paulhan professait également dans la *Revue philosophique* que, pour lui, l'idée générale est un système de tendances, accompagné ou non d'une possibilité d'images. Nous avons déjà dit que si, par cette tendance, on entend quelque chose de suprasensible et de général, nous ne voyons nul inconvénient à définir ainsi le concept. Sous une de ses faces, en tant qu'il est passé à l'état d'inconscient ou de subconscient et qu'il tend à revivre, c'est bien ainsi, en effet, qu'il se présente à nous.

Spencer n'admet que des correspondances (lisez sensations ou images), qui croissent en généralité et en complexité, se coordonnent et s'intègrent ensuite. Il conclut dans ses *Principes de Psychologie (Synthèse générale,* c. xv) : « Évidemment, les classifications courantes de nos psychologies ne peuvent être vraies que superficiellement. Instinct, raison, perception, conception, mémoire, imagination, sentiment, volonté, etc., tout cela ne peut être que des groupes conventionnels de correspondances. Quelque grandes que puissent paraitre les oppositions entre ces diverses formes de l'intelligence, elles ne peuvent être rien autre chose que des modes particuliers de l'ajustement des rapports internes aux rapports externes, ou des portions particulières de ce processus d'ajustement. »

A. Bain admet l'irréductibilité du psychique au somatique (*Corps* et *Esprit,* passim). Mais, pour lui, le phénomène psychique de perception est *un.:* tout est intelligence qui nous procure une connaissance quelconque. Dès lors, le mot « esprit » devient équivoque. Notre auteur ne discute même pas la distinction fondamentale entre la perception organique et la perception intellectuelle. La chose en vaudrait pourtant la peine, attendu que tel est le point précis où le courant spiritualiste se sépare du courant matérialiste et prend une direction opposée.

Aveuglés par ce que nous pourrions appeler l'empiromorphisme, les naturalistes de toute école ne veulent voir partout qu'images et sensations. Les idées n'apparaissent plus que sous la forme de sensations. Tout provient de la matière nerveuse et s'y ramène. Les limites entre les deux ordres deviennent molles et flottantes, si même elles ne sont pas entièrement abolies. C'est l'erreur de perspective, signalée plus haut.

Est-il donc si difficile de saisir la distinction radicale entre la perception organique, directe, concrète, toute de sensation, et la perception mentale indirecte, abstraite, métempirique, générale, toute de réflexion ; entre la perception de telle couleur et la perception de la couleur; entre la perception de deux objets semblables ou différents et la perception de la ressemblance et de la différence ; entre la perception du fait concret et la perception de la raison essentielle du fait; entre la représentation sensible ou phénoménale et la représentation suprasensible ou nouménale ?

Mais peut-être repartira-t-on qu'en effet ces deux formes de connaissance se distinguent, tout en ayant une origine et un facteur communs. C'est là une tout autre question que nous traiterons plus tard.

Pour le présent, concluons avec le célèbre cardinal

Gonzales : « L'existence des idées intellectuelles considérées en elles-mêmes... peut être regardée comme une vérité de sens commun. Nier l'existence des idées ainsi entendues équivaudrait à nier la connaissance intellectuelle. Jusqu'au langage, tout vient corroborer notre dire : l'expérience et l'observation nous l'apprennent, le savant et l'ignorant parlent d'idées dès qu'il s'agit de connaissance intellectuelle. Il a des idées saines, disons-nous, des idées exactes sur tel sujet ; ses paroles trahissent une confusion d'idées. Ces expressions et autres semblables prouvent clairement que ce que nous appelons « idées » représente quelque chose d'intellectuel. » (*Estudios filosoficos,* etc. Madrid, t. III, p. 14.)

Il est donc vrai que, au cours de notre inventaire psychologique, nous découvrons en nous une troisième, une dernière forme de connaissance : l'idée générale ou le concept. Elles se trahissent dans la méditation, nos idées ; elles éclairent les régions supérieures au monde des sens, dans les profondes sérénités de notre ciel intime. La conscience les voit alors briller comme des points scintillants ; comme les étoiles lointaines, nos connaissances intellectuelles se groupent et s'épanouissent. D'un seul regard on embrasserait difficilement le lumineux ensemble. Mais que l'œil se fixe, peu à peu les groupes, les constellations se décomposeront, les brillantes étincelles se détacheront, s'isoleront aussi nombreuses que les éléments primitifs mis en évidence par l'analyse logique dans les propositions, dans la synthèse de notre science.

Ces clartés supérieures, nous les appelons idées, notions, concepts, verbes intérieurs à notre gré. Chacun sait l'impalpable réalité qui s'évoque en nous, à chacune de ces appellations. Ainsi envisagées, les idées sont évidemment les faites sublimes de notre connaissance, les ultimes résultats de notre intellection. Ses observations recueillies, ses investigations parachevées, tous ses documents rassemblés et consultés, lorsque l'information est suffisante, l'intelligence se dit à elle-même un mot, une parole de lumière, qui lui exprimera l'objet et ses caractères essentiels. Le τὸ fieri de l'acte mental passera ; mais il laissera, comme trace de son passage, ce *verbum mentis,* cette parole rayonnante, qui aura pour but de perpétuer et de reproduire notre vision intellectuelle. L'acte mourra, la connaissance vivra. Que notre conscience soit en éveil aux heures de réflexion, il nous sera loisible de voir ou d'entendre, — nous ne savons lequel des deux termes employer, ils sont l'un et l'autre métaphoriques et si justes, — se prononcer en nous ce verbe de clarté, qui met en pleine lumière l'objet de notre pensée.

« *Quicumque autem intelligit,* dit saint Thomas, *ex hoc quod intelligit, procedit aliquid intra ipsum, quod est conceptio rei intellectæ ex vi intellectiva proveniens, et ex ejus notitia procedens, quam quidem conceptionem vox significat, et dicitur verbum cordis, significatum verbo vocis.* » (*Summa theologica,* Pars I, q. 27, art. 1.)

Dans sa *Philosophie de Locke* (p. 282), Cousin se prononce nettement contre l'existence des idées : « Si par idée, dit-il, on entend quelque chose de réel, qui existe indépendamment du langage, et qui soit un intermédiaire entre les êtres et l'esprit, je dis qu'il n'y a absolument pas d'idées. Il n'y a de réel que les choses, plus l'esprit avec ses opérations, à savoir ses jugements. » Voilà certes qui est tranchant et catégorique.

A propos de cette citation on nous permettra une remarque. Cousin et peut-être d'autres philosophes, que nous avons nommés, nient l'idée et gardent l'intelligence et ses opérations. Avec ces hommes nous n'avons que peu ou point à discuter. Pour étayer notre sentiment nous alléguerons nos motifs, et sans plus nous attarder à un débat pour nous désormais sans grand intérêt, nous nous réjouirons de ce que ces contradictions nous laissent opération mentale et fond d'activité intellectuelle. C'est plus qu'il n'en faut pour fournir une base à notre démonstration. Qu'on nous abandonne un phénomène quelconque de psychisme, supérieur, irréductible, et nous avons un fondement solide pour notre argumentation.

Cousin est généreux. Nous n'avons que faire de le quereller. Certains l'excusent même et prétendent qu'il se serait élevé simplement ou contre les idées impresses des scolastiques, ou contre les idées-images de Locke. Malheureusement pour ces avocats d'une cause très compromise, le Père de l'Éclectisme a écrit la page 270 du même ouvrage : « Qu'est-ce, je vous prie, dit-il, qu'une idée spirituelle, image d'un objet matériel…? Il est évident que l'idée spirituelle ne peut pas représenter le corps. Et représente-t-elle mieux l'esprit? Pas davantage. Car encore une fois il n'y a pas de représentation là où il n'y a pas de ressemblance, et il n'y a de ressemblance qu'entre des figures. » Plus bas il conclut : « L'idée représentative, considérée relativement à son sujet et comme image matérielle, conduit directement au matérialisme; et, prise spirituellement, elle conduit à la destruction du corps et de l'esprit, au scepticisme absolu et à l'absolu nihilisme ! »

Et non sans objurguer les scolastiques, Balmès s'en va répétant que nous avons donné lieu à la verte leçon qui nous est infligée par l'illustre grand maître de l'Université : « Les scolastiques, comme beaucoup d'autres, ont ici employé un langage de nature à multiplier les équivoques. L'idée, ils l'ont appelée image de l'objet ; ils ont expliqué l'acte de l'entendement, comme si l'entendement avait en lui une image, une forme représentative de l'objet, comme par exemple une photographie représente une personne photographiée. Cette manière de parler a son explication dans le constant rapprochement que nous établissons entre la vue et l'entendement. Dans l'absence nous avons besoin de portrait. Les objets extérieurs ne peuvent pas être en nature présents à notre pensée ; dès lors nous concevons l'idée de certaines formes, qui rempliraient le rôle de portraits... » (*Filosofia fund.,* lib. IV, cap. IV.)

Ce sont excellentes raisons, et qui prouvent que le cas des scolastiques n'est pas aussi grave que semble le craindre le penseur espagnol.

Du reste Cousin lui-même a pris soin de nous rassurer en quelques lignes qu'il y aurait eu, ce semble, profit pour lui à méditer plus profondément : « On dit encore : se représenter une chose, et souvent une chose qui *ne tombe pas sous les sens,* pour dire la connaître, la comprendre, par une métaphore empruntée aux phénomènes des sens, et du sens dont l'usage est le plus fréquent, celui de la vue. » (*Philosophie de Locke,* p. 283 de la sixième édition. Didier et Cⁱᵉ, Paris.)

A merveille. Il est entendu que ce sont là des termes métaphoriques. Mais alors nous ne voyons pas trop pourquoi Balmès s'alarme si fort, ni surtout pourquoi Cousin table sur des tropes pour nier l'idée.

L'idée n'est rien de réel, dites-vous, elle n'existe pas. — Si vous entendez par là que l'idée n'est pas un petit être se suffisant, comme serait par exemple un médaillon, d'accord. Mais nul n'enseigne jamais cela. D'après nous, l'idée est une modalité intellectuelle affectant l'énergie mentale, exactement comme l'image est une modalité psycho-physiologique affectant nos fibres, nos centres nerveux. Cette modalité, se référant à la catégorie de la qualité, est dans l'ordre purement psychique ce que la vibration imaginative est dans l'ordre psycho-organique. C'est bien là incontestablement une réalité.

Ne nous en demandez pas plus long ; ne nous forcez pas à employer des expressions hylomorphiques ; nous retomberions dans le travers que vous flagellez. Les réalités mentales ne doivent se formuler scientifiquement que par brèves définitions et expressions abstraites, transcendantales.

Idée, représentation, intuition, chème, etc., ces manières de parler et autres sont allégoriques, hylomorphiques. Qu'importe si elles nous font mieux saisir le rôle du concept? Une bonne fois nous sommes prévenus de ne pas confondre les formes de langage avec la réalité : il est ainsi paré à tous les inconvénients signalés.

L'idée n'est pas le *flatus vocis ;* elle s'en distingue comme la chose signifiée se distingue du signe. Elle n'est pas un portrait, une représentation. Elle est plutôt une lumière intérieure et transcendante *sui generis*, — et nous retombons ainsi dans les figures, — qui éclaire l'objet à connaître. Plus exactement elle est la réaction du mental à la suite de l'impression reçue de l'objet spirituel présent à l'âme, identifié en quelque sorte avec elle. L'objet se comporte vis-à-vis de l'esprit comme une forme extérieure qui doit le perfectionner, le renseigner, l'assimiler aux choses. Le concept devient alors une sorte de nom immatériel, sans voix et sans lettres, une manière de brève définition, silencieuse, qui porte sur l'objet de notre connaissance et l'identifie avec nous. Ainsi le mot « homme », lorsqu'il se prononce en moi, présente à ma pensée une coalescence d'attributs essentiels qui constituent la nature, la définition de l'homme.

Les différents traits essentiels déchiffrés, esquissés par comparaison, réflexion, éducation, etc., constituent ces schèmes figuratifs et indéfinissables que nous appelons des concepts. Évidemment nous ne pouvons que bégayer sur les noumènes spirituels. En savons-nous davantage sur les noumènes matériels? Il faut nous consoler de ne savoir le tout de rien, et d'être contraints d'employer un langage simplement approximatif ou figuratif.

VI

Le concept jouit d'une existence propre et distincte. Comme tel il revendique une supériorité incontestable, que l'école sensualiste elle-même ne songe pas à lui dénier. Mais voilà, on s'obstinera à ne voir dans cette prééminence du concept qu'une majoration de degré et non de nature. L'idée générale ne sera qu'une fusion ou un agencement spécial de l'image. Il importe au plus haut point de ne pas laisser subsister ce préjugé : « Supposons, dit le P. Peillaube, les concepts réduits à certaines combinaisons des sensations et des images. Dans ce cas, il n'y a plus aucune différence de nature entre la connaissance sensible et la connaissance intellectuelle, entre l'homme et la bête. Mon âme raisonnable n'est ni spirituelle, ni immortelle, ni responsable ; elle rentre dans la catégorie des êtres périssables, soumis aux lois inéluctables de la nature matérielle. Les fondements sacrés sur lesquels on prétend faire reposer les notions de droit et de devoir sont ruineux et illusoires. C'est l'écroulement de toute vie religieuse et morale!..... » (*Théorie du Concept*, Introd., p. 5.)

Nous avons déjà établi l'irréductibilité absolue du concept, et partant sa supériorité générique. Cette transcendance apparaîtra mieux au fur et à mesure que nous noterons ses caractères essentiels.

Le concept n'est donc que le sens intelligible du nom commun ; c'est le verbe silencieux, la définition de lumière qui maintient présent à l'intelligence l'objet à connaître ou déjà connu. Il constitue ainsi notre troisième forme de connaissance. Une forme sans doute... mais non une forme vide, un cadre sans tableau, un écran sans figuration. S'il était vide, le concept n'atteindrait pas son but, qui est de nous amener à la science.

Le sens qui fait le plein de cette définition, de ce *Verbum cordis*, le λόγος ἐνδιάθετος d'Aristote, c'est l'objet intelligible imprimé dans notre esprit et actuellement présent à notre considération. C'est grâce à lui que le concept acquiert une face objective et devient une représentation, un symbole, un substitut mental. Étudier cet objet, c'est donc étudier la face objective, l'être symbolique du concept, le seul aspect que nous puissions directement saisir dans le phénomène mental. Pour savoir au juste à quoi nous en tenir sur la nature de nos conceptions idéales, il faudra examiner l'objet immatérialisé sur lequel elles s'exercent ; c'est ainsi qu'on étudie les détails de peinture et d'exécution pour connaître la valeur d'un tableau : « Car, dit saint Thomas, pour savoir il faut étudier le principe spécificatif. Or le principe spécificatif du concept n'est pas autre que l'objet devenu intelligible... (*Op.*, XIV) », attendu que cet objet est le sens, la raison constitutive du concept. Et donc face objective de l'idée et objet intelligible, un seul et même point de vue à considérer.

Ainsi entendu, le concept présente un caractère reconnu à peu près par tous, un caractère nettement accusé d'universalité. C'est ici un terrain dangereux ; il faut avancer avec précaution. On peut distinguer, selon nous, deux sortes d'universels : l'universel concret et l'universel abstrait.

Reprenons l'exemple du moineau. Dès l'instant qu'un petit être ailé, jaspé de blanc et de noir, a été réalisé avec des déterminations très précises de poids, de volume, de nuances, de plumage, etc., c'est une preuve expérimentale que les qualités constitutives de cet agrégat empirique ne s'excluent pas, qu'il n'y a pas répugnance entre elles. Tel quel ce moineau m'apparait dès lors comme possible, comme réalisable — indéfiniment. — Indéfiniment je conçois qu'une puissance proportionnée pourrait multiplier et créer des passereaux de tout point semblables au nôtre. D'autre part, si nous disons universelle une représentation qui serait la reproduction exacte de toutes les unités d'une même classe, il semble bien que notre image du passereau sera universelle. Puisque par hypothèse tous les passereaux sont absolument semblables, la photographie de l'un d'eux sera la photographie de tous.

Nous pourrions ainsi, et c'est le processus des empiristes modernes, tout universaliser, êtres, qualités, rapports, si quantitatifs et si déterminés qu'on les suppose. Malgré toutes les dénégations matérialistes, ce procédé trahit déjà dans l'homme un pouvoir psychique transcendant par comparaison avec la matière. Rien dans le monde des corps et de la psycho-physiologie ne peut nous donner l'idée de l'indéfini. Au dehors et au dedans tout est fini de ce que nous voyons et de ce que nous sentons. L'image et la sensation brutales ne sauraient comprendre l'indéfini, déterminées et limitées qu'elles sont nécessairement.

A la rigueur donc ce simple fait d'universaliser un concret pourrait nous suffire ; c'est là un phénomène intellectuel ; il pourrait servir de point de départ à notre démonstration.

Mais ce problème est si important qu'il ne faut faire fi d'aucune garantie, d'aucune certitude. L'universel concret, empirique, tel que l'ont proposé, on s'en souvient, les naturalistes de toute école, est-il bien l'universel d'un usage constant en philosophie et dans les sciences? La philosophie traditionnelle ne l'a pas cru, et pour cause. Effectivement, si l'on veut y réfléchir quelques instants, il appert tout de suite que cet universel concret possible est sans valeur et sans utilité dans nos raisonnements, pour nos inductions et nos déductions.

De ce qu'un moineau peut avoir des qualités identiques aux qualités d'un autre moineau, il ne s'ensuit nullement qu'il en sera positivement doté. Toute inférence du possible au réel est un grossier paralogisme.

Seul l'universel qui comporte des conclusions rigoureuses remplit les conditions classiques ; seul il mérite de retenir notre attention : c'est l'universel abstrait, pratique et logique, l'absolu.

On n'a pas oublié notre ébauche de définition : le passereau est un petit animal, un être réel, substantiel, organique, vivant et sentant. Voilà un *verbum cordis*, une coalescence mentale d'attributs objectifs, une représentation conceptuelle que je puis considérer avec certitude comme le substitut psychique et nouménal de tout passereau imaginable. Voilà bien l'universel cherché, celui qui me permet de conclure sans hésitation à la présence de telle propriété dans tel complexus, n'importe lequel. C'est ce que nous avons appelé l'universel abstrait en opposition avec l'universel concret. Le premier touche et stéréotype mentalement des caractères qui se trouvent réellement, inévitablement dans tous les individus d'une même classe ; le second affirme simplement qu'une répétition indéfinie d'unités empiriques n'est pas une impossibilité.

Et maintenant, d'où peut bien venir à l'universel abstrait cette prérogative insigne d'être le substitut psychique très assuré de toutes les réalités, de tous les possibles de même espèce, de même genre, selon les caractères ? D'où nous vient à nous cette confiance qui nous fait conclure avec certitude ? En d'autres mots, comment pouvons-nous affirmer sans crainte d'erreur que les caractères, mis à nu dans l'objet et perçus par l'esprit, se trouvent infailliblement dans toutes les unités, réelles ou possibles, d'une même classe ?

Ici apparaît comme premier fondement de la certitude, avec laquelle nous universalisons, un second caractère de l'objet intelligible, je veux dire la nécessité des noumènes ou des groupements essentiels. Dès que vous arrivez aux caractères, aux éléments essentiels, vous êtes en présence de coalescences indissolubles. Ces éléments se sous-entendent, s'impliquent, s'entraînent mutuellement. « Les choses sont liées et comme emboîtées, dit M. Piat ; elles forment une sorte de hiérarchie logique et si serrée que les unes ne peuvent être que les autres ne soient en même temps. »

Il convient d'entrer dans plus de détails. Nous avons énuméré les propriétés universelles du moineau. Toutes et quantes fois mes yeux m'avertiront de la présence d'un moineau, je pourrai prononcer sans balancer un instant que c'est là un petit animal, sentant, vivant, organique, matériel, substantiel, réel. Il ne se peut que dans mon passereau l'une de ces attributions ne sous-entende pas toutes les autres. Disons dans quel sens.

Ce qu'il y a de nécessaire dans l'essence, ce n'est pas le fait contingent de sa réalisation, — dans ce sens Dieu seul est nécessaire, — c'est le groupement des constitutifs dans un but déterminé. Il est accidentel que l'homme existe ou non. Son existence supposée ou voulue, il faut lui octroyer psychisme et somatisme, organisme et activité intellectuelle, attributs et fonctions indispensables.

Les essences sont immuables; leurs éléments s'englobent mutuellement. Et si vous voulez réaliser l'une d'entre elles, il faudra reconnaître et respecter les lois de son intime constitution. Sinon, vous essaierez en vain de la fixer; elle échappera éternellement à la main qui voudra la saisir et l'emprisonner dans une individualité. Vous n'aurez jamais un végétal si vous ne donnez à cet être en formation les propriétés essentielles du végétal; de même, si cet être n'est pas tout d'abord vivant, matériel, substantiel, réel, Dieu lui-même ne peut rien contre cette loi des essences.

Et il ne semble pas qu'à ce sujet puissent s'élever de grands débats. Au fond, ce sont là pures tautologies, basées sur le principe d'identité. Essences ou coalescences nouménales = la somme des qualités composantes. Changez quoi que ce soit dans le second terme, il est manifeste que vous abolissez l'équation ou l'identité. En dernière analyse la nécessité des essences n'est qu'une forme du principe de contradiction. Il est impossible que l'homme soit (par hypothèse) et qu'il ne soit pas (puisque vous lui déniez ses constitutifs essentiels).

Il est pourtant une nécessité des essences plus absolue encore si c'est possible : c'est celle qui, au lieu de procéder de l'être aux qualités plus complexes, procède, au contraire, par régression, des qualités plus complexes à l'être. Citons un exemple. Il peut se faire que l'être réel ne soit pas vivant, mais il ne peut se faire que le vivant ne soit pas un être réel. La nécessité progressive des essences est donc hypothétique en tant qu'elle se subordonne à un résultat intentionnel; la nécessité régressive est absolue.

Cette distinction n'a pas grande importance. Dans toute hypothèse il reste que les essences sont nécessaires, immuables. On ne saurait, sans les mutiler et les détruire, dissocier, isoler dans la réalité leurs éléments. Et c'est l'inviolable cohésion des essences qui confère une absolue certitude aux conclusions dégagées de l'universel réel. C'est parce que nous avons l'évidence intime que les caractères universels réels sont inséparables, que de la présence de l'un nous inférons en toute sécurité la présence des autres. Que je voie un moineau ; je sais que c'est un animal ; de cette qualité je déduis toutes les autres qualités essentielles.

Et c'est au contraire parce que les déterminations empiriques de quantité, poids, volume, couleur, figuration, etc., sont accidentelles et accidentellement reliées entre elles, que la consécution dans un raisonnement empirique ne saurait jamais être qu'incertaine et douteuse. L'universel concret est, de ce chef, absolument réfractaire à toute conclusion certaine. Comment voulez-vous conclure d'un attribut à un autre attribut, si ces deux attributs ne sont pas nécessairement liés?

Aussi est-il vrai que si la théorie de l'universel empirique régnait jamais définitivement, il faudrait renoncer à expliquer la certitude de nos inductions et de nos déductions? Ne serait-ce pas parce que nos penseurs n'ont pas suffisamment vu la distinction, l'abîme qui sépare l'universel abstrait nécessaire de l'universel concret possible, ne serait-ce pas pour cela que le problème de l'induction est devenu la *vexata quæstio* de la philosophie moderne? Sans l'universel nécessaire entrevu, vous ne rendrez jamais raison de la certitude, de l'évidence inductive.

Votre universel empirique n'est qu'un informe et chimérique rudiment d'universel. Car, enfin, supposez que tous les passereaux soient exactement pareils, puisque votre hypothèse exige cette concession. Cela pourra bien nous rassurer pour le passé... Mais l'avenir? Dès là que les caractères empiriques du moineau sont contingents, rien ne me garantit que demain ne va pas naître un moineau qui n'en sera pas gratifié.

Au surplus, comment arriverez-vous à établir que toutes les unités de même ordre sont absolument semblables? Radicale impossibilité de parcourir toute la série. La chose serait-elle possible, qu'il deviendrait ensuite oiseux de revenir sur cette enquête pour établir, par une manière de raisonnement, une similarité déjà perçue ou l'existence de propriétés déjà démontrées.

Enfin, ce qui ruine à tout jamais l'universel empirique, c'est que, en fait, il est de toute évidence que dans aucun ordre toutes les unités ne sont jamais absolument semblables. Par suite, la représentation de l'une ne saurait être la représentation des autres. Voilà où doivent nécessairement aboutir l'abstrait et l'universel empiriques : à l'impuissance ou à l'illogisme.

M. Lachelier a cent fois raison : « Que M. Mill le veuille ou non, il est certain que ce scepticisme (*le scepticisme absolu*) est le fruit naturel et toujours renaissant de l'empirisme. Si la nature n'est pour nous qu'une série d'impressions sans raison et sans lien, nous pouvons bien les constater, ou plutôt les subir, au moment où elles se produisent ; mais nous ne pouvons ni en prédire, ni même en concevoir la production future. Ce que l'empirisme appelle notre pensée, par opposition à la nature, n'est qu'un ensemble d'impressions affaiblies qui se survivent à elles-mêmes : et chercher le secret de l'avenir dans ce qui n'est que la vaine image du passé, c'est entreprendre de deviner en rêve ce qui doit nous arriver pendant la veille. Nous voulons asseoir l'induction sur une base solide : ne la cherchons pas plus longtemps dans une philosophie qui est la négation de la science. » (*Du fondement de l'Induction*, p. 25.)

Avant de passer outre, il faut encore répondre à une question que l'esprit se pose naturellement : Comment savons-nous que telle propriété est essentielle, et par suite rigoureusement requise? Nous transcrivons ici une page fortement pensée de M. Fonsegrive : « Nous distinguons dans les choses, dit-il, des caractères plus importants et moins importants. Comment ce départ s'est-il opéré ?

« Mais de façon, ce semble, assez naturelle. La simple expérience que chacun de nous a de sa vie lui permet de constater qu'il y a en lui des organes sans lesquels il ne vivrait pas, d'autres dont il peut être privé sans mourir. Nous fermons les yeux, notre vie sensible est diminuée, mais non tout entière supprimée. Nous cessons de respirer, nous éprouvons un malaise insupportable : voir est donc une fonction moins essentielle que respirer, etc. Nous établissons ainsi naturellement et comme sans y penser une distinction entre certains caractères, qui nous paraissent absolument nécessaires au maintien de notre existence, et d'autres qui, sans lui être aussi nécessaires, la perfectionnent ou l'augmentent, et d'autres, enfin, qui sont à peu près indifférents. Ainsi tous les hommes ont le sentiment acquis d'une différence d'importance entre les caractères ; il suffit après qu'ils y réfléchissent pour que ce sentiment devienne une idée et qu'ils aient la conception nette d'une hiérarchie des caractères, de la distinction entre l'essentiel et l'accidentel.

« Même notre expérience nous permet de distinguer entre ce sans quoi nous ne pourrions absolument pas être et ce sans quoi nous ne pouvons pas être comme hommes. Nous voyons que si au lieu de bras nous avions des pattes, nous pourrions bien vivre encore, mais nous ne serions plus des hommes. Il y a donc des caractères qui nous paraissent propres à l'espèce, qui la différencient d'avec les autres, qui donc tiennent à l'essence, mais ne sont pas indispensables à la vie des êtres individuels.

« Or, dès qu'un animal se présente à nous, pour peu que nous réfléchissions, nous opérons la distinction de ces divers caractères. Un seul regard suffit pour découvrir les organes par où il mange, par où il respire, par où il marche, par où il sent. Ces fonctions étant les plus importantes, c'est à la forme extérieure de ces organes que nous nous attacherons de préférence ; nous négligerons volontairement les autres caractères extérieurs, et, grâce à cette abstraction, se formera un concept dont la compréhension sera constituée par l'ensemble des formes extérieures organiques les plus importantes. C'est ainsi que, dans l'exemple du bœuf, cité plus haut, j'ai retenu la forme de la tête, des jambes et du corps. Le concept reproduit ainsi pour nous la nature (τὸ τί ἐστι, *quod quid est*) de l'être que l'on envisage.

« La théorie qui vient d'être exposée peut s'appliquer, *mutatis mutandis,* aux êtres qui nous ressemblent aussi bien qu'aux êtres qui se rapprochent de nous. En l'absence d'organes très apparents des fonctions essentielles à la vie, nous distinguons dans les animaux inférieurs et dans les plantes les caractères extérieurs les plus volumineux, les plus frappants ou les plus intéressants pour nous ; la coquille de l'escargot, la viscosité de la limace, le feuillage des arbres, la forme ou le parfum des fleurs. De même pour les minéraux : ce sont leurs caractères utiles qui nous servent à les concevoir d'abord et à les différencier...

« Mais, dans tous les cas, si un départ primitif n'avait pas été opéré entre l'important et l'accessoire, si nous n'avions pas par notre propre expérience éprouvé la réalité de la hiérarchie des caractères, nous n'aurions vu dans les êtres extérieurs que des caractères tous également donnés par la sensation, par conséquent sur le même plan, et entre lesquels nous n'aurions eu aucune raison pour faire un choix, pour négliger les uns et pour retenir les autres. Tout donc se réfère à nous, c'est de notre propre expérience que nous tirons les règles ou les lois que nous appliquons après aux êtres qui nous entourent. Nous sommes ainsi, mais en un tout autre sens que ne l'entendait Protagoras, la mesure de toutes choses, non que nous imposions à tout le reste nos lois domestiques, ainsi que parle Montaigne, mais parce que nous découvrons dans la complexité de notre être les lois générales des différents êtres ; étant corps, nous portons en nous les lois les plus générales des corps matériels; étant vivants, nous pouvons observer sur nous-mêmes les lois les plus générales de la vie; êtres sentants, nous pouvons découvrir en nous les lois de la sensation; doués enfin de pensée, nous pouvons trouver chez nous les lois même de la pensée. On a dit d'une façon très ingénieuse et très solide à la fois qu'avant qu'il y eût une psychologie physiologique, il y a eu une physiologie psychologique ; on en pourrait dire autant de toutes les sciences; toutes tirent leur origine des données psychologiques et des observations les plus immédiatement personnelles. » (*Revue philosophique*, XLI, pp. 372, 373.)

À notre tour, nous trouvons ces remarques introspectives « très ingénieuses et très solides à la fois ». L'auteur aurait pu s'étendre, à notre avis, un peu plus longuement sur la formation, sur la genèse de nos idées primitives et transcendantes. Il aurait pu ajouter que c'est, en effet, le sentiment de notre moi réel, substantiel, causal, matériel, organique, vivant, etc., qui nous donne, très probablement par abstraction suprasensible, les idées correspondantes d'être, de réalité, de cause, de substance, de vie, etc.

En ce qui touche les propriétés matérielles, il aurait pu également observer qu'elles ne peuvent être, à proprement parler, considérées comme nécessaires, que si préjudiciellement elles revêtent un caractère, le plus indispensable, le plus fondamental, un caractère d'abstraction, qui a pour but de les immatérialiser ou de les dégager de toute modalité, de toute détermination empirique. Il faut amener les complexus empiriques à n'être plus que des complexus de représentations indépendantes de la matière, transcendantales. Ce troisième caractère de l'objectif idéal conditionne originairement tout élément essentiel et, par là, tout universel véritable.

Les scolastiques enseignent que les corps sont individualisés par la *materia signata quantitate,* c'est-à-dire par les déterminations quantitatives et empiriques, quelles qu'elles soient. Nous tenons que c'est là une des vues les plus vraies et les plus profondes de la philosophie péripatéticienne. Effectivement, les attributions dites nécessaires de notre passereau ne sont telles que si nous faisons abstraction des modalités matérielles. Sa vie, sa réalité, sa substantialité ne sont nécessaires et, par conséquent, attribuables à tous les autres volatiles de même classe que si vous supposez cette abstraction préalable. Ce n'est pas cette vie, cette réalité, cet organisme, ce système de fonctions, ces membres avec leurs déterminations individuelles et empiriques que je puis et dois concéder à tous les moineaux. Il serait faux de dire qu'ils ont tous une vie de cette durée, des membres aussi grêles, un corps avec ce poids, des ailes de cette longueur, un plumage de cette couleur, une réalité enfin ainsi déterminée. Les déterminations quantitatives et empiriques sont accidentelles ; donc elles peuvent ne pas être toujours les mêmes, elles ne sont pas *prédicables* à l'indéfini, elles ne sont pas universelles. Pour avoir un prédicable ou un prédicament, un universel réel nécessaire, je dois faire abstraction des qualités matérielles.

Notons, en passant, que si tout essentiel est nécessairement abstrait, il n'est pas requis de la même façon que tout abstrait soit nécessairement essentiel. Je puis abstraire, immatérialiser l'écume d'un cheval fougueux, il ne s'ensuivra pas que l'écume soit essentielle au cheval. De même pour toutes les qualités accessoires.

En général, on peut dire que les naturalistes ont méconnu ce caractère de l'abstraction mixte. Ils n'ont pas voulu voir ce Rubicon dont Muller a signalé la présence. Ils l'ont passé bien souvent cependant !

Voici entre autres M. Ribot qui définit le concept « une simplification de simplifications ». C'est vrai à certains égards. L'immatérialisation n'est-elle pas la simplification absolue ? Telle n'est pas la pensée de l'auteur. Écoutons-le : « Au fond, l'antagonisme de l'image et de l'idée, c'est celle du tout et de la partie. On ne peut être simultanément un abstracteur et un imaginatif, parce qu'on ne peut simultanément penser par totalité et par fragment, par groupe et par fraction, et que ces deux habitudes mentales, sans s'exclure absolument, se contrecarrent. » (*Évolution des Idées générales*, p. 153.)

Les opinions empiristes de l'auteur se trahissent clairement. L'abstrait conceptuel ne se distingue de l'image que par un décroissement de complexité. En fin de compte, il n'y a là que du concret abstrait, résidu d'une abstraction empirique. Il y a toujours que l'on confond l'abstrait mental universel et nécessaire avec le concret abstrait, en fait particulier et contingent, résultat d'une sorte de découpage empirique.

Et pourtant, M. Ribot a beau protester qu'il ne la voit pas, la division est bien profonde entre les deux. Il enseigne que l'universalité se proportionne à la simplification empirique. Qu'il y songe, cette affirmation n'est pas exacte. Prenons l'idée d'homme, une idée fort complexe assurément : elle est aussi générale que l'idée d'être, la moins complexe. Rien ne m'empêche de concevoir les hommes aussi nombreux que les êtres. Elle n'est générale ni plus ni moins. Ainsi de toutes nos représentations empiriques, dès qu'elles franchissent ce passage mystérieux de l'imagination à l'intelligence. Elles deviennent toutes, et leur complexité n'a rien à faire ici, aussi universelles, aussi abstraites, aussi nécessaires les unes que les autres.

A quoi cela peut-il tenir, si ce n'est à ce que toutes subissent la même élaboration, la même transformation, qui les immatérialise ou les dépouille, les dévêt de leurs modalités empiriques? A ce point de vue, il n'est rien de plus contraire à l'expérience intime que les assertions suivantes du même philosophe : « Selon leur degré, nous l'avons vu, les concepts sont d'une nature psychologique fort différente, n'ayant en commun qu'un seul caractère : d'être des extraits, et qu'il est, par conséquent, chimérique de vouloir les comprendre tous dans une définition unique. » (*Loc. cit.*, p. 154.)

Ils ont de plus ce triple caractère commun d'être également et au même titre suprasensibles, universels et nécessaires, au lieu que le concret, si morcelé, si pulvérisé soit-il, demeure toujours concret, particulier, contingent. Comment des caractères à ce point opposés n'introduiraient-ils pas une différence de nature, et comment cette différence de nature échappe-t-elle à la sagacité d'un penseur comme M. Ribot? Encore ici il faut croire que ses préoccupations d'évolutionniste naturaliste l'ont mal servi.

Il a voulu se ménager des formes de transition depuis la plus humble sensation jusqu'au concept, nous verrons mieux tout à l'heure dans quel but; impossible dès lors de conserver l'irréductibilité du concept à l'image et à la sensation. Entre les formes inférieures et les formes supérieures de la connaissance il n'y aura plus qu'une différence de degré ; elles seront le fruit d'un même procédé d'abstraction ; et les deux abstraits, mental et empirique, s'ils se distinguent encore, ne devront leur différenciation qu'à une simplification plus ou moins avancée.

Et malgré tout la coupure est profonde ; l'hiatus est largement béant entre ces deux abstraits. En deçà du côté des sens rien que du concret, du particulier, du transitoire, de l'accidentel, des apparences mobiles et flottantes, d'éphémères contours, je ne sais quoi d'inconsistant, qui s'écoule sans cesse ; de l'autre côté, à la rive opposée, sur les bords de l'intelligence, c'est au contraire la stabilité, l'immutabilité, l'égalité absolue. Rien ne change, grâce à l'impitoyable élimination des modalités empiriques, grâce à ce tranchant acéré de notre mentalité qui ne se contente pas d'isoler des qualités matérielles, mais atteint les racines mêmes de la matérialité, arrache au corps ce mode d'être, et lui confère une manière d'existence essentielle, immatérielle et transcendante, en dehors de l'espace et du temps.

Les deux contrées s'opposent, un abîme les sépare et nulle réalité ne le franchit, si elle n'est immatérialisée.

Plus on y réfléchit, et plus on perçoit clairement qu'un large fossé existe entre les deux abstraits. Un irrémédiable antagonisme opposera toujours l'idée à l'image. Quels contrastes en effet : l'image si matérielle, si éphémère, si particulière dans sa coloration et sa figuration ! — L'idée si ferme, si impérissable, si vaste, si spirituelle dans son verbe de lumière, dans sa définition si brève, si précise, si sereine, si impersonnelle !

Oh ! sans doute nous ne pensons guère sans que, parallèlement à nos idées, ne s'éveillent dans l'organisme je ne sais quels fantasmes, qui nous poursuivent et nous obsèdent, qui semblent faire effort pour supplanter l'idée et nous donner le change. Même s'il s'agit d'êtres spirituels, — de l'âme, de Dieu, — de bizarres délinéaments, de mobiles colorations, de fugaces dessins ne cessent de nous hanter, d'errer dans l'imagination, surtout si nous sommes des visuels. Il nous arrive même de faire appel à ces chimériques lignes, à ces grossières et imprécises figurations pour fixer notre esprit et nous aider à comprendre par analogie, tout comme au tableau noir un tracé quelconque rend parfois des services, même en métaphysique.

Mais la réflexion philosophique ne confond pas ces apparences menteuses avec l'idée. Et en fait notre esprit n'est pas dupe ; il sait très bien faire la différence entre les deux représentations. Quand il doit se prononcer, arrêter sa définition, l'esprit éloigne ces ombres fugitives, bien plus il se démontre à lui-même ce qu'elles ont de défectueux. N'est-ce pas saisir sur le vif la dualité de l'image et de l'idée ? — Nous sentons que notre pensée et notre imagination suivent, si l'on veut, une marche parallèle, mais ne tendent nullement à confondre leurs opérations. Elles s'entr'aident : l'imagination fournit des matériaux à la pensée, la pensée dirige l'imagination, voilà tout.

D'ailleurs nous n'avons pas que des idées à objet matériel, nous avons d'autres compréhensions. Bonté, vérité, justice, sainteté, moralité, etc., etc., autant de notions qui nous sont familières. Dira-t-on que ce sont là des images ou des concrets ? C'est insoutenable.

Néanmoins j'ai l'intuition de l'idéalité que traduit par exemple le mot vérité ou justice, j'ai, dis-je, cette intuition mentale aussi claire, aussi présente, aussi consciente que l'image évoquée des tours de Notre-Dame. Et certes on ne saurait contester aux concepts dont il s'agit et l'immatérialité, et l'universalité, et l'immutabilité. Donc l'idée générale existe ; elle n'est pas une illusion, une hallucination, elle est une réalité mentale.

CHAPITRE II

ÉVOLUTION DU CONCEPT

I. Position de la question. — II. Aucun fait ne démontre l'évolution du concept. — III. Cette évolution implique contradiction.

Le concept est réel.

Cette troisième forme de connaissance nous est apparue avec de glorieuses prérogatives d'immatérialité, d'universalité, de nécessité. On ne peut le réduire à une sensation ou une image habilement dissimulée sous les fastueux dehors d'une imprudente généralisation ou d'une mensongère immatérialisation : il ne faut pas le confondre avec le mot ; il ne faut pas même l'imaginer comme une tendance, une habitude, un reliquat plus ou moins conscient et organique, qui serait au nom prononcé ce qu'un lumineux sillage est au vaisseau qui fuit à travers les océans. Contre cette conclusion du chapitre précédent s'élève l'objection de l'évolution des idées générales. De sensation ou d'image qu'il était originairement, le concept ne se serait-il pas peu à peu transformé, ennobli par le seul épanouissement de ses virtualités cachées, par le seul jeu de ses énergies ? Le concept est-il évolutif ?

Il est impossible de méconnaître la gravité du problème. A la rigueur, sans doute, nous pourrions laisser passer la théorie des transformations conceptuelles, à la condition que, pour présider à cette ascension progressive vers la spiritualité, on accorderait à l'homme un psychisme supérieur, une énergie suprasensible qui de cette transformation ferait son œuvre particulière. Mais, hélas ! avec nos transformistes nous sommes loin de pouvoir espérer cette concession. Entendons M. Ribot nous rendre compte des doctrines professées par H. Spencer dans ses *Principes de Psychologie* : « Le premier résultat de la loi de continuité, c'est qu'entre les faits physiologiques et les faits psychologiques il n'y a point de ligne précise de démarcation, et que toute distinction absolue est illusoire. Sensations, sentiments, instincts, intelligence, tout cela constitue un monde à part, mais qui sort de la vie animale, qui y plonge ses racines et en est comme l'efflorescence. Entre la fonction la plus humble et la pensée la plus haute, il n'y a pas opposition de nature, mais différence de degré, chacune n'étant qu'une des innombrables manifestations de la vie... C'est dans le monde matériel qu'il faut chercher la raison dernière de la nature de nos pensées, de leur ordre, de leur liaison. Où est la source de nos idées de simultanéité et de succession, sinon dans les coexistences et séquences externes ?... » (*Psychologie anglaise*, pp. 176-177.)

On voit la conséquence : si tout sort de la matière et de l'organisme, dès l'instant que l'organisme tombe à la destruction et à la mort, plus rien ne saurait subsister de ce qui fut la personnalité humaine. Arrachez les fondements, l'édifice s'écroule ; qu'un insecte ronge les racines de la fleur, la tige se dessèche et périt.

Il importe donc souverainement de se faire à ce propos des idées exactes. Que faut-il penser de l'évolution conceptuelle ?

I

Nous croyons d'abord qu'il y aurait lieu, ici comme ailleurs, quand on traite de l'évolution, de distinguer deux sortes d'évolution : l'évolution intraspécifique et l'évolution extraspécifique, à laquelle on réserverait le nom de Transformisme.

La première, qui fait insensiblement progresser l'espèce ou se développer les individus dans les limites de l'espèce, nous paraît très rationnelle, très vraie.

Si préjudiciellement vous concédez à l'homme, à l'enfant, des pouvoirs spirituels à l'état de germe et d'enveloppement, il faut bien admettre certain processus évolutif. Nous savons que l'exercice des facultés transcendantes est lié à l'exercice des facultés sensibles pour que le moi psychique prenne conscience de lui-même ; par ailleurs, nous n'ignorons pas que nos pouvoirs organiques ne se développent que parallèlement aux organes correspondants. Le développement graduel des organes devient donc la mesure du développement psycho-physiologique de la sensibilité, et, par là même, la condition du fonctionnement d'une mentalité progressivement compliquée. A mesure qu'il se perfectionne, l'organisme rend possible l'exercice des énergies, qui préparent les matériaux de la pensée, liée et comme paralysée, jusqu'à ce que la sensibilité l'éveille et l'alimente. Le premier branle est donné. La pensée ne cessera plus de s'agiter, de se travailler pour se compléter, pour s'enrichir de nouvelles représentations. Au fur et à mesure que le système psycho-organique lui apportera plus de matériaux, elle poursuivra plus activement la construction de cet édifice scientifique et synthétique dont elle est le centre organisateur et la pièce principale.

Dans ce sens il est bien vrai que l'homme, que la pensée est une évolution vivante, un perpétuel devenir.

Solitaire et rêveur, avez-vous un jour égaré vos pas sur les rives de quelque grand fleuve aux eaux lentes et profondes ? A peine un petit remous, une ride à peine perceptible, une légère ondulation viennent-ils parfois vous prévenir que cette eau est en mouvement. Sans cet avertissement, vous diriez un vaste miroir immobile dans lequel vous ne vous lasseriez pas de contempler, reflétées et par moments agrandies, idéalisées, les mille merveilles de la nature et du ciel. C'est tour à tour le brin d'herbe et le grand arbre, la fleur et l'arbuste de la rive, ce sont les dômes de verdure et les grands rochers, les collines ombreuses et les montagnes escarpées ; c'est l'azur ou l'embrasement d'un ciel d'été ; c'est l'orage et la tempête ; ce sont les sérénités et les astres de la nuit; ce sont les aspects assombris de l'automne et de l'hiver, qui viennent se projeter dans ces limpidités profondes et majestueuses.

N'est-ce pas là une fidèle image de l'âme, ou plus exactement de la pensée humaine ? Comme cette onde fugitive, elle va, elle court, elle s'écoule dans la vie vers l'océan lointain. Elle glisse à travers les réalités d'ici-bas, qui ne sauraient la retenir et qui, néanmoins, se mirent, s'impriment, se fixent en elle comme si elles voulaient ne plus la quitter et la suivre jusqu'à Dieu. Comme cette onde sans vie, et mieux qu'elle, la pensée intelligente devient en quelque sorte un résumé, un abrégé des merveilles de la création. C'est ainsi que l'âme est un perpétuel devenir et va évoluant de perfection en perfection.

Cette progression de la mentalité n'est pas particulière à l'individu. L'espèce en bénéficie. Grâce à cette admirable prérogative de l'hérédité, l'homme peut faire part à ses descendants de son propre perfectionnement et des perfectionnements acquis à la suite des expériences ancestrales et de l'apport séculaire de l'humanité.

Nous ne franchissons pas les limites de l'espèce humaine, et, dans cette mesure, rien de plus vrai que le progrès, le développement incessant de notre vie psychologique.

Malheureusement, ce n'est pas à ce point de vue que nos modernes naturalistes se font les apôtres de l'évolution. Pour eux, l'évolution doit être extraspécifique ou monistique. Le mouvement seul est à l'origine des choses, et la pensée n'est qu'une forme du mouvement, comme, d'ailleurs, toute réalité matérielle ou immatérielle. Nous avons déjà entendu M. Ribot parlant au nom de H. Spencer. Dans son plus récent ouvrage (*L'Évolution des Idées générales*, ALCAN, 1897, *passim*) il nous apporte les mêmes déclarations en son nom personnel : « L'abstraction supérieure, prononce-t-il, est en germe même dans les opérations primitives (*sensations*) dont l'objet propre est le concept... (p. 8). Les mêmes ressorts sont en jeu, et ils se réduisent finalement à une direction particulière de l'attention (p. 9). » Dès la première page, dès les premiers mots, il affirme ce qu'il répétera plus tard, à savoir que « le but principal de cet ouvrage est d'étudier la marche de l'esprit lorsqu'il abstrait et généralise, de montrer que ces deux opérations sont à évolution complète, c'est-à-dire qu'elles existent déjà dans la perception (*sensation*) et, progressivement, par étapes successives qu'on peut déterminer, atteignent les formes les plus élevées, le symbolisme pur, accessible seulement au petit nombre ».

Théorème à démontrer. M. Th. Ribot s'emploie à cette démonstration avec toutes les ressources de son esprit. A-t-il réussi dans son dessein? Malgré l'ingéniosité de ses procédés et la finesse de son observation, il nous semble difficile qu'il puisse croire lui-même à un succès. A chaque pas sa marche est embarrassée, hérissée de difficultés, d'autant plus nombreuses et plus insurmontables, semble-t-il, qu'il fait plus d'efforts pour les tourner.

Nous relèverons quelques-unes de ces difficultés.

Nous avons déjà vu combien les opinions philosophiques de l'auteur expliquent peu le concept, tel qu'il nous apparaît à la lumière de l'introspection et de la réflexion.

Et maintenant, comment va-t-il s'y prendre pour asseoir son fameux postulat de l'évolutivité universelle? Il faut passer de l'image au concept, d'une forme représentative à une autre forme représentative différente, présentant même des contrastes nettement, fortement accusés. Il faut trouver des formes intermédiaires, des formes de passage. On va essayer; les différences étant moins sensibles, les distances moins considérables, le passage sera plus facile.

« Nous pouvons figurer, dit M. Th. Ribot, la différence entre les images génériques et les notions générales qui s'en rapprochent le plus, par le symbolisme suivant :

I. — A B C d e   II. — A b c d e
    A B C e f   x y z A f
    A B C g h, etc.   g A h k m, etc.

où chaque ligne répond à un objet et chaque lettre à un des principaux caractères de l'objet. Le tableau I est celui de l'image générique. Une partie A B C est constamment répétée dans chaque expérience ; de plus, elle est en relief, comme l'indiquent les majuscules : l'élimination des différences est presque passive, se fait d'elle-même ; elles sont oubliées.

« Le tableau II est celui d'une notion générale assez simple. Il s'agit de dégager A de tous les objets où il est inclus. C'est encore un caractère saillant indiqué par les majuscules et qui se rencontre dans chaque objet ; mais, comme il est perdu dans les différences, comme il ne représente qu'une assez faible fraction de l'événement total, il ne se dégage pas spontanément ; il exige un travail préalable de dissociation et d'élimination.

« Ainsi entendue, la différence entre les deux procédés ne consiste que dans le pouvoir de dissocier plus ou moins, et rien n'autorise à supposer une différence de nature. » (*Loc. cit.*, p. 104.) — Très vrai, pas plus que rien ne vous autorise à conclure que le schème II est un concept. Nous n'avons qu'à nous remettre en mémoire ce que nous avons dit touchant l'image schématisée. A est une qualité tout à fait concrète, plus difficile à dégager, parce qu'elle est plus enveloppée. Il est manifeste que la formation de l'image générique sera plus lente ; elle ne sera pas autrement composée : mêmes éléments toujours empiriques et particuliers, donc image schématisée également empirique et particulière, comme nous l'avons établi plus haut.

Au fond, je crois bien qu'il y a là méprise. M. Ribot confond peut-être la notion scientifique et la notion philosophique. La notion scientifique se constitue comme l'indique l'auteur, du moins à première vue. Mais A ne devient proprement concept que moyennant un processus complémentaire, plutôt latent et inconscient, qui a bien l'air d'échapper à la sagacité de

M. Ribot, et qui transforme la notion scientifique en notion philosophique. Sans cette élaboration mentale, A n'aurait jamais l'immatérielle universalité, la *vis inductiva* qui permet de conclure avec certitude dans les cas nouveaux. Toujours le problème de l'induction, insoluble pour la philosophie contemporaine, précisément parce qu'elle ne tient pas compte du processus qui immatérialise.

Il n'y a pas trace d'idée générale dans le premier exemple apporté par l'auteur. Suivons-le pas à pas. Il va nous révéler le fond de sa pensée et faire surgir enfin les formes intermédiaires entre l'image et le concept. Pour lui, *l'image générique* est la forme empirique la plus élevée de l'image, et *le jugement* est la forme rudimentaire du concept.

La question se pose alors comme suit : « Entre l'image générique et le jugement sous ses formes inférieures, y a-t-il solution de continuité ou passage par transformations lentes? » (*Loc. cit.*, p. 105.)

Le ton de la réponse n'est pas tranchant, comme on aurait pu s'y attendre après les affirmations inconditionnelles qui précèdent. L'auteur prononce néanmoins « que la discontinuité dans l'évolution, dans le passage de l'inférieur au supérieur, est loin d'être établie. Sans doute, comme toutes les questions de genèse, celle-ci laisse beaucoup de place à l'hypothèse, et on ne peut se décider que d'après des vraisemblances; mais elles ne me paraissent pas en faveur d'une rupture de continuité. » (*Loc. cit.*, p. 107.)

Et pourquoi? Parce que, dit-il, et tel est le dernier mot de son explication, « la vraie cause du vrai concept, c'est la réflexion ». Or, « cet acte fondamental, — *la réflexion*, — n'est pas sans antécédents, il ne jaillit pas, comme une apparition nouvelle, il est le plus haut degré de l'attention, c'est-à-dire d'une attitude de l'esprit qui se rencontre même très bas dans l'échelle animale ». (*Loc. cit.*, p. 107.)

En résumé, le passage doit être facile de l'image générique au jugement ou concept inférieur, parce que la réflexion, facteur du concept, est un équivalent de l'attention maxima, facteur de l'image générique. L'équivalence des facteurs doit entraîner l'équivalence des résultats.

Nous ne faisons pas difficulté d'admettre que la réflexion est « la vraie cause du vrai concept ». La réflexion est comme une seconde vue de l'esprit qui a pour objet les opérations mêmes de l'esprit ou les données acquises de la connaissance pour les mieux scruter, les mieux détailler, les dénommer au besoin. Fonction de l'intelligence, rien n'empêche qu'elle ne soit un procréateur de concepts. Ce n'est pas le seul : l'intuition directe de l'intelligence peut toujours être regardée comme la cause primitive de l'idée générale.

Donc sur ce point nous sommes d'accord avec M. Ribot. Mais cet accord est impossible dès qu'on nous propose de faire de l'attention, « même au plus haut degré », un équivalent de la réflexion.

Hamilton nous a déjà parlé de l'attention comme facteur du concept, et, à ce propos, nous nous sommes expliqué sur le rôle possible de ce nouvel élément de discussion. Qu'est-ce, en effet, que l'attention? M. Ribot dit très bien « une attitude » de l'esprit. C'est cela même. C'est la tension d'une force : elle ne la crée pas; elle la suppose. Dans l'espèce, si antérieurement à l'effort attentionnel vous avez l'énergie psychique de l'idéation et de la conception, l'attention vous aidera à mieux concevoir. Mais la décupleriez-vous, elle ne vous donnera pas un pouvoir qui vous manque.

Par conséquent, soutenir que l'attention *maxima* de l'animal est un succédané de la réflexion, c'est ramener la réflexion à n'être plus, en dernière analyse, qu'une faculté empirique si tendue qu'on le veuille par l'attention. On ne nous a jamais entretenus que de pouvoirs organiques; la réflexion ne saurait être qu'un de ces pouvoirs. Dès lors, nous ne saurions transiger; ainsi comprise la réflexion ne saurait être une cause quelconque de concepts : le matériel ne peut immatérialiser; le particulier ne peut universaliser. Du reste, en temps opportun, nous donnerons tout au long nos motifs.

M. Ribot conclut : « En résumé, pour nous en tenir au moins contestable : conditions cérébrales et psychologiques de la parole (non du langage articulé seul), imposition du mot avec qualités et attributs qui, peu à peu, sont érigés en choses indépendantes, et le pas définitif est franchi. » (*Loc. cit.*, p. 108.) Oui, certes. Mais ce sont ces conditions psychologiques qui, dans votre explication du concept même inférieur, demeurent absolument insuffisantes. Jamais avec des pouvoirs psycho-organiques et, partant, empiriques, jamais vous n'expliquerez le concept.

On comprend que Max Muller s'obstine de plus belle à déclarer impossible aux facultés empiriques le passage de ce nouveau Rubicon.

La seule analogie signalée entre l'image générique et le concept, à savoir l'équivalence des deux causes, est donc illusoire. Le concept est toujours irréductible en face de l'image. Soit qu'il fasse le fond ou le plein du jugement, soit qu'il s'énonce par un nom, il offre toujours les mêmes caractères d'immatérialité et d'universalité, il exige toujours, comme nous le verrons, un principe psychique supérieur. Le plus humble est toujours concept autant que les plus élevés; l'image est toujours image; et le passage de l'une à l'autre demeure chimérique.

Les formes supposées dites moyennes par M. Ribot doivent donc aller rejoindre ces idoles et ces entités réalisées, que l'abstraction crée de toutes pièces et qui ont le don d'alarmer, d'effrayer le célèbre psychologue. Sa théorie n'est pas heureuse; son observation, ou, si l'on veut, son expérimentation l'est-elle davantage?

Nous avons le regret de ne pas pouvoir répondre affirmativement. Il observe tour à tour sur les animaux, sur les enfants, sur les sauvages. Nous ne suivrons pas la trame pour le moins très ingénieuse de ses développements. Il y aurait bien des réserves à faire, et peut-être bien des remarques à l'appui de notre thèse.

Nous ne pourrons dire qu'un mot des conclusions qui regardent les enfants et les primitifs.

Il y a une question préalable. Est-il sage, logique d'en appeler à l'enfant et aux peuplades les plus sauvages pour qu'ils viennent témoigner? Enfants et primitifs sont intelligents, ou du moins réputés tels. Dès lors, leurs progrès prouveront qu'il y a au moins évolution intraspécifique, comme nous l'avons expliqué longuement : les organes se fortifient et avec eux se développent, s'épanouissent insensiblement les pouvoirs psychiques correspondants, contenus en germe dans le moi naissant.

Est-il aussi certain qu'il y a développement, transformation extraspécifique en ce sens que l'image deviendrait concept sans virtualité correspondante? C'est ce que toutes les observations ne prouveront jamais; car il faudrait au préalable établir que ni l'enfant ni le sauvage ne sont doués de mentalité. Sans cette démonstration préjudicielle, dès que dans ces sujets vous me signalerez l'apparition de l'idée générale, je vous répondrai tout simplement que c'est l'énergie intellectuelle qui se trahit. Comment me convaincrez-vous que c'est là une auto-transformation de l'image, qui devient concept... sans doute comme Néron devenait Dieu? C'est donc bien malencontreusement qu'on fait intervenir et enfants et aborigènes dans le débat.

On répliquera peut-être que nous avons tort « d'appliquer à l'état embryonnaire de l'intelligence et du langage des formules qui ne conviennent que pour l'adulte ; à l'esprit en voie de formation des catégories qui ne sont valables que pour un esprit formé. Un rapprochement avec la physiologie de l'embryon humain nous fera mieux comprendre. Avant trois mois, cet embryon a-t-il un nez, une bouche? est-il mâle ou femelle? etc. Ces demandes et d'autres analogues, ceux qui étudient le développement de la vie intra-utérine dans ses premières phases se gardent bien de les poser de cette manière, parce qu'elles ne comportent pas de réponses nettes par oui ou par non. Ce qui est à l'état d'enveloppement et d'incessant devenir ne peut être assimilé que de loin à ce qui est développé et fixé.

« La seule formule convenable est celle-ci : l'esprit va de l'indéfini au défini. Si l'on fait indéfini synonyme de général, alors on peut soutenir que ce n'est pas le particulier qui apparaît au début, mais ce n'est pas non plus le général au sens exact du terme; c'est le vague... » (*Loc. cit.*, p. 39.)

Le vague intraspécifique, soit ; extraspécifique et absolu, non. Il y a du vrai dans la réflexion qui vient d'être faite : il est incontestable que les contours de l'embryon, les détails d'organisation sont loin d'être arrêtés aux premiers mois de la gestation. Ce sont là purs accessoires. En réalité, la nature, l'espèce de l'embryon est parfaitement fixée; c'est un embryon humain, et non pas du tout un embryon qui puisse indifféremment devenir homme ou cheval. De même pour l'image et le concept. Les détails en sont encore vagues, les contours imprécis et flottants, les directions incertaines et mal assurées, mais dans les limites de l'espèce. Il n'en est pas moins acquis, et notre affirmation acquiert une nouvelle force de par la comparaison de l'auteur, que dès le commencement la nature de nos connaissances est bien arrêtée : l'image est déjà image, le concept est déjà concept. Pas plus à ce premier âge que plus tard on ne découvre en nous de formes intermédiaires. La psychologie de l'enfant ou du sauvage ne doit donc pas entrer en ligne de compte. Il y a là pétition de principe. On suppose démontré ce qui est en question, à savoir l'absence dans l'homme d'énergies mentales, capables d'expliquer la soi-disant évolution extraspécifique, autrement que par le passage spontané de l'empirique au conceptuel.

Examinons tout de même les conclusions proposées. Pour M. Ribot c'est un fait : dans les langues rudimentaires des peuplades aborigènes, partout où la civilisation n'a que peu ou point pénétré, il nous faut constater la présence de certaines formes de connaissance mixtes et très complexes, à bases très diverses et très inégales de concret et d'abstrait : c'est une manière de concret abstrait.

Même observation touchant le langage et le développement psychique de l'enfant. Ici et là bizarre mixtion de constitutifs empiriques et grossièrement abstraits. C'est la maladresse et l'hésitation d'un être qui s'essaie.

Avons-nous découvert enfin les formes médianes entre l'abstraction purement concrète et l'abstraction supérieure? Sont-ce là véritablement les stades progressifs de l'évolution conceptuelle?

Nous devons maintenir notre conclusion. Si l'on prétend établir ainsi qu'il y a passage hétérogénique du sensible au suprasensible sans le secours d'une virtualité psychique supérieure, les soi-disant formes moyennes n'ont à cet effet aucune valeur démonstrative. Comme nous le verrons plus bas, nous devons expliquer de tout autre façon l'élément spirituel y inclus.

Quant à l'étrange alliage du concret et de l'abstrait intellectuel, il ne prouve rien évidemment que la présence et l'action simultanée de deux énergies distinctes. L'intelligence malhabile tente de s'emparer des données concrètes, de se les assimiler, de les immatérialiser; elle ne réussit qu'imparfaitement. Mais concept à peine ébauché ou concept achevé n'en sont pas moins immatériels, universels, nécessaires; ou bien il faut croire que l'intelligence n'a pas eu prise sur l'image, et l'image est demeurée ce qu'elle était. La coupure n'en subsiste pas moins sur toute l'étendue du domaine psychologique.

En réalité, que pourraient bien signifier des formes intermédiaires, qui pour être telles devraient offrir des caractères communs avec les deux ordres auxquels elles serviraient de trait d'union? des formes intermédiaires, qui doivent être à la fois particulières et universelles, concrètes et abstraites, contingentes et nécessaires? Ces caractères s'excluent. Les prétendues formes de passage sont contradictoires; ce sont des impossibilités, nous allions dire des non-sens.

Entre l'image et le concept l'antagonisme est irréductible. L'image ne deviendra concept que si elle cesse d'être image. On n'est pas à la fois blanc et noir sous le même rapport.

Nous ne voulons pas dire qu'une même représentation ne peut pas englober des éléments restés empiriques et des éléments mentalisés. Mais qu'inférer de là ? Ces composants restent ce qu'ils étaient. Ils se mélangent, ils ne s'identifient pas ; l'objet mental est l'antithèse de l'objet empirique. De ce que dans les mines d'or le métal précieux est enveloppé et compénétré de scories, de matières étrangères, s'ensuit-il le moins du monde que l'or du minerai n'est pas exactement de même nature que l'or extrait du creuset ? Il est plus caché, plus mêlé : voilà tout. De même, chez le naturel des îles Hawaï et chez l'enfant, l'abstrait conceptuel est plus enveloppé, moins pur de tout alliage matériel, tout en gardant sa nature. Bref il est abstrait mental tout à fait, ou il ne l'est pas du tout ; il n'y a pas *d'entre deux*.

De l'image au concept le passage existe, c'est certain. Faut-il voir là une auto-transformation du concret ? Nous avons d'excellentes raisons, que nous ferons connaître bientôt, de dire non. M. Ribot et son école n'ont aucune raison sérieuse de dire oui. Ils prouvent qu'il y a transition du concret à l'abstrait. Nous ne le contestons pas. Il faudrait établir qu'il y a transition hétérogénique *spontanée*. Ils n'en font rien. Les faits allégués n'ont absolument aucune valeur démonstrative à ce point de vue : on parle d'évolution mentale chez le sauvage et l'enfant. Mais tant que vous n'aurez pas démontré ce qui est en question, à savoir que ces sujets sont dépourvus de mentalité active, vos observations les plus exactes ne semblent pas avoir de portée, d'utilité pour votre dessein.

II

Une constatation serait décisive contre nous. On avait mal choisi tout à l'heure les sujets d'expérimentation. Le passage de l'empirique au conceptuel chez le Tasmanien ou l'enfant ne prouve rien en faveur de la thèse transformiste. Si l'on se contentait d'observer sur la brute, et si l'on parvenait à démontrer que ce même passage a lieu, oh! alors nous serions tout autrement impressionnés. Ici la démonstration serait victorieuse.

Nous accordons en effet que la brute est dénuée d'intelligence. Dès lors, si l'on établit solidement que la brute pense et raisonne, il n'y a pas à barguigner, le fait de l'auto-transformation s'impose à nous avec une évidence qui force la conviction... à moins toutefois que les intellectualistes ne se ravisent, et qu'entre ces deux solutions : l'une transformiste qui conclut en faveur de l'auto-transformation; l'autre, plus classique, qui ferait l'aveu qu'on s'est trompé jusqu'à maintenant et qu'il faut concéder à l'animal d'autres pouvoirs, ils ne choisissent cette demeure comme plus rationnelle et plus philosophique; c'est ce qui arriverait très probablement.

En tout cas, pour le présent, la seule psychologie instructive et capable de donner des résultats, si indigente et si obscure soit-elle, c'est la psychologie animale.

Mais il faut apporter des faits précis, irrécusables, à interprétation claire et peu sujette à contestation. Qu'on ne table pas sur des observations venues de Mongolie et attribuées au Dalaïlama. Qu'on nous cite des faits vivants, contemporains, faciles à contrôler ; on sera contraint d'opter entre l'hypothèse transformiste et la croyance à l'intelligence animale.

Toutefois, pour aborder utilement cette étude, il est bon de se prémunir contre certains malentendus. Sans cela nous courrions le risque de raisonner à vide.

Sous prétexte que dans une étude embryologique les formes de passage sont les plus importantes, on se garde bien de nous promettre des formes achevées, mais seulement des équivalences de concept ou de pensée, des procédés très lointainement assimilables au raisonnement. Pour parler plus clair, on nous promet et on nous donne en effet des images génériques et des consécutions empiriques, sortes de processus associatifs. M. Ribot confesse que tel est le point culminant de la connaissance animale. Jusque-là nous sommes parfaitement d'accord avec lui.

Mais où l'entente sera impossible, ce sera lorsqu'on nous proposera d'assimiler les procédés ci-dessus au concept. Nous ne contestons pas certaines analogies très lointaines entre unités d'ordre différent ; aucune ressemblance de nature. Au vrai, les images schématisées par similarité, ou associées par contiguïté et utilité ne sont et ne peuvent être que des complexus empiriques et collectifs, qui par conséquent diffèrent du tout au tout de l'idée générale. Ces représentations empiriques ne sont pas des équivalences de concept. Le concept est ou n'est pas, brusquement tout concept ou pas du tout. C'est sur ce point que nous serons à tout jamais les implacables contradicteurs des naturalistes, et c'est cette profonde divergence de vue qui nous amène à présenter quelques observations sur la psychologie animale.

Déjà cependant il nous est permis de conclure par anticipation. L'image générique est le point culminant de cette psychologie, de l'aveu de nos adversaires ; or l'image générique n'est aucunement un succédané du concept. Donc la brute ne pense pas. Néanmoins pour ceux qui lui concéderaient autre chose que des images, il est bon d'envisager la question sous le double rapport du fait et du droit. En fait la brute a-t-elle des idées générales ? En droit peut-elle en avoir ?

En fait a-t-on cité un seul exemple topique de brute pensante ? Je ne le sache pas.

Jusqu'à présent les patientes recherches, les efforts obstinés n'ont amené aucun résultat définitif. Ceux-là veulent s'en faire accroire, qui prétendent avoir la preuve sous la main. A cet égard, la thèse évolutionniste n'est pas mieux assise qu'au premier jour. Tous les faits allégués jusqu'à cette heure ne paraissent pas dépasser l'expérience des sens. Inutile de faire appel à l'intelligence.

Nous n'allons pas accumuler observations et petits faits. On les trouvera dans les livres spéciaux.

Tel auteur, Romanes par exemple, nous raconte avec force détails que les fourmis, les guêpes, les chiens, les castors, les singes, les éléphants savent se proposer un but et trouver les moyens de l'atteindre ; ils auraient donc les idées de fin et de moyen.

On nous affirme encore que les animaux sont capables de numération.

En résumé, d'après la nouvelle école naturaliste évolutionniste, l'animal a des idées abstraites, parce qu'il compte ; parce qu'il adapte ses moyens à des circonstances imprévues, ce qui semble témoigner en lui d'une faculté de généralisation ; enfin parce qu'il fabrique des instruments dans un but déterminé : tel l'éléphant qui se prépare un grattoir et un éventail. Ne serait-ce pas là l'idée de moyen et de fin ?

M. Ribot se montre beaucoup moins aventureux. En somme, il ne reconnaît à la brute qu'images génériques et consécutions empiriques. Avec ce minimum de moyens il explique très rationnellement la connaissance animale. Empiriquement et de prime-abord notre explication ne diffère pas de la sienne. Nous nous interdirons seulement de faire, à son exemple, de l'image générique un succédané de l'idée générale.

Pour rendre raison des faits il faut d'abord nous demander de quelles ressources dispose la brute pour l'action.

Une chose du moins est certaine : c'est que la brute sent ; elle a nos mêmes organes sensoriels, organes souvent plus affinés, plus délicats, plus pénétrants. Sous ce rapport elle est mieux armée, semble-t-il, pour les luttes de la vie.

Le cerveau paraît jouer à peu près le même rôle physiologique : même structure, mêmes fonctions, mêmes fins. L'anatomie comparée ne signale pas de notables différences entre les deux organismes. Mêmes centres de projection, mêmes centres d'association. La brute imagine, se souvient, compare ses sensations et les juge utiles ou nuisibles. Ces fonctions s'accomplissent sous la dépendance des centres d'association, sortes de condensateurs, qui paraissent indispensables au maintien de l'équilibre biologique et sensoriel. Sans eux l'organisme animal ne serait qu'un bâtiment désemparé dont les pièces, véritables épaves, flotteraient sans cohésion et sans but, au caprice des instincts particuliers.

Ces facultés suffisent-elles à nous rendre compte de

tous les phénomènes de la vie animale? Parmi les contemporains l'affirmative a prévalu; il se peut bien, observe M. Ribot, que cette manière de voir repose simplement sur une équivoque de langage. Il sera intéressant de rechercher quelle est l'origine du malentendu, si malentendu il y a.

Mais auparavant il ne sera pas sans utilité de voir jouer le mécanisme que nous venons de démonter pièce à pièce, d'étudier son fonctionnement, son mode d'action.

Parlant de la logique des images ou des récepts, la seule qui, d'après lui, convienne à l'animal, M. Ribot termine par une observation qui nous semble très juste : « Cette logique a un but pratique. » Il ajoute qu'elle est uniquement employée à la conservation de l'individu, — trouver la nourriture, distinguer l'ennemi de la proie, etc. — La conservation de l'individu et de l'espèce, telle est en effet la fin suprême de la brute.

Dans l'ordre animal, tout se subordonne à cette double fin : tout, les fins intermédiaires et les moyens d'action. Et cela par le jeu instinctif d'un déterminisme aveugle et fatal : déterminisme par rapport à la fin, déterminisme aussi par rapport aux moyens *sine quibus non*. La brute ne balance pas : elle se porte naturellement et nécessairement à tout ce qui est le bien de l'individu et de l'espèce. Elle va au bien, elle fuit le mal sans percevoir la raison qui la pousse en avant ou la rejette en arrière. C'est du moins ce que semble nous indiquer l'imperturbable aplomb de la brute en toutes ses démarches essentielles.

Dans la hiérarchie des fins secondaires ou des moyens coordonnés à l'obtention de la fin dernière, il est même facile de remarquer que le déterminisme animal est d'autant plus rigoureux que l'on se rapproche davantage de la fin ; il est plus étroit dans la mise en œuvre des moyens les plus indispensables. Ce sont les instincts généraux ; ils ne cessent pas de s'exercer dans une direction donnée. Ils deviennent moins pressants dès qu'ils ont pour objet des biens moins utiles, dès qu'ils se particularisent dans les actions de tous les jours.

Nous avons prononcé le mot d'instinct ; c'est que c'est là un élément d'une importance considérable dans la psychologie animale. Peut-être M. Ribot nous reprochera-t-il de faire intervenir l'instinct dans une explication ; « cela équivaut à ne rien dire ». Comment un psychologue avisé, tel que M. Ribot, peut-il bien méconnaître la part pour ainsi dire prépondérante de l'instinct dans l'opération animale? Prétendrait-il, par hasard, nier l'instinct, même chez l'homme? Sans doute dans la psychologie humaine l'instinct occupe une place moindre que dans la psychologie de la brute. Et, quoi qu'en disent les philosophes de la sensation, cela ne s'explique que si l'on accorde à l'homme une faculté psychique supérieure, qui supplée aux déterminations de l'instinct. Cette faculté, que nous croyons particulière à l'homme, la raison, ne nous arrache pas à la tyrannie des instincts, mais en mainte occasion elle les remplace avantageusement par l'intelligence et la liberté ; elle doit en outre les régler et les diriger, les modifier et les transformer au point d'en faire parfois de sublimes, d'héroïques vertus. Rien de semblable dans la brute. Elle s'abandonne à ses instincts ; elle ne connait d'autre règle de conduite que ses appétits et ses penchants. Aussi faut-il que ces tendances connaturelles soient en elle plus prédominantes.

L'instinct se trahit partout dans le règne animal. Le caneton qui s'élance à l'eau ; le fauve qui guette sa proie ; l'aiglon qui plane dans les airs ; d'un mot, la brute, qui se nourrit et se reproduit, n'a pas fait l'apprentissage de ces diverses fonctions. Un mécanisme aveugle semble présider au jeu de son organisme.

L'analyse minutieuse de l'action instinctive vous donne les caractères que voici : 1° *innéité*, elle apparaît telle quelle dès la naissance ; 2° *spontanéité*, elle n'exige pas de préparation, elle ne suppose pas une éducation ; 3° *instantanéité*, elle jaillit sans hésitations, sans tâtonnements, sans effort ; 4° *fatalité*, elle surgit avec une puissance irrésistible d'entraînement ; 5° *spécificité*, elle fait irruption avec mêmes propriétés chez tous les représentants d'une même espèce.

Réunissez ces diverses notes dans une même inclination, vous aurez, si je ne me trompe, la définition de l'instinct. C'est là du moins ce que nous entendons, lorsque nous parlons d'opérations instinctives. Et c'est bien dans ce sens que les pouvoirs de la brute sont instinctifs ; instinctivement elle met en activité les facultés énumérées plus haut.

Il s'agit maintenant de savoir si, oui ou non, ces moyens empiriques sont à même d'expliquer les événements psychiques, les faits de connaissance observés chez la brute.

Avec Romanes, la jeune école évolutionniste, très avare d'éléments conceptuels, quand il s'agit de l'homme, se montre, nous voulons ignorer pourquoi, très prodigue dès qu'il s'agit de l'animal. On est très catégorique dans ce camp ; la chose n'est pas douteuse, il faut accorder à la brute l'intelligence et la pensée. Malheureusement des hommes de première valeur, comme M. de Quatrefages, ont cru devoir faire cette regrettable concession. Ce serait bien ici le lieu de se demander ce qui, dans l'esprit de ces savants, se cache sous ce mot : la pensée. Peut-être bien devrions-nous simplement constater une de ces équivoques de langage que M. Ribot craignait de rencontrer chez ses contradicteurs. Il ne remarquait pas que c'était à la faveur d'une amphibologie qu'il proclame lui-même l'animal intelligent. Contre toutes les lois du langage reçu, il fait de l'image générique un équivalent du concept. L'animal a des images génériques, donc des idées générales.

En majorité pourtant, même de nos jours, les meilleurs esprits se prononcent contre la thèse de la bête intelligente. Sur quoi se base-t-on?

Il est une règle de critique qui domine le débat. Nous n'avons pas l'intuition du psychisme animal. Nous ne pouvons donc nous prononcer qu'en auscultant en quelque sorte la brute à travers les manifestations de son activité. Les actes sont comme l'épanouissement des énergies cachées, que par suite ils révèlent. A tels actes doivent nécessairement correspondre telles virtualités proportionnées.

Mais, qu'on y réfléchisse, cette induction n'est fondée qu'autant qu'elle est rigoureuse, c'est-à-dire qu'elle exclut toute autre explication possible. Dans l'espèce, pour arrêter que la brute est intelligente, il ne suffit pas qu'une interprétation fantaisiste se plaise à voir de l'intelligence dans tel état psycho-physiologique, dans telle manifestation organique ; il faut que l'on soit contraint de voir dans cet événement une révélation irrécusable d'une réelle mentalité : toute autre explication est insuffisante. En quelques mots, il faut toujours expliquer un phénomène quelconque par la cause *minima*. Ainsi le veut la saine critique.

C'est pour avoir oublié ce principe essentiel que certains auteurs se sont aventurés..., échappés en des hypothèses toutes gratuites.

Dûment appliqué, nous admettons volontiers qu'il

nous induit à conclure que la psycho-physiologie animale ne se distingue guère de la psycho-physiologie humaine. En va-t-il de même du psychisme pur ? En face des documents entassés par les Évolutionnistes, des cas plus ou moins extraordinaires et plus ou moins controlés qu'on nous oppose, faut-il se départir du rigorisme doctrinal de nos aïeux et reconnaître à la brute au moins un minimum d'intelligence ?

Avec les facultés empiriques on peut facilement expliquer tous les faits précités et les faits analogues
Et d'abord le cas de numération. La prétendue arithmétique de la pie et autres constatations similaires, voici comment les juge M. Ribot lui-même : « J'y vois, non une numération, mais une perception de la pluralité, ce qui est tout différent. Il y a dans le cerveau de l'animal une coexistence de perceptions ; il sent qu'elles sont toutes présentes, ou qu'il en manque ; mais la conscience d'une différence entre le groupe complet et le groupe tronqué, en déficit, n'est pas identique à l'acte de compter. Elle est une condition préliminaire, une introduction, rien de plus, et l'animal, qui ne dépasse pas ce stade, ne compte pas au sens exact du mot. » (*L'Évolution des Idées générales*, p. 27.) Pas de numération, pas d'idée.

Quant aux insectes, eumènes et ammophiles, il est manifeste qu'en plus de la perception de la pluralité, leurs mœurs trahissent l'impulsion d'un autre facteur que nous avons appris à connaître, l'instinct. Sous sa poussée aveugle et fatale, l'insecte est porté par un déterminisme rigoureux à préparer toujours le même nombre de victimes. La preuve, c'est que cette opération revêt tous les caractères de l'action instinctive. Sans éducation préalable, spontanément, tous les individus de même espèce immolent partout et toujours le même nombre de victimes. Détail significatif : les bombex s'y prennent tous de la même manière : ils immobilisent le ver sans le tuer ; dans les anneaux de la chenille leur dard va trouver et poindre, pour les paralyser, des articulations, des ganglions que le plus habile scalpel n'atteindrait pas. Est-ce à dire que les insectes sus-mentionnés soient d'habiles calculateurs ou des anatomistes expérimentés ? Évidemment non. Ils sont guidés par l'instinct. Dès lors, si l'on veut, il y a calcul, dextérité anatomique, mais le calcul et l'adresse ne sont pas le fait de l'animal, ils sont le fait de la nature créatrice et providence. C'est ainsi que, dans l'animal apprivoisé et domestique, il faut tenir compte du dressage, qui peut créer des habitudes nouvelles à l'animal, et substituer les moyens intellectuels de l'homme aux moyens intellectuels de la brute. Celle-ci devient dès lors, dans le cas de dressage comme s'il s'agit de l'instinct, un instrument vivant et spontané entre les mains de l'homme ou de la Providence qui la dirigent. Si ses opérations trahissent de l'intelligence, il ne saurait être question que de l'intelligence de l'homme ou de Dieu, agissant et se révélant en elle. Encore ici nulle manifestation d'une mentalité qui appartiendrait en propre à la brute.

On parle enfin de chiens savants, de singes savants, d'éléphants qui se fabriquent intentionnellement des instruments, de chats qui sonnent aux portes pour qu'elles s'ouvrent. Que sais-je encore ? M. Richet ose bien affirmer que l'animal est non seulement intelligent, mais religieux et moral. Au vrai, dès qu'on fait litière des règles inviolables de la critique, on ne voit pas pourquoi la folle imagination ne se donnerait pas libre carrière.

En faisant la part, elle doit être grande, de l'exagération, des présomptions issues de préjugés, de la légende même, il reste un certain nombre de faits bien authentiques, souvent répétés, et qui au premier abord ne laissent pas d'être quelque peu embarrassants. La plupart ont été recueillis et consignés par M. le marquis de Nadaillac dans trois numéros du *Correspondant* (10 et 25 décembre 1891 et 10 janvier 1892). Il n'y a pas à dire, les apparences semblent ici favorables à la thèse de K. Vogt, de M. Edm. Perrier, de M. Mathias Duval, de Milne-Edwards, etc. Et l'on comprend trop que, si ces naturalistes n'ont pas une idée bien précise de ce que nous entendons par l'intelligence, ils imitent Flourens, qui accorde à la brute l'intelligence et lui refuse la réflexion ; qu'ils n'admettent entre l'intelligence animale et l'intelligence humaine qu'une différence de degrés. Jamais, en effet, on ne vit s'accuser plus vraisemblablement le plan préconçu, l'adaptation consciente et réfléchie des moyens à une fin, d'un mot la cause *maxima*.

Toutefois, fidèles à notre règle de critique, nous nous en tiendrons à la cause *minima,* à la connaissance psycho-physiologique. Elle nous apparaît comme suffisante.

L'instinct est d'autant moins déterminant qu'il se spécialise davantage et que le bien poursuivi est moins indispensable à la fin animale, individuelle ou spécifique. Dès lors, un autre facteur entre en ligne, dont il faut tenir grand compte : l'expérience. Elle résulte, le nom l'indique, de l'exercice des facultés, de la répétition des actes.

Voici le chien de sir J. Lubbok, le fameux Van. Il choisit, entre divers cartons portant des inscriptions variées, celui sur lequel se trouve écrit le mot *food* (nourriture) ; il le porte à son maître et reçoit une récompense. Faut-il voir là un phénomène mental de lecture? Pas nécessairement. La petite bête a perçu l'image graphique *food ;* il a porté le carton et a été gratifié d'un plaisir, en connexion de temps avec son acte. Par contiguïté, ce plaisir est associé au carton dans la mémoire de Van. Quoi d'étonnant à ce que, en quête de jouissance, le chien retrouve et rapporte son carton ? Il n'y a là qu'un phénomène d'association empirique par contiguïté.

Ajoutons que l'expérience peut être particulière à l'individu, ou lui venir du dehors. L'éléphant qui voit son cornac couper un bambou pour lui arracher les sangsues qui l'exaspèrent, peut de la même façon associer empiriquement l'image « bambou coupé » et la sensation de bien-être à la suite de sa délivrance. À l'occasion, le même désir de se débarrasser des mêmes hôtes incommodes l'amène à se tailler un grattoir. L'explication est plus plausible encore, si l'on se rappelle l'instinct d'imitation qui caractérise la plupart de ces animaux : singe, chien, éléphant. La mémoire est très fidèle. N'est-il pas très naturel qu'un singe, qui voit bien et retient bien, se serve d'un levier pour soulever un fardeau, s'il a vu son maître en user de la sorte? Son instinct d'imitation le porte même à répéter, à reproduire les scènes dont il fut le témoin. Encore une fois, l'association empirique, par contiguïté, explique suffisamment bien des faits qui semblaient tout d'abord appartenir à un ordre plus élevé.

Moyens et fins sont liés, identifiés dans les centres sensori-moteurs de l'animal, poursuivis et atteints *per modum totius unius,* sans qu'il soit aucunement besoin de voir ici de l'intellectualité. Spontanément, empiriquement, il prend les moyens pour arriver à sa fin, sans paraître soupçonner les idées correspondantes à ces réalités perçues et possédées avec les seules énergies psycho-organiques.

La brute ne pense pas ; elle n'a pas d'idées générales. Raisonne-t-elle ? Pas davantage. M. Ribot est scandalisé de ce qu'on lui dénie cette prérogative : « Ce n'est, dit-il, que par une prévention injustifiée qu'on a pu refuser aux animaux supérieurs toute opération qui dépasse l'association et toute aptitude à inférer d'après des ressemblances. » (*Loc. cit.*, p. 34.)

Pour s'entendre sur les choses, il faudrait s'entendre sur les mots. Que signifie le mot raisonnement ? Jusqu'ici, malgré S. Mill, le raisonnement inductif ou déductif se fonda toujours sur des idées générales. Nous venons de constater que nous ne sommes pas forcés de croire à l'intelligence, à l'idéation animale. Donc, rien ne nous autorise à décider que la brute raisonne.

Ainsi pensèrent les logiciens de tous les temps. M. Ribot n'en disconvient pas. Et pourtant il faut que l'animal raisonne ! Que deviendrait sans cela l'hypothèse de l'évolution ? L'ingénieux psychologue va étendre, ou plutôt bouleverser la définition classique du raisonnement. Ce ne sera plus qu'une marche (logique ou non) du connu à l'inconnu, un simple passage de ce qui est donné immédiatement à ce qui est simplement suggéré par l'expérience ou l'association : « Assurément, ajoute-t-il, un logicien trouvera cette formule trop vague ; mais elle doit être telle pour couvrir tous les cas ! »

Sans doute ; mais elle présente deux inconvénients... D'abord l'inférence qui va du particulier au particulier est nécessairement sophistique ; d'autre part, on ne conçoit même pas que ce sophisme soit possible à la brute.

Effectivement pour être logique et véridique toute

consécution doit se baser sur l'absolu, parce que l'absolu seul permet de passer du même au même ; seul il permet d'inférer avec certitude, à raison de son identité essentielle dans tous les cas.

La sensation et l'image ne représentent que des éléments contingents, les mobiles apparences des choses ; par suite, dans les représentations empiriques et dans les réalités correspondantes, rien de nécessairement semblable ou identique. Impossible de passer du même au même avec sécurité. Peut-être l'inférence ne sera-t-elle pas trop erronée. C'est un pur hasard. On n'a jamais que des hypothèses, des probabilités. Voilà une rose pourpre ; je ne puis pas prononcer que telle autre rose est nécessairement pourpre : elle peut être blanche, jaune, etc. Ainsi en est-il de toutes les qualités sensibles. D'où il résulte qu'il n'est pas possible de fonder une logique des images ou des récepts sans empiéter sur le domaine réservé de l'absolu, de l'intellectuel, du concept. Nos ancêtres étaient bien venus à soutenir que seul l'universel doit baser le seul raisonnement possible, le seul capable de nous faire sûrement passer du connu à l'inconnu, le seul procédé certain pour arriver au vrai.

Cependant, objectera-t-on, on ne saurait nier que nous ne fassions un fréquent usage de ces inférences particulières. — C'est sans doute pour ce motif que l'on compte tant de sophistes. L'*Ab uno disce omnes* n'est qu'une inférence particulière.

Le passage du connu à l'inconnu nous est naturel : il est très légitime pourvu que l'on se meuve du même au même, de l'absolu à l'absolu. Notre tort consiste à vouloir appliquer à des données sensibles, relatives, contingentes, un procédé spécial à l'universel abstrait, au nécessaire, à l'absolu.

Le danger n'existe pas pour l'animal. On ne s'expliquerait pas chez lui ce mouvement inférentiel du particulier connu au particulier inconnu, qui n'est en somme qu'une contrefaçon, une extension abusive à l'ordre sensible d'un mouvement naturel et légitime dans l'ordre abstrait et rationnel. Mais la contrefaçon suppose le produit véritable, le paralogisme le raisonnement légitime. Dès l'instant que la brute est exclue de l'absolu, il s'ensuit qu'elle est impuissante à le parodier : on ne parodie que ce que l'on connaît.

E pur si muove ! reprendra volontiers quelque partisan de la raison animale. Nous ne devons pas nous contenter d'exposer les motifs théoriques, qui militent contre la possibilité d'un raisonnement quelconque, vrai ou faux, dans la brute ; il faut encore, il faut surtout expliquer, autrement que par des phénomènes de mentalité, les déductions ou les apparences de déductions que nous offre à chaque pas la psychologie de la bête.

Il n'est pas douteux qu'il est de nombreux cas où l'animal se montre aussi industrieux que l'homme ; il n'est pas douteux non plus que dans la plupart de ces cas l'homme raisonne. Pourquoi pas la brute ? — Parce qu'elle peut toujours se passer de raisonnement proprement dit ; elle a ce que nous pourrions appeler des équivalences empiriques de raisonnement ; elle a la schématisation des associations par contiguïté.

Avec W. James, nous croyons qu'il n'est pas un seul exemple de sagacité ou de logique animale qui ne puisse s'expliquer de très satisfaisante manière par l'association ou identification de contiguïté entre un bien et sa cause, entre la fin et le moyen, et puis par la schématisation des identifications similaires.

Un exemple nous fera mieux pénétrer la nature de

7

cette opération psycho-organique si importante, qui se résout finalement à la formation et au fonctionnement d'une image générique.

Un animal s'est brûlé en avalant un aliment qui fume ; il se tient désormais en garde contre tout ce qui émet de la fumée ; il semble qu'il y ait là comme une sorte de syllogisme empirique analogue à celui-ci : tel aliment qui fumait m'a brûlé ; or cet aliment fume. Donc il me brûlerait ; donc je ne dois pas y toucher.

Un être rationnel pourrait conclure de la sorte, nous le voulons bien. Mais il n'est pas démontré que la brute doive forcément employer ce processus assez compliqué. Pratiquement toutefois la conclusion est la même. Quels secrets ressorts se meuvent donc, dans l'animal, qui le dispensent de raisonner? L'analyse psychologique de l'inférence empirique sera notre meilleur guide. Suivons-le ; nous aurons ainsi une idée de ces équivalences instinctives ou automatiques de raisonnement dont nous parlions tout à l'heure.

Une première fois l'animal s'est brûlé en avalant un aliment qui fumait. Ces deux représentations de l'aliment qui fume et de la brûlure vont s'associer par contiguïté. La mémoire gardera fidèlement le souvenir de cette double représentation associée. Dès que le chien verra le même aliment fumer, il se gardera bien d'y toucher. La présence d'un mal, qu'il connaît pour l'avoir éprouvé, le rejettera en arrière.

Bien plus, il en viendra à se tenir en défiance contre tous les aliments qui fument. Que s'est-il donc passé en lui? Tout uniment un phénomène de schématisation ou de fusion.

L'expérience a associé le sentiment de la brûlure avec la représentation imaginative de cet aliment qui fumait. Voici maintenant un aliment tout différent, mais qui fume aussi. En vertu des lois de la fusion par similarité, la nouvelle image va éveiller et restaurer la précédente. Les deux éléments semblables, les deux représentations de la fumée, vont se combiner, s'identifier et partant se renforcer, tandis que les différences se neutraliseront. De fait l'animal ne remarque pas les différences. Il n'est attentif qu'à ce phénomène de la fumée. Mais cette représentation désormais schématique est associée par contiguïté avec une souffrance endurée. La fumée, c'est l'ennemi ; il faut le fuir où qu'on le trouve. C'est ainsi que l'image générique amènera la même conclusion pratique dans les cas de similarité réelle ou apparente. Nous sommes familiarisés avec cet événement psycho-organique connu sous le nom d'image générique. Les choses se passent dans la brute à peu près comme dans l'homme, à cette différence près que l'image fusionnée doit être moins intentionnelle et plus instinctive dans la brute. C'est le cas de redire avec M. Ribot : « Ici tout s'opère d'une façon pour ainsi dire automatique, mécanique, en suite de la lutte qui s'établit dans la conscience entre les ressemblances qui se renforcent et les dissemblances dont chacune reste isolée. » (*Loc. cit.*, p. 29.)

Non certes que l'animal perçoive les ressemblances et les différences comme telles, de manière à pouvoir les détailler, les analyser, les généraliser, les immatérialiser. Toute seconde vue de comparaison ou de réflexion lui est interdite. Il perçoit des objets que l'instinct ou l'expérience lui montrent semblables et qu'il identifie automatiquement ; de la sorte s'opère une véritable combinaison chimique et irréfléchie de ces images.

L'instinct joue un rôle prépondérant dans la recherche et la découverte des objets semblables ou présumés tels, qui se rattachent indissolublement aux fins suprêmes du règne animal : nourriture, reproduction, etc. Au contraire, l'expérience prédomine dans les opérations psycho-physiques dont l'objet est moins déterminé par l'instinct et se rapporte moins directement au but primordial de la brute : tel mal particulier à éviter, tel bien dont elle peut se passer, etc. L'image composite est donc à la fois chez elle l'œuvre de l'instinct et de l'expérience, plus ou moins selon les cas.

En toute hypothèse, l'image schématique n'a rien dans sa constitution, dans sa représentation, rien que de concret, de particulier, de contingent. Par ailleurs, en décrivant la logique des images chez l'animal, M. Ribot confesse qu'elle « n'a pour matière que des représentations concrètes ou des images génériques et ne peut sortir de ce cercle ». (*Loc. cit.*, p. 33.) N'est-ce point convenir que l'image générique est le *summum* de la connaissance animale? Sa prétendue logique pourra l'étendre, non la surélever. Donc l'animal ni ne pense, ni ne raisonne au sens vrai du mot.

J. Sully appelle notre attention sur un autre élément de la connaissance animale : l'attente ou l'état d'anticipation qui accompagne la deuxième perception semblable ou analogue : « Cet état diffère de la simple suggestion associative, en ce que l'esprit est moins préoccupé du souvenir de brûlures passées que de l'attente de la répétition du même fait dans le cas présent; c'est-à-dire qu'il se rappelle moins le fait d'avoir été brûlé qu'il ne tire la conclusion qu'il ne sera brûlé. » (*The Human Mind*, t. I, p. 460. Cité par M. Ribot.)

Nous revenons à notre chien. L'observation est juste; l'interprétation l'est peut-être moins. On veut que cet état de crainte, d'anticipation soit l'indice d'un raisonnement. Dans l'homme peut-être... et encore. Somme toute, il n'y a là que le mouvement instinctif de recul devant un danger, danger rendu ici présent par le souvenir. Cherchez. Vous ne trouverez pas autre chose. Nulle trace de raisonnement, bien qu'on puisse traduire logiquement et anthropomorphiquement cette conduite instinctive par un syllogisme. En fait, c'est une surérogation. L'association empirique et la mémoire l'expliquent surabondamment. La simple image d'un mal éventuel produit le même effet. Les frayeurs du lièvre, la prudence cauteleuse du renard n'ont pas d'autre cause. Mais, sans nul doute, l'animal est beaucoup plus préoccupé du péril qui le menace incessamment que du souvenir des souffrances passées! Il se montre circonspect et hésitant en présence d'un mal hypothétique, comme il fuirait résolument un mal évident. Attente et anticipation sont tout bonnement un phénomène d'ordre affectif conséquent à la connaissance d'un danger dont l'instinct avertit, dont l'expérience a instruit et que la mémoire rappelle. Je ne vois pas du tout quelle autre portée peut avoir la remarque de J. Sully.

Ce philosophe paraît nous décrire plutôt son état psychologique, à lui, que l'état psychologique de l'animal. Il va ainsi contre le principe du minimum de causalité à concéder à un effet donné lorsque cette causalité ne tombe pas directement sous l'expérience.

En résumé, l'animal est doué de certains pouvoirs déterminés; il les met en branle résolument ou en tâtonnant, selon que l'instinct est plus ou moins explicite. Dès qu'il a réussi, la mémoire associe, identifie moyens et fin, de sorte qu'à l'avenir le même but à atteindre éveillera l'image des mêmes moyens. Même dans les circonstances les moins prévues par l'instinct, l'animal hésitera de moins en moins, grâce à ses expériences répétées, jusqu'à ce qu'une habitude créée le pousse mécaniquement, infailliblement.

La fin, c'est l'utile, la jouissance ; les moyens, ce sont les réalités capables de produire ces deux résultats. La contiguïté identifiera le plaisir et les instruments de plaisir, comme la douleur et les causes de douleur. Après association il n'y aura donc plus que maux à éviter, que jouissances à conquérir. L'instinct ou l'expérience les feront connaître, et machinalement la brute fuira ou poursuivra.

Quant aux inférences particulières, elles sont le fruit virtuel de la schématisation par similarité ou analogie des associations par contiguïté. Nous avons décrit le processus ; il explique les consécutions empiriques apparentes, l'extension des mêmes attributions et de la même conduite aux cas seulement semblables ou analogues. Ample source d'erreurs : car, en empirisme, on ne va jamais sûrement du même au même.

Comme processus hypothétique d'invention, ces inférences devenues rationnelles donnent parfois des résultats au savant. Elles peuvent de même réussir quelquefois à la brute. Elles ne sont jamais sûres.

Toujours est-il que la bête se comporte vis-à-vis du bien et du mal, représentés par une image générique, exactement comme elle se comporterait vis-à-vis d'un bien ou d'un mal représentés par une image simple. Il n'y a de plus dans l'image schématisée que l'association préjudicielle du bien et de son objet, plus l'unification de ces associations par contiguïté, ou la schématisation par analogie ou similarité de tous les cas semblables ou présumés tels. De là, à tort ou à raison, même conduite dans tous ces cas.

Ce serait donc compliquer à plaisir la psychologie de l'animal que de lui attribuer d'autres éléments de connaissance que des images composites et ce qui est un résultat, ou mieux un succédané implicite de ces images, à savoir des équivalences virtuelles de raisonnement ou des séquences instinctives, empiriques et toutes pratiques.

M. Ribot taxe notre réserve de prévention injustifiée. Sur les faits, cependant, nous sommes d'accord avec lui, ou peu s'en faut. Nous ne nous entendons plus sur l'interprétation : la cause en est que le distingué psychologue et des savants naturalistes de première marque, MM. de Quatrefages, le marquis de Nadaillac, A. Gaudry, ne croient pas devoir conserver au mot « mentalité » le sens exclusif et irréductible de la tradition philosophique.

III

Aucun fait ne démontre l'évolution des idées générales. Cette évolution implique contradiction.

En droit, nous pourrions à la rigueur admettre spéculativement dans l'animal la possibilité de s'élever de l'image au concept... à une condition : c'est que nos contradicteurs concéderont à l'animal une faculté intellectuelle en germe destinée à se développer, à se manifester d'après des lois intrinsèques prédéterminées, si toutefois on lui crée un milieu favorable. Cette mentalité initiale, embryonnaire, enchaînée et comme emmaillottée dans la matière, serait plus enveloppée, plus embarrassée que l'intelligence de l'enfant. Elle exigerait un plus lent effort de l'espèce, des circonstances plus favorables pour se dégager de ses liens de chrysolide, pour secouer ses langes de larve inconsciente ; mais enfin ce serait une intellectualité germinale, une virtualité transcendante, de même nature en somme que l'intelligence humaine, déposée par la nature créatrice au fond de l'animalité. Nous concevons qu'à cet élément embryogénique il serait possible de s'élancer un jour à la vie, de s'envoler vers la lumière.

Que la philosophie de l'évolution proclame l'existence de ce germe, qu'elle lui reconnaisse dans l'animal des énergies suffisantes, bien que liées encore et paralysées par des influences contraires, et nos divergences de convictions se réduisent à une question de fait, à la question de savoir si cette vie intellectuelle latente est une réalité dans le règne animal. Théoriquement nous reconnaîtrons volontiers qu'ainsi exposée l'évolution est possible ; que ses dogmes n'ont rien qui s'oppose aux premiers principes de la philosophie, aux données premières du sens commun. Et s'il arrivait un jour, — hypothèse peu vraisemblable — que la science prouvât, sans possibilité de doute, que l'animal pense et raisonne, cette explication se présenterait d'elle-même. La pensée animale serait un événement très naturel, un conséquent des principes posés originairement, la germination, l'éclosion, la floraison des semences conceptuelles enfouies dans les ténèbres de cette indigente psychologie. Il n'y aurait rien dans l'effet qui ne fût dans la cause, rien dans l'opération qui ne fût dans son principe connaturel, rien dans la fleur qui ne fût dans son germe.

C'est sans doute dans ce sens que des spiritualistes avérés, des théistes déterminés, comme les savants nommés plus haut, ont cru à l'intelligence animale... si toutefois ils n'ont pas été victimes de l'amphibologie déjà signalée. Ainsi M. Albert Gaudry dans son *Essai* de *Paléontologie philosophique*. Il paraît bien accorder à la brute une connaissance supérieure à l'image et à des combinaisons d'images. Mais cette connaissance dériverait directement du Créateur, et ne serait nullement une simple efflorescence de l'empirisme. Nous n'avons pas à examiner ici cette hypothèse. Notons simplement que si nos modernes physiologistes sont à peu près dans l'impossibilité de démontrer l'intellectualité des animaux qui vivent sous nos yeux, *a fortiori* la démonstration sera-t-elle chimérique et illusoire, s'il faut remonter aux âges paléontologiques. De fait, rien à signaler dans les travaux les plus récents que des interprétations plus ou moins fragiles et gratuites, que des hypothèses plus ou moins aventurées au point de vue spécial qui nous occupe. Nous n'avons pas à prendre parti pour ou contre le transformisme en tout ce qui touche à l'organisme, son anatomie et sa physiologie. Que physiologiquement l'homme descende ou non de la brute, cette question n'a pas de lien direct avec notre sujet. La solution ne préjugerait en rien la question par nous posée, à savoir si, oui ou non, la pensée humaine est un fruit évolutif de la connaissance animale. Des catholiques ont bien enseigné que, sous l'action des influences du dehors, l'organisme de la brute s'était transformé pour devenir l'organisme humain ; mais d'après eux le Tout-Puissant aurait dû nécessairement intervenir pour présider à l'apparition de l'intelligence. Nous sommes en dehors de notre sujet.

Il y a plus. Les savants naturalistes et spiritualistes parviendraient-ils à établir que dans les temps paléontologiques des animaux ont pensé et raisonné, que ces animaux sont précisément les ancêtres de l'homme, que de nos jours même certaines espèces ou certaines unités animales franchissent le stade de l'image à la pensée, nous n'en serions pas autrement émus. Nous discuterions les faits, et nous nous rendrions sans tergiverser, si ces faits offraient un caractère d'incontestable certitude. En définitive, ces découvertes ne ruineraient pas les premières assises de toute philosophie. Il faudrait simplement conclure qu'il est des animaux doués d'intellectualité. Au contraire, que les dires du transformisme absolu, du monisme auto-évolutionniste soient vérifiés, et c'en est fait, il faut renoncer à toute philosophie, à toute raison.

On a beau s'évertuer, dès l'instant que sans le secours d'une faculté supérieure on veut faire évoluer l'impression organique au point qu'elle se transforme en concept par une sorte de vitesse acquise ; si, en d'autres termes, on s'inscrit en faux contre toute rupture de continuité dans l'évolution psychique, en repoussant néanmoins toute idée de pouvoirs harmoniques, correspondants aux étapes diverses parcourues, bon gré mal gré on est entraîné à cette extrémité de soutenir qu'un effet peut se passer de cause, l'opération de principe actif proportionné ; on fait sortir le plus du moins, l'être du non-être ; on déclare le total supérieur à l'ensemble des sommes particulières ; on porte atteinte à l'équation nécessaire entre les pouvoirs et les actes, et au principe de contradiction lui-même.

De l'aveu unanime, le concept est supérieur à l'image. On s'accorde même à lui reconnaître autre chose qu'une différenciation de degrés, comme par exemple une image peut être plus noble, plus lumineuse, plus précise, etc., que telle autre image ; on attribue au concept des caractères de généralité, d'abstraction qui l'élèvent bien haut au-dessus des formes purement empiriques.

Il faut expliquer cette surélévation de la sensation. Dira-t-on que l'explication suffisante est dans l'image elle-même, antécédent du concept? Mais cette cause est improportionnée, puisqu'il y a excédent, majoration d'être dans l'effet. Cette majoration demeure manifestement inexpliquée et inexplicable. Est-il possible que l'universalité, l'immatérialité, la nécessité résultent, à quelque degré que ce soit, de ce qui est particulier, concret, contingent? Tout empiriste est obligé d'en convenir, le concept est au moins plus général, plus abstrait que toute image possible, qui est nécessairement particulière. Assignez une cause à ce progrès, à cette transformation. L'image ne peut pas se donner une majoration de perfection, si au préalable on ne lui suppose pas ce pouvoir. Et si on le lui suppose, l'image n'est plus l'image.

Aura-t-on recours aux influences du milieu, du dehors, etc.? Mais pour l'empiriste, tout se ramenant à la matière, l'image ne saurait avoir pour concomitants que des phénomènes matériels, et donc concrets, individuels, mobiles et contingents. Ferez-vous dériver le concept universel, abstrait, nécessaire, de ce qui est précisément son antithèse? Il est contradictoire que le monde de la matière explique le concept. Le concept resterait comme un effet sans cause : vous iriez directement contre le principe de raison suffisante.

L'être conceptuel serait issu du non-être, puisque rien dans l'être causal de l'image ou du monde extérieur ne correspond à cet effet. Donc effet sans cause.

Par là même on renverserait le principe de contradiction : l'effet serait, d'après l'hypothèse; il ne serait pas, puisqu'il est sans cause; or chacun sait que le néant ne saurait agir et créer.

Dans son *Traité de la Liberté humaine,* Schelling ne craint pas de proclamer l'antériorité absolue du néant.

Pour lui avant d'être, tout être, Dieu lui-même, désire d'être.

« D'après cela, il ne faut dire ni que le moi produit le non-moi (*idéalisme subjectif*), ni que le non-moi produit le moi (*sensualisme*) ; le moi et le non-moi, la pensée et l'être dérivent l'un et l'autre d'un principe supérieur qui n'est ni l'un, ni l'autre, bien qu'il soit la cause de l'un et de l'autre : principe neutre, indifférence et identité des contraires. » (WEBER : *Histoire de la Philosophie européenne*, p. 176. — Analyse de SCHELLING : *Œuvres*, 1re série, t. X, p. 92-93.)

C'est-à-dire que l'absolu n'est pas être ; donc il est non-être, à moins qu'une chose puisse à la fois être et ne pas être, ce qui est l'abolition audacieuse du principe de contradiction.

L'absolu serait donc un pur néant. Ce néant désire et se donne l'être qu'il n'a pas. L'être et la vie germent au sein du néant, ils fleurissent sur une tige morte !... Ces découvertes transcendantales ne parviendront pas à faire rejeter le principe de contradiction.

Car, enfin, ou il faut renoncer à la philosophie, à la science, à tout progrès, ou il faut, dans une certaine mesure, reconnaître comme légitime l'usage de la raison. Or, faire litière et du principe de causalité et du principe de contradiction, qui sont les axiomes fondamentaux de la raison, les appuis sans lesquels l'esprit ne saurait faire un pas, c'est du coup refuser toute créance à la raison, c'est la ruiner de fond en comble. C'est abdiquer sa mentalité, et, tranchons le mot, son humanité. — Nous reviendrons sur le fond du débat.

Si le transformisme conceptuel ne peut s'établir que sur des bases aussi fragiles, ou plutôt sur cette absence de bases, d'ores et déjà il est condamné. A ceux donc qui nous répéteraient la question : Le concept est-il évolutif? nous répondrons : Oui, *intraspécifiquement,* en ce sens qu'avec les développements de l'intellectualité, amenés par l'âge, et sous l'effort de la réflexion, il acquiert plus de clarté, plus de précision, plus de consistance, plus de fermeté ; il s'enrichit de traits nouveaux, il est plus compréhensif et plus scientifique.

Mais il ne saurait évoluer que dans les limites de l'intellectualité. Il est concept dès le premier instant de son éclosion ; il offre déjà les mêmes caractères essentiels, inamissibles d'abstraction, d'immatérialité, d'universalité, de nécessité, qu'il emprunte à la fois et de l'objet intelligible et du pouvoir subjectif proportionné. Bref, sans une virtualité mentale, à cela députée, l'image ne saurait devenir concept.

Il demeure acquis que le concept ne plonge pas ses racines dans la matérialité de la sensation et de l'image pour élever ensuite, sous la poussée d'une sève empirique, une tige qui ne serait en somme qu'un épanouissement de la matière.

Il demeure acquis que si, en vertu d'une immatérialisation préalable, l'objet du concept peut être en quelque sorte extrait du monde matériel, le concept lui-même ne saurait l'être par voie d'évolution transformatrice pas plus qu'en vertu d'une sorte de distillation de l'image ou d'une dissociation plus ou moins pulvérisatrice de la sensation.

Sensation et image sont dans l'univers sensible les deux seules formes de connaissance dont pourrait dériver le concept. Il faut donc qu'il soit dérivé d'une virtualité immatérielle ; il faut que, dans son être physique comme dans son être représentatif, il soit indépendant de la matière.

CHAPITRE III

PHÉNOMÈNES VOLONTAIRES

I. Le vouloir : son rapport avec le concept. — II. Volitions nécessaires et volitions libres : leur spiritualité. — III. Évolution du vouloir : réfutation.

I

Le concept est réel et spirituel. Il n'est pas une transformation spontanée de la sensation ou de l'image, c'est-à-dire un fait sans cause et par conséquent un fait absurde. Il trahit une activité de l'esprit qui dépasse avec lui les formes sensibles de la connaissance et nous fait communier à l'immatériel.

Le vouloir n'est ni moins réel, ni moins spirituel que le concept.

Remarquons d'abord l'étroite connexité qui relie le vouloir au concept.

L'universel ne se présente pas seulement à nous comme vrai, mais aussi comme bien. Nous contemplons le vrai ; nous poursuivons le bien. Notre moi n'est pas seulement sensible au rayonnement de la vérité, il possède encore la faculté de s'ébranler et de se mettre à la poursuite de cet universel, qui lui apparaît comme son bien propre, comme son achèvement naturel, comme son terme et son repos.

Nul assurément ne s'avisera de révoquer en doute la réalité de cette prérogative que nous avons d'être sollicités par le vrai, apparu comme bien, d'être tirés de notre immobilité, de coopérer nous-mêmes au branle reçu et de prendre notre élan dans la direction du bien.

Quelque idée que l'on se fasse de ce pouvoir dit « volonté »; que, après Hobbes, nous le fassions consister dans le motif le plus fort, qui se traduit en acte; ou, comme Locke, dans l'action, qui succède à la décision; ou, comme Hume, dans l'effet d'une impulsion agréable ou désagréable; que, avec J. Mill et Bain, on base la volonté sur la spontanéité du mouvement; ou que, avec H. Spencer, on affirme que la volonté est le passage d'un mouvement idéal à la réalité; que la volonté soit une faculté innée, ou, comme le veulent les Positivistes de l'école anglaise, une résultante, une consolidation d'associations préalables; qu'elle soit un simple attribut du moi, ou qu'elle devienne, comme dans la philosophie allemande, le fond substantiel des choses, l'absolu, toujours est-il que l'acte volontaire est un fait de conscience. Chacun connaît d'expérience intime cet ébranlement de ses énergies psychiques, cet effort, cet élan, cette tension de tout l'être humain, qui a pour antécédent et pour but une représentation mentale quelconque.

L'impulsion vient du dedans; mais elle a été en quelque sorte provoquée par le dehors, par l'idée. Nous le disions, l'idée a cela de particulier qu'elle détermine un entraînement dans le vouloir et l'agir. Aussi un philosophe bien connu a-t-il pu essayer de constituer une théorie du progrès, d'édifier un système de morale sur cette base des « idées-forces ». Ce n'est pas le lieu d'examiner si toute idée est douée de cette vertu propre que nous pourrions désigner sous le nom d'*aimantation* mentale, si elle appelle l'action, si elle ébranle nos énergies et tend à se réaliser. Nous inclinerions à le penser. Toute idée est un bien, au moins comme connaissance et dans un sens métaphysique. Comme telle, elle doit éveiller le désir.

C'est, en effet, sous ce rapport du bien et par ce pôle que les idées exercent sur le moi leur indéniable attraction. Nous sentons à ne pas pouvoir en douter que c'est la réalité ou l'apparence du bien qui nous met en mouvement. Ce sont là faits de conscience.

Le vouloir, ou tendance volontaire, existe donc en chacun de nous. Par son rapport étroit avec l'idée, il doit être rangé parmi les phénomènes intellectuels, et la démonstration de sa spiritualité peut être regardée comme un corollaire de la démonstration de la spiritualité du concept.

II

L'ensemble de nos volitions se présentent à nous les unes comme nécessaires, les autres comme libres.

La volonté gravite vers le bien, tel que l'intelligence le lui manifeste. Concrètement c'est le moi qui se pousse à la conquête d'un bien préalablement connu. Nous portons en nous un foyer d'énergie à la dévotion de notre intellectualité, énergie d'ailleurs aveugle, qui a besoin de direction pour ne pas se dépenser en pure perte ; de là vient que l'effort volontaire suppose la connaissance et doit se régler sur elle. Nous avons l'idée du bien, nous pouvons connaître chacun des biens particuliers : nous pouvons montrer le but à nos énergies volitives ; l'intelligence doit ainsi frayer la voie à la volonté, et l'orienter. La volonté proportionnera son effort et à l'importance et à l'éloignement du but indiqué.

La représentation idéale du bien à poursuivre déterminera et mesurera l'effort volontaire. Le bien entrevu devient une véritable cause finale, qui doit perfectionner, compléter l'agent sous tel rapport ; il agit donc à la manière des causes finales.

Or, c'est une vérité mise en évidence par Aristote, la finalité agit sur le moi comme le moteur sur le mobile. Pas absolument toutefois : il n'y a pas pression dynamique et physique, il y aurait plutôt attraction, aimantation. A part cette réserve que l'on pourrait ainsi formuler : la cause finale, le but détermine l'agent objectivement et non subjectivement, on peut bien dire que la détermination objective est aussi réelle, aussi efficace, qu'elle mesurera, aussi bien que la détermination subjective, le travail développé par l'agent sous son impulsion.

Cela dit, de deux choses l'une : ou le motif sera aussi large, aussi puissant, plus puissant même et plus étendu que le sujet à mouvoir, et dans cette hypothèse il est clair qu'il aura raison de sa résistance et le mettra nécessairement, intégralement en branle. Ou bien l'énergie motrice sera inférieure à la masse, à la force dont il s'agit de triompher, et dans ce cas la puissance d'attraction ne se perdra sans doute pas dans le vide ; elle pourra aider à la détermination, à la mise en mouvement ; elle n'en sera pas le seul facteur.

En faisant à notre vouloir l'application de ces principes généraux, que trouvons-nous ?

Nous cherchons le bien. Le bien est une face ontologique de l'être, du vrai, c'est-à-dire que vrai et bien sont deux aspects d'une même réalité. Le bien est à la volonté ce que le vrai est à l'intelligence, et vrai et bien ne sont que deux rapports d'un même objet universel. Si donc, comme nous le verrons, l'objet proportionné de l'intelligence peut s'exprimer par l'équation : Objet intellectuel intégral = Vrai (universel extensif + universel intensif); de la même manière l'objectif proportionné de la volonté pourra se rendre par cette autre équation correspondante : Objet volontaire intégral et adéquat = Bien (universel extensif + universel intensif).

Nous constaterons que cette formule équivaut en réalité à l'absolu. D'où il est légitime d'inférer que l'absolu est, à l'égal de l'universel, l'objet connaturel de notre volonté.

Et maintenant, si vastes qu'on imagine nos capacités psychologiques, il est patent qu'elles ne s'étendront jamais au-delà de l'absolu. D'où cette autre conclusion que l'absolu comme bien déterminera toujours victorieusement notre vouloir. On sait que l'absolu ou l'Infini en tout sens revêt deux formes : la forme indéfinie d'une vague idéalité, que donnent l'analyse et la synthèse de l'universel; et la forme très précise, très arrêtée, mais pour nous actuellement inconnaissable, d'une réalité suprême, infinie à tous égards.

Le bien, apparu sous sa première forme, nous détermine dans notre état présent; il ne se peut que nous ne soyons en quête du bien et du bonheur. Le Bien, comme réalité absolue, nous déterminera dès qu'il lui plaira de se montrer, de se livrer à notre intuition directe. Il faut attendre une nouvelle vie.

Dans la vie présente un seul phénomène volontaire est nécessaire : la poursuite du bien idéal; mais ce phénomène est constant, il s'étend et persévère virtuellement dans tous nos actes libres pour leur communiquer un fond de détermination, une direction identique.

Le bien en général ou l'universel perçu comme bien est sans conteste aussi large que notre volonté. Et c'est pourquoi sous l'impulsion, ou mieux sous l'attraction de ce mobile, le plus influent qui se puisse concevoir, notre vouloir sera toujours et nécessairement déterminé.

Au contraire, placez la volonté humaine en face de motifs particuliers quelconques, nul ne sera capable de l'entraîner. Elle demeurera maîtresse d'elle-même. Elle pourra agir ou s'abstenir, se déterminer pour ou contre, prendre telle ou telle direction. Elle sera libre.

Libre arbitre, liberté !... un de ces mots magiques, qui, dans notre siècle, ont eu la vertu de déchaîner des tempêtes dans l'ordre social et politique et même dans les sphères d'habitude plus sereines de la philosophie. Les politiciens réclament la liberté à cor et à cri, tandis que nombre de théoriciens s'évertuent à prouver que c'est une chimère. Pas de vérité plus contestée spéculativement, pas de vérité plus universellement admise et pas de droit plus tumultueusement revendiqué dans la pratique. Et, anomalie bien digne d'être signalée, ce sont le plus souvent les incorrigibles détracteurs de la liberté théorique qui se font dans la vie de tous les jours ses plus fervents adeptes, ses plus jaloux défenseurs.

Nous venons de parcourir quelque vingt ouvrages. C'est déconcertant ! On a parlé du maquis de la procédure judiciaire ; il serait plus conforme à la vérité de réserver le mot aux élucubrations de la philosophie moderne sur la liberté, élucubrations d'ailleurs plus ou moins liberticides. Au fond, croyons-nous, équivoques et malentendus font en grande partie les frais de cette débauche de négations et de récriminations.

Sans faire le relevé complet des erreurs, établissons notre thèse. L'universel comme bien s'impose donc à nous de telle sorte que nous sommes impuissants à vouloir autre chose que le bien ; et, par là même, il détermine chacun de nos actes volontaires à ce point de vue très général. La volonté ne pourra pas plus se mouvoir en dehors de l'orbite du bien que l'intelligence en dehors de l'orbite du vrai. Ce bien idéal étant l'objet adéquat de notre faculté, nous ne pourrons pas plus nous empêcher de poursuivre le bien et de fuir le mal que de connaître le vrai et de nier le faux. La poussée, ou plutôt l'attraction est fatale, irrésistible : spontanément et nécessairement notre vouloir ira au bien. Comme toute fonction est subordonnée à son objet, et ne peut s'exercer que dépendamment de cet objet, telle la volonté à l'égard du bien. Sous ce rapport nous ne sommes donc pas libres ; le bien en soi ou universel s'impose à nous, et mobilise nécessairement nos énergies volontaires : il ne nous est pas loisible de changer le but et la direction naturelle de notre vouloir, pas plus que nous ne sommes capables de modifier nos autres pouvoirs sous ce même rapport. Nous ne sommes pas libres dans ce que saint Thomas appelle la volonté-nature.

Tel est l'ordre idéal, antérieur à toute manifestation d'activité volontaire. En fait que va-t-il se passer ? Nous voici en présence d'une réalité que l'intelligence nous a appris à connaître comme un bien. Si cette réalité concrétise notre objectif idéal d'un bien universel, si elle est capable par son infinité de combler nos capacités psychologiques, elle entraînera fatalement notre volonté après elle tout comme le bien idéal dont elle ne se distingue plus.

Au contraire si cette réalité n'est qu'un bien fragmentaire, si elle n'emporte qu'une raison partielle de bien, elle est par elle-même impuissante à déterminer la volonté. Elle ne triomphera pas nécessairement de sa force d'inertie, de son pouvoir de résistance. L'aimant n'est pas assez énergique, le levier est trop faible. La volonté se déterminera peut-être ; elle n'aura pas été déterminée. Une comparaison de saint Thomas nous aidera à comprendre : « Nous percevons nécessairement la couleur qui s'offre à nos regards... Supposez un corps coloré d'une part, incolore de l'autre, ce corps ne sera pas nécessairement objet de vision, attendu qu'il peut présenter à l'œil sa face incolore. Or comme la couleur est objet de vision, de même le bien est objet de volition. Qu'il se présente à la volonté un objet bon à tous égards, la volonté dans les conditions voulues se bande nécessairement à ce but et ne peut pas s'exercer en sens contraire. Mais si l'objet offert n'est pas parfait de tout point, la volonté ne le poursuivra pas nécessairement ! » (S. *Thomæ Sum. Theol.*, I^a II^æ, Q. x, art. 2.) Elle pourra s'abstenir d'agir ou même agir en sens contraire. Et c'est précisément dans cet excédent de pouvoir ou de capacité par rapport à un bien donné que nous faisons consister le libre arbitre, la « *self-determination* ». Le moteur est impuissant à soulever le mobile, à le mettre en branle ; le bien perçu n'est pas assez parfait pour obtenir infailliblement l'adhésion de la volonté. La volonté reste donc maîtresse de se mouvoir ou de se laisser mouvoir par tel bien attractionnel ou par tel autre, maîtresse également d'agir ou de ne pas agir. En dernier ressort elle ne dépend que d'elle-même.

« Être libre, écrit très justement M. l'abbé Piat, c'est avoir la faculté de poser des commencements, de produire des effets nouveaux, c'est avoir la possibilité de changer. Et cette possibilité est telle de sa nature qu'elle ne s'épuise jamais ; elle est telle que les actes qui la traduisent ne nous en révèlent que la plus petite partie. Faire preuve de liberté, c'est choisir, et le choix implique une sorte d'inhibition, qui retient à l'état de possibles les termes de l'alternative dédaignée. La liberté ne produit donc jamais un effet ou une série d'effets où elle s'égale à elle-même ; elle ne devient jamais « acte pur ». A côté de ce qu'elle fait, il y a toujours et essentiellement ce qu'elle peut faire ; se réaliser pour elle, c'est affirmer qu'elle ne se réalise pas tout entière. Elle contient une réserve d'énergie latente, un fond de possibilités qui ne peut disparaître qu'avec elle. » (*Destinée de l'Homme*, p. 94.)

Plus brièvement la liberté réside en ce que nul antécédent ou nul concomitant, — motif ou énergie étrangère, — ne mobilise nécessairement la volonté. Nulle puissance étrangère, parce que le moi est un sanctuaire impénétrable à tout autre que Dieu. — Nul motif, parce que d'après notre hypothèse ce motif serait moins large que nos capacités, moins puissant que nos énergies ; il ne saurait nous satisfaire ou nous mouvoir adéquatement.

Le libre choix ou libre arbitre est donc une conséquence. Dès l'instant qu'une réalité n'est pas l'absolu ou la raison de bien, il est évident que cet objectif, moins large que notre volonté, ne saurait embrasser dans une commune attraction toutes nos virtualités volitives ; la fascination n'est pas toute-puissante et nécessairement victorieuse. Si nous agissons, ce n'est pas que nous soyons entraînés, c'est que nous nous entraînons. Mais si la détermination est notre œuvre, il ne tient qu'à nous de la faire avorter, ou de la faire porter sur tel ou tel objet, à notre gré. Puisqu'elle dépend de nous, nous en sommes les maîtres. C'est le libre arbitre.

Prenons un acte humain quelconque ; cet acte-là est-il libre? Oui et non. Une analyse psychologique approfondie ne manquera pas de découvrir des éléments de fatalité et des éléments de liberté.

Qu'on se remette en mémoire tout ce que nous venons de dire. Dans l'acte positif et réfléchi, nous pouvons distinguer l'objet à atteindre, la direction à suivre et l'effort lui-même ou l'effusion d'activité subjective. Sous ce triple rapport l'acte humain est nécessaire et libre simultanément, bien qu'à des points de vue divers.

L'objet englobe un élément de détermination : il participe à la raison de bien, qui, nous le savons, s'impose à nous comme l'objectif irrésistible de tous nos actes volontaires. Il est impossible que dans toutes nos démarches nous ne recherchions pas le bien. — Mais tel quel, s'il s'agit d'un bien autre que l'absolu, le but poursuivi ne saurait être déterminant ; moins puissant qu'elles, il ne peut mobiliser toutes nos énergies psychiques. L'absolu réel est seul irrésistible, dès qu'il se manifeste sans voiles. C'est ce que la théologie dit se passer au ciel. Dans notre condition présente, nul objet ne s'identifie avec notre idéal, et par suite nul n'enchaîne notre liberté.

Sous le rapport de la direction ou des moyens à prendre pour atteindre notre fin, même remarque. Si tel moyen est indissolublement lié à notre fin, ex. gr. la persévérance dans le bien pour les élus, l'emploi de ce moyen sera fatal. Ici-bas rien de pareil, et nous sommes libres de prendre tel moyen préféré, tel chemin qui nous plaît pour arriver au bonheur rêvé. La seule direction obligatoire est la direction qui se confond avec l'objet : la direction du bien idéal.

Enfin, on peut dire que notre acte en lui-même, l'épanchement subjectif de notre activité emporte lui aussi un élément de nécessité : l'exercice global de notre activité volontaire dans la direction du bien. Toute faculté est de soi imparfaite et court à son objet, comme à son achèvement naturel. Il ne se peut que dès l'origine une complète inhibition paralyse la volonté, de telle sorte que cette puissance demeure sans emploi. A moins d'obstacle insurmontable étranger, ce pouvoir doit s'exercer : toute faculté appelle l'action. L'acte d'inhibition serait lui-même un effort déguisé de notre volonté. — En dehors de cet exercice intégral de notre vouloir, chacun de nos actes, pris à part, demeure libre, précisément parce qu'il se meut autour d'un objet fragmentairement bon, inadéquat à l'absolu. L'absolu réel lui-même ne nous meut pas nécessairement durant cette vie : il ne nous apparaît pas dans sa vivante réalité ; nous ne l'entrevoyons qu'à travers les lointains de l'avenir et dans la pénombre de notre raison. Par suite de ces imperfections relatives, pour nous l'absolu n'est pas encore le Bien parfait ; et voilà pourquoi il ne force pas notre adhésion volontaire. Bref, notre volonté doit s'exercer comme activité orientée vers le bien, mais cette activité peut s'épancher indifféremment, maintenant ou plus tard, en d'innombrables spécifications d'actes ou d'efforts, qui tous présenteront néanmoins ce caractère commun qu'ils seront orientés vers le bien. Cette orientation ressort du fond de notre nature, et il ne dépend pas de nous de la modifier.

Distinctions un peu subtiles, mais indispensables pour couper court à tout malentendu, et ne pas aboutir à des impasses philosophiques, comme il est arrivé à certains.

Dans ses *Fragments* (T. I, p. 68 et suiv.) Cousin fait la liberté synonyme de spontanéité. Mais alors la brute est aussi parfaitement libre que l'homme? On verra bien.

Kant fait consister la liberté en je ne sais quel postulat qu'il relègue dans le monde nouménal, entité vague, inconnaissable dont nous n'avons nulle perception légitime. Le monde de notre activité expérimentale est soumis au plus rigoureux déterminisme. C'est renoncer à la liberté. Sous son voile impénétrable et sous son impassibilité marmoréenne, cette divinité d'outre-terre ne ressemble en rien à la liberté vivante dont j'ai le sentiment.

Quant aux disciples de Kant, ils n'ont plus gardé aucune mesure. Ici comme partout, l'Idéalisme transcendantal semble s'être complu à jeter un défi à toutes les écoles philosophiques qui l'ont précédé et au sens commun lui-même. Ce sont des rêveries, à ce point chimériques et fantaisistes, qui ont provoqué contre l'apriorisme des Hégel et des Schopenhauer la plus terrible réaction de matérialisme et de positivisme, et engagé la philosophie contemporaine dans la plus formidable crise de négation.

Tandis que MM. Ravaisson, Secrétan, Boutroux prétendent faire de la liberté le fond même de l'être, le caractère essentiel de l'absolu, en masse naturalistes, évolutionnistes, associationnistes, positivistes, phénoménistes se refusent à reconnaître le bien fondé de la thèse de la liberté ; d'après eux la question est mal posée, inextricable, contradictoire : c'est déjà trop qu'elle se pose.

Il faut pourtant que cette opposition si violente ait ses raisons. Une des principales, c'est que bien à tort on nous prête l'idée que la volonté se détermine à l'aveugle, arbitrairement, sans motif ; liberté serait pour nous l'équivalent de l'indétermination absolue, du hasard préposé à la direction de notre vie. C'est, je crois, M. Lionel Dauriac qui reprochait à MM. Fouillée et Paulhan de prendre cette fausse interprétation comme base d'argumentation contre les partisans du libre arbitre.

Agir librement n'est pas pour nous agir sans motif. Précisément parce que l'acte est humain, réfléchi, raisonnable, il faut que le moi volontaire s'inspire d'un motif connu et voulu.

Nous n'entendons pas non plus que les passions psycho-physiologiques, les sollicitations de l'instinct, l'éducation, les habitudes contractées, les influences du milieu, des erreurs courantes, des préjugés reçus, et surtout du tempérament, du caractère, de l'hérédité, n'agiront pas sur le moi par l'intermédiaire des motifs qu'elles rendront plus séduisants ; de la sorte elles nous inclineront à choisir plutôt tel parti. L'action combinée de ces influences diverses peut parfois acquérir une telle prépondérance qu'elle développe au sein de l'être libre une tendance quasi fatale, jamais cependant une nécessité absolue. Car ce que nous soutenons de toutes nos forces, ce qui doit être à la base de toute morale, de toute société politique ou religieuse possible, c'est que malgré toutes les puissances amies ou ennemies qui assiègent notre liberté, la dernière citadelle du moi, le suprême consentement, la véritable « self-determination » demeure imprenable. C'est, au milieu des océans, le rocher écumeux qui domine toutes les tempêtes. C'est la montagne, dont la cime est toute irradiée de lumière, tandis que les fondements sont ravinés par l'orage.

Nous croyons fermement que le moi humain, qui n'a pas abusé de sa liberté pour se créer à coups d'excès des nécessités factices, et encore ces nécessités ne sont-elles jamais absolues, conserve, en vertu de ses énergies volontaires supérieures, le pouvoir de se déterminer par lui-même ; il peut choisir entre deux ou plusieurs alternatives dans l'ordre physique ou moral. Dans son dernier fond, le libre arbitre est donc cette faculté que nous avons de nous mouvoir nous-mêmes sans l'intervention des moteurs étrangers et sans que nous soient proposés des motifs coercitifs. Il est de ma raison de ne pas me décider sans motif et de me prononcer en faveur du motif le plus plausible. Mais cela n'est pas indispensable, et je puis fort bien m'arrêter au parti le moins raisonnable et passer à l'acte sans autre motif que de me prouver à moi-même ma liberté. On disait donc bien que la liberté est ce privilège étonnant et spécial à l'homme, en raison de sa puissance volontaire suréminente, de se mouvoir, de se tirer de son repos, de se jeter en avant sans contrainte, sans détermination préalable.

Mais, dira-t-on, voilà qui est singulier. Vit-on jamais dans le monde semblable dérogation aux lois de la causalité ? Vous l'avez affirmé maintes fois : tout effet a sa cause proportionnée. La détermination de la liberté n'aurait point de cause adéquate : le cycle de la causalité ne se refermerait pas : la causalité universelle subirait un brusque et inévitable arrêt ; il y aurait solution de continuité dans le déterminisme universel.

L'objection peut être envisagée sous deux aspects : elle peut porter sur la causalité absolue d'un *Primum Movens*, et c'est là une question de Théodicée, que nous n'avons pas à traiter. Dieu saura bien sauvegarder et les droits de sa causalité absolue et les droits de la créature qu'il veut libre. Sous ce rapport l'homme n'échappe pas plus que les autres êtres contingents à la causalité de l'Absolu.

Que s'il s'agit de la causalité cosmique, nous ne voyons nul inconvénient à ce que la liberté ne soit pas soumise à ses lois. De par sa prééminence la volonté humaine est cause suffisante de ses actes sans prédétermination. Pourquoi pas? L'homme serait une exception dans la nature. Et après? Le Gaorisankar de l'Himalaya a, dit-on, une altitude de 8,839 mètres; ce chiffre doit être faux; car nulle autre cime ne s'élève à cette hauteur. C'est à ce raisonnement sophistique et naïf que peut se ramener l'argumentation de ceux qui dénient la liberté à l'homme sous prétexte que l'homme serait le seul être libre. Les lois causales du monde matériel n'atteignent pas l'homme raisonnable... C'est sans doute parce que sous ce rapport il n'est pas matériel. — Il constitue une exception, la seule..... c'est probablement qu'il ne ressemble psychologiquement à nul des êtres qui l'environnent. Encore un coup pourquoi pas?

On réplique. La liberté ne nous placerait pas seulement en dehors de l'ordre universel; l'homme libre serait dans le monde un fauteur de trouble et de désordre. Par son intervention arbitraire et parfois intempestive il irait à l'encontre des lois naturelles, il dérangerait, s'il ne la ruinait pas, la belle ordonnance de l'œuvre du Créateur. Il y a en outre que dans le cosmos rien ne se crée, rien ne se perd. La conservation de l'énergie est un des dogmes qu'il faut placer au fondement de l'édifice scientifique. Mais si l'homme est libre, il pose des commencements absolus, il est donc créateur d'énergies nouvelles qu'il lance dans la circulation des forces. La somme des énergies universelles doit en être augmentée et l'ordre troublé.

Ces craintes ne sont pas justifiées. Il n'est pas établi, et comment d'ailleurs établir scientifiquement que la somme des énergies universelles ne s'élève pas? Je comprends qu'elle ne s'abaisse pas; il faudrait une destruction, et Dieu, qui seul pourrait détruire, ne semble pas devoir intervenir dans ce but. Mais si simplement le total des forces montait, quel mal? Pensez-vous que le Créateur, tout-puissant et omniscient, n'aura pas prévu cette hausse et paré aux inconvénients qui pourraient en résulter pour son œuvre?

Au surplus est-il prouvé que la liberté ne saurait s'exercer sans ajouter à la somme des forces universelles? Ne peut-elle simplement en modifier la direction, la combinaison? « Sans doute le principe de la conservation de l'énergie est indiscutable; mais ce principe laisse place dans les transformations de l'énergie à une certaine indétermination chronologique, c'est-à-dire que, bien que toute énergie dépensée doive se retrouver, le principe ne dit pas quand elle doit être dépensée. Par suite, non seulement le principe de la conservation de l'énergie n'exige pas que la nature forme un système fermé, mais il laisse subsister la possibilité que des actions extra-physiques soient exercées sur la transformation de l'énergie. Cette possibilité se réalise dans les êtres organisés : l'énergie, qui s'y accumule, se trouve employée à la réalisation d'un plan. Dans cette mise en œuvre des matériaux physiques conformément à un plan se manifeste une activité extra-physique... » (Wentscher, *Revue philos.*, XLIII, p. 534. Compte rendu de M. Foucault.)

Dans son ouvrage : *La Liberté et la conservation de*

l'énergie, M. Couailhac distingue bien à propos, selon nous, entre les éléments quantitatifs et les éléments qualitatifs des forces cosmiques. L'élément quantitatif ne subirait pas de variation et la liberté ne saurait en modifier le total : c'est tout ce qu'on peut prétendre lorsqu'on formule la loi de la conservation de l'énergie. Il n'en va pas de même de l'élément qualitatif. — direction, finalité, transformation, modifications chronologiques, etc. — Il échappe aux prises du dynamomètre. Impossible de démontrer qu'il ne varie pas. Dès lors pourquoi l'esprit, élément qualitatif, n'interviendrait-il pas pour produire dans le monde des effets qualitatifs? Le qualitatif engendrerait le qualitatif. La liberté spirituelle aurait pour effet de déterminer dans les corps des modifications qualitatives identiques à elle-même. En somme, cette réponse ne se différencie guère de la précédente, et la conclusion est la même. En supposant indiscutable le principe de la conservation de l'énergie, rien n'empêche l'intervention active, l'exercice de la liberté.

J. Lequier, un philosophe que M. Renouvier a fait connaître, élève une nouvelle difficulté. L'homme se livre, se révèle dans son acte : « Penser qu'au même instant il est capable d'agir ainsi et capable d'agir autrement, c'est le transformer en quelque chose d'équivoque et d'instable, qui, d'un instant à l'autre, serait peut-être bien ce qu'il n'est pas et ne serait peut-être pas ce qu'il est ; c'est imaginer qu'au lieu d'être précisément, il contient vaguement en soi une multitude d'hommes entre lesquels il peut choisir d'être celui-ci ou celui-là, et auxquels il appartiendrait d'agir chacun à sa sorte. Qu'ai-je dit qu'il peut choisir? Il ne choisirait point ; c'est le nouveau venu qui choisirait en lui, pour lui, d'un droit que tout à l'heure il partageait avec les autres, et qu'il prend tout entier dès qu'il l'exerce. Qui ne voit que cette hypothèse, si seulement elle était sérieuse, supprimerait le problème ? » (Cité par M. RENOUVIER, *Année philosophique,* 1895.)

Il est fâcheux que des hommes réfléchis comme Lequier se contentent de poser le problème sans en étudier suffisamment les différentes solutions. Si notre philosophe avait médité la solution péripatéticienne, il se serait probablement persuadé que le moi volontaire ne se manifeste pas tout entier dans l'acte libre. Dans cette mobilisation de notre activité, toutes nos énergies ne viennent pas sous le regard de la conscience, toutes ne passent pas dans l'acte. Nos actes libres laissent toujours derrière eux une réserve inépuisée d'énergie, qui peut fort bien avoir, et qui, de fait, a souvent des tendances opposées à la tendance dont tel acte libre est le résultat. Oserait-on contester qu'il y ait dans le moi volontaire multiplicité de désirs, de propulsions, de tendances ? Mais c'est la plus élémentaire donnée de conscience. Pendant que je suis les inspirations du devoir, d'autres inclinations me poussent ailleurs. Il me paraît être tiré en sens contraire. Qui donc ignore ces luttes intestines, ces poignantes incertitudes ? On dit que l'homme est double, triple, etc. Non assurément qu'il y ait multiplicité d'individus, mais pour exprimer la complexité, l'ambiguïté de nos penchants.

Dans son acte libre, l'homme ne laisse s'écouler qu'une partie de ses énergies volontaires ; sans supposer un brusque changement et surtout la multiplicité individuelle du moi, rien ne s'oppose à ce que dans le présent ou dans un avenir très rapproché il ne soit capable d'une résolution contraire grâce à ses profondes réserves de virtualités volontaires.

Nous n'en finirions pas si nous voulions relever et réfuter l'une après l'autre toutes les objections contre le libre arbitre. M. Paulhan nous répète que l'acte libre serait sans cause. Comme si la volonté n'était pas une cause suffisante de ses opérations ! Quant aux causes extérieures, l'acte libre n'a pas de cause déterminante... non sans doute puisque c'est précisément sa nature de ne devoir son origine qu'à la volonté libre. La liberté est l'artisan, l'arbitre suprême, la cause suffisante de sa décision. Les motifs divers ne sont que des causes impulsives.

Ce qui pour nous semble clairement résulter de ce débat, c'est que la liberté est un fait gênant pour les phénoménistes et les empiristes modernes. Il ne s'explique pas, nous le verrons, sans un moi ontologique et transcendant, spirituel ; il nous fait toucher du doigt cette réalité psychologico-métaphysique. Dès lors on n'en veut plus. Il rappelle trop à la raison les théories dissidentes ; il est pour elles un reproche vivant et une condamnation.

Certains philosophes, Wundt par exemple, commencent à modifier les données du problème avant de le résoudre. Pour lui la liberté consiste en ce que les causes inconscientes qui nous déterminent à l'action ne trouvent pas en nous de résistance. Ces causes diverses se synthétisent dans le caractère, la cause des causes ; sur ce facteur principal de nos actions libres Wundt refuse de s'expliquer autrement que par hypothèses et par probabilités. C'est là, dit-il, une question qui dépasse les bornes de la psychologie expérimentale. Il a raison ; mais je voudrais apprendre de lui si, à ses yeux, la définition de la liberté et sa résolution ultime aux éléments du caractère ne sont pas également quelque peu entachés de métaphysique ?...

L'auteur s'appuie ensuite, pour nous dénier le libre arbitre, sur les statistiques de la criminalité. Elles donneraient des résultats à peu près constants, et supposeraient par là même des déterminations préjudicielles, des lois psychologiques invariables. Notre franc arbitre serait donc illusoire.

Il faudrait d'abord examiner de près toutes les statistiques et bien vérifier les chiffres. Après cela nous craignons fort que l'auteur n'eût pas beau jeu. Les relevés annuels présentent parfois de tels écarts qu'il serait difficile d'établir des constantes. Que si constantes il y avait, nous ne nous trouverions plus seulement en présence d'une question de philosophie, mais aussi, et, au jugement de Proudhon, c'est toujours par là que l'on finit, en présence de la question théologique de la prédestination, du Bien et du Mal. Arrivé là, si l'homme n'est pas libre il n'y a plus à hésiter, il faut choisir entre retrouver la liberté à l'origine sous une forme transcendante et absolue, — et la responsabilité du mal universel remonterait jusqu'à cet être capricieux et pervers, — ou bien faire peser sur l'humanité la fatalité aveugle, aussi atroce que générale, du Bien et du Mal, et dès lors c'en est fait de toute responsabilité et de toute morale.

Wundt est-il plus heureux lorsqu'il place la liberté dans l'exclusion de toute contrainte ? C'est l'idée de Cousin. Dans cette hypothèse liberté et spontanéité se confondraient. Mais la spontanéité n'exclut pas la nécessité intérieure. Cette liberté serait la négation pure et simple du libre arbitre.

Contre Wundt et contre tous les adversaires de la liberté nous maintenons donc que l'homme jouit de la faculté de se mouvoir par lui-même, de choisir ; il est doué de « self-determination ».

C'est là une conséquence logique de notre étude sur la mentalité humaine, telle que nous la révèlent nos opérations intimes. Preuve déductive et selon nous fondamentale. Est-ce à dire que les autres sont dénuées de toute valeur probante ?

Dans la *Revue philosophique* (avril 1896), M. G. Fonsegrive exprime le doute que « la preuve par la conscience reprenne jamais, après la critique qu'on en a faite, la place qu'elle eut jadis dans la démonstration du libre arbitre ». Ces craintes ne sont-elles pas prématurées ? Sur quoi se base-t-on pour infirmer le témoignage de la conscience ? Ce témoignage semble pourtant assez explicite. Avec lui se formulent en nous les deux affirmations essentielles au libre arbitre, à savoir : 1) que nous sommes les instigateurs et les consommateurs, les premiers artisans, les arbitres de nos actes réfléchis ; 2) que par conséquent il nous est loisible de suspendre notre activité, ou d'en faire tel autre usage à notre convenance.

Déterministes, associationnistes, positivistes se récrient de concert. S. Mill dans ses deux ouvrages : *An Examination* (chap. xxv, pp. 564 et suiv.); *Logique*, trad. Peysse (T. I, p. 420, etc.); Bain dans *Emotions and Will* (chap. ii), bien d'autres encore se font les porte-paroles du parti. 1. — Notre conscience nous dit bien ce que nous sentons ou ce que nous faisons ; elle nous dit bien que nous sommes capables d'action puisque nous agissons. Elle ne nous apprend rien et ne peut rien nous apprendre sur la nature de nos pouvoirs. Ainsi les sens nous signalent les phénomènes externes sans les expliquer (Bain). 2. — La conscience ne saurait nous renseigner davantage sur la coexistence d'un pouvoir distinct de celui qui s'exerce actuellement. Elle n'a pas le don de prophétie (S. Mill).

Double critique correspondante à la double affirmation de la conscience. Conservons cet ordre, et tâchons de répondre.

1° Il est très vrai que notre conscience ne perçoit pas en nous la nature du pouvoir qui agit ; elle ne perçoit que le fait de son intervention et la nature de l'acte posé. Elle laisse à la raison le soin d'étudier le principe actif dans son opération. Ne ressortissent donc directement à la conscience que les phénomènes et les faits.

Mais, qu'on le veuille ou non, le libre choix est un fait. La « self-determination » est un acte, un consentement, une décision, un ébranlement initial, un effort, qui met en jeu notre activité volontaire. Ce *primus actus movens* est très certainement du domaine de la conscience. Or la conscience proclame que nous sommes actifs à ce premier moment de l'opération volontaire ; d'où nous inférons que nous sommes libres. Et voici le processus :

Je suis actif ; donc je suis libre, je pose des commencements absolus. Si j'étais déterminé, je serais passif. Si la poussée initiale d'énergie volontaire était fatale, comme le prétendent les nécessitariens, il est manifeste qu'elle serait déterminée par une impulsion étrangère et irrésistible. La nécessité d'agir serait-elle immanente, nous ne resterions pas d'être passifs. Nous éprouverions un besoin d'action que nous ne saurions maîtriser. Je cherche le bien, j'ai faim, j'ai froid, je souffre, autant d'événements qui émanent de moi, et que dans ma conscience je sens fort bien ne pas dépendre de mon libre arbitre. Je me sens très clairement déterminé, passif. Action et passion sont des faits qui relèvent de la conscience. Elle est donc bien venue à se prononcer sur la passivité et, partant, sur la détermination de nos événements psychologiques ; corrélativement son témoignage ne peut qu'être recevable lorsqu'elle proteste que nous sommes actifs et libres dans tels de nos phénomènes et de nos actes ; lorsqu'elle proteste que l'acte tout entier découle et dépend de notre moi volontaire ; que par suite il dépend de nous que cet acte soit ou ne soit pas, attendu que nous ne sommes pas contraints à agir ; que finalement nous sommes les arbitres absolus de notre activité, que nous sommes libres.

C'est moi seul qui me détermine. Différents motifs, différentes influences peuvent m'attirer en sens divers. J'ai le sentiment que je suis plus ou moins entraîné ; tant il est vrai que la conscience est fondée à se prononcer sur le fait de notre activité ou de notre passivité ! Nous nous sentons plus ou moins sollicités, jamais forcés. Pour que le motif soit efficace, il faut que nous lui prêtions notre concours ; et ce concours seul est décisif. Or ce concours est facultatif puisque nous ne sommes pas contraints. Il ne tient qu'à nous de nous abstenir, et le motif sera à tout jamais inefficace. C'est une première liberté, celle que dans l'école on nomme « la liberté de contradiction », celle qui réside en ce que nous pouvons agir ou nous abstenir.

Elles manquent donc leur but les attaques de M. Fouillée dans son livre *la Liberté et le Déterminisme* (p. 88) : « La conscience de notre liberté supposerait que nous nous voyons absolument indépendants : 1° de notre corps ; 2° de l'univers ; 3° du principe même de l'univers. La prétendue conscience de la liberté serait donc identique à la science de l'univers. »

M. Fouillée se retranche derrière une subordination possible à des énergies inconscientes. Et l'on ne peut s'étonner assez que des adversaires déclarés de toute métaphysique et de tout mystère fassent incontinent appel à l'inconscient dès que leur thèse se trouve bien de l'ombre et du silence.

Au fait, les circonstances servent mal les amis de l'inconscient. En toute hypothèse, que la nécessité nous vienne du dedans ou du dehors, il est certain que nous serons passifs sous la coupe de la nécessité. Or, nous l'avons assez montré, action et passion ressortissent également à l'introspection.

Nous répétons que nous n'avons pas ici à faire entrer en ligne de compte l'absolu, la cause première, qui seule, en vertu même de sa transcendance et de son efficacité souveraine, atteint le plus intime, les moelles de l'être, pour actionner, modifier, vivifier nos énergies les plus profondes, parce que seule, selon le mot plein de sens de saint Thomas, elle touche le fond de notre âme, *illabitur animæ*. Tout en dirigeant notre activité, elle sait respecter notre liberté ; tout en agissant puissamment, elle sait se taire et ne pas violer le mystère de notre vie psychologique. C'est du reste une question de Théodicée, et ce n'est pas le lieu de la traiter.

En dehors de cette causalité hors de pair, qui tout en nous pénétrant ineffablement de son efficacité sait si bien — c'est un effet de sa toute-puissance — ne porter aucune atteinte à notre personnalité et à notre liberté, est-il même concevable qu'une virtualité étrangère nous imprime directement et subjectivement un élan quelconque, qu'elle agisse sur nous autrement que par la voie de la connaissance, de l'objet? Oui, si notre moi volontaire est un épanouissement d'une autre substance active. Mais nous verrons que notre mentalité ne saurait être une efflorescence de la matière : leurs caractères s'excluent. Notre moi intellectuel et volontaire peut-il être davantage une manifestation d'une substance psychique mystérieuse, partout diffuse et dont nous serions comme des rejetons? Les panthéistes l'affirment. Nous verrons que ces prétentions ne sont pas justifiées.

Reste donc l'attestation de la conscience d'après laquelle le moi psychique est le fond de notre être mental; tout le reste repose sur lui et vient après lui. Tout est actionné directement par lui, rien ne saurait l'actionner, si ce n'est par voie d'influence indirecte et comme à distance par attraction objective de la connaissance.

Le moi habite des retraites inviolables. Il est chez lui, il s'appartient, défendu par le rempart inexpugnable de sa personnalité suréminente. Nul ne s'introduira dans ce domicile sacré, dans ce sanctuaire; nul ne triomphera de ces derniers retranchements; nul n'accédera, si ce n'est par l'issue de la perception extérieure en s'identifiant avec l'objet. Sentiments, passions, tempérament, hérédité, sollicitations, séductions, plaisirs, toutes les influences venues du dehors, c'est-à-dire étrangères à la volonté, doivent en prendre leur parti; elles n'auront accès auprès du moi volontaire que si elles peuvent agir sur l'objet, le rendre plus attrayant, plus fort; déterminant et contraignant, l'objet ne le sera jamais. Nous ne parlons pas évidemment de l'Absolu réel, ou d'une surprise des sens, ou d'un détraquement maladif, momentané de l'équilibre humain. Dans son état normal l'homme sera influencé dans des limites variables par les divers motifs; sa liberté d'action et de décision ne sera jamais totalement abolie.

2° Un corollaire de tout ce que nous venons d'établir, c'est que non seulement nous pouvons agir ou ne pas agir, mais encore agir en divers sens, en sens contraire même : c'est ce qu'on a appelé liberté de spécification et de contrariété. Si nul motif particulier ne domine le moi volontaire et ne l'entraîne irrésistiblement, il est certain qu'il reste le maître. S'il refuse de se mouvoir, rien ne pourra l'ébranler ; s'il le veut, il pourra se pousser en telle direction ou en telle autre, à sa guise. Il peut s'attacher à la poursuite d'un bien particulier, puisqu'il est nanti de l'énergie ontologique suffisante pour rechercher et atteindre le bien universel.

Il a le choix entre agir et ne pas agir, entre cet objectif et l'objectif opposé... toujours s'il s'agit d'un bien particulier. C'est le témoignage qu'il se rend à lui-même. Raisonnablement il devra se soumettre à l'ordre moral, embrasser le parti le mieux motivé. Mais cette obligation morale est tout extérieure à la liberté : elle ne lui est pas essentielle. Elle dirige la liberté, elle ne l'enchaîne pas et ne la violente pas. Sous l'obligation morale, la liberté physique subsiste tout entière ; la preuve, c'est qu'elle se soustrait à cette direction et elle ne laisse pas d'être elle-même. Comme les passions, l'habitude, le tempérament, etc., la loi est une influence extérieure qui agit par le dehors sur le motif, de manière à le rendre plus attrayant, plus digne d'élection. Elle agit objectivement, comme disent les scolastiques. Mais, dès lors qu'elle ne peut nous montrer ici-bas l'Absolu à découvert, son objet n'est jamais déterminant. Elle ajoute aux sollicitations de l'objet ; présenté par elle, l'objet a plus de chances d'être choisi, jamais la certitude.

On peut en dire autant de toutes les influences étrangères à la volonté. Elles agissent objectivement, elles l'attirent, elles l'appellent en sens divers ; elle reste l'arbitre suprême de ses décisions ; elle a toujours la faculté de choisir.

C'est ce que le moi psychique se dit à lui-même inéluctablement. Nous accordons à S. Mill que ce n'est pas là une intuition directe de la conscience. Mais cette conclusion se rattache de si près aux données immédiates de conscience, qu'elle peut être acceptée comme telle. J'ai le sentiment profond, invincible de ma liberté lorsque je veux, et l'instant d'après, lorsque je ne veux plus; quand j'embrasse un parti, et l'instant d'après quand je reviens sur ma décision et m'arrête au parti contraire. Je puis ainsi changer vingt fois, cent fois de résolution ou d'action en une minute, uniquement pour me prouver à moi-même, pour montrer aux déterministes et à S. Mill que je suis libre. Prétendront-ils qu'à chaque changement de conséquents correspond un changement d'antécédents, que chaque séquence n'en est pas moins déterminée, irrésistible au moment où elle se produit, de telle sorte qu'elle est seule possible, ou, selon S. Mill, infaillible?

D'abord à cela supposer on irait directement contre le sens intime que nous avons de notre activité. Nous nous sentons actifs et donc libres, nous venons de le faire voir. Si nous étions déterminés, nous serions passifs et la conscience nous en préviendrait.

Au surplus, est-il sérieusement admissible que si je change de décision cent fois en un instant, mes états psychiques, les conditions antécédentes de mes actes, d'un mot mon activité volontaire soit modifiée un aussi grand nombre de fois en un laps de temps si peu considérable? Est-il sérieusement admissible que cent fois en une minute la conscience me trompe, que cent fois je sois retourné en sens divers par je ne sais quel mystérieux inconscient, qui me manipule et me détermine à son gré, aussi rapidement que tyranniquement? Ces puériles hypothèses ne vous font-elles pas l'effet d'être les suprêmes expédients, les coups en l'air, les efforts désespérés d'une philosophie désarçonnée, en rupture de ban avec l'expérience et le sens commun?

N'est-il pas incomparablement plus rationnel et plus naturel de penser que, si en quelques secondes j'ai pu successivement changer plusieurs fois de détermination, si j'ai pu opter tour à tour pour les partis les plus opposés et les plus divers, c'est que simultanément chacun de ces multiples objets pouvait être choisi; il m'était loisible de me prononcer pour l'un ou pour l'autre.

C'est, du moins, ainsi que l'humanité a conclu, et c'est pour cela qu'elle se croit libre.

Si, d'ailleurs, les déterministes ont encore un doute, s'ils ont quelque confiance en leur théorie, ils ne peuvent trouver mauvais que nous leur proposions à nouveau le pari du vieux Bergier. Gageons que dans un délai donné, à telle heure, j'entreprendrai tel travail. Dans l'hypothèse déterministe, il est trop clair que, mes actes étant les conséquents certains de leurs antécédents, les chances sont égales. Je n'en sais pas plus sur mes actes futurs que n'importe quel parieur, attendu que ni lui ni moi ne connaissons les antécédents de ces actes. Nous parions à chances égales. Engageons une forte somme. A qui le pari?

Je défie le plus résolu déterministe. C'est que, voyez-vous, on a beau se complaire dans les miroitements de son dilettantisme, on ne perd jamais assez le sens de la réalité pour croire qu'elle se fera complice de nos rêves et de nos fantaisies.

S. Mill observera sans doute que l'on peut préparer les antécédents de son acte : ainsi l'on peut travailler et modifier son caractère. — En vertu de quel pouvoir? Pouvoir libre? Nous revenons à la liberté. — Pouvoir forcé ? Nous retombons dans le déterminisme, et comme j'ignore les antécédents de tel acte futur, je dois ignorer pareillement le conséquent. Dans ce cas, d'ailleurs, il est faux de dire que je puis préparer l'avenir. Je ferai, ni plus ni moins, ce que je suis contraint de faire.

Le célèbre phénoméniste anglais fait aussi une distinction entre la séquence infaillible et la séquence irrésistible. Il serait curieux de voir comment il tente de légitimer cette distinction, que nous admettons en Théodicée, mais que nous ne concevons guère dans S. Mill.

Après cela, notre psychologue ne fait pas difficulté de l'avouer : « Ceux qui pensent que les causes traînent leurs effets après elles par un lien mystérieux ont raison de croire que la relation entre les volitions et leurs antécédents est d'une autre nature. » Mais S. Mill ne veut pas de la causalité ; par suite, pas de liberté. Nous comprenons cela. Nous ne comprendrions même pas qu'il en fût autrement. Que peut être la liberté sans causalité ? Premier non-sens.

Autre non-sens : que deviendrait la liberté sans un moi réel et distinct, principe actif et détenteur du libre arbitre ? Le moi, d'après les phénoménistes, n'étant que la somme de ses événements, ou, comme le veulent les associationnistes, la consolidation de nos états de conscience, expliquez ce que peut bien signifier cette dénomination d'acte libre. Sans le moi causal et volontaire la liberté ne se conçoit plus. Rien ne saurait rompre la chaîne de nos événements. Les associationnistes ont raison : avec de telles prémisses le franc arbitre n'est plus et ne saurait être que « la serrure brouillée de la métaphysique », « un paradoxe du premier degré..., un nœud inextricable », pouvons-nous dire avec A. Bain. Mais avec l'idée de cause, avec l'idée du moi psychique et volontaire, tout s'éclaire et la question prend une autre tournure.

La conscience rend donc universellement témoignage à la réalité de notre libre arbitre ; et malgré tout il ne nous semble pas que la valeur de ce témoignage soit moindre que par le passé. Elle a été l'objet de vives discussions, il ne nous paraît pas que le dernier mot soit resté à ses détracteurs.

Une autre preuve, qui, depuis Kant surtout, n'a pas été moins attaquée, c'est la preuve par la responsabilité. Le devoir est un fait, il implique la responsabilité, et la responsabilité ne va pas sans la liberté, soit en regard de la récompense, soit en regard du châtiment.

« Permettez, répliquera le déterministe, nous avons une autre conception du devoir, voilà tout. Pour nous le devoir est la réalisation fatale et progressive de l'idéal, l'application individuelle, mais irrésistible, inconditionnelle du vaste système de lois qui régissent l'univers et, partant, la société humaine. »

—Entendu. Mais cette application est-elle inéluctable ? Si oui, nul ne pourra s'y soustraire. Plus de mérite ou de démérite, au sens moral du mot, plus de responsabilité véritable. Au maximum pourra-t-on dire avec Mill « qu'un être humain, qui aime d'une manière désintéressée et constante ses semblables..., est naturellement, nécessairement et raisonnablement un objet d'amour » ; que celui qui a des tendances contraires est légitimement un objet d'aversion, qu'il soit libre ou non. On aime une fleur ; on fuit un serpent. Mais fleur et serpent sont-ils responsables ? S'avisa-t-on jamais de leur attribuer une moralité quelconque ? Le paralogisme peut-il être plus manifeste ?

On ne voit pas bien, en outre, comment, si l'idéal, le progrès, la justice s'imposent à nous, comment certains peuvent échapper à leur détermination contraignante, et subir une nécessité contraire. Nos adversaires prétendront-ils qu'il est des déterminations autres que les précédentes, aussi inexorables, mais s'exerçant en sens opposé ? Pourquoi ? Serait-ce que les antécédents de l'acte, les conditions immanentes de notre opération sont opposées ? Pourquoi s'opposent-elles ? Pourquoi suis-je maintenant contraint de bien faire, et l'instant d'après contraint de mal faire ? Pourquoi tel est-il ainsi organisé que très certainement il sera moral, pourquoi tel autre doit-il être forcément immoral et criminel ?

Si les antécédents de mon acte sont de tout point déterminés et déterminants, il est clair qu'il ne dépend pas de moi d'être juste ou injuste ; je cesse d'être responsable au sens vrai du mot. Le saint n'est pas plus digne d'éloge ou de récompense que l'assassin de blâme ou de châtiment.

Inutile d'ailleurs d'imposer une obligation, de préconiser une sanction. Inutile de légiférer, de punir, de se défendre même, d'élever l'enfant, de moraliser les foules, de tendre au progrès. Peine perdue : tout se produit fatalement ; tout ce qui doit se produire ; vous ne pouvez rien modifier qu'en tant que vous êtes intérieurement forcé. Laissez donc, et si le bien doit se faire, il se fera sans vous ; ou du moins sans que vous vous poussiez, — c'est d'ailleurs impossible, — à intervenir. Si vous devez avoir une part quelconque à la moralisation du genre humain, vous serez contraint d'agir : tous vos efforts n'y peuvent rien. Autant se croiser les bras, et assister impassible au déroulement de l'universelle nécessité. Le déterminisme est la mort logique de toute initiative, de tout effort vers le bien, de toute morale. Que le bien ou le mal triomphent, nous n'y ferons rien ; nous n'avons qu'à répéter la parole stupide du croyant : c'était écrit ! Universellement reçu dans la pratique, un tel système de philosophie serait le suicide de l'humanité qui agit.

De quelque manière qu'on s'y prenne, pour obtenir un effort moral il faut croire à la responsabilité, et pour que l'homme soit responsable, il faut rouvrir la porte à la liberté. Je ne puis être responsable que s'il dépend de moi de faire bien ou mal. Préceptes, conseils, exhortations ne peuvent avoir un sens que si je puis me décider par moi-même ; que si je puis quelque chose sur les antécédents et sur les données de mon opération ; que si ce pouvoir est facultatif, de manière qu'il me soit loisible d'agir ou de m'abstenir.

Si je suis nécessité, à quoi bon m'engager ? Je marcherai bien sans cela. Il n'y a nul danger que j'échappe à ce déterminisme de fer, qui saura bien m'assouplir et me plier, ou me briser sous son étreinte toute puissante.

On dira peut-être qu'il y a moyen de faire entrer conseils, exhortations, récompenses, etc., dans la série des antécédents comme éléments de détermination. — Soit. Mais vous-même vous êtes contraint d'en agir ainsi. Inutile de se pousser au bien, de faire des efforts pour être moral ; toute initiative est suspendue ; tout mérite est annulé. Par suite plus de morale au sens vrai du mot. Encore un dressage, un élevage, mais plus d'éducation morale. Au surplus, je suis contraint de pratiquer cet élevage. En cela nul mérite, nulle initiative. Nous disions bien qu'une telle doctrine est le suicide de l'humanité, qui agit et qui veut progresser.

Ou le libre arbitre ou l'éternelle et universelle nécessité. Sont vains et radicalement impuissants tous les efforts que l'on fait pour éluder cette alternative. S. Mill et ses admirateurs ont beau s'agiter, se tourner et se retourner, finalement il faut qu'ils se déclarent partisans du libre arbitre, ou qu'ils viennent prendre place parmi ces « nécessitariens », qu'ils ont eux-mêmes si dédaigneusement qualifiés.

Ce n'est donc que par un abus de langage blâmable à tous égards que fatalistes et déterministes se vantent de conserver encore l'idée de responsabilité et de devoir. Chez eux ces mots ne présentent plus le sens communément reçu et signifient même tout le contraire de ce que nous entendons. Duperie pour les naïfs, et source d'équivoque pour tous. Il faut aux réformateurs et aux dogmatisants plus de netteté ou de franchise.

La croyance à la liberté pénètre donc en nous par toutes les avenues de la raison et de la conscience psychologique ou morale. C'est un fait qui s'entoure de toutes les évidences et s'impose naturellement à nous. Aussi est-il à remarquer que les objections n'attaquent pas en face ; elles opèrent une sorte de mouvement tournant. On ne nie pas que nous ne nous percevions libres : c'est trop manifeste. On conteste l'objectivité de cette perception, au risque de porter atteinte à l'autorité de la conscience, et du coup à l'autorité de tous nos critériums. Un mot explique tout : on ne veut pas de la liberté.

Et pourquoi ? Nous l'avons vu et nous nous résumons : souvent parce que l'on prend comme point de départ une vue erronée, un principe discutable. Ainsi, dans la psychologie anglaise, lorsqu'on prétend expliquer tous nos pouvoirs psychiques par l'association.

Pourquoi encore ? Parce que, dit-on, tout dans la nature est soumis aux lois du mécanisme, au plus rigoureux déterminisme. Il n'y a pas d'apparence que seul

l'homme fasse exception. — Singulier raisonnement
en vérité. L'univers qui s'étale sous nos yeux n'est ni
civilisé, ni moral, ni progressif. Seul l'homme offrirait
ces caractères. Il faut les lui dénier, pour qu'il ne tranche pas sur l'ensemble. Cela ne tient pas debout. Et
encore, que nous dit-on? Que les mouvements divers,
que les énergies cosmiques forment un total constant.
— Oui, peut-être dans la nature physique; dans le
monde psychique et moral, l'affirmation est des plus
hasardées. Qui oserait soutenir que, de nos jours, la
somme absolue ou simplement proportionnelle des actes
suprasensibles de chaque individu ou de l'humanité
globale est exactement ce qu'elle était il y a vingt, quarante siècles? Fantaisie.

On nous oppose encore le principe de raison suffisante... Comme si l'acte libre ne trouvait pas sa raison
très suffisante dans la volonté, et la volonté dans la
cause première! L'acte n'est pas déterminé dans sa
cause; il en dérive librement, de façon contingente;
c'est sa caractéristique. Soutiendrez-vous qu'il est impossible à la Toute-Puissance créatrice de produire des
causes ainsi agissantes? Sur quoi appuierez-vous votre
interdiction?

Tous les arguments des antagonistes de la liberté sont
à l'avenant. Ils ne méritent pas, croyons-nous, de nous
retenir davantage. L'évidence que nous avons de la
réalité du libre arbitre ne saurait être tenue en échec
par de tels subterfuges ou de tels artifices de raisonnement.

« Nous sommes sûrs de l'existence de notre liberté.
Que l'on grandisse autant que l'on voudra l'influence
de l'inconscient et du subconscient, que l'on multiplie
comme à plaisir le nombre des mobiles, qui se mêlent
sans s'avouer à nos actions les plus réfléchies, il n'en

demeure pas moins vrai qu'à un moment donné c'est nous qui nous déterminons et que, par conséquent, nous ne sommes pas déterminés. La liberté est une de ces données synthétiques que l'on ne nie pas plus que la lumière ou le mouvement, quand on fait de la philosophie pour tout de bon, de la philosophie progressive. » (PIAT, *Destinée de l'Homme*, p. 95.)

III

Nous nous portons naturellement au bien tel qu'il nous est présenté par l'intelligence, et cette tendance, cet effort, nous l'appelons *vouloir* ou *volition*.

Volition nécessaire, s'il s'agit de l'absolu ou du bien universel. Volition libre, s'il s'agit de biens particuliers.

Tel est l'ensemble des phénomènes volontaires. Ici, comme à propos de l'idée générale, il reste à se demander si l'acte volontaire est à ce point un phénomène particulier à la mentalité humaine qu'on ne puisse aucunement l'assimiler aux appétitions psycho-physiologiques de l'animal et le regarder comme le produit d'une lente évolution. Parti des bas-fonds de l'animalité, le vouloir s'épanouirait pleinement dans les régions supérieures de l'humanité.

Il faut d'abord savoir si la volition humaine peut être ramenée à l'appétit psycho-organique, ou si ces deux phénomènes sont de nature tellement diverse qu'en aucune hypothèse on ne puisse leur assigner une origine commune. La question d'évolution sera dès lors bien vite tranchée.

Tenons-nous en à l'ordre suivi et commençons par les volitions nécessaires.

Comme l'homme, la brute a des tendances déterminantes. On peut même dire qu'elle n'a que des appétitions nécessaires. Ce n'est donc pas sous ce rapport qu'elle se distingue de l'homme. Elle ne se distingue réellement que par le contenu de ses appétitions. L'objet du vouloir humain est hors de comparaison avec l'objet de l'appétit animal.

Au vrai, l'universel connu comme bien est l'objet proportionné de notre volonté. Or, une analyse détaillée nous le montrera, qui dit bien universel dit bien infini sous tous les rapports, sous le rapport de l'étendue comme de l'intensité. L'universel, c'est l'infini dans tous les sens, c'est l'absolu. Tel est l'objectif qui fait le plein du vouloir humain et le spécifie.

Au contraire, quelques rigoureuses qu'elles puissent être, les déterminations de la brute ne portèrent jamais que sur des biens particuliers.

Il semble pourtant, objectera quelqu'un, que sous le rapport d'un pouvoir universellement extensif ou qui puisse s'étendre, se développer à l'indéfini, la brute soit l'égale de l'homme. Après qu'elle a senti, elle peut sentir encore, voir après avoir vu, etc., et cela indéfiniment. Les pouvoirs seraient donc aussi illimités que les pouvoirs de l'homme.

L'objection est captieuse. Regardons-la bien en face. C'est un point élucidé, et, croyons-nous, bien établi : dans le psychisme animal pas le moindre vestige de généralisation. Tous les événements de la brute, en dehors des cas instinctifs où la nature la dirige plutôt qu'elle ne se dirige elle-même, s'expliquent suffisamment par la perception empirique directe et par l'association.

Que se produira-t-il? Les volitions et les appétitions animales déterminées par ces perceptions n'ont rien que

10

de concret, de particulier, de limité à l'*hic et nunc* de la matière. Au jour le jour la brute trouve des satisfactions en harmonie avec sa nature dans l'accomplissement de ses fonctions connaturelles et organiques. Pas d'idéal supérieur dont les appels incessants puissent troubler l'animal au sein des joies goûtées ; pas de surabondance d'activité, qui tende à se dépenser, et soit pour lui une source de tristesses cachées ; pas de ces aspirations, qui sont à la fois notre honneur et notre supplice. L'idéal n'excède pas en lui le réel. Aussi la brute est-elle tout entière au moment présent sans regret du passé, sans préoccupation de l'avenir, sans arrière-sentiment, sans désir supérieur, qui puissent amoindrir sa jouissance actuelle. Donnez-lui de quoi satisfaire présentement ses besoins, ce sera pour elle le contentement adéquat, la nature comblée. Dès que ses appétits se réveilleront, il faudra leur fournir un nouvel aliment, qui les comblera pareillement. Et c'est ainsi que de satisfaction complète en satisfaction complète, la brute aura finalement goûté une somme de jouissance, adéquate en principe à ses désirs naturels, bien que variable selon des circonstances indépendantes de sa spontanéité.

Voilà ce que nous donne l'étude des faits. L'animal est heureux à sa capacité dans la perception et dans la jouissance organique de la matière ; il n'a jamais donné à entendre qu'il connaissait ces tourments de l'idéal, qui empoisonnent tout bonheur humain. Quand il a mangé, il ne manifeste aucunement le désir de manger tout ce qui est objet de manducation ; quand il a vu, il ne paraît pas désireux de parcourir le cycle des réalités visibles, etc. Il n'a pas à remplir, par des perceptions ou des volitions réelles, le vaste cadre de l'universel, dont il ne paraît pas avoir souci ou connaissance. A en juger d'après ses actes, il ne voit, ne poursuit, ne savoure rien autre que la matière.

Il reste toujours, il est vrai, qu'après avoir vu la brute peut voir encore, et jouir encore après avoir joui. — Mais fournissez-lui donc sa ration de jouissance (vue, goût, nutrition, exercice musculaire, etc.), ses appétits subissent un arrêt; son être est consommé, parachevé. Elle devient indifférente à tout; elle se refuse à voir, à sentir davantage. Elle *ne désire plus* que le repos. Le voudrait-elle, il est faux qu'elle puisse exercer indéfiniment et d'une manière continue son activité organique, précisément parce que cette activité est organique. A la longue, l'organe s'use comme tout instrument de matière; à telles enseignes que si l'activité organique est actuellement indéterminée, elle n'est pas indéterminable; d'elle-même l'évaluation se fait au moment de la mort. Notre organisme n'échappe pas à cette loi de régression et d'usure, qui domine le monde matériel.

D'instinct la brute ménage ses organes; si elle les surmène, c'est par surprise. A quoi bon d'ailleurs un surmenage? N'est-elle pas heureuse dès qu'elle a joui à sa mesure?

Est-ce le cas de l'homme? De toute manière, et parfois très légitimement, n'impose-t-il pas à ses organes un travail excessif? Qu'elle agisse dans l'intérêt supérieur de la science et de la sainteté, ou simplement dans l'espoir toujours déçu d'égaler enfin ses jouissances à son rêve, le cas n'est-il pas fréquent où l'humanité s'astreint à des labeurs, à des privations, à des souffrances, qui peuvent être considérés comme une mort physique de tous les instants?

Qu'y a-t-il encore de commun entre la brute repue et satisfaite, — et l'homme toujours plus inquiet, plus tourmenté, plus inassouvi d'idéal? La brute est comblée par la sensation ; les plus hautes perceptions, les joies les plus pures ne remplissent pas l'être humain. Les réalités du présent ne suffisent pas plus à l'homme que les réalités vécues et les réalités espérées. Plus il approche du jour où il sera le maître, où le monde lui appartiendra, tous les grands ambitieux ont fait cet aveu, plus il est inapaisé, dévoré de désirs, exaspéré de la vanité de tout.

N'est-il pas tangible qu'il y a entre l'homme et la bête une disproportion trop considérable pour qu'il ne soit pas paradoxal d'assimiler l'un à l'autre ?

Est-il un fait plus expérimental et plus constant que celui-là ? Les considérations qui précèdent ont pu sembler quelque peu abstruses. En réalité, nous n'avons pas perdu pied un seul instant, et nous sommes demeurés tournés du côté de l'expérience. C'est encore l'expérience qui va nous diriger dans la continuation de notre enquête sur les appétitions animales. Nous venons de voir que les capacités de l'animal ne sauraient percevoir quoi que ce soit de ressemblant à l'*universel extensif*. Sous le rapport de l'universel *intensif*, l'abîme est peut-être plus infranchissable encore entre l'homme et la brute.

Celle-ci est parquée dans la sensation. Lorsqu'elle a vu, touché, flairé, entendu, goûté, il ne lui reste plus qu'à répéter infatigablement les mêmes actes, diversement reproduits, modifiés et combinés par les centres cumulateurs et régulateurs de la sensibilité interne. Mais ces centres demeurent identiques à eux-mêmes, et leur activité bien déterminée ne s'étend qu'à un ordre d'opérations également déterminées. Nulle forme nouvelle de connaissance ; pas de perceptions autres que la perception des qualités empiriques et toutes superficielles de cette quintuple classe : couleurs, sons, odeurs, saveurs, réalités palpables. Ce sont les suprêmes limites du psychisme animal, si élémentaire, si indigent.

Qu'on place en regard le psychisme humain avec ses pouvoirs indéfinis de connaître et de vouloir. Qu'on se souvienne de ce dont l'expérience témoigne hautement, à savoir que nul ordre de connaissance n'est fermé à la pensée humaine.

Comparez : c'est la différence du particulier au général, du fini à l'indéfini, de la matière à l'esprit.

Il y a donc diversité, sinon opposition de nature, entre l'appétition animale et la volition humaine telle que nous venons de la considérer. Sans doute, les deux opérations sont déterminées ; mais l'une a l'infini pour objet, tandis que l'autre est essentiellement bornée et particulariste. C'est toujours l'universel et le singulier ; entre les deux, entre l'infini et le fini, il est difficile qu'il n'y ait qu'une question de degrés. Au demeurant même dans cette hypothèse il y a, de l'aveu de tous, maximation de l'appétition animale. Cette maximation resterait inexplicable, si l'on n'admettait, pour présider à une transformation de l'appétit en volonté, une force productrice et directrice, artisan véritable de l'évolution et de même nature que l'effet.

Si vous n'admettez pas cette énergie originelle, nous retombons dans les inextricables difficultés que nous signalions à propos du transformisme conceptuel. La maximation du vouloir nécessaire serait aussi antinomique que la maximation du concept. Pas de cause, par suite pas d'évolution possible.

Et donc si la question se pose : oui ou non, l'appétit de la brute est-il susceptible d'évolution, nous répondrons comme plus haut au sujet de l'image :

Intraspécifiquement, tout nous conduit à admettre une

certaine évolution jusqu'à ce que les tendances appétitives de l'animal aient acquis le plein développement, l'information et la précision, qui conviennent à leur nature. Les virtualités originaires déposées en germe au sein de l'être rendent suffisamment raison de ces transformations intraspécifiques.

Au contraire, *extraspécifiquement*, rien ne saurait évoluer par ses propres forces du moins au plus, du divers au divers ; à moins toutefois que l'on n'accepte un agent extraspécifique de cette transformation. En dehors de cette hypothèse, que le transformisme phénoméniste doit nécessairement exclure, il demeure inexplicable et inintelligible que le plus sorte du moins, l'être du non-être, l'affirmation de la négation. C'est aller à la fois et contre le principe de causalité et contre le principe de contradiction, nous l'avons suffisamment établi en son lieu. Le vouloir humain, tout déterminé qu'il est, ne peut pas dériver de l'appétition animale, pas plus qu'on ne peut ramener l'un à l'autre ces deux éléments.

L'impossibilité de l'évolution entre appétit et volonté s'accuse peut-être davantage dans le fait de la liberté humaine. Car si, au point de vue de la détermination, la volition nécessaire de l'homme offre quelque analogie avec l'appétition animale, toute analogie, toute correspondance font défaut dès qu'il s'agit de la liberté. La liberté est un fait sans précédent ; rien dans le monde de la sensation ne fait présager la volition libre.

Effectivement nous ne saurions être capables de liberté, de libre choix, si, comme l'animal, nous étions simplement empiriques, sensitifs. À l'analyse nous découvrons dans le choix : 1° la perception et l'appétition d'un bien absolu, qui servira de terme de comparaison ; 2° la perception des biens particuliers à comparer ; 3° la comparaison elle-même entre ces différents biens ; 4° l'élection et la décision.

Telle est la série d'opérations intellectuelles et volontaires qu'entraîne après lui l'exercice de notre liberté. Or, c'est un fait que notre activité volontaire et libre s'étend à l'ordre idéal et moral ; c'est donc également un fait que nous y percevons et la raison générale et les raisons particulières de bien ; c'est un fait que nous comparons, que nous choisissons et que nous prenons notre élan du côté de tel bien assigné comme but. Déploiement d'activité dans l'ordre intellectuel et moral ! Perception, élection, appétition, poursuite du bien en général et des raisons particulières de bien... autant d'opérations nécessairement immatérielles, hyperorganiques, spirituelles, et dont la brute n'est pas susceptible.

Il semble que l'argument soit sans réplique tout autant qu'il s'agit de ce monde idéal et moral, absolument fermé à la brute. La preuve sera-t-elle aussi concluante dans l'ordre physique ? Cette question revient à cette autre : l'animal est-il capable de choix ? Si oui, il est également susceptible de liberté, et, comme il est tout empirique, le franc arbitre ne sera plus l'apanage exclusif de la spiritualité ; la liberté ne prouvera plus la spiritualité.

Oui, l'animal est capable de choix. Mais il est deux sortes de choix : le choix empirique, qui convient à l'animal, et le choix rationnel, qui est spécial à l'homme. Nous pouvons étudier les deux sur nous-mêmes en tenant compte des modifications que l'empire de notre mentalité introduit dans notre sensibilité. Ces modifications, nous les étudierons plus loin.

Le choix empirique se révèle en nous, surtout dans le bas âge et lorsque nous nous laissons guider par nos appétits inférieurs. Il se meut dans le monde physique et se base sur une connaissance organique immédiate, souvent instinctive des réalités concrètes, objets directs de nos sensations et aptes à satisfaire nos besoins physiologiques en vue des fins du règne animal. L'accomplissement de ces fonctions, l'animal ne trahit pas d'autre loi qui le régisse. L'élan vers l'objet de ses appétits se proportionne à l'intensité de ses désirs. A appétits égaux, il manifeste néanmoins des préférences ; l'aptitude de l'objet à le combler entre donc dans son choix comme élément de détermination. Par conséquent, il connaît dans une certaine mesure, il connaît d'instinct ou d'expérience les réalités concrètes, finalités empiriques de ses fonctions psycho-organiques ; il compare ces biens divers et se prononce automatiquement en faveur de celui qui paraît le mieux à même de le satisfaire. Il y a donc choix.

Mais ce choix tout empirique présente deux caractères, qui n'échapperont pas à l'observateur.

a) A moins qu'elle ne soit instinctive, et dans ce cas l'instinct exclut toute hésitation, l'élection animale est toute de première vue, superficielle, sans connaissance réfléchie des raisons cachées. L'activité animale ne se mouvant que dans les limites du concret, du sensible, il est évident que la détermination ne peut se produire que d'après des apparences, d'après ce que les sens perçoivent et désirent. Est objet de choix ce qui paraît le plus capable de rassasier.

b) Ce choix est fatal. Si la satiété ne la rend pas indifférente, la brute se portera toujours et par détermination à l'objet qui offrira plus d'appâts à sa gloutonnerie. Si parfois elle hésite, si elle semble délibérer, c'est qu'elle voit mal, ou que la satiété, la maladie, la crainte, toutes autres causes extérieures ralentissent son mouvement ou paralysent son action. En tout autre cas, sans être un automate aveugle et dépourvu de spontanéité, elle se meut fatalement, et l'on peut prédire à coup sûr qu'elle s'arrêtera à tel parti.

Incontestablement c'est là une sorte de choix, qui, jusqu'à un certain point, peut apparaître comme une ébauche, comme un fantôme de liberté. L'hésitation provenant d'une connaissance indécise, le caprice, la crainte, la réplétion et toutes autres dispositions purement organiques peuvent exercer une sorte d'inhibition sur les penchants de l'animal et nous donner presque l'illusion d'un être libre. En réalité, tout cela est fatal, et encore une fois on pourrait prédire avec certitude, si l'on connaissait à fond toutes les données organiques en jeu dans l'opération.

Des éléments sensitifs rendent parfaitement compte de ces apparences mensongères de liberté. Qu'on place la brute dans telles circonstances que l'on voudra, qu'on analyse ses actes : on n'y découvrira que des facteurs physiologiques. La fantaisie trouvera mieux, mais la fantaisie n'est pas scientifique. Il n'y a de scientifique que la rigueur philosophique expliquant les événements par la cause minima.

Cette méthode, la seule vraie, donne-t-elle d'autres résultats, lorsqu'il s'agit de l'homme ? Nous pouvons l'affirmer sans crainte, même pour le cas où nous descendons dans le monde de la matière ; à moins toutefois que l'homme ne s'abandonne aux tendances de la nature physique et qu'il ne vive en brute, abêtissement excessivement rare, si même il est possible. En général, dès que l'homme se conduit en être raisonnable, en sage ou en saint, nous avons à signaler un fait, qui modifie du tout au tout les données du problème, un fait qui, à lui seul, suffit pour ruiner d'avance toute tentative de rapprochement et surtout de confusion entre le règne animal et le règne humain.

Ce fait, c'est l'intervention constante de la mentalité et de la moralité, de la raison et de la liberté humaines dans le monde organique pour suspendre ou transformer, enrayer ou actionner, selon les circonstances, l'exercice même de la sensibilité. C'est en quelque sorte la *mentalisation*, la moralisation de notre activité psycho-physiologique. C'est la mainmise de l'intellectualité sur la matérialité, au point que dans ce nouveau domaine la raison et la liberté exercent les mêmes droits que dans leur domaine propre. La liberté se meut dans ce nouveau monde, comme dans le monde de l'idée et de la volonté. La mentalité humaine est comme une mer, qui sort de ses limites, et porte loin, bien loin de ses rivages naturels, sa vague envahissante. Elle pénètre tout, inonde tout, submerge tout, et crée de nouvelles mers, au sein même des continents. Telle notre liberté; elle spiritualise la matière. Désormais l'artiste, le poète, le philosophe y rechercheront leur idéal, comme dans les profondeurs solitaires de leur pensée, de leur rêve, de leur extase. L'homme de devoir, le héros, le saint y déploieront les merveilleuses ressources de leur activité. Tout comme la conscience, le monde physique deviendra un champ de bataille, un glorieux théâtre où se poursuivront de sublimes luttes, où se remporteront de mémorables victoires.

De la pointe acérée de son analyse, la raison atteindra l'intime division de l'accident et de l'essence, du concret et de l'abstrait, du contingent et de l'absolu, du particulier et de l'universel. Sous l'écorce empirique, qui les dissimule, elle percevra les raisons de bien et de vérité. C'est le fait primordial et génétique de la mentalisation : la perception des raisons et des essences par la réflexion fonde et justifie cette prise de possession, par la liberté humaine, de l'ensemble de l'univers.

Qu'est-ce qui dès lors pourrait empêcher la liberté humaine de s'exercer dans ce nouvel ordre de choses, comme dans le domaine de l'intellectualité? Ici et là, l'esprit perçoit les raisons idéales; ici et là, la liberté pourra donc délibérer, choisir, ordonner et agir. Les organes corporels, assouplis à l'obéissance, la serviront dans l'exécution. Ici et là, le choix libre et rationnel, le seul véritable, pourra se réaliser dans ses plus rigoureuses conditions.

Perçues, comparées entre elles et avec l'idéal supérieur de vérité et de moralité, les raisons essentielles de bien pourront être l'objet du choix idéal, tel que nous l'avons décrit plus haut; du choix, qui témoigne d'une évidente supériorité de nature. Ce choix est rationnel; il suppose donc la raison, la connaissance du bien universel et des biens essentiels; il implique toutes les opérations constitutives de la liberté que nous avons énumérées et que nous ne saurions retrouver dans la brute.

Dans l'univers de la matière, la brute ne voit et ne jouit que par ses organes; elle ne perçoit et ne recherche, d'après des lois déterminées, que les utilités apparentes des choses phénoménales. Rien ne nous indique ou nous incline à penser qu'elle voit et se porte au-delà du phénomène. Or, la connaissance des essences ou des noumènes est à la racine même de la liberté. Pour décider ce qui est à même de nous donner le bonheur, il faut connaître ce qu'est en soi le bonheur; pour prendre des moyens proportionnés et choisir les meilleurs, il faut évidemment saisir en eux ce qui les rend aptes à nous faire atteindre notre fin. La brute ne trahit pas cette profonde intuition des choses; la brute n'est pas libre.

Et maintenant s'il est avéré que la bête ne peut pas se donner par évolution un vouloir plus parfait, bien que toujours déterminé, comment voulez-vous qu'elle se donne un élément psychique, absolument hétérogène, tel que la liberté? En cet endroit reviennent tous les motifs, qui nous font croire à l'impossibilité d'une évolution extraspécifique avec cette circonstance aggravante qu'ici l'évolution partirait du néant; la liberté est sans précurseur dans le monde animal. Se pourrait-il que *le rien* engendre, que le néant soit fécond? Impossibilité et contradiction.

Nous ne descendons pas dans le détail des sentiments particuliers pour montrer combien peu chacun d'eux est évolutif. Cette étude nous entraînerait trop loin ; du reste, chemin faisant, nous aurons l'occasion d'y revenir.

Pour le moment, ce que nous avons dit nous autorise à conclure qu'extraspécifiquement le vouloir n'est pas plus évolutif que le concept. L'un et l'autre constituent des éléments irréductibles, transcendants, spirituels.

Voici donc en résumé ce que nous donne la synthèse de notre activité spirituelle : un double rythme de phénomènes, pensées et volitions.

Chaque unité de la série des actes volontaires correspond à l'unité parallèle de la série intellectuelle, comme la tendance à son objet, le mouvement à sa direction, la fonction à sa finalité.

Le regard de l'intelligence peut se fixer sur le Vrai infini, ou sur des parcelles de vérité ; de même la volonté peut s'orienter vers l'absolu, c'est le vouloir nécessaire, ou vers des biens partiels, par elle choisis, c'est la liberté.

Enfin, dans le vaste ensemble de notre activité, opérations intellectuelles et volontaires ne constituent pas actuellement pour nous des groupes isolés. Non seulement elles se complètent mutuellement, mais elles peuvent être considérées comme le commencement ou la continuation de notre vie psycho-physiologique. Idées et volitions provoquent, accompagnent et prolongent sensations et appétits. Que dis-je ? Elles complètent, elles compénètrent nos fonctions sensorielles et motrices au point que, expérimentalement, il devient difficile de les distinguer. Concepts et désirs se fondent en quelque sorte avec images et appétitions ; ces deux ordres de phénomènes s'éveillent réciproquement, s'ébranlent, se meuvent dans un parallélisme presque rigoureux. C'est un problème de savoir s'il existe des idées sans images, des volitions sans appétits. Pensées et images, volitions et appétits marchent de pair pour s'entr'aider et coopérer à la même œuvre de vie, comme âme et corps s'unissent pour constituer un même individu.

Est-ce à dire que les deux ordres d'opérations se confondent ? Non, sans doute. Association et coopération ne signifient pas identification. Tout comme l'analyse expérimentale sait dissocier les éléments et leur rendre leurs caractères distinctifs, de même l'analyse réflexive sait, dans le complexus humain, mettre à part les éléments primitifs pour leur restituer leur physionomie particulière et montrer qu'ils sont entre eux irréductibles.

CHAPITRE IV

L'AME PRINCIPE RÉEL DE VIE PSYCHOLOGIQUE

I. Preuve théorique : notre activité intellectuelle suppose une réalité causale. — II. Apriorisme et apostériorisme contre le principe de causalité. — III. Preuve expérimentale : intuition et sentiment de la causalité vivante que nous sommes.

I

Nous n'avons jour sur notre vie intérieure que par l'introspection. Elle nous a déjà fourni de nombreux renseignements. Elle a déposé en faveur de l'existence du concept; elle nous a rendu familière la physionomie de cette forme supérieure de notre connaissance, physionomie à part, aux traits nettement accusés et bien distinctifs. Le concept, en effet, offre des caractères d'abstraction et d'universalité, dont les formes inférieures, image et sensation, ne sont nullement susceptibles.

En fin de compte, quelle idée faut-il se faire du concept? Observons d'abord certain parallélisme entre l'image et le concept.

La sensation, principe de l'image, nous apparaît d'abord comme l'union de la fonction organique et de l'objet : l'objet impressionne l'organe, et celui-ci réagit sous l'impression.

On peut concevoir que les choses ne se passent guère

différemment dans les régions suprasensibles. Même impression de l'objet ; même réaction du côté de l'intelligence ; en un mot, même union de l'objet et de la fonction pour donner naissance à une représentation psychique, à une vision mentale plus ou moins vive selon les dispositions du sujet et la clarté de l'objet. Du reste, même résultat, dès que l'état faible ou subconscient succède à l'état fort : un simple résidu adhérent au polypier intellectuel qu'est notre mentalité en tant que pouvoir de conservation et d'association ; un résidu statique et dynamique à la fois, une disposition fonctionnelle à faire revivre l'intellection. C'est le concept.

En somme, le concept n'est que l'intellection continuée, un peu comme l'image qui nous apparaît avant tout comme une sensation rendue permanente et capable de réviviscence à tous ses degrés.

À l'état fort ou à l'état faible, le concept se montre à nous comme une opération, ou à tout le moins comme la possibilité permanente et aussi comme le produit d'une opération ; à telles enseignes que la vision mentale est dite conception. Selon les moments où on le considère, il restaure l'opération ou il en découle. Nous le considérons ici à l'heure où la crise de la vision mentale atteint son paroxysme et va enfanter le concept, c'est-à-dire que nous le prenons au moment où il fait corps avec l'intuition mentale qui lui donne naissance et constitue avec elle une seule opération, dite conception.

Nous ne voulons pas nous laisser retenir par la question de savoir si la représentation mentale ou le concept est un accident réel ou modal, c'est-à-dire s'il jouit d'un être physique propre et distinct, ou bien s'il n'est qu'une modification statique et dynamique de notre mentalité. Nous inclinons toutefois vers cette seconde alternative. A propos de l'image, on peut soulever la même difficulté. Dans les deux cas, nous avons quelque peine à concevoir ce que pourrait bien être cet accident réel dont l'être spécial se distinguerait du sujet actif. L'image ou l'idée nous apparaissent plutôt comme des modifications du pouvoir perceptif. La vision et l'idéation devant être considérées comme des actions immanentes, nous ne voyons nul inconvénient à penser que l'objet s'imprime en quelque sorte dans le sujet, et soit désormais représenté par la puissance impressionnée, modifiée.

Présentement il nous suffit de savoir que le concept, comme opération ou comme résultat, comme intuition ou comme *verbum mentale* subconscient, est forcément un effet. L'acte est un effet, il suppose un agent, une cause. Le *verbum cordis* est également un effet, comme le fruit, comme tout résultat. Il n'était pas, et il est : il commence donc. Or ce qui commence est nécessairement déterminé à être par une réalité préexistante, par une cause, ou, pour employer le mot de Leibnitz, par une raison suffisante. Sous quelque face que nous le considérions, le concept s'offre donc à nous comme un effet ; et, partant, il exige rigoureusement une cause.

Nous touchons au principe de causalité, que nous aurons souvent l'occasion d'invoquer, sur lequel d'ailleurs nous avons maintenant à baser notre démonstration. L'axiome des causes a eu ses détracteurs. Contre eux, nous ne pouvons procéder que par voie indirecte : les méthodes aprioriques sont inefficaces dès qu'il s'agit de prouver l'évidence.

Nos concepts naissent ; ils n'étaient pas et ils sont ; ils ont commencé. Comment expliquer ce fait ? Trois hypothèses : ou bien l'idée est à elle-même sa raison d'être, ou bien elle procède du néant, ou bien il faut lui reconnaître une cause.

Le phénomène mental de l'idéation s'engendrerait-il lui-même? Le seul énoncé de la proposition est une solution. Nous l'avons déjà envisagée au sujet de l'évolutivité du concept, et nous avons exprimé notre sentiment. L'activité est une extension, un développement de l'être. Comment, dès lors, un non-être serait-il actif? Comment travaillerait-il à son existence future? Il y aurait là contradiction manifeste. L'être ne serait pas d'après l'hypothèse, et il serait, puisqu'il agirait. L'antinomie est évidente autant qu'irréductible. — Dieu ne s'est pas produit : il a toujours été.

La seconde hypothèse n'est pas moins contradictoire. Le néant ne saurait enfanter quoi que ce soit. Nul ne donne ce qu'il n'a pas. Le non-être ne saurait donner l'être. L'effet étant un prolongement, une extension de la cause, le néant comme cause est essentiellement réduit à n'avoir jamais d'autre effet que le néant.

Reste la troisième supposition, dès lors démontrée, d'un facteur causal, étranger à la conception mentale elle-même et autre que le néant. Nous concluons : le concept est un effet : il faut lui trouver une cause réelle, déterminée.

II

Il est difficile d'échapper à l'évidence de ce raisonnement. Et néanmoins il existe des écoles dissidentes. En apparence, on accepte le principe de causalité et ses conséquences. Au premier mot d'explication, vous vous rendez compte que la soi-disant affirmation est l'équivalent d'une négation. Tour à tour adroite et violente, dissimulée et intransigeante, la négation de la causalité réelle, vraie, telle qu'elle a été universellement comprise, devient un des points convergents des deux courants philosophiques diamétralement opposés : l'Idéalisme et le Matérialisme.

Pour Kant et toute la philosophie moderne qui se réclame de Kant, l'idée de cause est une forme *a priori* de notre entendement. On connaît les grandes lignes du système. Après tant d'autres critiques, nous croyons pouvoir le résumer succinctement comme suit : nos pouvoirs psychologiques ne nous donnent que les φαινόμενα ou les impressions des choses, jamais les choses elles-mêmes, les νοόμενα. Nous ignorons même la réalité de nos facultés : elles nous apparaissent simplement comme des formes, des moules de nos jugements, des synthèses originaires et tout aprioriques, des lois immanentes d'après lesquelles se groupent les manifestations de la sensibilité. Au fond, c'est la raison qui, par ses catégories, dicte ses lois à l'univers empirique : c'est la raison qui fait le cosmos. (Kant, *Prolégomènes de la métaphysique de l'avenir*, p. 81.)

Kant n'hésite pas à soutenir que la raison sous forme *d'intellect* détermine les relations réciproques des phénomènes. C'est elle qui, en le déclarant *a priori* quantité, qualité, cause, effet, etc., lui imprime le sceau de sa puissance législative; c'est de par la raison que les choses sont des quantités, des qualités, des causes, des effets; elles ne le sont pas en elles-mêmes, ou du moins nous n'en savons rien.

Comme Hume, Kant maintient la notion de cause; pas plus que lui il ne veut voir en elle une expression de la réalité. Mais, à l'encontre du philosophe anglais, au lieu de la faire dériver de l'habitude que nous avons de voir certains faits se succéder toujours dans le même ordre, au lieu d'en faire par conséquent un préjugé utile à la science, mais sans valeur métaphysique, il lui conserve toute sa portée psychologique et significative ; puis de l'impossibilité de la dégager de l'expérience il conclut à son apriorité : « L'idée de cause ainsi que toutes les autres catégories sont, d'après l'auteur de l'analytique transcendantale, des fonctions *a priori* de l'intelligence, des moyens de connaître et non des objets de connaissance, de même que le temps et l'espace sont des manières de voir (*intuendi*) et non des objets de l'intuition. » (WEBER, *Histoire de la Phil.*, p. 433, passim.)

Au dire de Kant dans sa *Critique de la faculté de juger* (Verstand) en opposition avec la raison proprement dite (Vernunft), le principe de causalité n'exprime donc aucune relation réelle que nous sachions. C'est notre esprit qui crée de toutes pièces et projette dans les choses cette relation. La causalité est une catégorie, une loi immanente de notre pensée, qui nous amène à établir entre les objets de notre intuition empirique les rapports de cause à effet. Groupement rationnel et subjectif des phénomènes, synthèse primitive qui se constitue d'après les nécessités de notre mentalité.

Le Kant de la Critique transcendantale est donc véritablement, bien qu'il s'en défende, le père de l'Idéalisme moderne, du Panlogisme, du Subjectivisme, du Néo-Criticisme, voire du Phénoménisme. Toute sa philosophie n'est qu'une construction apriorique et systématique d'événements psychologiques dont la matière est empruntée au monde externe, et la forme aux lois de notre intellectualité. Formes de la sensibilité, formes de la pensée, vrai « système de verres colorés » sous lesquels nous apparaissent les noumènes, sans qu'il nous soit jamais permis de les percevoir en eux-mêmes, ces noumènes, indépendamment des intermédiaires formels et obligés de notre connaissance.

Voilà du moins ce qui semble résulter de l'*Analytique transcendantale*. Si maintenant on passe à la *Dialectique* également transcendantale, il en va tout autrement. Comme le dit M. Renouvier dans un article de l'*Année philosophique* (ALCAN, 1897), la *Critique de la Raison pure* nous laisse entrevoir « un système de philosophie spéculative très positivement conçu, quoique entouré d'une étonnante agglomération de forts et de contreforts démolis et relevés, au sein d'une obscurité redoublée. Ce qui apparaît distinctement après le déblaiement kantien des métaphysiques, c'est une métaphysique, c'est l'édifice du noumène inconditionné, de la chose en soi, hors du temps et de l'espace, et c'est parallèlement la réduction du monde phénoménal tout entier à l'existence d'une autre chose, dont il n'est permis de dire ni qu'elle a commencé d'être, ni qu'elle est finie, ni qu'elle est infinie. » (*Loc. cit.*, p. 16.)

Kant rétablit pour cet inconditionné la valeur objective des catégories de substance et de causalité. Sa doctrine de la liberté et du devoir le contraint d'attribuer à l'absolu une action causale.

Plus conséquent, le néo-criticisme de M. Renouvier ne veut ni causes, ni substances objectives, ni insaisissable noumène. Point de faux-dieux, point d'empyrée métaphysique ! « Le néo-criticisme a sauvé du naufrage de la métaphysique substantialiste les lois aprioriques des phénomènes, qu'il a considérées comme des appartenances de la structure mentale. Il a avoué Kant pour maître en cette partie importante, tout en rejetant la distinction de la raison pure d'avec l'entendement, les prétentions de la raison pure à élever l'édifice de l'inconditionné, et le droit des prétendus dépositaires de cette raison à soustraire certains jugements portés en son nom, au jeu de la spéculation, à l'empire de la volonté et du désir, générateurs inaliénables d'affirmations et de négations. » (*Loc. cit.*, p. 18.) Rien que la pensée et ses lois subjectives !

Le néo-criticisme ne procéderait donc du criticisme que par la doctrine des catégories, conservées seulement comme lois immanentes de la pensée, et par la formulation des Postulats.

Et cela nous paraît plus logique que toute tentative condamnée d'avance à un échec fatal, si l'on part des données kantiennes, toute tentative de restaurer une connaissance objective, préjudiciellement rendue impossible, ou du moins illusoire, par l'abolition de notre puissance connaturelle d'atteindre les objets de connaissance.

Dans son *Fondement de l'Induction* et surtout dans sa *Psychologie et Métaphysique*, M. J. Lachelier fait un louable et vigoureux effort pour se dégager de ce subjectivisme où il sent bien qu'il s'enlise et s'engloutit. Il se rend compte que le scepticisme absolu, la mort de l'esprit, est là qui le guette et l'attire en bas, dans les profondeurs dont on ne remonte plus. D'un suprême bond il veut s'élancer sur la terre ferme. Arrive-t-il ?

Si nous avons bien saisi la pensée si subtile et si profonde du maître de la jeunesse idéaliste contemporaine, cette pensée veut conclure à l'existence du monde extérieur en s'étudiant elle-même. Elle « s'investit elle-même d'une existence absolue et elle investit son objet d'une existence indépendante de la sienne ». Mais, « quel que puisse être le fondement mystérieux sur lequel reposent les phénomènes, l'ordre dans lequel ils se succèdent est déterminé exclusivement par les exigences de notre pensée ». *(Du Fondement de l'Induction*, Alcan, 1898, p. 38.)

Voyons maintenant comment cette pensée va évoluer et se travailler pour tirer d'elle-même l'affirmation d'une réalité causale, puisque, aussi bien, c'est du principe de causalité que nous nous occupons.

La conscience perçoit l'unité du moi dans la multiplicité des phénomènes sensationnels. Le moi est une forme, qui « résulte d'une sorte d'affinité et de cohésion naturelle de ces sensations elles-mêmes. Or, les rapports naturels de ces sensations entre elles ne peuvent être que ceux des phénomènes auxquels elles correspondent : la question de savoir comment toutes nos sensations s'unissent dans une seule pensée est donc précisément la même que celle de savoir comment les phénomènes composent un seul univers. » *(Loc. cit.,* p. 45.)

L'unité de l'univers dans la diversité des phénomènes provient d'un déterminisme rigoureux, d'un enchaînement nécessaire qui relie le phénomène-effet au phénomène-cause. « C'est parce que tous les phénomènes simultanés sont, comme dit Kant, dans une action réciproque universelle, qu'ils constituent un seul état de choses, et qu'ils sont de notre part l'objet d'une seule pensée ; et c'est parce que chacun de ces états n'est en quelque sorte qu'une nouvelle forme du précédent, que nous pouvons les considérer comme les époques successives d'une seule histoire, qui est à la fois celle de la pensée et celle de l'univers. Tous les phénomènes sont donc soumis à la loi des causes efficientes, parce que cette loi est le seul fondement que nous puissions assigner à l'unité de l'univers et que cette unité est à son tour la condition suprême de la possibilité de la pensée. » *(Loc. cit ,* p. 47.)

On ne peut raisonnablement douter de la réalité des causes efficientes. En effet, « si la place de chaque phénomène dans l'espace et dans le temps nous paraît tellement déterminée par ceux qui le précèdent ou qui l'accompagnent qu'il nous soit impossible de l'en ôter par la pensée, cette détermination nécessaire est sans doute quelque chose de distinct de nous, puisqu'elle s'impose à nous et qu'elle résiste à tous les caprices de notre imagination ». (*Loc. cit.*, p. 51.)

C'est là assurément un heureux résultat, une conclusion rassurante, dont il y aurait lieu de s'applaudir au nom de la philosophie de la réalité. Hélas ! elle est comme atteinte, cette conclusion, d'une tare originelle.

Sans reprendre contre le Kantisme les attaques trop justifiées dont il a été l'objet, — il faudrait pour cela remonter à son point de départ, et montrer dès lors comment il ne saurait faire un pas sans se risquer, — venons-en rapidement à la théorie que nous venons d'exposer. La conscience aurait-elle seule le privilège de nous informer exactement, elle n'a qu'un droit, celui de constater et la diversité des phénomènes, et l'unité du moi. L'explication de l'unité dans la multiplicité, vous la tenez du raisonnement. Et c'est ainsi que vous rapportez votre décret de condamnation contre la raison pure. Par une heureuse inconséquence vous vous en référez à son témoignage si récusé.

Même observation touchant l'unité de l'univers dans la variété des phénomènes, avec cette circonstance aggravante qu'ici nous sommes en plein monde extérieur, au sein des noumènes par conséquent et de cet absolu dont le criticisme nous avait si impérieusement interdit l'accès. A cette heure non seulement on touche à l'absolu, mais on lui dicte des lois ou du moins on peut constater qu'il est soumis à des lois : causalité, déterminisme universel, etc.

Par quel prodige d'habileté est-on passé du moi au non-moi, du dedans au dehors, du sujet à l'objet ? — Vous faites erreur : il n'y a pas eu passage. Simplement, à s'analyser réflexivement, la pensée a prononcé, à la suite de raisonnements assez complexes, que la causalité déterministe dans le monde nouménal était une condition nécessaire et de son unité et de son exercice, et même de sa possibilité.

« Dira-t-on que cette nécessité réside elle-même en nous, et qu'elle n'est pas moins relative à notre entendement que les phénomènes eux-mêmes à notre sensibilité ? » (p. 51.) Précisément c'est ce que l'on va dire : c'est l'objection fondamentale et pour nous insoluble qu'on va tout de suite formuler. Vous répondez : « Que l'on nous montre donc une existence, ou, en général, une vérité pure de toute relation à notre pensée. » (*Loc. cit.*, p. 51.)

C'est faire diversion, ce n'est pas répondre. Tant pis pour vous, si votre système vous accule à des illogismes. Vous raisonnez : vos déductions, plus ou moins rigoureuses, vous amènent à conclure que les exigences de votre pensée appellent une causalité absolue au dedans ou au dehors.

Dites plutôt, d'après vos principes, que votre pensée est ainsi faite qu'elle vous impose ces conclusions. Sont-elles l'expression de la réalité ? Vous l'ignorez. Dès l'instant que vous contestez l'adaptation originaire du sujet connaissant à l'objet, l'harmonie entre les choses et notre esprit, il ne vous reste plus qu'un droit : celui de prononcer que tel jugement vous paraît une traduction de la réalité. La réalité demeure inscrutable. Vous ferez fond sur des apparences, jamais sur des réalités. Dans le cas présent vous pouvez dire que votre pensée affirme la nécessité de la causalité, nullement que cette causalité est réelle.

Mais, repartira-t-on, l'unité de mon moi et de ma pensée exige comme condition préalable l'unité du monde extérieur et par suite le déterminisme universel. Je suis un fait et je dois être expliqué par un fait, par une réalité...

— Vos explications peuvent avoir du vrai et du bon dans toute autre bouche que la vôtre. Vous vous êtes fermé les avenues de la vérité objective. Vos raisons seraient-elles indiscutables, vous n'êtes pas reçu à les faire valoir, à les imposer autrement qu'à titre d'apparences. Vos démonstrations les mieux conduites prouveront simplement que vous êtes un virtuose de la logique ; elles ne prouveront pas que vos arrêts s'appliquent à la réalité, au monde extérieur. Vous ne pouvez vous échapper du subjectivisme.

Encore un coup, la raison criticiste est dès l'origine frappée d'impuissance. M. Lachelier le comprend. Ne dirait-on pas qu'il prononce en ces quelques lignes la condamnation de toute théorie kantienne ? « Au reste, quelque système que l'on adopte, nous ne pourrons jamais sortir de nous-mêmes ; il faut donc nous renfermer dans un idéalisme subjectif, assez voisin, après tout, du scepticisme, ou trouver en nous-mêmes un fondement capable de supporter tout à la fois l'existence du monde sensible et celle des autres esprits. » (*Loc. cit.*, p. 50.)

Nous avons vu comment toute tentative de cette nature est vouée à l'insuccès. L'argumentation prestigieuse, éblouissante de l'auteur ne fait que rendre cette impuissance plus manifeste, plus irrémédiable.

Vraiment le subjectiviste nous apparaît comme un

homme relégué dans une île perdue de l'océan. Il commence par couper toute communication avec le continent, et il s'étonne ensuite de ne pouvoir gagner d'autres bords.

Pour avoir le droit de faire usage de la raison, il faut évidemment ne pas lui dénier dès le début le pouvoir de nous manifester la vérité. Il faut admettre comme postulat, comme axiome fondamental, indémontrable, évident, la valeur objective de nos facultés, sinon il faut aboutir logiquement au scepticisme absolu.

Le pouvoir d'entraînement d'un principe est plus fort que tous les obstacles. Mis en branle, il emporte irrésistiblement aux dernières conclusions, et les dernières conclusions du criticisme sous toutes ses formes, c'est un scepticisme sans issue.

Entre les deux doctrines, les théories kantiennes s'échelonnent. Elles ne veulent pas de ce qu'elles appellent dédaigneusement « le dogmatisme ». Elles ne veulent pas davantage du scepticisme et lui font néanmoins des concessions partielles, qui se retournent contre elles, et les placent dans une situation on ne peut plus fausse et vis-à-vis de la logique, et vis-à-vis de la vérité.

En résumé, la grande préoccupation des idéalistes de toute nuance paraît être de souder bout à bout le phénomène-cause et le phénomène-effet. Dans ce but, ils acceptent le principe de causalité, mais simplement comme une nécessité mentale de grouper deux séries de phénomènes sous la double rubrique : cause et effet. Comme le dit M. Lachelier après tous les subjectivistes et tous les aprioristes de la critique transcendantale, c'est là une nécessité qui conditionne la possibilité de la pensée.

Parti d'une extrémité opposée, et par des voies diverses, le phénoménisme apostériorique arrive en fait à une conclusion, qui ne se distingue guère de la précédente. Pour Hume, en effet, pour nombre de sensationnistes et de positivistes, l'idée de causalité est une illusion de l'optique mentale. La causalité est un préjugé dont voici l'acte de naissance : deux phénomènes se succèdent dans un rapport constant, et de la succession nous concluons à la causation. C'est conclure hâtivement, indûment. Que savons-nous des relations profondes qui rattachent la cause à l'effet ? La pensée philosophique s'épuise à concevoir, à scruter la possibilité et la nature de cette action génératrice. Elle doit nécessairement échouer, parce qu'elle ne saurait atteindre l'*en-soi* des choses.

Nous en sommes donc réduits à supposer, sur de simples probabilités d'ailleurs, que l'idée de cause n'a été retenue que pour faciliter les groupements d'états ou d'événements psychologiques. Elle favorise les classements, l'association, la fusion par succession, par contiguïté, etc. C'est une attache qui relie « un paquet de phénomènes ». Ou bien encore c'est une étiquette, une enseigne commode pour désigner un ordre déterminé d'événements. Mais, et c'est là ce qui distingue les apostérioristes des aprioristes, si la loi est formulée — loi illusoire, — c'est après de nombreuses constatations expérimentales et comme conséquence du travail rationnel, tandis que pour les idéalistes subjectivistes, c'est une loi apriorique de notre esprit, une loi antérieure à toute expérience et à tout déploiement d'activité.

Cette vue de Hume et de S. Mill n'est pas même spécieuse. Rien de plus aisé que de demander avec Th. Reid s'il est une succession plus ancienne et plus régulièrement observée que celle du jour et de la nuit. Personne s'avisa-t-il jamais de considérer la nuit comme la cause du jour ou *vice versa*? Et puis la certitude expérimentale est un résultat progressif de la constatation. On n'en saurait dire autant de la certitude interne qui nous fait adhérer au principe de causalité. Dès l'origine elle s'accuse en nous dans toute sa plénitude.

Parmi les apostérioristes il faut réserver à Taine une place d'honneur. Sa théorie de la causalité mérite plus qu'une mention. Par son originalité et par le rôle prépondérant qu'elle joue dans cette métaphysique de Taine si bizarrement apparentée avec le panlogisme de Hegel, elle attire l'attention. C'est bien ici que le systématisme à outrance de l'écrivain français se donne libre champ.

Il nous a livré sa pensée dans son ouvrage *Le Positivisme anglais* et dans la préface de ses *Philosophes français*. Évidemment Taine répudie l'idée traditionnelle de cause. Il y a beau temps qu'il a rompu avec la métaphysique des fluides, des monades, des entités scolastiques, avec tout cet univers d'ombre et de mystère. Il veut néanmoins conserver la notion de causalité, sauf à la dénaturer. Pour lui la causalité est la somme des composants, qui constituent un fait; la causalité est la nécessité intime, qui, donné tels éléments, impose tel résultat; c'est le rapport forcé entre les faits composants et les faits composés, entre le subordonnant et le subordonné. Chaque fait a sa cause, c'est-à-dire qu'il peut être décomposé en ses éléments primitifs. Plus de monde extra ou suprasensible, plus d'êtres métaphysiques. Des faits, les uns causes, les autres effets. Plus d'action transitive; rien que des rapports de nécessité. Des faits et des lois, c'est toute la nouvelle philosophie; c'est le déterminisme absolu.

Il est facile de s'en apercevoir : dans la pensée du célèbre positiviste, la notion de causalité se confond avec la notion de loi. Cette identification est-elle recevable? En mathématiques, en logique, oui, à la rigueur. La causalité n'est vraiment ici qu'une simple nécessité de conséquence, pure affaire d'analyse, qui découvre de nouveaux éléments dans un principe, et passe du même au même. Ce travail repose plutôt sur le principe d'identité et de contradiction que sur le principe de causalité. Il n'en va nullement ainsi dans l'ordre ontologique, où la notion de cause se montre sous son jour véritable. Ici le sens intime et le sens général sont d'accord pour faire de la causalité un synonyme de force, de production réelle.

L'idée de loi, et c'est là une distinction qu'il faut bien marquer, nous apparaît au contraire comme une modalité de cette force : modalité qui la détermine à l'uniformité d'action dans tous les cas semblables. La loi se différencie donc de la cause comme un de ses modes : ainsi une propriété quelconque se distingue de son sujet. Loin de se confondre avec l'activité causale, la loi s'offre à nous comme une nécessité interne ou externe, qui la réglemente et la régit, qui la fait s'exercer en tel sens plutôt que dans tel autre. Nécessité absolue ou conditionnelle, physique ou morale, la loi ne saurait être considérée que comme un régulateur de l'énergie causale au moment qu'elle s'épanche ou se concentre dans l'effet.

Le désir exagéré de tout systématiser, ou, plutôt, on le lui a trop justement reproché, de supprimer, d'aucuns diraient d'escamoter, les plus graves problèmes de la métaphysique, amène ce logicien outrancier à confondre l'ordre logique ou mathématique avec l'ordre des réalités empiriques ou ontologiques, à identifier l'idée de loi avec l'idée de cause. Pour se faciliter la tâche, il cite habituellement des exemples empruntés aux sciences abstraites. De la sorte, on ne heurte pas de front la réalité, mais aussi on ne distingue plus ni cause efficiente, ni cause finale, ni cause occasionnelle, ni principes d'inférences. On voit la cause partout, hormis où elle se trouve véritablement. Il serait intéressant de suivre pas à pas notre philosophe, et de relever toutes les méprises qu'entraîne cette fausse notion de la causalité. Il en a fait la maîtresse pièce de son système à prétentions métaphysiques.

Pas de prétentions moins légitimes, cependant. La métaphysique doit s'harmoniser avec la réalité et l'expliquer. Les rigides théories de Taine se fondent trop souvent sur une équivoque, sur un paralogisme en contradiction avec le sens de l'humanité, avec la réalité. Cette construction métaphysique sort à peine du sol qu'elle branle déjà. Comment, par exemple, une conception à ce point altérée de la causalité rendrait-elle raison du monde réel, contingent et de ses incessantes variations? Dès lors qu'on veut tout soumettre à d'inflexibles lois, il ne saurait plus être question que d'un monde nécessaire. C'est bien ainsi que l'entend l'auteur des *Philosophes français*. Le Cosmos lui apparaît comme un vaste agencement de faits aussi nécessaires que les lois qui les régissent. Pas de contingence, pas de liberté, pas d'être moral, pas de cause première. Lisons plutôt : « Le monde se montre au philosophe comme une échelle de formes et comme une suite d'états ayant en eux-mêmes la raison de leur succession et de leur être, enfermant dans leur nature la nécessité de leur caducité et de leur limitation, composant par leur ensemble un tout indivisible qui, se suffisant à lui-même, épuisant tous les possibles et reliant toutes choses depuis le temps et l'espace jusqu'à la vie et la pensée, ressemble par son harmonie et sa magnificence à quelque Dieu tout-puissant et immortel. »

Nous ne nous attarderons pas à faire ressortir tout ce qu'il y a de paradoxal dans cette déification de l'univers, ni même à faire remarquer combien il paraît peu philosophique, contradictoire même, de proclamer nécessaires des êtres qui commencent et finissent... Peut-être n'y a-t-il de nécessaires que les lois elles-mêmes : dans cette hypothèse, l'ordonnance cosmique serait seule nécessaire ; considérés en eux-mêmes, les faits seraient contingents. A certains égards, cette position serait moins intenable, bien qu'il demeurât toujours possible d'objecter qu'il dépend de nous d'introduire une tranformation quelconque, une combinaison nouvelle, de détruire et de produire, de tuer et de faire vivre. L'agencement de cet ensemble d'êtres n'est donc pas nécessaire, puisque nous pouvons le modifier à notre gré. On nous répondra sans doute que le sens intime nous trompe ; qu'en réalité nos actes, et, partant, les modifications qui en résultent, sont tout aussi déterminés et aussi nécessaires que les lois et les événements.

Mais accordons que l'ordre universel est nécessaire, et que les faits, contingents de leur nature, sont régis par une nécessité externe. Dans cette supposition, le principe de causalité resterait tout entier. Cette nécessité externe, quelle qu'elle fût, devrait agir, produire et, par suite, mettre en œuvre des pouvoirs appropriés, des moyens proportionnés ; elle devrait mettre des causes en mouvement.

Mais à tout prix la nouvelle philosophie doit se passer de causes. Que faire ? Par un coup audacieux, on replacera la nécessité au cœur même des événements.

« Le monde se montre... comme une suite d'états ayant en eux-mêmes la raison de leur succession et de leur être, enfermant dans leur nature la nécessité de leur caducité et de leur limitation, etc. » Y songe-t-on pourtant? Des êtres qui naissent et qui meurent porteraient en eux-mêmes leur raison d'être? Mais, antérieurement au fait de l'existence, de la naissance, où résidait donc cette nécessité interne, seule cause du phénomène? Où la situez-vous, si elle existait? Comment pouvait-elle agir et déterminer une existence nouvelle, si elle n'existait pas? Avouez qu'on ne fut jamais plus près de la contradiction et du non-sens.

Il y a plus. Admettons un instant l'invraisemblable hypothèse d'une réalisation *ab intrinseco,* sans causation externe, sans influence du dehors. Il reste obligatoire de s'expliquer sur l'apparition de cette nouvelle existence. Un être n'était pas et il est. Comment cela? Il ne suffit pas de répondre que cette entrée dans la vie s'est effectuée sous l'influence intrinsèque et fatale de la nécessité. Car tout de suite une autre question se pose : qu'est-ce donc que cette nécessité? « Il y a, nous dit-on, une force intérieure et contraignante, qui suscite tout événement, qui lie tout composé, qui engendre toute donnée. » (TAINE, *Le Positivisme anglais.*)

Cette formule est trop vague ; elle ne saurait nous satisfaire. Oui ou non, cette nécessité est-elle une réalité, une force vivante, productrice, créatrice? Si oui, inutile de prolonger les débats : nous tenons la cause cherchée et vous êtes des nôtres.

Si, au contraire, votre nécessité n'est qu'une loi, une abstraction, une irréalité, comment voulez-vous qu'une forme purement logique, idéale, soit créatrice? Comment voulez-vous que l'irréel produise le réel? Les lois des essences qu'avec vous nous déclarons nécessaires, expliquent bien que les choses soient ainsi, elles n'expliquent nullement le fait contingent de leur existence. Ces lois abstraites rendent compte des abstractions et de leur disposition, de leur ordonnance ; la réalité seule peut rendre compte de la réalité.

Supposons un être A, qui commence. Précédemment, cet être est un non-A. A succède à non-A. Que s'est-il produit ?

A est une réalité ; non-A est la négation de la réalité. Mais la nécessité logique étant, elle aussi, irréelle, ne saurait être comme réalité qu'un pur non-A. Est-il possible que, sans l'intervention d'un troisième facteur, A succède à non-A, ou, qu'en d'autres termes, non-A soit cause de A ?

Rappelons cette vérité de sens commun que, virtuellement du moins, l'effet doit être contenu dans la cause. A est l'effet ; non-A est la cause supposée. A devrait être contenu dans non-A, c'est-à-dire dans sa négation. La contradiction est manifeste.

Il est donc contradictoire qu'une nécessité purement logique engendre quelque réalité que ce soit. La contradiction passerait même dans les termes : l'irréel produirait le réel, l'abstrait le concret, le néant l'être.

La succession de A à non-A exige donc impérieusement l'intervention d'un troisième facteur B, réel comme A. C'est l'activité génératrice ; c'est la cause efficiente.

Mais, répliquera-t-on avec Leibnitz, nous nous faisons difficilement à l'idée d'une action transitive. L'idée que nous nous en formons est absolument inadéquate. *Ignoratio modi non tollit certitudinem facti.* Même dans un déterminisme universel on ne saurait se passer de la causalité efficiente.

III

Nous pourrions ainsi prendre à partie chacune des difficultés que l'on élève contre le principe des causes efficientes.

Il faut nous contenter d'opposer à toutes ces attaques une réponse générale, une autorité décisive selon nous, assez pour ruiner d'avance toutes les positions ennemies : c'est l'affirmation de la conscience ; c'est le témoignage de l'introspection ; c'est la causalité vécue, perçue, constatée et racontée de notre mentalité. Le concept naît, et nous le sentons naître. Son enfantement est plus ou moins laborieux, plus ou moins long, mais nous sentons à ne pas nous y tromper, nous sentons l'effort de la parturition mentale. Les ressorts de notre intellectualité se tendent dans l'acte conceptuel ; nous cherchons, nous fixons l'objet à percevoir ; nous le pénétrons de notre regard psychologique, nous lui adaptons notre mentalité, nous l'étreignons de notre effort rationnel et nous exprimons tout ce qu'il peut donner de vérité nécessaire, immatérielle, générale. Il y a, nous le sentons, dans tout ce processus complexe à l'analyse, simple en réalité, réelle effusion de nos énergies intimes, tout de suite transformées et vivifiées au contact de l'objet saisi. C'est l'embryon du concept dont l'intelligence est vraiment le principe actif et générateur.

Mais si les phénomènes d'intellectualité nous font saisir sur le vif cette causalité psychique dans l'élaboration du concept, les phénomènes volontaires ne sont pas moins explicites et significatifs. La volonté commande, dirige, ébranle, et nos pouvoirs divers se meuvent à l'instant, passent à l'acte, pendant que nous sentons nos intimes influences passer dans l'effet. Et voilà qui serait singulier que notre conscience affirmât notre causalité, qu'en fait l'effort fût habituellement suivi de son résultat naturel, de son effet, et qu'il n'y eût en tout cela que piperie !

C'est inadmissible. Nous avons le sentiment que l'épanchement de notre activité est la cause productrice de nos phénomènes psychiques ; nous sommes donc causes par rapport à eux. Voilà bien le principe de causalité en action, la causalité vivante et perçue dans l'acte même de la vie. S'il est un événement psychologique dont on ne puisse contester la certitude, il nous paraît que c'est le fait de notre causalité efficiente vis-à-vis de nos opérations : « Cette vertu génératrice de la causalité, nous en trouvons le premier type dans notre conscience ; c'est elle qui saisit la relation de cause efficiente entre l'acte de ma volonté et la sensation de l'effort musculaire qui en résulte, ou bien encore entre telle volition ou telle pensée écartée ou éclaircie, tel désir réprimé ou triomphant. » (Caro, *Idée de Dieu*, p. 170.)

L'idée de cause nous vient surtout du dedans. Elle nous est fournie par la conscience ; et, à notre avis, elle n'en a que plus de valeur. C'est vraiment alors la cause vivante, actuellement agissante et produisant son effet sous l'influence de la volonté.

Hume objectera (*OEuvres philosophiques*, trad. française, t. I, p. 99, etc.) qu'ici comme dans le monde extérieur, nous constatons la succession, mais nous ne savons rien du lien profond qui rattache la cause à l'effet. Le mouvement musculaire correspond à un ordre de la volonté, « mais en dépit de nos recherches les plus attentives, nous sommes condamnés à ignorer éternellement les moyens par lesquels cette opération s'effectue ; tant s'en faut que nous en ayons le sentiment immédiat. Un homme vient d'être frappé de paralysie au bras ou à la jambe, ou vient de perdre tout récemment un de ses membres ; il fait au commencement des efforts réitérés pour le mouvoir ; il se sent le même pouvoir de commander à ses membres que sent un homme en pleine santé. » Il se sent cause, et la cause n'est pas suivie de son effet. Donc, ce prétendu sentiment est décevant dans cette circonstance ; et rien ne prouve qu'il ne le soit pas d'ordinaire.

Si nous avons bien compris, il y a ici une double confusion : confusion de l'influx causal avec les intermédiaires qui le transmettent ; confusion de l'effet produit avec le sujet, qui devrait recevoir la modification projetée.

Il est vrai que nous ignorons quels sont les organes, les facultés entremetteuses, véhicules de nos énergies profondes. Cela provient de ce que nous n'avons pas la science adéquate de notre physiologie ou de notre psychologie ; et aussi de ce que notre conscience n'est pas une analyste de nos pouvoirs psychiques ou organiques ; elle est simplement témoin de leurs manifestations opératives. Bien que nous soyons ignorants des voies suivies, rien n'empêche que nous ayons le sentiment très net de l'effusion de notre activité volontaire, qui se déverse et se transforme en l'effet produit. Il s'agit d'un acte ; il relève de la conscience.

Cette effusion d'énergie a lieu même dans le cas où l'organe récepteur, objet des modifications voulues, vient accidentellement à faire défaut. Mon bras est fracturé. Je fais des efforts pour le mouvoir, et naturellement nul résultat. Cela signifie-t-il que ma volonté cesse d'être cause, et que le sentiment de cette causalité est une duperie? Pas le moins du monde. Mon pouvoir intime s'exerce ; mon organisme s'ébranle. L'effort avorte, parce que la transformation projetée requiert un sujet, le bras, et ce sujet manque. L'effet ou l'effort est produit, ce dont témoigne le sens intime, il n'aboutit pas, faute d'une condition extérieure à la causalité ; et la conscience avertit également, en prévenant et paralysant peu à peu les vains efforts de l'activité spontanée, entraînée par une vieille routine. Dans les deux cas, la causalité est intacte, et la conscience véridique.

Il reste donc qu'au dire de ma conscience une causalité active s'ébranle en moi, lorsque je veux, lorsque je comprends. Cette énergie primordiale à laquelle je réfère tous mes actes, c'est précisément ce que j'appelle mon moi. Le moi est donc une vivante réalité, une force active que l'introspection saisit, pour ainsi dire, sur le vif dans chacune de nos opérations, et notamment dans la conception mentale et dans le vouloir.

Dans son *Descartes*, M. Fouillée s'inscrit en faux contre notre conclusion. Il accepte, dit-il, le témoignage de la conscience. Le fait de la pensée comme phénomène lui paraît hors de discussion. Il ne veut même pas que sa pensée « soit comme un terrain vague, qui n'appartiendrait encore à personne ; elle est de prime-abord appropriée » ; il lui est impossible de concevoir... une sensation qui ne serait pas sa sensation, ou votre sensation, ou la sensation de quelque autre. « Descartes a donc bien le droit de mettre son *cogito* à la première personne du singulier et de poser ainsi une conscience à forme personnelle. » (*Descartes*, p. 100.)

« Seulement est-ce autre chose qu'une forme? » M. Fouillée penche pour la négative avec l'idéalisme contemporain. A vrai dire il décide que nous n'en savons rien : « L'état actuel de conscience n'annonce que sa propre existence actuelle ; il ne nous dit rien ni sur sa substance, s'il en a une, ni sur sa cause, ni, en un mot, sur ses conditions d'existence et d'apparition. Tout ce qu'il peut dire, c'est : me voilà. D'où suis-je venu ? Où vais-je ? comment suis-je né ? De quoi suis-je fait ? Autant d'*x*. » (*Descartes,* 102.)

La déclaration d'ignorance est catégorique. Toutefois, en nous reportant à la page précédente, un texte nous embarrasse et nous donne à réfléchir : « Je pense, donc il existe quelque être qui pense et qui se pense sous l'idée du moi, qui devient ainsi à lui-même son objet sous cette idée du moi, — voilà tout ce que nous avons le droit de conclure aujourd'hui, après tant de discussions sur le *cogito,* qui ont agité la philosophie moderne. »

M. Fouillée serait-il panthéiste ? peut-être simplement moniste ? Dans cette hypothèse nous n'avons pas à discuter présentement avec lui. Nous aurons à établir la substantialité du moi ; ce sera le lieu de soumettre à l'examen les théories panthéistiques.

Ici nous nous contentons d'affirmer la réalité causale du principe qui donne naissance à la pensée. Si à l'origine de l'idéation M. Fouillée place une réalité quelconque, panthéistique ou monistique, sous la forme du moi, nous sommes provisoirement d'accord ; nous rouvrirons plus tard les débats.

Comme néanmoins, — les développements n'étant pas bien précis en cet endroit, — nous ne sommes pas certain que telle soit la pensée de l'auteur ; comme, par ailleurs, il affirme à différentes reprises que la conscience n'est témoin autorisé que de ses états, il importe d'insister sur le rôle de la conscience et de rechercher si positivement elle ne mérite crédit que si elle nous entretient d'un état, sensation, plaisir, etc.

Quant à savoir comment M. Fouillée concilie cet agnosticisme de la conscience, en dehors du phénomène, avec son ébauche de théorie monistique, qu'il semble fonder sur la conscience, nous devons y renoncer en ce moment. Une seule chose est certaine : la conscience ne peut attester que ses événements.

Ces affirmations de l'auteur sont un peu bien péremptoires. Qu'est-ce d'abord que la conscience ? On l'a définie souvent un épiphénomène. Mais, comme le remarque M. Thévenin dans la *Revue philosophique* (T. XLII, p. 671), cette dénomination ne dit pas grand'chose. Aussi propose-t-il une explication qu'il croit nouvelle : la conscience serait une fonction organique d'un centre spécial, d'un collecteur cérébral des perceptions physiologiques, une manière de centre d'association. C'est là un point de vue exclusivement scientifique, qui ne saurait nous arrêter. Nous voulons connaître la conscience psychologique telle qu'elle s'apparaît à elle-même.

Si nous pouvions hasarder une formule, nous dirions que, ainsi considérée, la conscience s'offre à nous comme le rayonnement du psychisme en action. C'est la lumière que dégage l'opération psychique et dans laquelle le psychisme se perçoit, se contemple, s'étudie par un acte spécial dit réflexion. Qu'on souligne cette particularité : il faut que le psychisme soit en mouvement pour se trahir.

Vous est-il arrivé de vous perdre dans les taillis ? Vous dévalez soudain par un chemin creux. A votre droite, dans un petit encorbellement, comme une grotte naturelle, entourée de fougères, de saules et d'ajoncs. Au centre, une mosaïque de vagues racines, de brins d'herbe et de petits cailloux. Vous êtes obligé de redoubler d'attention pour vous rendre compte qu'il y a là une source. L'onde est si limpide, si cristalline, qu'on a de la peine à deviner sa présence. Il faut que la chute d'un insecte ou d'une baie quelconque vienne vous avertir, en mettant une ride à l'invisible surface.

Tel le moi psychique. Il ne se révèle à lui-même et aux autres que dans le mouvement. Il est de sa nature si simple, si immatériel, qu'il en devient insaisissable, si son activité ne le manifestait. La conscience est donc cette faculté qu'a le moi psychique de se sentir dans ses opérations. C'est dans ce sens que la conscience est le rayonnement du psychisme en action. La conscience part de un et peut monter indéfiniment. Au plus bas degré, elle suit en quelque sorte un mouvement rectiligne. Elle se sent sentir, simplement. C'est la conscience psycho-physiologique, conscience plus ou moins obscure et rudimentaire, selon que le psychisme lui-même est plus ou moins élémentaire. Cette conscience pourrait bien également être comme diffuse dans tout l'organisme, ou du moins dans tous les centres où s'exerce une action psycho-physiologique.

Dans ses plus hautes manifestations la conscience prend un nom nouveau : elle s'appelle réflexion. Ce n'est pas que la conscience empirique ne fût déjà, même à son degré minimum, réflexive dans une certaine mesure ; elle n'est plus le prolongement continu de la sensation ou de la perception. De ce chef on peut dire d'elle qu'elle est un épiphénomène, une réponse, un phénomène surajouté. Toutefois, comme ce sentiment se confond pratiquement avec le processus direct, ce mode de conscience est également appelé direct, en opposition avec la conscience dite réflexe, qui se dissocie du processus direct de perception, dont elle analyse minutieusement les éléments. C'est bien ici la réflexion, au sens le plus absolu du mot, une seconde vue du psychisme en action sur lui-même pour se déchiffrer, se scruter, se raconter ; réflexion plus ou moins profonde et lucide et subtile, selon que le degré d'attention s'élève ou s'abaisse.

Au fond, le même mouvement psychologique explique génériquement les deux consciences, empirique et réfléchie. Dans les deux espèces il y a retour du psychisme sur lui-même. La conscience réfléchie suppose en plus un élément rationnel d'investigation, d'analyse, de généralisation.

Après cela, ces distinctions, nécessaires pour se faire des idées nettes, importent assez peu à notre dessein. En toute intervention de la conscience il reste vrai que l'opération psychique, sensation ou pensée, se révèle à elle dans une sorte de dédoublement. La conscience prend en quelque sorte copie de l'opération primitive. Qu'exprimera cette copie? Évidemment le contenu de l'acte. Sachons ce qu'est un acte, du coup nous saurons ce que nous révèle la conscience.

Dans l'ordre de la sensibilité comme dans le monde purement psychologique, l'acte se présente nécessairement à nous comme un conflit entre un sujet et un objet, un agent et un but, une fonction et une fin. Impossibilité absolue de concevoir une action, un déploiement d'énergie, qui se perdrait dans le vide. Le vide n'est nulle part. Toujours par conséquent le conflit a lieu : il constitue l'essence même de l'acte. Si, comme nous l'avons soutenu, la conscience se borne à refléter nos actes, elle doit représenter le conflit et par suite la dualité des éléments antagonistes. Peut-on assister à un combat, sans voir les combattants ; peut-on le dépeindre, sans les montrer?

Et ces deux éléments, la conscience doit en avoir l'intuition et nous les faire apparaître en action, c'est-à-dire réels, vivants, comme l'acte dont ils font le plein. Par leur union ils constituent l'acte lui-même, et lui communiquent sa réalité. Comment dès lors ne seraient-ils pas eux-mêmes réels? Aussi le témoignage de la conscience est-il formel : elle perçoit dans l'acte un sujet, un agent réel, vivant de la réalité et de la vie même de son acte. Il est donc bien vrai que la conscience rend témoignage en faveur de la réalité du moi psychique, de cette force première à laquelle je réfère, et dont en effet je sens procéder tous mes actes. Qu'est-elle dans son fond, je l'ignore encore ; je constate simplement que la conscience affirme sa réalité vivante. Cette réalité, la conscience l'appelle moi, et la raison « âme » ou « moi psychique ».

Irait-on jusqu'à récuser les affirmations de la conscience? La chose serait grave. Il ne resterait plus qu'à se laisser glisser dans cet abîme d'ignorance et d'angoisse, de ténèbres et de néant, qui a nom scepticisme absolu. Il faudrait renoncer à la raison et à la certitude, à la sensation même et à la vérité, et s'abandonner sans retour au hasard d'une vie toute de passivité et de mystère. Nous ne serions plus que ces ombres douloureuses errantes dans la brume et sur des tombes, dont parlait une voix éloquente.

Mais non, M. Fouillée et les phénoménistes ne veulent pas mettre en doute les attestations de la conscience. Nous verrons s'ils ne sont pas dupés par la rectitude de leurs intentions.

Ils ne veulent voir et ils soutiennent que la conscience ne peut voir qu'une forme dans le moi psychologique.

Entre eux et nous y aurait-il quelque malentendu?

Peut-être imagine-t-on que d'après nous la conscience a vue non seulement sur l'existence réelle, mais aussi sur la nature, sur l'intime essence du moi? Ce n'est pas ce que nous prétendons. Nous croyons simplement que nous avons le sentiment inaliénable d'une force réelle et vivante, d'une activité suprême, principe vivant et sujet de toutes nos opérations : cette force, nous l'avons désignée sous le nom d'âme ou moi psychique. C'est donc ici une question d'existence et non de nature. Ne serait-ce pas pour avoir confondu ces deux questions très distinctes que des esprits, d'ailleurs éminents, s'acharnent à nier la perception immédiate du moi causal?

Il faut bien avouer pourtant que les textes de M. Fouillée sont si clairs, si explicites, qu'ils ne laissent guère de place à cette hypothèse d'un malentendu. Pour lui il est évident que le moi psychique ne saurait être qu'une « forme » au regard de l'introspection. Sur quoi se base-t-il cependant?

Demandez au premier venu s'il croit à la réalité de son moi? Mais, dira-t-on, le vulgaire est mal venu à se prononcer. Nous nous attendions à cette réponse. Qu'on y songe cependant. S'il est vrai qu'en chacun de nous le moi conscient se perçoive non pas seulement comme une forme, mais aussi comme une force, une réalité; s'il est vrai que sous l'effort volontaire chacun se sent cause de son acte ; s'il est vrai que dans tout homme équilibré la conscience distingue très nettement entre une illusion de notre imagination créatrice, un rêve, et la réalité de notre moi, source inépuisable d'activité, prenez garde. La conscience affirme positivement. Si vous prétendez réformer son témoignage, au gré de vos opinions préconçues, cela équivaut à récuser l'autorité de la conscience. Et de nouveau apparaît le spectre du scepticisme intégral. Si l'on conteste le témoignage de la conscience si nettement exprimé par l'universalité du genre humain, si on le conteste dans un cas particulier, on ne voit pas pour quel motif on serait plus réservé en d'autres circonstances. Et si l'on condamne la conscience, pourquoi pas les autres sources d'information? Encore une fois c'est le scepticisme dont on ne sort pas.

Admettons néanmoins qu'il ne faille consulter que des consciences plus raffinées, le sens intime « des fractions choisies de l'humanité », comme dirait Renan. Est-il bien vrai que ces consciences privilégiées se prononcent contre la réalité du moi psychique? De tout événement conscient, M. Fouillée parle en ces termes : « Cet état a une réalité concrète, qui en fait l'état d'un être déterminé. » (*Loc. cit.*, p. 101.) Nous sommes d'accord. Vous distinguez à merveille et l'état ou phénomène, et le fond réel, actif et causal qui donne naissance au phénomène et qui est, en effet, « un être déterminé ». Les termes vous trahissent et reviennent à la nature et à la vérité. Vous employez un langage forcé; vous l'asservissez à exprimer des idées qui ne s'harmonisent pas avec la réalité. Les mots hurlent, détonnent, et, dès que la violence cesse, ils retombent par leur propre poids à l'expression des vérités qui s'imposent. Tout ce qui est contraint, antinaturel, le langage lui-même finit par l'éliminer.

Vous reconnaissez donc la réalité du phénomène, de l'opération. Mais pourquoi votre réflexion n'a-t-elle pas pénétré plus avant dans l'analyse de l'acte? Vous auriez constaté, comme nous, que, s'il a une réalité, elle lui vient du sujet, de l'agent; comme nous, vous vous seriez convaincu que percevoir la réalité de l'action, c'est percevoir la réalité de l'agent en conflit avec un objet quelconque. Voilà ce qui ressort de l'introspection analytique. « Le moi, pris dans son état naturel et sur le vif, dit très bien M. l'abbé Piat, c'est cette énergie toujours en travail, qui perçoit et s'aperçoit, qui induit et déduit, qui jouit et souffre, qui se passionne de haine et d'amour, qui délibère, veut et meut. Le moi réel, c'est une force sans cesse agissante et réagissante et de mille manières à la fois. Rien, évidemment, ne ressemble moins à ces symboles amortis et inertes que l'entendement se fait des choses et qui n'ont d'existence que pour lui et par lui : rien ne ressemble moins à un être logique que le moi. Et il faut que l'habitude exclusive de la généralisation ait une puissance bien grande sur les esprits pour que certains philosophes en soient venus jusqu'à méconnaître une différence si nette, si profonde. » (*La Personne humaine*, Alcan, 1897, pp. 381, 382.)

M. Caro avait déjà fait la même remarque : « Un phénomène peut-il se comprendre autrement que comme une action produite ou subie par des êtres, un échange d'action entre des substances? Qu'on essaie de concevoir ce que serait un fait s'il n'y avait pas d'êtres, un phénomène s'il n'y avait pas d'existences... Mais la couleur, le son, la résistance, le mouvement, voilà, certes, les plus inintelligibles des abstractions, si vous n'entendez pas quelque chose qui est coloré, sonore, mû et résistant, ou bien encore si vous ne concevez pas ce rapport particulier entre telle chose extérieure et le moi, qui constitue la sensation de couleur, de son, de mouvement et de résistance. Un fait ne se conçoit que comme l'expression d'un être, d'une force, ou comme le rapport de deux êtres, de deux forces. » (*L'Idée de Dieu*, p. 165.)

Aussi, est-ce très légitimement que l'abbé de Broglie

peut conclure : « Si les sensations, les pensées, les actes divers sont ce qu'il y a de plus apparent dans l'objet que je perçois, ces variétés ne sont pas ce qu'il me semble, quand je réfléchis, y avoir de plus réel. Le véritable objet que j'atteins et que j'observe, c'est moi sentant, moi pensant, moi voulant. » (*Le Positivisme et la Science expérimentale*, t. I, p. 160.)

Dans un autre passage, il demande ce qu'est une sensation, sinon un sujet sentant ; une douleur, sinon un sujet qui souffre ; un plaisir, sinon un sujet qui jouit. Essayez de comprendre un plaisir, etc., sans un sujet, vous vous apercevrez bientôt que vous tentez l'impossible, et que la seule réalité concevable du phénomène, ou de l'acte, est la réalité même de l'agent, qui le remplit et le déborde.

Mais peut-être le phénoménisme s'arrêtera-t-il à un tiers parti. La conscience n'aurait pas à rechercher si le moi psychique est logique ou ontologique, formel ou réel. Elle constaterait simplement que tous nos phénomènes sont attribués au moi ; peu lui importe que ce moi soit, oui ou non, une réalité. Cette appréciation sur la réalité du moi serait ensuite affaire d'éducation, de préjugés, de recherches rationnelles, par là même sujettes à erreur. Bref, l'hypothèse phénoméniste, comme la nôtre d'ailleurs, ne serait qu'une interprétation rationnelle des faits de conscience. Il s'agit, par conséquent, de savoir quelle est la plus plausible, la plus logique, la plus raisonnable des deux explications. Il faut comparer point par point les deux doctrines rivales.

Deux points fondamentaux dans les deux doctrines : théorie du phénomène, théorie du moi psychologique, qui se révèle à l'introspection.

Comment donc le phénoménisme va-t-il essayer de

rendre raison du phénomène? Incontestablement, et de l'aveu même de M. Fouillée, le phénomène est une réalité. D'où lui vient cette réalité? Certains théoriciens d'avant-garde ont voulu faire de l'opération, du fait, du phénomène un petit moi indépendant, parfaitement organisé sans doute, cause et effet, agent et acte, sujet et phénomène. La conscience totale serait ainsi un agrégat de consciences individuelles. L'acte serait agent, l'effet cause, l'accident serait substance, etc. Anarchie philosophique.

Fermons les yeux et laissons la porte ouverte à l'anarchie. N'en subsiste pas moins la nécessité de s'expliquer sur l'acte. Il n'était pas et il est; il a commencé. Comment a-t-il commencé? Il ne s'est pas donné lui-même l'existence; le néant ne l'a pas engendré. On ne saurait faire davantage intervenir une nécessité logique quelconque. En tant que réalité, elle est l'équivalent du néant. Existence et nature du phénomène deviennent une incompréhensibilité.

Le phénoménisme explique-t-il mieux cette forme mensongère du moi psychologique? Assez généralement, dans ce camp philosophique, on est porté à croire que le moi est une idée. Ici, M. Lachelier parle comme M. Fouillée. Le moi est une synthèse mentale, apriorique ou apostériorique, selon les opinions, qui totalise nos phénomènes. De là je ne sais quelle orientation, quelle polarisation de nos états psychiques vers cette idée dépourvue d'objectivité. Remarquons en passant que, malgré leurs serments, positivistes et kantiens ne dédaignent pas à l'occasion de se prononcer sur la nature des choses, sur l'absolu; de dogmatiser.

En cela, du moins, ils offrent prise à la critique. Le scepticisme et le criticisme ont cela de commun qu'ils sont inexpugnables aussi longtemps qu'ils se renferment dans le « Que sais-je » ? Dès qu'ils en sortent, ils sont partout à découvert.

Que peut bien signifier, par exemple, le mot catégorie pour un kantien ou un néo-criticiste ? Une forme, un moule. — Mais la forme, mais le moule suppose une réalité déterminée, qui offre telle configuration. Si vous abolissez, dans le psychisme humain, toute réalité ontologique, je ne vois pas trop comment de vos catégories vous pourrez faire des éléments durables et permanents. — Ce sont formes *a priori*, dites-vous ? Précisément, il vous sera plus difficile de les fixer originairement à quoi que ce soit de stable.

Je comprends à un certain point que cette question embarrasse moins un naturaliste phénoméniste. La forme, l'idée du moi est résultée du jeu de notre activité ; c'est un pur phénomène que le besoin d'unité enfanta, que l'hérédité fixa et transmit. Ce phénomène serait simplement plus durable que les autres.

L'hypothèse n'est pas à l'abri de tout reproche. On se demandera toujours comment un besoin peut exister sans sujet, comment il peut être éprouvé, et surtout agir, créer. — Qu'est-ce, au surplus, que cette idée du moi ? Que représente-t-elle ? La série des phénomènes ? Nullement. — Une réalité quelconque ? Pas davantage. Quoi, alors ? Mystère et ténèbres.

Nous ne voulons pas prétendre que l'explication traditionnelle n'a pas ses obscurités. Bien des points demeurent dans l'ombre. Mais on peut affirmer hardiment, nous semble-t-il, qu'elle n'enveloppe pas des antinomies comparables à celles que nous venons de signaler. Elle cadre avec la raison et le sens de l'humanité. C'est déjà, selon nous, une grave présomption en sa faveur.

Nous avons trop le sentiment de la phénoménalité du concept, de sa mobilité, de sa contingence, si on ne considère que son être physique, pour jamais songer à chercher en lui sa raison d'être. Ce serait du coup l'hypostasier.

Le concept est un effet parce qu'il est le point terminal, l'aboutissement d'une opération. Il répugne dès lors que de soi il ait un être, une réalité quelconque. Il jouit d'une existence d'emprunt, d'une réalité communiquée.

C'est ainsi qu'en toute rigueur de logique nous sommes amenés à lui présupposer une force initiale, une énergie primitive et causale dont il est né, dont il continue à vivre. Cette virtualité génératrice s'est épanchée dans l'effet ou dans ses opérations propres, et l'effet et les actes ont été. Supprimez cette activité productrice, ne conservez plus qu'un moi abstrait, vous faites le vide dans le psychisme réel. Il ne vous reste plus des phénomènes, des opérations, il vous reste des abstractions de phénomènes, et les vains simulacres d'une menteuse activité. Or, comme à tout instant, vous et moi, nous sentons la vie, l'émotion, la pensée, la volonté sourdre en nous, s'agiter, bouillonner, éclater, se répandre ; d'un mot, comme je sens mon moi ontologique et vivant s'annoncer et se manifester dans toute la clarté désirable, on ne s'étonne pas assez que de puissants esprits puissent ne pas juger intenable la position phénoméniste.

Pour nous, c'est en toute humilité que nous déclarons ne pas voir la force de cette position ; c'est sans hésitation et sans regret d'aucune sorte que, placés entre l'hypothèse phénoméniste et la tradition spiritualiste, nous nous en tenons à cette dernière. Nous craignons de plus que notre choix ne soit irrévocable.

Le concept et le vouloir sont des actes vivants, la vie même de notre moi psychologique. Donc, tout comme l'effet appelle la cause, idées et volition appellent un principe réel de vie psychologique. C'est l'âme ou moi psychique, deux termes synonymes que nous pouvons employer indistinctement. Nous préférerions néanmoins la dénomination de « moi psychique », parce que, tout en désignant la même réalité immatérielle que le mot « âme », elle la représente mieux comme objet de conscience.

CHAPITRE V

SPIRITUALITÉ DE L'AME. — I. DÉMONSTRATION
PAR LES PHÉNOMÈNES INTELLECTUELS

I. Preuve psychologique. — II. Preuves expérimentales.

Une première application du principe de causalité nous a fait conclure à la réalité causale du moi. Une deuxième application de ce même principe va nous faire conclure à sa réalité transcendante ou à sa spiritualité.

Le concept s'offre à nous comme un effet, comme un acte ayant une réalité positive, déterminée. De là nécessité de lui présupposer un antécédent causal, actif et réel, qui s'écoule dans l'opération ou dans l'effet. C'est le moi, c'est l'âme humaine.

Mais ce phénomène présente un caractère nettement accusé de transcendance ou d'indépendance absolue de la matière. La force logique du principe de causalité nous impose l'obligation de concéder au moi le même caractère de transcendance ou d'immatérialité absolue.

I

Le concept est abstrait, général, nécessaire en tant que représentation. Donc, il est immatériel, ou essentiellement indépendant de toute condition matérielle.

De fait *l'abstraction,* telle que nous la comprenons ici, est précisément la dissociation du noumène d'avec toutes les notes empiriques et concrètes.

L'*universalité* du concept emporte également l'immatérialisation absolue. Tout autant qu'un élément quantitatif entrera pour une part quelconque dans une représentation intelligible, cette représentation sera nécessairement individuelle et singulière. Nous l'avons assez prouvé.

La *nécessité* de l'objet représenté n'exige pas moins l'indépendance radicale de la matière. Nous savons que tout est mobile, fluent, accidentel, et dans un incessant devenir, au sein du monde matériel, tel qu'il apparaît à nos sens.

Les caractères les plus manifestes de l'idée proclament tour à tour son immatérialité et sa transcendance absolue.

Ce n'est pas l'avis de M. l'abbé Piat. Certains passages de son livre *l'Idée* nous donnaient quelques doutes, une page de la *Destinée de l'Homme* vient les confirmer. Est-ce que la vraie nature de l'idée lui aurait échappé ? « Impossible, écrit-il, d'avoir une représentation de l'espace, pour abstraite qu'on la suppose, qui ne soit étendue ; impossible d'avoir une représentation étendue, qui ne renferme des parties séparées, ou du moins séparables. Ce n'est pas par la nature de son contenu que le concept d'espace se distingue des intuitions empiriques dont il résulte ; c'est par l'infinité que lui communique l'entendement. Grâce à une fonction qui tient au fond même de notre esprit, nous considérons d'abord les corps qui nous entourent en tant qu'étendus et rien que sous ce rapport ; et nous obtenons ainsi l'idée d'une étendue limitée. Puis, nous concevons cette étendue comme susceptible d'une série d'accroissements, qui peut aller à l'infini, qui n'a pas de limites. Et cette étendue illimitée, voilà l'objet qu'enveloppe le concept d'espace. Ce concept renferme donc, bien qu'à l'état abstrait, ce qu'il y a de plus divisible et de plus multiple au monde, ce qu'il y a de plus matériel dans la matière. On entend par triangle l'intersection de trois lignes. Mais comment mon intelligence peut-elle concevoir l'intersection de trois lignes, si elle ne perçoit de quelque manière ces lignes elles-mêmes? L'idée de triangle ne peut donc être, comme l'observation nous le révèle d'ailleurs, qu'un triangle donné, qui est vraiment là sous le regard de l'entendement, mais que nous considérons sous l'un de ses aspects, à l'exclusion des autres : c'est un triangle particulier où nous laissons de côté et les dimensions qu'il présente, et la grandeur des angles qu'il renferme, et ce principe indéfinissable en vertu duquel il est celui-ci, non celui-là, pour n'y plus voir que les lignes qui le composent, prises comme telles, et l'entrecroisement qu'elles forment. » (*Destinée de l'homme*, pp. 78, 79.)

Un seul mot nous gêne dans ce passage et nous fait craindre d'être injuste à l'égard de l'écrivain philosophe. Il veut laisser de côté « ce principe indéfinissable en vertu duquel il (le triangle) est celui-ci, non celui-là ». Parfait; mais quel est donc cet indéfinissable principe, qui individualise les corps? M. Piat dira-t-il encore que c'est l'existence réelle, après la vigoureuse réfutation de M. Fonsegrive? (*Revue philos.*, *Généralisation et Induction*, t. XLI, pp. 353 et suiv.) Serait-ce la matérialité et M. Piat laisserait-il de côté le quantitatif? Mais alors il ne lui restera plus ni ces lignes, ni cet entrecroisement, ni rien de concret et d'étendu. Par suite, le concept ne saurait être divisible ou matériel.

Il est absolument interdit de confondre l'idée et l'image. Or, dans le passage cité, cette méprise s'étale du commencement à la fin. On fait entrer l'image dans la constitution du concept d'espace ou de triangle.

C'est exactement la fausse vue d'Hamilton. Une image est présente à l'intelligence par l'entremise de l'imagination. L'intelligence s'exerce sur cette donnée empirique. Il ne s'ensuit pas du tout que l'image cesse d'être image. Il y aura là deux éléments bien distincts de représentation. L'élément imaginatif et toujours concret, qui reproduit tel triangle ou telle fraction de l'espace, et le schème intellectuel élaboré par la pensée. L'esprit se formera du triangle une représentation tout autre que celle que j'ai devant les yeux ou dans l'imagination.

L'image triangulaire ou spatiale est nécessairement concrète, et par là même particulière, contingente. L'abstraction conceptuelle doit transformer l'image, comme celle de Hamilton, de Taine, de Ribot, ou bien cette abstraction n'aura qu'un concret abstrait pour résultat.

Ou l'idée ne sera pas, ou elle sera inétendue. Le concept même de corps doit être incorporel.

Il faut franchir le domaine des sens et de la matérialité pour se trouver en présence de l'idée véritable, du concept. L'image peut fournir les matériaux sur lesquels s'exerce la pensée, elle n'entre jamais dans son intime constitution. Aussi longtemps que vous avez du concret devant les yeux, soyez sûr que vous n'approchez pas de l'idée. Les concepts d'espace et de triangle sont de pures définitions dans lesquelles ne doit se glisser nulle forme concrète, nul délinéament. Dès que la matière apparait, le concept s'évanouit.

Notre conclusion reste donc tout entière. Inéluctablement le concept, comme représentation intellectuelle, doit naître et vivre en dehors, au-dessus de la matière. L'objet représenté peut être extrait du monde matériel... à une condition, toutefois : c'est qu'au préalable il subira une sorte de dépouillement, de simplification qui ne laissera passer dans les régions de la pensée qu'un résidu essentiel ou immatérialisé ou spirituel.

S'il en est ainsi, nous pouvons prononcer en toute assurance que le principe générateur de l'acte conceptuel, que le moi psychique doit être également indépendant de la matière, spirituel.

C'est une loi, en effet, formulée par Aristote et reconnue pour vraie par tous les grands esprits, qu'il doit y avoir proportion entre la cause et l'effet, entre l'agent et son acte, entre l'organe et la fonction. C'est en vain qu'on demanderait à l'œil de percevoir un son ou une pensée ; qu'on demanderait à un myope de voir à des distances considérables. Ainsi formulée, nous ne croyons pas que cette loi puisse donner lieu à de bien vives contestations. Elle est d'ailleurs le fondement de tout l'ordre scientifique. Certains discutent théoriquement, qui dans la pratique ne se font nul scrupule de marcher sur leurs théories. Il le faut bien. La causalité compte parmi les vérités qui se vengent de la négation par un de ces retours offensifs, imprévus et soudains, qui surprennent les plus audacieux et les mettent impitoyablement en contradiction avec eux-mêmes. Les premiers principes tiennent aux moelles de l'humanité qui pense. On croit les déraciner sur un point ; et déjà leurs racines s'enfoncent plus profondément à côté.

Or, il s'agit simplement ici d'une application extensive, d'une nouvelle forme de l'axiome des causes. L'effet n'est qu'un prolongement de l'être causal, une effusion de cette énergie. Supposez une majoration de la réalité causée ; supposez que l'effet excède la cause par quelque côté, il s'ensuivrait que cet excédent d'être serait sans raison suffisante, puisque dans la cause présumée rien ne répondrait à l'effet produit. Dès lors, cet excédent, cette fraction d'effet ne s'expliquerait pas plus que l'effet total lui-même sans la cause correspondante. Nous retomberions dans les difficultés insolubles auxquelles on ne peut échapper que par l'acceptation pure et simple de l'axiome des causes.

L'effet n'est qu'un épanchement du principe générateur ; rien donc ne saurait passer dans le torrent, qui ne soit préjudiciellement dans la source.

La même conséquence s'impose à nous, si nous considérons le concept, non plus comme un effet, mais comme un acte, comme un phénomène, comme une fonction. On connaît le célèbre aphorisme péripatéticien : *Operari sequitur esse :* tel acte, tel principe. Au fond, ce n'est qu'une variante de l'axiome des causes.

Car, si l'action extérieure ou immanente n'est pas un insondable mystère, un fond d'impénétrables ténèbres, il faut qu'elle soit une expansion de l'activité radicale. Elle constitue cette merveilleuse prérogative que possède l'être-cause, l'agent, de sortir de lui-même, de se dédoubler en quelque sorte, de se projeter au dehors dans un acte qui est nécessairement un effet. L'agir, c'est l'être, qui s'écoule, ou mieux qui s'étend, comme une mer qui sort de ses limites. Et tout comme le flot ne change pas de nature à s'épandre sur les grèves, de même l'agent ne change pas de nature à s'écouler dans son opération. L'analyse qui vous révèle la composition de l'eau marine, de la vague envahissante qui vient expirer à vos pieds, vous révèle en même temps la composition des eaux profondes, qui grondent au fond des mers. Ainsi l'analyse de l'acte manifeste la nature des énergies opératives.

Le positivisme a tort.

— « A un apriorisme fantaisiste il prétend substituer la science, et c'est son droit. Mais ne voit-il pas que cette science qu'il élève sur le pavois, il la découronne d'autre part et la mutile, en interdisant au mathématicien, au physicien, au biologiste, au moraliste, l'analyse réfléchie, et, pour nous servir du mot de Herbart, l'élaboration critique des données *a priori* sur lesquelles ils opèrent ? Ne remarque-t-il pas d'ailleurs que toute science digne de ce nom est la recherche d'un système de lois, de causes, de principes, c'est-à-dire d'une réalité suprasensible et, en un mot, d'un μεταφυσικόν ; que toute recherche, qui a conscience de l'essentielle unité des choses, est une métaphysique partielle, que par conséquent la philosophie, même dans les limites que nous lui assignons, est bien réellement la métaphysique générale, la métaphysique de l'univers ? Métaphysique *a priori* ou pur phénoménisme, nous ne saurions accepter cette alternative où il prétend nous réduire. Car s'il est hors de doute que le phénomène n'est pas l'être en soi (selon le terme consacré par Kant), il est évident aussi que tout au moins il le manifeste, le traduit, le révèle, qu'il est l'essence existante, comme dit Hegel, l'essence objectivée, selon l'expression favorite de Schopenhauer, d'accord sur ce point capital avec son détesté adversaire. Si la connaissance est et demeure un rapport, évidemment encore ce rapport est déterminé par la nature même de la chose connue aussi bien que par notre organisation intellectuelle, et cette nature intime de l'être, ce dessous du phénomène universel n'est pas, absolument parlant, inconnaissable. Si, au surplus, c'est l'expérience qui est la base indispensable de toute spéculation scientifique et de tout savoir positif, il est certain d'autre part qu'à la seule condition d'être complète, c'est-à-dire tout ensemble extérieure et intérieure, elle nous ouvre sinon des perspectives d'une clarté parfaite, au moins des échappées sur l'essence des choses, et qu'elle arrive par degrés, sinon d'emblée, à des conclusions métaphysiques justifiant ou réfutant les intuitions de la philosophie spéculative. » (A. WEBER, *Histoire de la Philosophie européenne*, p. 581.)

Cette page mérite mieux qu'une mention, elle devrait être méditée par tous les ennemis de la métaphysique, de la raison inductive ou déductive. Elle apporte un nouveau témoignage à cette vérité que l'effet manifeste la cause, le phénomène la loi ou l'essence, l'acte la force productrice ou l'agent ; elle montre en outre combien légitime est cette transition du phénomène à l'énergie causale, de la nature de l'acte à la nature du principe actif.

Sans doute, les propriétés nouménales du sujet actif ne sont plus une donnée immédiate de conscience. Mais de quel droit veut-on réserver exclusivement à la conscience le privilège de me conduire au vrai ? Pourvu que je me base sur des faits bien précis, bien attestés, bien établis par l'expérience extérieure ou intérieure, pourvu que je surveille la marche de ma raison de manière à ne pas me départir un seul instant des règles d'une inflexible logique, je prétends que mes conclusions seront aussi certaines que les données expérimentales elles-mêmes. Notre processus n'est-il pas d'ailleurs d'un usage courant en sciences ? Pourquoi répudier en philosophie un processus constamment suivi dans l'ordre scientifique ? Cela ne saurait être ni sage, ni équitable. C'est un déni de justice ; c'est un crime de lèse-raison.

Dans l'espèce, l'idée générale nous apparaît à l'introspection comme un phénomène, un acte dont l'intime réalité exclut rigoureusement tout mélange de matérialité, toute dépendance essentielle vis-à-vis des conditions matérielles. Puis donc que la réalité phénoménale de l'opération n'est qu'une extension de la réalité nouménale de la cause, en toute rigueur de logique il résulte de là que la réalité nouménale de la cause, de l'énergie active exclut également tout mélange de matérialité, toute dépendance « entitative », pour parler comme les scolastiques, à l'égard des conditions empiriques. Le principe actif, la cause, cette force radicale qu'est le moi psychique, doit être immatérielle, métempirique, transcendante, d'un mot, spirituelle comme son acte, comme le concept. Pour peu que la quantité se glisse dans l'énergie active, fatalement elle réapparaîtra dans l'opération, dans le phénomène, et c'en est fait de l'abstraction mentale, de l'universalité, de la nécessité, des caractéristiques de l'idée.

Avant de passer outre, nous devons prévenir une objection qu'on ne manquerait pas de nous faire. Elle nous fournira d'ailleurs une excellente occasion de mieux nous expliquer sur la notion de spiritualité.

On pourrait nous accorder que le concept est immatériel. Pourquoi s'émouvoir de cette concession ? La vie, le mouvement, le principe sensitif sont bien immatériels : qu'en résulte-t-il de fâcheux contre le matérialisme ? Comme le mouvement, de soi immatériel, est néanmoins fonction de la matière, ainsi la pensée, de soi immatérielle, serait également fonction de la matière. De cet état de choses la thèse spiritualiste ne saurait tirer grand avantage.

Effectivement on ne peut guère contester qu'à ne les considérer qu'en eux-mêmes, indépendamment de l'agrégat matériel ou de l'organisme auxquels ils sont inséparablement unis, force et mouvement, vie et sensation n'apparaissent avec un caractère d'irrécusable simplicité ; mais sont-ce là des êtres ? Ce sont des rudiments, des commencements d'êtres, ce ne sont pas des êtres. De là vient que ces formes embryonnaires sont trop bas dans l'échelle des réalités pour subsister et agir par elles-mêmes. Elles appellent un appui substantiel, elles postulent d'entrer en composition avec un autre principe, avec la matière. De soi inachevés, les deux principes se compléteront et constitueront un seul tout substantiel, un seul principe d'action. Jamais le mouvement, la vie, la sensation n'agiront en dehors de leur co-principe naturel, en dehors de la matière. Toutes opérations vitales, toutes sensations, tous mouvements seront donc les résultats de cette collaboration substantielle des deux co-principes, intimement combinés et fusionnés. Aussi la matière, qui a pris une part active ou passive à l'opération, aura-t-elle également sa part dans le résultat. Elle sera présente, et, partant, elle concrétisera, elle particularisera, elle individualisera. Nulle apparence d'abstrait hyperorganique, d'universel. Ce n'est donc pas à l'instar du mouvement et de la vie, à l'instar de ces activités rudimentaires et inachevées que le moi psychique doit être immatériel.

Nous ne savons pas encore comment la chose sera possible, mais il faut qu'il y ait en lui une force assez achevée pour agir, pour produire sans se mêler à la matière. Si l'intellectualité communiait aux éléments quantitatifs autrement que pour leur emprunter des matériaux à transformer, c'en serait fait du concept et de ses propriétés essentielles.

Il y a opposition radicale entre le concept et le matériel réel. Ils s'opposent, nous le savons, comme l'abstrait et le concret, comme le général et le singulier, comme le nécessaire et le contingent. Il est dès lors manifeste que pour une part ou une proportion quelconque si infime soit-elle, la matière ne saurait entrer dans la représentation mentale. Par le fond même de sa nature elle est fatalement impuissante à exprimer l'universel. Parole écrite ou parlée, elle peut être un signe conventionnel, jamais signe naturel ou représentatif de la pensée.

Impérieusement le devoir s'impose donc à nous de l'éliminer de la constitution du moi psychique. Il faut l'écarter des racines, pour qu'elle n'apparaisse pas dans la tige du principe actif, pour qu'elle ne se montre pas dans l'opération.

C'est dans ce sens que l'énergie mentale, qui enfante le concept, est immatérielle. Non seulement de soi elle est simple, mais elle répudie toute alliance essentielle, subjective, avec les réalités quantitatives en vue de l'action. Elle doit être assez vigoureuse dans son isolement pour être au besoin capable d'agir par elle-même, par elle seule, indépendamment de la matière. Voilà ce que nous entendons par la spiritualité du moi psychique.

Le mouvement, la vie, le principe qui sent, peuvent être immatériels et simples : ils ne sont pas spirituels. Ils ne peuvent agir sans se combiner avec la matière. Le moi psychique est spirituel parce qu'il peut se suffire à lui-même, comme principe d'opération.

On le voit, il y a un abîme entre la simplicité et la spiritualité. Le spiritualiste qui se contenterait ici de conclure à la simplicité du moi ne profiterait pas de tous ses avantages. C'est ce qui est arrivé à M. l'abbé Piat.

Il a abandonné la preuve de l'immortalité par la spiritualité parce que sans doute il ne voit pas comment de la spiritualité de l'idée on peut faire découler la spiritualité du principe qui pense.

Se basant, comme nous, sur ce fait que la perception n'est que le « moi percevant », de l'indivision et de l'indivisibilité de la perception, il a conclu à l'indivision et à l'indivisibilité du sujet qui perçoit. (*Destinée de l'homme*, p. 16. — *La Personne humaine*, p. 47.) Fort bien. — Mais dans son livre *l'Idée* n'avait-il pas établi que le concept est abstrait, universel, nécessaire? La conception n'est apparemment que le moi concevant. Si la conception est abstraite, générale, nécessaire, comment se peut-il que le moi ne le soit pas également? Si la causalité a une valeur probante dans un cas, pourquoi pas dans l'autre?

Au fond du litige, il y a, croyons-nous, une équivoque. Toujours dans *l'Idée*, M. Piat refuse à la pensée l'universalité qu'il attribue au concept. C'est en effet une difficulté que de concilier la réalité vivante, même spirituelle, du moi psychique avec l'universalité que logiquement il revendique. Une réalité est forcément individuelle; or l'individualité n'est-elle pas l'antithèse de l'universalité?

La difficulté est épineuse, d'autant qu'elle se rattache au problème si complexe de l'individualisation.

Les scolastiques ont tenté une explication. Ils distinguent deux sortes d'individualisation. L'individualisation par les notes matérielles, — quantité, étendue, couleur, etc.; elle est de soi exclusive de toute universalité, de toute abstraction mentale, de toute nécessité. La subsistance serait le second principe d'individualisation; elle entrerait dans les éléments de l'essence, et comme telle elle serait aussi abstraite, aussi universelle, que l'essence elle-même. Ce mode d'individualisation serait particulier aux esprits. Le spirituel serait donc à la fois et sans contradiction réel et abstrait, individuel et général, contingent et nécessaire.

Mais comment l'individu peut-il être universel ? M. Piat déclare la chose impossible : « Si Dieu est réalité, substance, individu, l'abstrait ne s'y trouve pas plus que dans le papier, que je crayonne, et la table, qui supporte mes livres... C'est par une certaine opération de sa conscience que Dieu dégage l'abstrait de son individualité. » (*Intellect actif,* p. 20, cité par le R. P. Peillaube.)

Réalité et universalité s'excluraient. Au fond la question est plus malaisée à trancher. On s'en convaincra, si l'on veut bien se livrer à une étude approfondie de la théorie des idées dans Platon, des formes séparées dans Aristote, et surtout du *Traité des Anges* dans saint Thomas et ses commentateurs.

Sans doute nous éprouvons comme une répugnance de premier mouvement à croire une réalité à la fois individuelle et universelle. Mais pratiquement, et ici nous nous séparons nettement de M. Piat, l'antinomie est résolue en Dieu, souveraine Individualité, et souveraine Universalité. La divine Réalité enferme tous les caractères de la plus haute abstraction : immatérialité, généralité, nécessité, éternité, etc. Et pourtant cette réalité suprême est individuelle, si individuelle et néanmoins si simple qu'au regard de Dieu lui-même, intelligence adéquate à l'Être divin, elle se refuse à toute dissociation abstractive. C'est une erreur que de prêter à Dieu ce processus anthropomorphique de l'abstraction. Dieu voit et n'abstrait pas ; et c'est parce que nous ne voyons pas, ou nous voyons mal, que nous abstrayons.

Dans l'École on raisonne *a pari,* et ici notre confiance

est quelque peu ébranlée, à propos de toute essence spirituelle. Comme en Dieu, le principe individualisateur de l'esprit serait un élément essentiel, et, partant, universel. L'individualisateur matériel faisant défaut, l'esprit n'aurait pour l'individualiser que lui-même et ses éléments essentiels. Il se distinguera par lui-même. Aussi saint Thomas ne craint-il pas d'affirmer qu'il ne se trouve pas deux purs esprits de même nature. Ils doivent être distincts et ne peuvent être distincts que par leur essence. L'essence spirituelle doit donc trouver en elle-même la raison de son individualisation. Mais ce facteur de l'individu, étant un élément essentiel, doit être absolu comme l'essence, bref individuel et universel. Ainsi entendus, ces deux caractères ne sont pas contradictoires.

Le pur esprit n'est pas en fait indéfiniment réalisable dans les limites de l'espèce, parce que la *materia signata quantitate*, principe de multiplication numérique, lui fait défaut. En droit, il demeure réalisable à l'infini dès qu'on lui adjoindra l'individualisateur numérique, la matière. Témoin l'âme humaine. Les corps, l'accession de la matière rendent multipliables indéfiniment les esprits de même nature, qui habitent ces corps.

Telle est la doctrine de l'École, subtile, mais compréhensible et digne d'examen. En fait, appliquée à Dieu, cette théorie ne nous paraît guère contestable. Il en va tout autrement s'il s'agit des esprits créés ; dès lors, elle suscite des difficultés et touchant la puissance de Dieu et au sujet de l'adjonction ultérieure des modifications phénoménales.

Aussi inclinerions-nous à penser qu'ici l'abstrait ne va pas sans abstraction, et l'universel sans universalisation préalable par dissociation.

Il n'en resterait pas moins vrai que *pour nous* le spirituel seul est universel à l'encontre du matériel nécessairement individuel.

Le spirituel serait à la fois individuel quant au fait contingent de l'existence et aux modifications accessoires, universel quant au fond même de son être..... comme la matière d'ailleurs; à cette énorme différence près que les phénomènes quantitatifs ensevelissent à ce point l'élément universel, qu'ils ne le laissent aucunement transpirer au dehors pour le livrer à l'intuition directe de l'intelligence. Au contraire dans le spirituel, l'individualisation, quelle qu'elle soit, ne saurait voiler les traits essentiels. Nous avons le sentiment de notre réalité essentielle autant que de nos actes. Le moi conscient étant présent à lui-même et se sentant être, cause, vie, réalité, etc., il ne tient qu'à lui de s'analyser, de séparer théoriquement ces propriétés essentielles des qualités phénoménales, de se saisir à la fois comme individu et comme universel.

La simplicité, l'immatérialité lui confèrent la réflexion; et la réflexion lui permet de se dissocier abstraitement, de se percevoir comme individu et comme espèce. Toutes opérations impossibles avec la matière comme objet ou comme sujets immédiats.

On pourrait dire, ce nous semble, que l'immatérialité confère à l'esprit certaine transparence, certaine limpidité qui lui permet de saisir en soi et d'abstraire les caractères essentiels. De ce chef, l'esprit est apte éminemment à refléter l'essence, à représenter le noumène. L'idée spirituelle, peut être un schème, une expression de l'essence spirituelle parce que dans l'esprit, dans le moi psychique par exemple, les caractères essentiels sont bien en évidence, et il ne tient qu'à nous par la réflexion de nous scruter, de nous sonder psychologiquement et de nous exprimer dans l'idée.

Finalement rien n'empêche que notre moi psychique soit simultanément individuel par sa phénoménalité, universel par ses éléments essentiels.

En tant qu'esprit il a cela de particulier que seul, à l'exclusion de la matière, il découvre à l'introspection et à la réflexion le secret de sa réalité nouménale, et que seul, comme réflexion, comme intelligence, comme idée, il peut symboliser, ou mieux refléter les traits essentiels. Seul le spirituel peut être le miroir des essences.

Nous appuyons nos conclusions sur ce fait que la conscience, de son très limpide regard, atteint en nous et les phénomènes et les existences permanentes. Donc, notre psychisme manifeste à la fois ces deux ordres de réalités. Donc le spirituel peut représenter phénomène et noumène. Donc, à des titres divers, le moi psychique peut être simultanément individuel et universel. Donc le concept, physiquement individuel, peut, comme symbole, refléter l'universel.

Nous retiendrons que la réalité phénoménale du concept implique une réalité nouménale, suprasensible, métempirique, selon le langage même de M. Piat, universelle, nécessaire comme toute essence.

Nous retiendrons, en outre, que c'est précisément ce caractère d'immatérialité et, par suite, de limpidité, qui permet au spirituel, comme objet et comme sujet, comme réalité et comme représentation, — pour le moi psychique c'est tout un, — de laisser transparaître l'essentiel, le général, le nécessaire.

Au contraire, une figuration matérielle, submergée dans le particularisme opaque de la matière, ne saurait refléter l'universel.

Une réalité empirique, bien qu'universelle dans son

fond, ne saurait de soi l'être pour nous, sa matérialité la rend directement inconnaissable, impénétrable.

II

Dans ces dernières formules, nous croyons avoir fixé notre pensée sur la nécessité d'une réalité causale, d'un moi psychique transcendant, intrinsèquement indépendant de la matière, exempt de toute mixtion de matérialité.

Pour établir cette conclusion, nous avons suivi un procédé d'analyse qui nous a fait découvrir cette essentielle spiritualité dans le concept, et qui, se fondant sur le principe de causalité, nous a fait remonter jusqu'à l'énergie productrice de nos conceptions et retrouver en elle la spiritualité originelle, explicative de la spiritualité de l'acte.

Cette spiritualité du moi causal, d'autres manifestations de notre activité la trahissent. Le même processus, qui conclut de l'effet à la cause, va nous apporter une conviction nouvelle. Seulement, au lieu que nous ne sortions pas de notre mentalité, cause et effet, pour cette démonstration fondamentale, dans les preuves qui vont suivre, les effets, les manifestations d'activité, qui nous serviront de point de départ, ont un bien autre retentissement, une bien autre réverbération dans notre vie expérimentale, dans le monde de notre activité externe. C'est pourquoi notre première preuve nous apparaît comme plus théorique, celles que nous avons à donner comme plus expérimentales. Au fond, c'est le même processus qui va de l'effet à la cause, effet expérimental externe dans un cas ; effet psychologique dans l'autre.

La question peut se poser ainsi : existe-t-il une preuve positive, expérimentale, tangible en quelque sorte de la spiritualité du moi psychique ? Nous croyons pouvoir répondre catégoriquement oui.

Il est démontré que le concept jouit sur l'image d'une incontestable prééminence. Par suite, le principe pensant doit jouir sur le principe qui sent d'une supériorité analogue.

Nous l'avons également prouvé : le type sensitif, c'est l'animal ; le représentant de la pensée, c'est l'homme. Est-il expérimentalement démontrable qu'il existe entre ces deux types, et à l'avantage de l'homme, des différences profondes, irréductibles ? Est-il un fait concret, irrécusable, évident pour tous, qui accuse dans l'homme une transcendance, une maximation d'être et de vie, qui ne soit plus affaire de degré, mais de nature ? Oui, encore une fois, et ce fait, c'est la *perfectibilité humaine*.

« Dans tous les temps historiques, écrit à ce propos Mgr Duilhé de Saint-Projet, dans tous les temps historiques, préhistoriques ou géologiques, dans tous les lieux connus, chez toutes les espèces animales, chez celles-là même qui passent pour posséder le plus d'intelligence, on cherchera vainement la plus légère manifestation de progrès spécifique. A cet égard, les témoignages des savants, sans distinction d'école, sont innombrables. Partout et toujours uniformité, identité des actes, fixité psychique dans chaque espèce. Les animaux « accomplissent leur œuvre sans pouvoir rien modifier à ce que leurs ancêtres ont fait depuis des milliers de générations. Qui a vu un hanneton en a vu mille, ou un million, ou un milliard, nul d'entre eux n'a une dose d'intelligence suffisante pour changer quoi que ce soit au plan qui lui a été tracé d'avance. » (Ch. Richet.)

« Ces résultats de l'observation et de l'expérience,
« seuls guides de la science moderne », sont indéniables ; la conséquence qui en découle n'est pas moins évidente.

« On ne saurait concevoir, en effet, rien de plus antiscientifique, de plus antirationnel que l'affirmation pure et simple, chez l'animal, d'une faculté, si rudimentaire qu'on la suppose, mais de même nature que chez l'homme, — *c'est la thèse matérialiste,* — dont l'essence est de se manifester et dont il est impossible de constater, dans aucun temps, dans aucun lieu, dans aucune espèce connue, la plus légère manifestation. » (*Apologie scientifique de la foi chrétienne.* Poussielgue, 1897, p. 467.)

La *Revue scientifique* (31 mars 1891) accorde à l'animal une possibilité rudimentaire de progresser. Prenez un singe, un chien ; choisissez-le parmi les plus intelligents. Éduquez-le de votre mieux, et consacrez à cette œuvre tout le temps que vous jugerez nécessaire. Quels résultats pensez-vous obtenir ? La tentative a été faite, souvent, surtout de l'autre côté de la Manche. La patience, la minutie anglo-saxonnes devaient faire merveille. Finalement, on a retrouvé dans l'animal exactement ce que l'on y a mis : pas la moindre initiative spontanée, pas la plus grossière ébauche d'un progrès intentionnel, d'une marche en avant délibérée et voulue. M. H. Fabre ne parvient pas à découvrir dans l'insecte la moindre lueur rationnelle. Consignons aussi les mélancoliques aveux de sir J. Lubbock : « A ma grande surprise, je n'obtins aucun succès, et je ne pus en aucune façon faire comprendre à Van (*son chien*) ce que j'attendais de lui. Je fus d'autant plus désappointé que, si j'avais réussi, mon plan m'aurait permis de faire des recherches nouvelles et intéressantes. » (*Les Sens et l'Instinct chez les animaux*, p. 260.) Et un peu plus loin : « Je fus tout à fait découragé de continuer ce genre d'expériences à la suite d'un compte rendu que me donna M. Huggins sur un chien lui appartenant... etc. » (P. 263.) On se lasserait à compter les déconvenues de même nature.

Dans tous les cas réputés extraordinaires, on n'a réussi qu'à développer chez l'animal un automatisme aveugle, irréfléchi, dépourvu de toute initiative. Ce sont les seuls fruits de l'éducation animale, fruits qui périssent du reste avec l'individu et sont reconnus intransmissibles par l'hérédité. On était dans le vrai lorsqu'on affirmait tout à l'heure qu'on chercherait vainement dans toute la série animale « la plus légère manifestation de progrès scientifique ».

Et l'homme, pour déchu, ou, si l'on veut, pour inculte qu'on le suppose, cesse-t-il d'être perfectible? Répétons l'expérience, qui nous a si bien réussi avec l'animal. Qu'on prenne à sa naissance un Cafre, un Tasmanien, un insulaire de Rapanuï ou de Tuamotu. Qu'on le transfère dans un milieu civilisé, favorable à son développement intellectuel. Qu'on élève ces naturels, issus de sauvages, avec les mêmes soins attentifs et dévoués que nos Européens, et l'on verra s'il existe des différences si considérables entre l'homme des forêts et l'homme de nos civilisations raffinées. On aura peut-être des lenteurs à signaler. A elle seule l'acclimatation peut suffire à les expliquer. Mais qu'on ne se rebute point ; à la deuxième, à la troisième génération, les variations mentales ne seront pas autres que chez nous. Aussi rapidement, plus rapidement peut-être que les particularités physiologiques, les infériorités mentales tendront à disparaître. L'expérience a été faite cent fois ; elle se renouvelle tous les jours chez les peuplades sauvages que nos admirables missionnaires vont évangéliser et civiliser. Le niveau intellectuel s'élève promptement. Nulle part l'intelligence humaine ne se montre absolument rebelle à l'action éducatrice. La transformation est surtout prompte et décisive, lorsque dès sa naissance l'aborigène est transplanté dans nos milieux ultracivilisés.

Il y a donc au fond du psychisme humain des virtualités suréminentes, qui manquent à la brute. L'épreuve est concluante. On nous demande un fait expérimental « qui suppose à l'homme un principe, qui ferait défaut chez tous les êtres autres que lui ». Le voilà. La perfectibilité humaine est une sûre garantie d'irréductible intellectualité, ou de spiritualité.

Mais, objectera M. Richet, c'est là pure affaire de degré. « Entre l'intelligence d'un Newton, qui s'élève aux plus hautes abstractions de la science la plus abstraite, et celle d'un pauvre sauvage, qui ne peut même pas compter jusqu'à cinq, existe un abîme plus grand qu'entre l'intelligence de ce sauvage et celle d'un singe, ou d'un chien, ou d'un éléphant. » (Ch. Richet, L'Homme et l'Intelligence, p. 408.) L'affirmation est audacieuse autant que gratuite ; on la reproduit sous toutes les formes, en se basant sur cette autre affirmation non moins téméraire que « dans l'intelligence d'un Newton il n'est rien qui ne se trouve, quoique à un état d'extrême abaissement, dans l'intelligence de l'animal » (Loc. cit., p. 409.)

Nous n'allons pas reprendre la discussion sur la nature de la connaissance humaine. Nous savons que les lois de la plus élémentaire critique scientifique nous interdisent d'attribuer à l'animal autre connaissance que la connaissance empirique.

Dans l'espèce, s'il fallait se contenter d'attribuer à

l'homme un degré supérieur d'intelligence, si l'intelligence humaine et l'intelligence animale étaient au fond de même nature, qu'adviendrait-il ? L'homme serait simplement plus perfectible que la brute ; et dans celle-ci une intellectualité moindre supposerait une perfectibilité, moindre sans doute, mais réelle et qui ne manquerait pas de s'affirmer dans les conditions voulues. Rien de tel. De l'aveu même de M. Richet, la chose est irréfragablement démontrée, l'animal n'est susceptible que d'un progrès automatique, indépendant de son initiative privée, et intransmissible : c'est dire que l'animal est en soi dénué de toute possibilité de progrès, et par suite de toute « lueur rationnelle ».

Comment M. Richet et les empiristes n'ont-ils pas vu la conséquence ? L'intelligence animale est *a priori* au moins douteuse ; d'autre part, il n'est pas contestable que l'animal est dépourvu de toute perfectibilité spontanée. Cette certitude dernière annule l'hypothèse de l'intelligence animale : car, nous l'établirons tout à l'heure, toute intelligence est essentiellement capable de progrès. Le progrès est une résultante quasi fatale de l'intellectualité. Lorsqu'elle existe dans un être, la mentalité doit comme nécessairement se faire jour dans la perfectibilité, toutes les fois que les circonstances extérieures sont favorables.

Ne voyez-vous pas qu'à cette heure la perfectibilité humaine est en train de révolutionner le globe ? L'homme est intelligent. Conséquence : grâce au progrès humain, des voies nouvelles sillonnent les terres et les mers ; des débouchés inconnus s'ouvrent partout à l'activité, à la pensée, à l'industrie, au commerce, à la civilisation ; les déserts n'inspirent plus aucun effroi, les steppes ne sont plus infranchissables ;

les forêts vierges n'ont plus de mystères, les océans n'ont plus d'insondables profondeurs et d'inabordables écueils. Prêtez donc l'oreille : pouvez-vous ne pas entendre les pas de l'humanité en marche vers un avenir meilleur, où la vérité étendra plus au loin les salutaires influences de son rayonnement, où le bien sera plus généralement connu, pratiqué, goûté ?

Jetez maintenant un regard sur le règne animal. Constatez-vous quoi que ce soit d'approchant ? Dans la paléontologie, dans la préhistoire, comme dans l'histoire, avez-vous signalé le plus petit progrès réalisé, une esquisse quelconque d'un mouvement en avant ? Et pourtant tout a favorisé les progrès de la brute : le milieu, les soins attentifs, les exemples donnés par l'homme, la patience, l'opiniâtreté même des éleveurs. La brute n'a pas fait un pas délibéré, consenti, intentionnel ; comme espèce, elle n'a pas dévié de la ligne droite tracée par l'instinct ; elle a été prodigieusement stupide, dès qu'on a essayé de l'en faire se départir. Mais si elle est intelligente, si elle est capable de progresser, qu'elle le prouve. Nous ne pouvons nous prononcer que sur des faits certains, qui manifestent, sans qu'un doute soit possible, une évidente intellectualité. Or les faits ne disent rien de semblable.

Dans les conditions favorables qui leur sont faites, les animaux devraient naturellement réaliser quelques progrès, au sens où nous entendons ce mot, s'ils avaient quelque rudimentaire perfectibilité, quelque lueur d'intelligence. L'activité animale ne trahit nulle part le moindre progrès spécifique et voulu.

L'expérience est donc contraire à la brute ; la raison théorique ne l'est pas moins. En fait, la brute ne progresse pas ; en droit, elle ne saurait progresser.

Elle est condamnée aux mêmes errements. Pourquoi,

si ce n'est parce qu'elle est enfermée dans le cercle imbrisable de la sensation.

Le pouvoir de progresser emporte l'inadéquation entre un objet donné d'une part, et le connaître, l'agir de l'autre. Il faut que l'objet n'épuise pas l'activité. Imaginez l'adéquation entre le pouvoir et son objet, le pouvoir est épuisé, le progrès devient impossible.

Cela posé, il n'est pas difficile de montrer que, par la nature même de ses puissances, la brute est incapable de tout progrès. Elle n'a que la sensation et les facultés subsidiaires. Elle est toute organes et perception empirique ; ses sens n'atteindront jamais que la matière qui constituera leur objet proportionné, adéquat. La matière, non dans ses raisons universelles, dans sa généralité, mais dans ce qu'elle a de concret, d'empirique, d'individuel ; les organes ne sont-ils pas eux-mêmes concrets, empiriques, individuels ? Dès lors, l'objet harmonique, qui épuisera la connaissance animale, ce ne sera pas même le monde matériel intégral, ce sera simplement une somme de perceptions organiques, plus ou moins considérable, selon les circonstances, les besoins et les fins particulières ou générales de chaque espèce et de chaque individu. Cette somme admettra des classifications ultérieures d'après les différents organes de sensibilité, mais chacun des actes ne sera pas moins déterminé, fatal que la somme elle-même ; il n'en épuisera pas moins à son tour l'organe correspondant. Quand la brute aura vu, goûté, flairé, ouï, palpé et modifié ses perceptions d'après ses organes cérébraux, il ne lui restera plus qu'à répéter toujours les mêmes actes, sans espoir de les transformer jamais, ou de passer d'un ordre de connaissances à un ordre génériquement distinct, ce qui à vrai dire constitue seul et marque le progrès. La faculté de connaître et d'agir sera épuisée ; elle sera éternellement impuissante à déborder ces actes préfixés de sensation, à passer à d'autres objets.

Au contraire, nous voyons que l'homme outrepasse incessamment non seulement tout ordre de perceptions empiriques, mais aussi tout ordre de connaissances données ou acquises, sensibles ou rationnelles. Nulle réalité autre qu'une réalité infinie ne saurait égaler, épuiser par conséquent son pouvoir de connaître. L'esprit humain est indéfiniment progressif, car rien ici-bas n'épuise ses énergies.

Il serait vain et puéril de dire à l'intelligence de l'homme : tu iras jusque-là et tu n'iras pas plus loin ; voilà tes limites, ton infranchissable clôture. Toutes réserves faites en ce qui concerne le surnaturel, l'homme peut tout comprendre dans une certaine mesure ; et si nous trouvions plus haut à nous émerveiller devant les conquêtes de la civilisation envahissante, ce serait se fixer un thème bien autrement fécond et qui exigerait de bien autres développements que d'aborder l'étude des découvertes scientifiques et rationnelles, qui constituent l'apport du passé et du présent. L'humanité progresse ; elle fait tous les jours quelques nouveaux pas vers une lumière plus pleine, vers une vérité plus synthétique.

Et il faut qu'il en soit ainsi, vu la nature de notre mentalité. L'universel est son objet : il y a proportion entre notre esprit et l'universel ; notre esprit recèle donc des virtualités que l'universel épuisera seul : l'universel en amplitude, l'universel en complexité. Or, nous le verrons en son lieu, cet universel égale l'infini, c'est-à-dire que nulle réalité, hormis l'infini, ne peut venir à bout de notre intelligence. Si étendues soient nos connaissances, si vastes et si complexes les réalités perçues, il nous reste toujours des énergies latentes pour reculer les limites de notre savoir, pour découvrir de nouvelles combinaisons de chiffres et de réalités, pour aller d'un pôle à l'autre du monde intelligible. Nulle étendue, nulle science, nulle combinaison ne s'identifie ici-bas avec l'universel absolu ; de là vient que notre intellectualité n'est jamais épuisée et peut toujours se mouvoir en des directions nouvelles.

Aussi, tous les penseurs en ont-ils convenu, l'universel est le merveilleux instrument de tous nos progrès. Il permet d'étendre d'une réalité connue à une réalité inconnue, d'un ordre à un autre, les vérités expérimentées. Instrument de progrès, il l'est aussi et surtout parce que, au-dessus des réalités éprouvées, explorées, il laisse deviner et entrevoir tout un système de vérités nouvelles à atteindre, à posséder. C'est l'Idéal.

L'idéal, c'est l'universel soupçonné et poursuivi. Et « c'est ici, s'écrie Laugel, qu'éclate la grandeur de la pensée, échappant aux mailles serrées des choses sensibles, mouvantes, éphémères, traversant les lourdes atmosphères de la matière, elle monte d'un vol tranquille et assuré aux sphères infinies... De ce point presque invisible où s'attache notre corps plus invisible encore, nous dardons nos regards sur l'espace sans bornes!... » (LAUGEL, *Problème de l'âme*, p. 104.)

Et que cherche-t-on par-delà les mondes, par-delà toute réalité que l'on peut voir ou saisir? Que cherchent-ils, ces amants passionnés du silence et du mystère, race impérissable des nostalgiques et des rêveurs, victimes dévouées de l'art, de la vérité et de l'amour? Que cherchez-vous, sublime élite des complexions délicates et privilégiées, vous dont toutes les réalités meurtrissent les pieds, parce que le regard est en haut, fixé ardemment sur l'Au-delà pressenti? N'est-ce pas que vous êtes à la poursuite d'une beauté, d'une vérité, d'une réalité qui vous remplisse l'âme intelligente, qui étanche votre soif de connaître et soit pour vous la source de tout repos et de toute béatitude ? N'est-ce pas ce que le sculpteur demande au marbre et au burin, le peintre à ses couleurs, le savant à ses veilles, le philosophe à ses contemplations, le mystique à ses extases, le musicien aux symphonies qui chantent dans son âme : « Étrange mystère, qui fait à la fois notre joie et notre tourment ! L'idée de l'infini nous berce et nous endort comme des enfants en nous consolant de l'injustice des hommes et des ironies du sort, en enveloppant dans le même néant et la même indifférence tout ce qui agite et émeut les hommes. Mais elle est aussi la source secrète de nos maux, de cette mélancolie que rien ne peut charmer, de cet ennui sans remède que nourrit sans cesse le contraste entre la grandeur de nos ambitions et la petitesse de nos efforts. La pensée nous fait vivre et nous tue : son ivresse fatale a des réveils trop cruels ! » (LAUGEL, *loc. cit.*, p. 105.)

La disproportion entre les aspirations et les résultats de nos efforts, telle est bien la source intarissable de nos tristesses. C'est parce que l'idéal apparu replie aussitôt ses ailes ; c'est parce que son vol immaculé le porte plus haut, toujours plus haut, jusqu'aux inaccessibles sommets où nous ne saurions l'atteindre durant notre terrestre pèlerinage. C'est parce que, comme M. Sully-Prudhomme le dit de Chateaubriand, nous ne nous attachons qu'à l'irréalisable et poursuivons « de forme en forme l'idéal qui ne livre au sens que son vêtement par lambeaux » ; c'est, en un mot, parce que, recherchant l'infini sous la catégorie de l'universel, nous ne découvrons que le fini sous la catégorie du réel, c'est, dis-je, pour cela que, à des degrés divers, nous éprouvons tous ce que l'on a si bien appelé le

« mal de l'infini » ; c'est pour cela que nous nous sentons au cœur d'ineffables tourments, des supplices exquis. Unique réponse à la question du poète :

> « Pourquoi promenez-vous ces spectres de lumière
> Devant le rideau noir de mes nuits sans sommeil,
> Puisqu'il faut qu'ici-bas tout songe ait son réveil,
> Et puisque le désir se sent cloué sur terre,
> Comme un aigle blessé qui meurt dans la poussière,
> L'aile ouverte et les yeux fixés sur le soleil ?
>
> A. DE MUSSET, *Namouna*.

C'est ce trop-plein d'énergie intellectuelle en présence de toute vérité fragmentaire, c'est ce besoin toujours inassouvi de la vérité intégrale, universelle, infinie, c'est l'obsession de l'idéal qui peut seule rendre raison de tout progrès humain. Seule encore elle peut expliquer les constructions scientifiques et philosophiques, les chefs-d'œuvre esthétiques et littéraires, toutes les sommes où s'est condensé le génie humain. C'est la poursuite ardente de la vérité globale qui a poussé et dirigé l'homme supérieur sur toutes les routes de la science et de la civilisation, partout où il a vu briller le plus léger reflet, la plus petite étincelle de vérité. C'est elle qui a passionné les grands génies, rempli les jours de leur mortelle existence ; elle qui nous a valu les grandes synthèses où ils ont laissé l'empreinte de leur inlassable effort pour atteindre et refaire l'unité totale.

Or, si d'une seule idée abstraite et générale on peut et on doit déduire logiquement la spiritualité du moi qui pense, que sera-ce lorsque nous rapporterons à l'énergie psychique le système entier de nos connaissances scientifiques, philosophiques, littéraires, morales et religieuses? Si l'artisan d'une seule pensée doit être spirituel, combien plus l'artisan de cette merveilleuse trame qu'est la connaissance humaine dans son universalité?

Qu'y a-t-il encore de commun entre les sublimes éblouissements de la pensée et la perception monotone, invariable et rectiligne des propriétés concrètes de couleur, d'odeur, de saveur, etc.? « Où est la part de la sensation dans l'œuvre de ceux dont l'esprit engendre systématiquement des formes dont rien ne reproduit autour de nous la beauté toute idéale, les courbures variées, les élancements vers l'infini? » (LAUGEL, *loc. cit.*, p. 99.)

En résumé, l'homme est essentiellement progressif. Progrès réel, progrès idéal, splendeur des civilisations et des grandes littératures, conquêtes scientifiques, synthèses philosophiques, tels sont les résultats de la perfectibilité humaine.

Le progrès implique un excédent de virtualité dans nos énergies mentales vis-à-vis de toute réalité finie à percevoir. Nous possédons cet excédent de vigueur intellectuelle, parce que notre mentalité a été adaptée à la perception de l'universel, de l'absolu.

Le progrès implique, en outre, le pouvoir de passer d'un ordre à un ordre différent pour permettre des applications nouvelles d'une vérité connue. Et c'est encore la généralisation, qui, se basant sur des analogies, permet cette transition. Le progrès implique enfin l'apparition de vérités nouvelles, toujours nouvelles : idéal qui plane au-dessus des réalités connues et nous entraîne à sa poursuite. L'idéal est un rayonnement de l'universel.

En sorte que, par tous ses éléments, sous tous ses aspects, le progrès se fonde sur l'universel et le suppose et le manifeste. Expérimentalement on constate la perfectibilité, les progrès humains : c'est par là même constater en nous la puissance de généraliser, ou, nous l'avons vu, ce qui est tout un, la spiritualité du moi psychique.

Impossible de concéder à l'animal une mentalité approchante. S'il n'y avait qu'une question de degrés entre le psychisme humain et le psychisme animal, on devrait remarquer dans la brute au moins un minimum de perfectibilité. Or, jamais nulle part ce minimum ne s'est accusé dans son activité, dans l'exercice de ses pouvoirs. Donc...

L'homme progresse, c'est un fait d'expérience journalière et universelle. Ce pouvoir de se perfectionner et de tout perfectionner est comme un reflet extérieur de l'idée générale, de la spiritualité. C'est le spirituel qui s'irradie en quelque sorte dans la matière et se fait corps dans le monde des corps pour nous guider rationnellement.

Le voyageur perdu dans nos montagnes se voit parfois soudainement enveloppé d'un brouillard intense. Néanmoins c'est encore le jour. Par-delà les brumes, le soleil brille au firmament et l'orientation est encore possible. Mais que la nuit survienne, les chemins ne se dessinent plus, le pauvre égaré erre à l'aventure comme à tâtons, angoissé et tremblant, dans un chaos infini d'apparitions indistinctes et de fantastiques ténèbres. Heureux alors si, dans le lointain, un point lumineux vient à trouer les ombres silencieuses et frissonnantes épandues autour de lui. C'est la blafarde veilleuse d'une ferme voisine; c'est pour le voyageur l'étoile de l'espérance et du salut. Il n'hésitera plus, il se dirigera vers la fuligineuse lueur, persuadé que là-bas une demeure hospitalière, des êtres humains l'accueilleront.

Le voyageur, c'est l'homme; le sentier perdu, c'est

notre vie ; le brouillard, c'est la matière ; le soleil, c'est la vérité du dehors, la tradition, l'éducation, la révélation qui nous prennent par la main et nous conduisent pour ainsi dire à la lisière. Mais si cette direction extérieure vient à nous manquer, faut-il pour cela désespérer d'aller plus avant ? Non, certes ; tout espoir de progresser n'est pas perdu. Au sein même de notre nuit brille cette pâle clarté qui s'appelle la mentalité humaine, la raison. Elle brille faiblement, sans doute ; d'aucuns la méconnaissent. Mais pour les attentifs et les réfléchis, pour les altérés de lumière la vacillante étoile a de très perceptibles lueurs qui percent les ténèbres et arrivent jusqu'à nous. Regardez donc : votre corps, toute votre activité physique est imprégnée de ses mystérieux reflets. La pensée est un flambeau intime que chacun porte en lui-même et qui trahit, à travers l'opacité de la matière, un foyer de psychisme supérieur, une réalité spirituelle : « Que l'on consente à se regarder du dedans en même temps que du dehors, dit excellemment M. l'abbé Piat, et l'on verra peut-être que nous portons en nous-mêmes une énergie sans cesse en travail, qui tient, il est vrai, à certaines conditions physiques, mais qui, une fois ces conditions données, vit, pense, souffre et jouit, délibère, veut et meut d'elle-même et pour son propre compte... On trouvera peut-être que si la matière est active, la pensée l'est aussi et infiniment plus. » (*Destinée de l'Homme*, p. 121.)

Et cette activité propre de la pensée spirituelle s'accuse dans toutes nos démarches. Elle filtre dans la matière : elle envahit toute notre vie. Idée de l'infini, préoccupations mentales quotidiennes, religiosité, moralité, progrès incessants, jouissances et tourments de l'idéal, autant de rejaillissements lumineux qui attestent en nous la présence de la sublime flamme.

Elle se crée des issues parfois, cette divine clarté, à travers les obstacles de matière amoncelés, alors que toutes les issues naturelles sont comme obstruées. Tout le monde connaît l'histoire de cette Marthe Obrecht, qui, devenue tout à coup aveugle, sourde et muette à l'âge de quatre ans, fut recueillie par les Sœurs de Notre-Dame de Larnay. « De cette masse informe de chair... où ne s'agitaient confusément que les instincts animaux de notre nature, elles (les religieuses) réussirent, à force d'ingéniosité, de patience, de douceur, de dévouement, d'application, à faire jaillir l'étincelle divine ; et aujourd'hui Marthe Obrecht, âgée de plus de trente ans, sait se faire comprendre, elle comprend, elle sait lire, elle sait écrire..., elle sait parler, elle sait aimer aussi !... »

On connaît moins le cas de Marie Heurtin, et pourtant il est peut-être plus remarquable encore. « Car Marthe Obrecht avait quatre ans quand elle a perdu l'ouïe, la voix et la vue. Elle avait entendu et parlé ! Il y avait peut-être au fond d'elle de vagues et d'anciennes traces de ses premières impressions. Quelques-unes de ses acquisitions n'ont peut-être été que des réviviscences ! Mais Marie Heurtin, elle, était aveugle, elle était sourde, elle était muette de naissance. Elle avait dix ans, quand, après avoir été renvoyée de deux institutions, on la confia, en 1895, aux Dames de Larnay. Ses colères n'étaient pas moins terribles qu'autrefois celles de Marthe Obrecht, et il semblait qu'elles eussent quelque chose d'encore moins humain. Le succès a pourtant été le même. Quatre ans ont suffi pour transformer Marie Heurtin. Elle lit et elle écrit. Elle sait sa grammaire et son catéchisme. Elle parle. Elle va faire sa première communion. » (M. F. Brunetière, *Discours sur les prix de vertu*, 1899.)

Jamais animal fut-il dans des conditions plus défavorables, plus ingrates pour progresser? Et la créature humaine progresse avec une rapidité relative tandis que l'on n'obtient jamais un minimum de progrès spontané, spécifique, durable, mental chez la brute! N'est-ce pas l'indice infaillible que le psychisme humain se différencie du tout au tout du psychisme animal? Nous en revenons toujours à cet argument décisif ; s'il n'y avait là qu'une question de degrés, la brute trahirait un minimum de progrès et de perfectibilité intellectuelle. Elle ne serait pas éternellement stationnaire.

Car, nous venons d'en citer un exemple bien frappant, quand la mentalité a élu domicile dans un organisme, quelque imparfait, quelque fruste, quelque mal ajusté qu'il soit, il faut qu'elle se fasse jour.

Quoi de plus naturel, quoi de plus logique, quoi de plus impérieusement commandé au philosophe et au savant que de remonter du rayonnement au foyer, de l'effet à la cause, de l'acte au pouvoir, de l'idée spirituelle au principe réel et spirituel, au moi psychique? Il y a contradiction fondamentale, irréductible antinomie entre les propriétés de l'esprit et les propriétés de la matière. L'idée est toute spirituelle ; le moi psychique doit l'être pareillement. Une combinaison est impossible. Les caractères des deux ordres s'excluent, se nient ; par suite il ne se peut qu'ils se rencontrent sous le même rapport et dans la même réalité. De toute rigueur, il faut que l'empirisme n'ait aucune part dans la constitution du concept et de son principe : c'est l'indépendance absolue de l'intellectualité, énergie et opération, à l'endroit du corps et de l'empirisme ; c'est la pure spiritualité radicale, subjective, essentielle du moi psychique.

CHAPITRE VI

SPIRITUALITÉ DE L'AME. — II. DÉMONSTRATION PAR LES PHÉNOMÈNES VOLONTAIRES

I. Preuves psychologiques. — II. Preuves expérimentales.

Nous suivrons la même marche que dans le chapitre précédent. Les preuves de la spiritualité par les phénomènes volontaires s'offrent logiquement à nous dans le même ordre que les preuves par les phénomènes intellectuels. Les deux séries de preuves se correspondent.

Tout d'abord nous déduirons de nos volitions nécessaires et du fait de notre liberté les conséquences rationnelles qui en découlent. Puis, nous rechercherons si, dans la vie de tous les jours, il n'est pas tel événement considérable, se rapportant à la volonté et *d'expérimentation facile,* qui trahisse manifestement en nous un pouvoir spirituel.

I

En faisant l'analyse de notre volonté, nous avons découvert en nous des actes nécessaires et des actes libres.

Chacune à un point de vue divers, ces deux classes

d'actes volontaires prouvent la spiritualité de l'âme humaine.

Il existe en nous des volitions nécessaires. Donc nous devons posséder un pouvoir, qui donne naissance à ces phénomènes. Le raisonnement, qui, se fondant sur le principe de causalité, nous a aidé à découvrir dans le moi psychique l'énergie réelle et productrice de nos concepts, doit nous donner forcément les mêmes résultats, appliqué à nos opérations volontaires.

Nos volitions naissent et meurent, comme nos idées ; ce sont des phénomènes ; elles n'ont pas en elles-mêmes leur raison d'être. Donc elles émanent d'un principe autre qu'elles. Donc elles ont une cause. Elles sont réelles. Donc cette cause est réelle. Nous avons le sentiment qu'elles procèdent du moi. Donc le moi est cette réalité vivante d'où découlent et phénomènes de mentalité et phénomènes de volonté.

Quelle est sa nature ?

Tout vouloir présuppose une représentation idéale, qui le détermine et vers laquelle il se porte. L'objet connu actionne l'intelligence comme vérité et l'énergie volontaire comme bien. Nous poursuivons la réalisation d'un idéal entrevu, parce que nous voyons un bien physique ou moral, esthétique ou social à l'obtention du résultat. Le bien sous toutes ses formes, voilà l'objet de notre force volontaire, comme le vrai est l'objet de notre effort mental. Cela est si vrai que, même dans les recherches scientifiques, l'élan, l'opiniâtreté au travail, l'effort volontaire, stimulant de l'intelligence, ont également pour mobiles déterminants le bonheur de savoir, la joie de la vérité conquise ou du devoir accompli. La représentation comme bien, voilà donc l'objet, le terme, l'achèvement de notre opération volontaire.

Que conclure? C'est que l'énergie subjective ainsi mobilisée et complétée par son union avec son objet est en proportion de nature avec cet objet. C'est la loi que les sciences expriment en ces termes : il faut qu'il y ait proportion entre l'organe et sa fonction. De fait on ne voit point que par exemple le vouloir de l'ouïe soit mis en branle par une image olfactive, et surtout par une équation algébrique. L'activité, mue par l'idée de justice ou de moralité, n'est évidemment pas la même que l'activité physique mobilisée dans la manducation ou dans le désir d'assouvir sa faim. De là cette inférence on ne peut plus légitime que l'efficacité mobilisatrice d'une représentation est le signe manifeste qui atteste en nous la présence d'une virtualité harmonique correspondante. Si les motifs empiriques agissent sur nous et provoquent de notre part un effort quelconque, c'est nécessairement que nous sommes doués d'un vouloir empirique proportionné.

Or, sans nous éloigner un seul instant du solide terrain de l'introspection et des faits, il nous est facile de constater que l'universel abstrait, immatériel, général et nécessaire, tel qu'il est apparu à notre raison, détermine dans le moi psychique un mouvement en avant, une appétition quelconque. Lorsqu'au prix de mille fatigues le saint, le savant, le philosophe, l'artiste poursuivent la réalisation de leur idéal, c'est au fond l'universel, qui leur apparaît sous diverses formes, et les sollicite en de mystérieux appels et finit par se faire désirer et rechercher. L'universel agit sur nous ; donc la part d'énergie subjective, qui entre comme constitutif dans notre opération volontaire, est de même nature que son objet, spirituelle comme lui.

Mais nos volitions s'offrent à nous comme des actes,

des effets, et l'acte suppose un agent, l'effet une causalité proportionnée. Donc le moi donné par la conscience, comme agent et comme cause de notre vouloir, doit être immatériel, et universel, et, partant, spirituel comme ses opérations.

Cette argumentation, suivie plus haut dans tous ses développements à propos de nos événements conceptuels, nous a fait conclure à la spiritualité du moi. Résumée en cet endroit et appliquée aux phénomènes de volonté, elle nous conduit à la même conclusion. Même processus, même point d'arrivée.

Intelligence et volonté sont en corrélation. Connaissance et appétition constituent comme un double mouvement rythmique qui se développe parallèlement à travers l'être humain et dans une merveilleuse correspondance. Les perceptions sensitives entraînent des appétits sensitifs. Il faut bien que pareillement des représentations abstraites et suprasensibles déterminent des volitions harmoniques. Dans l'homme, il peut y avoir, et il y a souvent, enchevêtrement de connaissances et de motifs, et, par suite, mobilisation d'énergies diverses. A l'analyse métaphysique et psychologique de démêler l'écheveau des motifs et des pouvoirs.

Polarisée vers le spirituel, notre volition nécessaire atteste en nous la présence d'un principe spirituel.

Nos actes libres ne sont pas moins significatifs. De fait, si la liberté nous a été donnée, c'est évidemment pour que nous soyons les artisans de notre destinée, de notre bonheur. Et c'est pourquoi il est indispensable que nous ayons les notions générales de finalité et de moyens, de félicité suprême et des raisons particulières de biens aptes à nous donner le bonheur. Il faut pouvoir scruter les essences pour les ordonner à la béatitude, et pour distinguer entre elles celles qui ont le plus de rapport avec notre fin. Pour être libre on doit être capable de choix rationnel, de percevoir l'universel. Tout comme le concept, qu'il suppose, notre libre arbitre prouve la spiritualité. Dans le libre choix, la volonté postule la spiritualité de l'intelligence et se prouve spirituelle d'après le principe qu'une tendance est toujours de même nature que son objet. Perception des raisons idéales, énergie volontaire en rapport, ce sont les éléments essentiels de la liberté et de la spiritualité, et le libre choix les manifeste en nous... le libre choix où qu'il s'exerce.

Mais son intervention dans la nature physique est peut-être plus concluante qu'ailleurs. C'est en quelque sorte une démonstration tangible de la spiritualité du moi humain. L'esprit est en nous, et il se prouve lui-même. Il marque de son empreinte et pétrit à son image le monde extérieur. Il se révèle partout où passe l'humanité ; à chaque instant, d'un signe, d'un mot, il nous avertit de sa présence. Son choix, foncièrement aussi libre, aussi rationnel que dans son domaine propre, nous dit assez qu'il est là pour brider, diriger, enchaîner les appétits inférieurs. C'est qu'en effet la liberté arrache à l'instinct et au fatalisme le pouvoir de gouverner l'individu. La sensation cesse d'être directrice ; elle passe désormais au rang de simple appétit qu'on peut museler. Mais l'appétit organique ne se refrénerait pas, ne s'annulerait pas lui-même. Dans l'exercice de cette admirable prérogative de la liberté, la spiritualité transparaît avec une clarté qui ne laisse vraiment plus rien à désirer.

Si ce n'est pas là une preuve victorieuse de la spiritualité humaine, fermons les yeux et renonçons à l'évidence. Que la brute fournisse donc de semblables titres à la spiritualité, et nous nous inclinerons incontinent. De vive voix ou par ses actes qu'elle nous dise si elle est spirituelle. Par toute sa vie idéale et morale, l'homme prouve qu'il a des pouvoirs autres que les pouvoirs empiriques et physiologiques, des énergies autres que les énergies psycho-organiques. Nous attendons que la brute fournisse la même preuve.

II

Ne pourrait-on pas donner de la spiritualité du moi une preuve plus expérimentale, qui se base sur des faits plus concrets et dont les fondements plongent plus avant dans notre vie de tous les jours? L'analyse de l'universel nous a fourni la preuve par le progrès ; elle va nous fournir une preuve analogue par la tendance au bonheur, à un bonheur toujours plus étendu, plus parfait.

Ici les horizons s'éclairent et s'élargissent, littéralement à l'infini ; et c'est dans la lumière entrevue de l'Infini que s'achèvera et se complétera notre démonstration.

Qu'est-ce en effet que l'universel ? On s'en souvient : c'est l'essentiel, réalisé ou à l'indéfini réalisable. Le concept embrasse donc dans son immensité non pas seulement les réalités de même espèce, actuellement existantes, mais aussi toutes les réalités possibles, indéfiniment possibles. L'ensemble des réalités existantes dans un ordre quelconque est loin d'égaler en amplitude le concept correspondant. Il existe entre la réalité finie et le concept la même différence extensive qu'entre la réalité finie et le possible : il y a entre eux l'infini.

Et c'est pourquoi il se produit en nous un événement que l'on peut prédire à coup sûr, dès que l'on a remarqué le caractère universel de notre connaissance supérieure. La perception isolée ou intégrale, singulière ou collective des réalités d'une même classe n'a jamais l'amplitude du concept et n'atteint jamais notre idéal ; la somme des réalités n'est jamais adéquate à notre concept : le concept s'étend au-delà de la réalité. Par ce fait qu'il est universel, le concept nous met en tête un idéal que nulle réalité bornée ne saurait égaler ; comme le possible, comme le réalisable, notre idéal s'étend à l'infini.

De là notre besoin de progrès ; de là dans l'ordre intellectuel cette faim toujours inassouvie de vérité, qui est le pain de l'intelligence, jusqu'à ce que la vérité universelle ou absolue nous soit donnée en pâture. Là est la première racine de ce mal qui a fait gémir tous les penseurs : la disproportion entre la science acquise et la science rêvée. Pour complète qu'on la suppose, notre science de la réalité nous laisse irrassasiés, béants. Nous n'avons pas mangé à notre faim, bu à notre soif, embrassé à notre mesure, compris à notre intelligence. Dans l'universel nous concevons plus et mieux. Nous voulons saisir, étreindre l'infini entrevu. Ici-bas rien ne saurait nous combler, car tout est limité comme les chiffres, les espaces et les temps. D'un bond notre intelligence franchit ces limites.

Ce que nous disons de l'universelle vérité par rapport à l'intelligence, nous pouvons et nous devons le dire du bien universel par rapport à la volonté. L'universel, sous le double rapport transcendantal du vrai et du bien étant l'objet commun de la pensée et du vouloir, produit et doit produire des résultats identiques dans les deux facultés.

Nous avons l'idée d'un bien, l'amour par exemple : idée universelle. Toutes les amours particulières d'ici-bas n'égaleront jamais en extension l'amour idéal. Toutes les amours terrestres réunies donnent une somme, un chiffre ; l'idéal n'a ni chiffre, ni mesure. Seule une réalité infinie peut égaler et déborder cette idée d'amour infini, ou à tout le moins indéfinie comme les possibles. La possession de l'absolu peut seule établir l'adéquation rêvée entre l'idéal et la satisfaction actuelle. Seul l'infini est à même de remplir notre intelligence, de faire déborder le bonheur de notre cœur.

Aussi est-ce un fait de constante et d'universelle expérience que nul ne vit heureux, pleinement heureux, au sein des terrestres félicités. Nous insisterons plus tard sur ce fait.

Dès maintenant nous pouvons affirmer que, pour égaler notre concept, le bonheur réel doit être universel, c'est-à-dire extensivement infini. Non que le concept soit positivement infini ; il ne l'est que négativement dans ce sens qu'on ne saurait lui assigner des limites. Il est proprement indéfini. Mais pour égaler l'indéfini il n'y a que l'indéfini lui-même ou l'infini. Une réalité ne saurait être indéfinie : l'indéfinition est une note d'ordre logique ; il faut de toute rigueur qu'une réalité ait des limites ou qu'elle n'en ait point, qu'elle soit finie ou infinie. Un schéma comme le concept peut être indéfini, une réalité jamais. Et c'est pour cela que, pour égaler notre concept de bonheur, une réalité béatifiante doit être infinie. Nous faisons cette remarque une fois pour toutes, et nous concluons que seule une réalité extensivement infinie peut égaler notre rêve de bonheur.

Il y a davantage. Nous ne concevons pas seulement

l'universel comme extensif, nous le concevons aussi comme intensif ; c'est l'universel en tout sens. Nous parlions d'amour. Quand je me suis représenté qu'une série indéfinie de sujets peuvent être aimants, il me reste à détailler les éléments constitutifs de l'amour, à mesurer l'amour lui-même, que je puis concevoir comme intensivement illimité. En résumé, s'il fallait faire tenir dans une formule l'universalité à la fois extensive et intensive de notre objectif idéal ou volontaire, nous aurions l'équation suivante : objectif universel (idée ou bien) = (indéfini extensif + indéfini intensif) ou l'absolu réel.

Tel est l'objet connaturel de notre intelligence et de notre volonté. Si maintenant il est vrai qu'il y a proportion nécessaire entre l'organe et la fonction, entre le pouvoir et l'objectif, nous pouvons exprimer nos pouvoirs psychiques supérieurs intellectuels ou volontaires par cette nouvelle formule : intellectualité ou volonté = indéfini intensif + indéfini extensif.

Nous verrons plus loin comment il peut se faire que nos puissances mentales, nécessairement bornées, puisque nous ne sommes pas infinis, soient à la fois finies et indéfinies. Pour le moment nous ne voulons retenir que le fait, si anormal paraisse-t-il, et nous concluons :

Notre mentalité comporte des facultés indéfinies. Or, comme corps, nous sommes limités, et nous avons des pouvoirs limités, cela est de toute évidence. Nous ne pouvons en conséquence jouir de pouvoirs illimités que par l'esprit. Comme intelligence et comme volonté nous sommes donc spirituels.

Et ce n'est pas là une démonstration toute théorique, qui ne concorde pas avec les faits. Interrogez-vous introspectivement. Vous constaterez combien extensivement et intensivement sont inépuisables vos deux pouvoirs psychiques supérieurs. Nous ne sommes pas seulement capables de connaître les réalités d'une série indéfinie, groupées sous la rubrique générale d'un concept, nous pouvons connaître une série après une autre, et multiplier les concepts. *Ambitus* et *complexus*, deux étendues mentales du bien et de la vérité que nous pouvons explorer. Il nous est loisible de ramener toutes les réalités à une seule forme, le concept d'être par exemple, et d'étudier ensuite les éléments, l'intensité de l'être, et cela jusqu'à l'infini. Dans la vie, Spencer dirait dans la consolidation du moi psychique, après avoir conçu une idée ou une volition générale, nous pouvons concevoir une idée, une volition après une autre, et multiplier ainsi les actes d'intelligence ou de volonté ; les séries mentales se superposent, se fusionnent, s'agencent, se systématisent à l'indéfini. Des virtualités inépuisablement fécondes ne cessent pas d'enfanter de nouveaux schèmes représentatifs ou des vouloirs nouveaux, qu'une attraction mentale assez semblable à la gravitation physique entraine sans relâche dans l'organisation de notre monde psychique. Les sédiments psychologiques succèdent et se surajoutent aux sédiments psychologiques autour d'un centre primitif, à peu près comme dans la genèse astronomique les couches de matière nébuleuse condensée s'organisent lentement autour du noyau central. Il est bien vrai que les résultats acquis seront toujours limités...

Mais il est vrai aussi que nous éprouvons l'insatiable désir d'y ajouter. L'organe physique peut de fatigue se refuser au service concomitant et conditionnel de la sensibilité ; il peut se briser. Sous l'épuisement organique, nous sentons toujours vivant, et tendu, et implacable le désir de savoir et de jouir encore.

Initiez l'homme aux joies meurtrières de la pensée : versez-lui un instant toutes les satisfactions du cœur. Observez-le, et vous constaterez, comme vous l'avez expérimenté cent fois vous-même, que l'homme n'en a jamais assez de connaître et d'être heureux. Il en mourra plutôt. C'est donc qu'il n'a pas connu, qu'il n'a pas été heureux à sa capacité. Dès qu'il étreint une réalité, il aspire à mieux ; c'est donc qu'il déborde toute réalité finie par sa puissance de savoir et de vouloir.

Ce désir éternel d'aller au-delà du présent et des joies présentement goûtées n'est-il pas un sûr indice qu'il existe en lui un fond d'énergie inemployée ?

Voilà des siècles et des siècles que l'humanité entasse progrès scientifique sur progrès scientifique, découvertes sur découvertes, théories sur théories, jouissance sur jouissance ; est-elle au bout de ses ambitions ? N'est-elle pas plus enfiévrée que jamais par l'inlassable désir de savoir et d'être heureuse ? A-t-elle jamais pu se fixer, se reposer dans une vérité, dans une félicité définitive ?

Cette évidente insatiabilité de l'âme humaine, cette nécessité de progresser dans le vrai et dans le bien, que nous constations plus haut, ne prouve-t-elle pas que l'âme outrepasse toutes réalités finies, et que nulle perception de ces mêmes réalités ne saurait épuiser ses énergies ?

Et cela se comprend. La connaissance réelle est toujours moins large que la connaissance idéale ; le bonheur actuel n'atteint jamais les limites de notre bonheur idéal. Connaissance et bonheur viennent s'encadrer dans l'universel, forcément plus étendu que la réalité d'ici-bas, comme l'indéfini s'étend forcément au-delà du fini.

D'autre part, au point de vue subjectif, dès lors que notre mentalité est proportionnée à l'universel, il est manifeste qu'elle enferme des pouvoirs universels, indéfinis. Toutes les fois qu'elle ne saisira que des réalités finies, — c'est toujours ainsi durant cette vie, — elle se sentira un trop-plein d'énergie, actuellement sans emploi. Cette activité débordante voudra se dépenser ; de là notre immortelle aspiration à connaître, à vouloir toujours davantage. Rien de plus naturel que ces aspirations. L'écart entre la forme universelle de nos désirs, et la réalité qui s'offre actuellement à notre prise, entre l'idéal et le réel, les expliquent surabondamment. Nos ambitions trahissent nos pouvoirs ; ils sont indéfinis comme elles. Or, il apparaît clairement que nous sommes limités en tant qu'organismes ; nos énergies volitives sont donc immatérielles, inorganiques, spirituelles.

Voilà ce que l'on trouve au fond de ce simple fait expérimental, rigoureusement analysé, que l'universel est l'objet direct de notre volonté. Ce fait trahit en nous une direction naturelle, évolutive et immanente, vers une réalité absolue, seule capable d'égaler et de déborder notre idéal et nos pouvoirs.

Grâce à cette admirable faculté de la généralisation, instrument de tous nos progrès, et de toutes nos conquêtes intellectuelles et morales, il est donc bien vrai que nous portons en nous la preuve vivante, expérimentale d'un pouvoir toujours inépuisé, d'une capacité sans fond. C'est dans cette merveilleuse prérogative que le Créateur écrivit notre spiritualité, là qu'il imprima le sceau de l'infini, le *signatum lumen*, le *quid divinum*.

L'abstraction n'est qu'un dépouillement préalable ; la perception de la nécessité, un phénomène sans grande utilité en dehors de la logique et du raisonnement. Seule, la généralisation dilate le regard et ouvre à la pensée les perspectives immesurées de l'idéal.

Grâce aux intuitions qu'elle nous donne, nous passons par un processus rationnel très simple, très sommaire, et, pour ainsi dire, de plain pied à l'idée, au sentiment d'une réalité infinie. Il est, en effet, très aisé de comprendre que les réalités finies d'ici-bas ne peuvent réaliser adéquatement l'idéal indéfini, indéterminable, que l'universel implique, et qu'à la longue elles s'épuiseront à vouloir combler des capacités immesurées et immesurables. L'infini peut seul objectiver adéquatement l'universel. L'infini réel peut seul présenter en son immensité une vérité qui ne s'épuise jamais, un bonheur qui ne tarisse pas. Il ne faut rien moins que l'absolu réel pour égaler et déborder notre idéal, pour remplir nos capacités psychiques, indéfinies dans tous les sens : extensivement et intensivement.

L'idéal universel aboutit logiquement à l'idée et au sentiment de l'infini.

Sans doute, nous ne saisissons pas le nœud où les infinis de l'Infini se confondent et s'identifient en une inénarrable synthèse. Nous ne percevons pas intuitivement, nous n'embrassons pas d'un regard compréhensif la Réalité vivante et transcendante dont l'attrait mystérieux se fait sentir néanmoins et exerce sur nous une indéfinissable action. Nous ne la contemplons pas. Les ombres de la matière, les lointains vaporeux la dissimulent encore. Mais nous la soupçonnons, nous la devinons, nous la présageons avec certitude ; les vagues idéalités, les lueurs imprégnées d'infini, qui s'allument au sommet de notre intelligence l'annoncent, comme les premières blancheurs de l'aube annoncent au monde l'imminente apparition du soleil.

Nos énergies mentales prophétisent Dieu, comme les premières vagues qui viennent clapoter sur les galets ou comme dans la buée matinale un horizon sans limites et les scintillements des flots attestent la présence de l'océan.

On conçoit l'enthousiasme des grands génies lorsqu'ils nous entretiennent de cette prodigieuse faculté de la généralisation qui, dans ses créations, fait luire un reflet de l'infini : *Quasi quædam similitudo increatæ veritatis in nobis resultantis.* (S. Thomæ quæst. disp., quæst. XI, art. 1.)

D'autres ont exagéré et vu la Divinité elle-même dans ces vides fantômes de lumière que développe notre esprit : « Où est-elle, s'écrie Fénelon, cette vive lumière qui éclaire les esprits, de même que le soleil éclaire les corps?... Où est-elle, cette raison suprême?... N'est-elle pas le Dieu que je cherche?... » (*Existence de Dieu*, passim.) — « On peut conclure avec saint Augustin, ajoute Bossuet dans sa *Logique*, que apprendre, c'est se retourner à ces idées primitives et à l'éternelle vérité qu'elles contiennent, et y faire attention. »

Quant à Malebranche, il faudrait le citer presque en entier, surtout dans ses *Méditations chrétiennes,* tant il est vrai pour lui que nos idées sont des manifestations de la divine Sagesse, de l'éternelle vérité.

N'est-ce pas, d'ailleurs, la pensée de Platon et des averroïstes? Ils enseignaient, eux aussi, que nos idées étaient des manifestations immédiates de l'Absolu.

Non, nous n'avons pas ici-bas l'intuition directe de la Divinité. Nous la saisissons, si l'on veut, mais comme dans les ténèbres et par analogie, par déduction rationnelle et par des approximations. Nos idées universelles ne sont que les messagères de l'Absolu.

C'est assez néanmoins pour que le secret de notre

psychisme supérieur nous soit révélé ; pour que nous soient suggérées deux réflexions qui amèneront invariablement la même conclusion : notre âme est spirituelle.

a) L'infini se montre à nous dans nos idées et dans nos sentiments.

Nous concevons et nous poursuivons l'infini ; nous avons l'idée et le désir de l'absolu : idée et sentiments inadéquats sans doute, mais réels, dont nous portons l'empreinte dynamique au plus profond de notre psychisme. Aussi l'homme ne put-il jamais s'affranchir de cette obsession de l'infini : cette idée et ce sentiment pénètrent en nous par toutes les avenues de notre être moral. Ils nous viennent du présent et du passé: ils vivent toujours au sein de l'humanité, du moins à l'état embryonnaire, et sans eux la société ne semble pas possible ; ils nous viennent également du rêve et de la réalité, du dehors et du dedans ; ils se déduisent en quelque sorte spontanément de notre concept universel. Le Grand-Esprit du Sauvage et le Grand-Tout du Panthéisme, l'Absolu du Spiritualisme et le Dieu personnel des religions révélées ne sont que des formules de la suprême Réalité, des représentations plus ou moins approchantes de l'infini. « Dans la philosophie, dans les sciences, dans les découvertes du monde intellectuel et physique, partout il (l'homme porte ce besoin de l'infini. En fait de connaissance, de vérité, de lumière, il ne dit jamais : c'est assez. Toujours il veut arriver. Son cœur, dans ses sentiments, est insatiable comme son esprit dans ses aspirations... L'infini fait partie intégrante de la pensée de l'homme, et comme de son être et de sa nature. » (BAGUENAULT DE PUCHESSE, *L'Immortalité*, p. 23.)

Que l'homme s'examine, remarque à son tour saint

Thomas dans son *Contra Gentiles* (l. II, c. xlix), il lui sera facile de se convaincre que les pouvoirs de son esprit sont infinis à certains égards : « Il connaît à l'infini, il va ajoutant sans cesse aux nombres, aux figures, aux proportions ; il perçoit également l'universel, qui est virtuellement infini, en tant qu'il renferme la série des individus possibles à l'infini. » Un peu plus bas, le grand Docteur ajoute que l'âme perçoit encore l'infini dans sa puissance de se réfléchir indéfiniment sur son acte.

Or, qu'on les considère, avec Descartes et Leibnitz, comme des formalités innées du moi psychique, ou, avec plus de sens de la réalité, comme les fruits d'un dynamisme mental et embryogénique, sollicité par des évidences supérieures, toujours est-il que l'idée et le sentiment de l'infini emportent en nous l'existence de capacités proportionnées. Nous avons prouvé que idées et sentiments universels sont nécessairement spirituels ; *a fortiori* l'idée et le désir de l'infini seront-ils immatériels et spirituels ; *a fortiori* devra-t-on les situer en dehors de l'espace et du temps et leur assigner pour principes des virtualités essentiellement indépendantes de la matière.

b) Nous avons envisagé objectivement et subjectivement l'idée et le sentiment de l'infini. Il faut maintenant faire porter notre examen sur la Réalité absolue, correspondant à cette idée et à ce sentiment. Peut-elle être matérielle ?

Les scolastiques ont longuement devisé sur la question de savoir si un nombre ou une étendue peuvent être infinis. La plupart concluent négativement. Balmès soutient que c'est trop se hâter. Il se fait l'objection connue : « Quelque grand que soit un nombre, nous pouvons concevoir un nombre plus grand ; ce qui semble indiquer qu'un nombre existant ne saurait être infini d'une manière absolue. » Ce nombre peut être augmenté, multiplié par deux, trois, etc. Donc, il n'est pas infini : « Cette difficulté insoluble en apparence s'évanouit devant une réflexion bien simple : c'est que l'acte intellectuel dont il s'agit, c'est-à-dire la multiplication, serait impossible dans la supposition de l'existence d'un nombre infini. » (*Philos. fondamentale*, l. VIII, c. xiv.)

Balmès a peut-être tort d'employer le mot « nombre », qui implique mesure et détermination. Il vaudrait mieux se servir du terme « multitude », plus vague, plus imprécis et par cela même plus approprié à exprimer l'immesurable. A cela près, il semble que Balmès soit dans le vrai. L'infini ne saurait se traduire en nombre. Soit : il en résulterait simplement que la multitude matérielle infinie ne saurait être chiffrée, pas plus que l'étendue mesurée ; il ne s'ensuivrait pas que leur réalisation soit une impossibilité.

Quelque parti que l'on embrasse dans le débat, il n'en est pas moins certain que l'absolu ne peut pas être matériel. Dans l'absolu, dans l'infini en tout sens, dans l'Infini des infinis, l'infinité doit procéder en quelque sorte *du dedans*, de la qualité, de l'intensité de l'être, et non de son extension. L'infinité extensive n'est alors qu'une conséquence de l'infinité intensive. L'absolu ne s'étend partout que parce que son être est tout être, tout entier dans son intégralité, et, si l'on nous permet cette manière inexacte de s'exprimer, dans chacune des parcelles de son être infiniment simple. — Il est trop clair qu'un être matériel ne saurait offrir ces caractères. Il sera tout entier dans le tout, mais non dans chacune de ses parties.

Une preuve plus palpable : un tout matériel, si infini

qu'on l'imagine, ne sera jamais simultanément matière et esprit; élément quantitatif d'une part, intelligence, bonté, justice, sainteté, etc., de l'autre. Cet être ne sera donc pas tout être; ce ne sera pas l'Infini des infinis, et, partant, il ne saurait réaliser, incarner, si l'on peut parler ainsi, nos conceptions et nos vouloirs extensivement et intensivement universels.

Nous savons qu'un être ne peut inclure des caractères contradictoires. Matière et esprit s'opposent. La matière ne saurait être esprit. L'être matériel en question ne serait donc pas tout être; il ne serait pas l'absolu; il n'égalerait pas et n'objectiverait pas notre idéal. La matière ne saurait être le suprême terme de la mentalité humaine, de notre évolution psychique. Il y faut un être spirituel qui, dans ses énergies infimes, enferme suréminemment et transcendantalement les virtualités de la matière.

L'absolu est le terme souverain de nos aspirations, et l'absolu ne peut être que spirituel. La proportion est de rigueur entre objet et sujet. Donc, notre psychisme supérieur, en destination pour l'absolu, ne saurait être que spirituel et transcendant.

Nous pensons l'universel, donc nous sommes esprit. Nous pensons et nous désirons l'infini dans l'universel, l'infini dans tous les sens, l'absolu. On ne saurait imaginer même la possibilité d'un semblable idéal, si nous n'étions que matière ou sensation. Il ne saurait nous venir de nous-mêmes, bornés et particularisés que nous serions à l'*hic et nunc* de notre organisme; il ne viendrait pas davantage du dehors, puisque toute connaissance que nous pouvons avoir du monde extérieur ne nous donne que des unités particulières et des étendues limitées.

Prétendrait-on qu'il suffit de supprimer mentalement les limites des réalités perçues et de grandir, de grossir indéfiniment ces réalités ? — Mais pour être porté à se former cette idée, il faut préjudiciellement en avoir en nous comme le type évocateur. D'où nous viendra-t-il, sinon de notre spiritualité ?

L'universel prouve la spiritualité ; l'idéal infini vient puissamment corroborer notre thèse. Mais, à ces hauteurs, tous les horizons s'éclairent à la fois, et il devient embarrassant de faire un choix entre les aspects, les points de vue sous lesquels la vérité peut mieux apparaître.

Ainsi, dès l'instant que l'homme s'élève à l'Absolu, il est naturel qu'il soit religieux et moral. De fait, l'homme seul trahit des préoccupations religieuses et morales, et voilà qui est tout à fait significatif en faveur de sa spiritualité.

Religiosité et moralité sont des conséquences du concept et du sentiment de l'Infini. Tout pénétré d'admiration pour la grandeur et la sublimité de l'Être que sa raison et son cœur lui révèlent, on comprend que l'homme sente germer et se développer en lui des sentiments de respect et de vénération vis-à-vis de cet Être : c'est la religiosité. On comprend qu'il prenne conscience de certains devoirs : c'est la moralité.

Religiosité et moralité se retrouvent partout dans le genre humain, et ne se retrouvent que là. Nous n'ignorons pas que pour nos modernes ces assertions n'iront pas sans de longues discussions. M. Richet, entre autres, ne veut pas que l'homme soit seul à adorer un Dieu, à encenser des idoles : « En effet, la croyance à des êtres supérieurs existe *probablement* (?) chez le chien ou chez l'éléphant. Le chien vénère son maître, et l'éléphant son cornac, comme de véritables dieux (!). Ils croient à leur puissance dont ils connaissent les terribles effets sans les comprendre ; et mentalement ils les révèrent avec la même frayeur que fait un pauvre sauvage pour Parabavastu. Au demeurant, il existe un certain nombre de peuplades incultes dépourvues de toute idée religieuse », — ceci devrait être établi autrement que par des affirmations, en opposition avec tous les récits des voyageurs et des explorateurs, avec toutes les données ethnologiques ; — « et il faut une forte dose d'esprit synthétique pour assimiler le stupide fétichisme des nègres de l'Afrique centrale à l'idée qu'un penseur peut concevoir du grand Tout... » (RICHET, *l'Homme et l'Intelligence*, p. 409.)

En ce qui touche la moralité, « qu'est-ce que le bien absolu ? qu'est-ce que le mal absolu ? Un sauvage a-t-il l'idée du bien absolu, ou du mal absolu ? Savons-nous à quelles naïves et enfantines conceptions il rattache les idées morales qu'il a peut-être, et ne perdrait-on pas son temps à lui expliquer que le devoir, c'est le grand impératif catégorique ? En revanche, savons-nous si chez les animaux il n'y a pas quelque notion du juste ou de l'injuste ? » (*Loc. cit.*, p. 408.) — Ce que nous savons bien, nous, c'est qu'il est malaisé de rabaisser davantage l'homme au profit de la brute et au mépris de toute critique.

On se souvient du principe qu'il faut toujours expliquer un phénomène par sa cause minima. Dès lors, nous voudrions bien savoir en quoi la brute manifeste des idées, des sentiments de moralité ou de religiosité ? en quoi la peur et la fuite d'un mal que sa mémoire lui représente comme actuel, palpable, imminent, peut le moins du monde ressembler à l'appréhension, au tremblement, au respect qu'éprouve le sauvage devant un pouvoir mystérieux, invisible, que sa raison seule peut lui faire connaître? C'est là le fond de tout sentiment religieux et moral.

L'animal fuit devant un mal empirique, tangible, ou donné comme tel par la mémoire ou l'association psycho-organique. Cette sensation de peur et la réaction par la fuite, l'homme les connaît. Et qui jamais s'avisa de confondre ces mouvements de la sensibilité avec ce sentiment si complexe, fait de crainte et d'amour, de confiance et de respect, de soumission et d'adoration, qui est le sentiment religieux ou moral? Si M. Richet trouve qu'il faut « une forte dose d'esprit synthétique » pour assimiler le fétichisme à la conception religieuse des peuples civilisés, nous trouvons à notre tour que la plus faible dose de cet esprit synthétique, sans lequel il n'y a point de vrai philosophe, suffit pour se convaincre qu'au fond fétichisme et monothéisme ont la même source, dérivent des mêmes besoins psychiques; ils ont des racines communes et ne diffèrent que par leurs développements. Mêmes différences qu'entre l'embryon et l'homme fait. Identité de nature, diversité de culture.

L'esprit d'analyse ferait au contraire à M. Richet une obligation de distinguer nettement entre la religiosité humaine et la peur physiologique. N'a-t-il pas éprouvé les deux sentiments et peut-il soutenir qu'ils offrent entre eux la moindre analogie? Qu'il s'observe plus attentivement, qu'il ne fasse plus fi de cet esprit synthétique, qu'il décrie si imprudemment, et M. Richet ne confondra plus ces deux sentiments.

Wundt est un des rares contemporains qui ont abordé de front le problème du sentiment religieux. Il a traité cette double question de la religiosité et de la moralité dans ses *Vorlesungen über die Menschen und Thier-*

seele (1863). Le but est nettement indiqué : il s'agit de mettre en lumière le processus psychologique, qui donne naissance au sentiment religieux et moral ; c'est une question d'embryogénie.

Pour l'auteur, esthétique, religiosité et moralité sont des sentiments. Qu'est-ce qu'un sentiment ? C'est le complément subjectif de la sensation, dérivé d'une connaissance instinctive, d'un raisonnement confus, inconscient. Cette connaissance instinctive devient inconsciemment un idéal. Il faut enfin interpréter en idées claires cet idéal imprécis et douteux. Wilhelm Wundt a essayé. On nous prévient que l'entreprise est hérissée de difficultés, vu qu'il s'agit de donner un sens à l'inconscient, de refaire et de présenter clairement le raisonnement obscur, qui se fait dans l'instinct. En lui-même ce processus psychique échappe à notre prise ; il faut l'étudier dans l'ethnologie, l'anthropologie primitive, l'histoire avant l'histoire.

Telle est la méthode générale : avec Wundt il faut en faire l'application à l'étude des deux groupes de sentiments religieux et moraux.

a) Le sentiment religieux puise à deux sources : la divinisation des forces de la nature, qui nous étonnent, nous frappent d'admiration ou de stupeur ; et la croyance à leur intervention dans notre propre destinée. En somme, c'est la doctrine ébauchée d'un Dieu créateur et Providence. Voilà en idées claires la traduction de tous les raisonnements confus, de la connaissance instinctive d'où procède le sentiment religieux ; tel est le processus psychique et génésique de toute religiosité.

b) L'éthologie des peuples primitifs manifeste pareillement un raisonnement *sui generis,* une connaissance latente que l'auteur interprète et formule en ces termes :

« La conscience des peuples, comme celle de l'individu, à toutes les périodes de son développement, nomme moral tout acte utile à l'agent lui-même ou aux autres, pour que lui et eux puissent vivre conformément à leur nature propre et exercer leurs facultés. »

Telle est dans ses grandes lignes la théorie de Wundt. Prise dans son ensemble, cette étude est conduite, il faut le confesser, avec mesure et intelligence ; l'érudition est vaste, l'observation pénétrante, la vigueur de pensée incontestable.

Nous ne nous proposons nullement de contester la systématisation historique de l'école psychologico-physiologique en matière d'éthique et de religion. A s'en tenir aux lumières naturelles de notre esprit et aux documents ethologiques, les choses ont bien pu se passer comme le veut notre auteur.

Ce qui nous importe davantage et ce qui chez lui nous semble autrement contestable, c'est l'interprétation philosophique des faits. Il part du sentiment religieux et moral. Laissons Wundt s'expliquer : « Dans tout sentiment, dans toute affection, dans toute inclination il y a une connaissance instinctive ; et il disparaît dès que la connaissance devient consciente. En appelant le sentiment une conscience instinctive, nous voulons dire qu'il repose inconsciemment sur les processus, qui dans la conscience constituent la connaissance. Il n'est donc dans la conscience qu'à l'état de résultat. Nous ne pouvons jamais le résoudre en ses éléments comme une vérité connue. Aussi la conscience ne peut être erronée que tant qu'on n'a pas une conscience claire des opérations logiques dont elle découle ; tandis que le sentiment reste toujours douteux, puisqu'on ne peut jamais savoir clairement comment il se produit. Le sentiment ne peut jamais connaître la vérité : il ne fait que la pressentir ; il montre la route ; il est le pionnier de la connaissance. » (*Menschen und Thierseele*, t. II, pp. 41, 44.)

Il y aurait lieu de se demander si la description répond bien à l'idée que l'on se fait du sentiment, si elle ne caractériserait pas plutôt le pressentiment, une tendance instinctive, etc. Acceptons la terminologie de l'auteur. Le sentiment est une connaissance instinctive ou, d'une manière précise, on nous le dit ailleurs, « le complément subjectif des sensations et des idées, qui sont objectives, un changement d'état causé dans le sujet sentant par les sensations et les idées ». En fin de compte, le sentiment moral et religieux est une affection générale de l'humanité, provenant d'un raisonnement instinctif sur les forces cachées de la nature et sur la nécessité de travailler au bien commun, dès l'instant que l'on se propose de vivre en société. Que ce double sentiment soit adventice, ceci ne nous paraît pas absolument certain. Ce qui ne nous semble pas douteux, c'est que religiosité et moralité soient spéciales à l'homme. Nous pouvons en croire M. de Quatrefages.

Supposons avec M. Wundt qu'une tempête éclate au cœur des déserts africains. La nuit se fait, le vent mugit ; dans l'oasis prochaine, les grands arbres séculaires ont des contorsions affolées ; l'ouragan soulève et projette dans les espaces d'immenses tourbillons de sable, océan mouvant, dont les vagues montent jusqu'au ciel. De grandes voix se heurtent, se confondent, qui expriment la plainte et la menace, la désolation et la fureur. Soudain, le ciel flamboie, telle une fournaise, en de violents embrasements ; des grondements sinistres roulent et se prolongent dans ces profondeurs, dans ces abîmes béants et sans rivage de sable, de fracas et de feu.

Dans l'épouvante des éléments déchaînés, deux êtres se trouvent brusquement mis en présence : un nègre, un tigre. Le fauve court se blottir dans un taillis; l'aborigène tombe à genoux. Ils éprouvent la même terreur devant le même danger. Pourquoi cette manière si diverse de se comporter? Tapie dans son gîte, la brute subit l'action favorable ou défavorable du milieu, sans autre préoccupation que de s'abriter et de sauver sa vie; on ne voit pas qu'elle songe à prier. L'homme tremble et prie; la brute tremble et ne prie pas. La frayeur ne constitue donc pas le sentiment religieux.

Serait-ce davantage la sensation de la supériorité? M. Léonce Ribert l'assure : « Ce qui l'attire et le captive (le chien), ce ne sont pas les qualités personnelles de son maître, c'est la grandeur de la nature humaine confusément entrevue. Cela se lit visiblement (?) dans son regard imprégné tout à la fois de tendresse et d'admiration; le fidèle animal est devant son maître comme un adorateur devant son Dieu (!); il y a du culte dans son amour!... » (*Essai d'une philosophie nouvelle suggérée par la science*, Paris, ALCAN, 1898.)

A quand les autels?... les autels dont l'homme sera le dieu, et les chiens les pontifes? Le culte canin pourrait consoler le Dieu-Homme des avanies dont il est l'objet de la part du Dieu-Homme voisin. Au fait, pourquoi pas? Si l'animal porte en lui le germe de sentiments religieux et moraux, pourquoi ces germes ne se développeraient-ils pas dans un temps donné? Nous ne devons pas désespérer de nous voir un jour construire des temples par nos chiens, temples où nous serions les Bouddhas d'adorations canines.

Amusettes et gageures, ces intuitions divinatoires n'ont rien de commun avec la philosophie. La sensation faite du souvenir des satisfactions obtenues et des châtiments infligés, l'association des joies passées avec telle manière d'agir et l'attente associative de nouvelles jouissances, voilà certes des perceptions et des sensations, plus qu'il n'en faut pour expliquer ce que le chien paraît éprouver pour son maître. Or, en tout cela, rien de mystique ou de moral. Le frétillement des yeux à l'espoir d'un bien, la terreur à l'aspect d'un mal, tout cela n'a rien que d'empirique et de sensitif. C'est de l'idéomorphisme que de prêter à la brute les sentiments de l'humanité.

Il faut s'en tenir à la règle critique de la cause minima. D'après cette règle, il est trop évident que la brute est dépourvue de toute religiosité. Ni culte, ni prière, ni attitude mystique au sens propre du mot : rien que des sensations organiques et organiquement manifestées. Même conclusion quant à la moralité. L'animal ne connaît que la jouissance, l'instinct et le fouet. Il est donc bien vrai que l'homme est le seul être religieux et moral. Pourquoi?

Wundt va nous répondre qu'à la vue des merveilles de la nature l'homme s'étonna; de l'étonnement il passa à la stupeur; de la stupeur à la déification. Par un processus similaire et sous l'influence de l'effroi que lui causait l'incertitude de sa propre destinée, il en vint à se persuader que d'implacables Divinités exerçaient sur sa vie une action fatidique. De là les tentatives cultuelles et rituelles pour fléchir, si possible, ces dieux cruels et jaloux. Tout cela inconsciemment, instinctivement.

Dans l'ordre moral et social même évolution lente, inconsciente de l'idée d'utilité. Devient moral tout ce qui est utile à soi ou aux autres. Ainsi s'élaborèrent tous les codes et toutes les religions.

Il y aurait bien à dire sur cette identification du bien

et de l'utile. Mais le psychologue de Leipsig se garde de toute affirmation trop péremptoire. Admettons momentanément ses conclusions. A-t-on bien réfléchi à ce que le passage de la frayeur ou de la surprise à la divinisation implique de mentalité? D'abord besoin de savoir autre chose que ce qui impressionne les sens; notion au moins confuse du principe de causalité pour attribuer à un agent invisible des effets cosmiques; puis idée de cette puissance mystérieuse; idée de liberté dans l'idole qu'on peut irriter, fléchir ou se rendre favorable; idée de certains devoirs à remplir vis-à-vis de cet être supérieur, — car la morale n'a pas seulement trait aux obligations vis-à-vis de l'individu ou de la société; — etc., etc. Dans ce simple fait de tomber à genoux, l'analyse rigoureuse découvre donc une somme considérable d'idées, plus ou moins distinctes, mais présentes dans l'esprit de l'adorateur. Nous sommes loin de l'empirisme absolu et des sensations animales. Wundt semble d'ailleurs en convenir, puisque pour lui la religiosité et la moralité sont le fruit d'un raisonnement. Si inconscient soit-il, ce raisonnement suppose l'universel psychique, le concept, un pouvoir spirituel.

Notre thèse emprunte encore plus de force à cette circonstance que partout l'homme tombe à genoux. Partout un fétiche, un monument religieux, les usages du pays, une ébauche de culte ou de code attestent que des plus frustes intelligences ont jailli ces deux idées, ces deux sentiments de la religiosité et de la moralité. Qu'on y regarde de près, et qu'on se prononce sans parti pris, cette unanimité est singulièrement impressionnante, surtout si l'on fait attention que ces deux sentiments se trouvent en parfaite conformité, dans leurs résultats généraux et dans l'ensemble des dispositions subjectives, qui leur donnent naissance.

avec les théories les mieux déduites et les plus géniales de la philosophie spiritualiste et religieuse ; il y a le même rapport de conformité qu'entre l'ébauche et le tableau achevé.

Que d'aventure un primitif, naturellement bien doué, ait eu l'intuition de conceptions et de sentiments si rationnels qu'ils devaient satisfaire les plus grands génies, à la rigueur cela pourrait se comprendre. Mais que partout et toujours, chez les insulaires les plus isolés du monde civilisé, chez les peuplades les plus reculées et les plus sauvages on trouve ce même fonds de religiosité et de moralité, voilà qui est souverainement incompréhensible, prodigieux, paradoxal au premier chef, si l'on n'admet dans tout homme :

a) Une mentalité, — intelligence et volonté, — suprasensible, transcendante, spirituelle, comme les idées et les raisonnements, comme l'universel présupposé dans toute constitution religieuse ou morale.

b) Une empreinte profonde du double sentiment religieux et moral, une empreinte dynamique et tendantielle, qui se résout en une facilité plus grande d'arriver aux premières vérités dans ces deux ordres, précisément parce que ces vérités sont plus indispensables à la vie humaine. Ces inclinations seraient moins acquises qu'innées et supposeraient un sujet spirituel.

Seul ici-bas l'homme est religieux et moral, seul, par conséquent, il est spirituel. De l'aveu même de nos contradicteurs, religiosité et moralité supposent un raisonnement; or, tout raisonnement implique la spiritualité du concept et du moi psychique.

Tels sont les faits, sentiments et volitions, qui trahissent expérimentalement en nous des énergies spirituelles. Inutile de les étudier plus longuement. Ce que nous en savons nous permet de conclure à la spiritualité de notre volonté, toujours en nous basant sur la proportion indispensable entre les fonctions et les organes. Si l'universel, si l'absolu sont à ce point capables de mobiliser notre vouloir, c'est que par sa nature ce vouloir s'harmonise avec un tel objectif. L'objectif est spirituel, le moi volontaire doit l'être également.

Et de fait, il saute aux yeux que, si les énergies volitives n'étaient pas de même nature que notre idéal, cet idéal serait pour elles sans attrait. Voyez-vous que les conceptions les plus élevées, que les rêves les plus séduisants du penseur et du philosophe charment et fascinent les organes de la digestion ou du toucher? Pas d'action sans adaptation. Pas d'adaptation sans proportion.

CHAPITRE VII

OBJECTIONS CONTRE LA SPIRITUALITÉ

I. Monisme matérialiste : Automatisme et Mécanisme. — II. Théorie des localisations cérébrales. — III. Doctrine du parallélisme. — IV. Dépendance réciproque de l'âme et du corps. — V. Monisme de l'inconnaissable.

Notre vie psychologique intellectuelle et volontaire s'alimente à un foyer, à un fonds d'énergie spirituelle.

Toutefois cette conclusion est trop capitale pour qu'elle ne donne pas lieu à de multiples, et aussi à de graves objections. Nous allons essayer d'y répondre. Nous prendrons texte des explications à fournir pour mieux éclairer notre pensée et pour dissiper, autant que possible, les préjugés, les équivoques, les erreurs.

Les affirmations, ou, si l'on préfère, les négations les plus audacieuses viennent du monisme matérialiste, mécanisme ou automatisme. Dans ce camp le dogme est catégorique, brutal : il n'y a au monde que matière et mouvement. La pensée n'est et ne peut être qu'une propriété, une disposition spéciale de la matière.

Les sensationnistes sont en général plus réservés sur la question de fond. Si la matière suffit ou ne suffit pas à l'explication des phénomènes cosmiques, ils ne le décident pas. Ils tendent seulement à confondre la pensée et la sensation. Comme la sensation, la pensée aurait son organe déterminé dans le cerveau ; on observerait scientifiquement certain parallélisme, certaine équation entre les phénomènes nerveux et les phénomènes intellectuels ; enfin la pensée serait sous la dépendance absolue du corps.

Des conciliateurs, le plus souvent des monistes déserteurs du matérialisme, essayent de fonder une théorie intermédiaire entre le matérialisme et l'idéalisme. Ceux-là soutiennent que le corps et l'esprit procèdent d'une même cause, qui n'est ni corps ni esprit.

Soumettons à la critique chacune de ces opinions.

I

A l'inverse de l'idéalisme qui « jusque dans la matière ne voit que de l'immatériel », le matérialisme ne voit que de la matière jusque dans l'esprit.

On a trop dit, selon nous, que le matérialisme a vécu. Encore à cette heure, du moins en France, le gros de l'armée est demeuré fidèle aux doctrines désespérantes des Moleschott, des Büchner, des Vogt, des Hæckel, etc. Il s'est même renforcé d'innombrables recrues, venues de tous les points de l'horizon mi-scientifique. La littérature, le journal, les vulgarisations de la demi-science, les haines antireligieuses et la politique sectaire ont conquis au matérialisme une grande partie de l'opinion. Parlez à un contemporain ; sept à huit fois sur dix, s'il est franc, votre homme fera profession de matérialisme. Certains se disent positivistes, qui sont des matérialistes renforcés. Quelques esprits supérieurs savent peut-être se maintenir quelque temps sur le terrain étroit des doctrines positives. Mais le public, le grand public des irréfléchis et des impersonnels, glisse rapidement au matérialisme. Pour ce demi-monde de la science on peut même dire que les deux appellations ont le même sens.

On se préoccupe assez peu des objections, qui néanmoins se pressent nombreuses, insolubles contre les dogmes fondamentaux du système. Aussi les rares esprits d'élite, fourvoyés, qu'on nous pardonne le mot, dans la cohue, n'ont pas tardé à se raviser et à fuir. Ils n'ont pas été longtemps sans s'expliquer l'attrait exercé par ces néfastes doctrines sur le mental des foules : des affirmations absolues et brutales, des arrêts à allure dogmatique et à base soi-disant scientifique et, par-dessus tout, la suppression logique de l'autorité et du devoir, c'était plus qu'il n'en fallait pour se concilier le suffrage du nombre. Le nombre n'a pas songé à demander aux meneurs des comptes raisonnés. Mais les avisés ont voulu des preuves. Ils ont exigé qu'on leur expliquât la vie, la sensation et surtout la pensée.

Ils ont analysé la matière et n'ont trouvé que mouvement, quantité, configuration, étendue, poids, forces physiques et chimiques. Mais que la quantité soit plus ou moins considérable ; le mouvement accéléré ou ralenti, gyratoire ou rectiligne ; la configuration plus ou moins artistique ; l'étendue, le poids, les forces portées à leur plus haute puissance ou subitement réduites ; en un mot, que la matière soit travaillée, pressurée, quintessenciée, on n'en exprimera jamais quoi que ce soit qui offre des analogies avec la pensée. Regardez au fond de vos cornues, il vous restera toujours un précipité concret, singulier, contingent, éternellement en opposition avec la pensée abstraite, générale, permanente, nécessaire.

Cette seule raison suffit à barrer la route à tout matérialisme, à tout mécanisme, à tout automatisme.

Aussi de nos jours les esprits vraiment supérieurs sont-ils généralement plus circonspects.

Quelques scientifiques, M. Richet par exemple, osent bien encore se prononcer catégoriquement. Partis de l'irritabilité de la cellule nerveuse, ils ont la prétention d'arriver à la pensée à travers les réflexes, l'instinct, les sensations. La pensée ne serait qu'une force d'origine chimique, une explosion de l'énergie nerveuse concentrée. La cellule nerveuse emmagasine, coordonne l'énergie motrice jusqu'à ce qu'elle éclate, à l'instar d'un explosif, en phénomènes de représentation et de volition, de lumière et de force. Bref, le système cérébro-spinal se suffirait à lui-même, et la pensée ne serait plus qu'un reflet, une phosphorescence, un épiphénomène des centres corticaux, en train de décharger, dans une sorte de détonation, leur trop-plein d'énergie. Ces explications pyrotechniques sont plutôt singulières.

Vie, sensation, pensée, ne seraient en somme qu'un accompagnement obligé d'un mouvement plus ou moins condensé, qui fait explosion. Selon que le ressort condensateur est plus ou moins tendu, vous avez, à la détente, vie, sensation ou pensée. Il est logique dès lors de ne voir qu'une différence de degrés entre la sensation et la pensée, entre le psychisme animal et le psychisme humain. (RICHET, *Essai de psychologie générale,* passim.)

Dans son autre livre, *l'Homme et l'Intelligence,* au chapitre : *le Roi des animaux,* le même auteur s'attache à démontrer que l'homme n'est qu'un animal plus intelligent que les autres animaux. De là sa royauté. La mentalité humaine ne se différencie pas *par la qualité,* mais seulement par la quantité.

Plus près de nous, un jeune théoricien en biologie,

M. Le Dantec, revient, pour l'explication de la vie, à l'idée d'une structure particulière des molécules protoplasmiques : « Ce qu'on appelle vie en *tant que structure*, c'est donc l'existence de cette coordination (des plastides) ; vie en *tant qu'état*, l'état de vie manifestée de tous les éléments histologiques ; vie en *tant que phénomène*, le résultat d'ensemble des réactions synergiques de tous les éléments histologiques à l'état de vie élémentaire manifestée. »

«...Les substances vivantes ont donc la propriété commune de pouvoir s'associer les unes avec les autres pour former des plastides, et cette particularité commune tient à une propriété commune de structure moléculaire, que nous constatons par ses effets, sans que la chimie ait encore pu nous la faire connaître autrement. »

Il va sans dire que pour notre auteur « la vie psychique est un épiphénomène ; son développement accompagne le développement de la continuité nerveuse ; elle disparaît avant que la vie physiologique soit complètement éteinte ». (*Revue philosophique*, LXI, pp. 283, 284.)

Ces affirmations ne laissent pas d'être quelque peu risquées. M. Le Dantec décrit à merveille l'évolution vitale... Mais la cause de ces mutations incessantes ? La structure ? Un chimiste reconstitue la structure d'un vivant ; de la matière il ne fait pas jaillir la vie. — D'ailleurs, pourquoi et comment, en dehors d'une force intelligente, cette structure a-t-elle pu se constituer ?

D'autres écrivains s'accordent à faire de la pensée une « ondulation vibratoire », ou quelque chose d'approchant. Ainsi MM. Liébeault, Pioger, Beaunes, Testut, Hovelacque, Letourneau, Mme Clémence Royer.

Un Allemand, Exner, s'est efforcé, dans un récent

ouvrage, de ramener au mouvement tous nos phénomènes psychologiques : « Je me propose, écrit-il, de réduire les phénomènes psychiques à des différences dans le degré d'excitation des nerfs et des centres nerveux, et, par conséquent, tout ce qui apparaît dans notre conscience comme diversité à des rapports quantitatifs et à des différences dans des liaisons de nerfs et de centres semblables. » Intensité des excitations et différences de liaisons, modifiées en sens contraire, c'est-à-dire ralenties ou précipitées par les phénomènes d'inhibition ou de *Bahnung,* qu'il serait trop long d'analyser, voilà tout le secret des phénomènes de volonté et de représentation mentale. On le voit, c'est simple à l'excès ; c'est surtout hypothétique et fantaisiste. Cela ne se démontre pas ; cela ne se réfute pas.

Citons également R. Avenarius. Il s'applique à faire voir que l'hypothèse de « l'introjection » (phénomènes psychiques purs) comporte une erreur dans la détermination de l'objet de la psychologie. Les données de la psychologie expriment toujours les relations du sujet avec ce qui l'entoure. Elles ne sont jamais des faits purement subjectifs. Par conséquent, débarrassons-nous de l'introjection ; et l'objet de la psychologie ne sera plus que l'expérience en général en tant que dépendante du système nerveux central de l'individu. En français, cela veut dire qu'il n'existe pas de psychologie ; qu'il n'y a qu'une physiologie.

Enfin, nommons M. Bourdeau. Il est assez difficile de le classer. Il fait siennes toutes les opinions, pourvu qu'elles soient en contradiction avec le spiritualisme.

Les ouvriers n'ont donc pas manqué au grand œuvre de la matérialisation de la pensée. Résultats ?

Dans son *Introduction à la Psychologie allemande contemporaine* (p. 10), M. Ribot écrivait il y a déjà longtemps : « La vie psychique forme une série continue qui commence par la sensation et finit par le mouvement. Lorsqu'à un bout nous trouvons les sensations et les images liées à des états physiques, à l'autre bout les désirs, sentiments et volitions liés à des états physiques, peut-on supposer au milieu l'existence d'une *terra incognita* soumise à d'autres conditions, régie par d'autres lois?... » Et plus loin (p. 23) : « Quand la physiologie, réalisant un progrès qu'elle n'ose rêver, sera capable de déterminer les conditions de tout acte mental, quel qu'il soit, aussi bien de la pensée pure que des perceptions et des mouvements ; alors *la psychologie entière sera physiologique,* ce qui sera pour elle un grand bien. »

Et trente ans se sont écoulés, trente ans de laborieuses recherches. On connait mieux la sensation et les phénomènes qui l'accompagnent. Mais sous le rapport de la psychologie pure, en ce qui regarde l'identification de la pensée avec le mouvement et les organes, ou la détermination des facteurs physiologiques du concept, l'entreprise en est exactement au point où elle en était. De hardis explorateurs ont sillonné en tous sens, visité, fouillé le domaine de la Physiologie. Nulle part on n'a découvert la terre privilégiée où germe le concept. Elle existe pourtant. Peut-être faudrait-il la chercher sur un autre continent.

Aussi bien, nous ne sommes pas seuls à constater que toutes les investigations, les plus patientes comme les plus fiévreuses, n'ont pas amené de résultat appréciable.

Au Congrès international de psychologie, tenu à Munich en 1896, sans doute il s'est trouvé des hommes comme MM. Edinger, Preyer, Sollier pour assigner à la vie psychique des bases physiques, centres anatomiques, protoplasma vivant, cinesthésie, etc.

Mais d'autres, en grand nombre, n'ont pas craint de faire entendre le langage de la prudence et de la sagesse. M. le Dr Marty a nettement reconnu que la pensée abstraite exige l'existence d'une faculté active d'abstraction. M. Franz Brentano a établi le caractère individuel de la sensation ; il a proposé d'éliminer le concept « d'intensité » de tout le domaine de la pensée abstraite où l'objet intérieur de la pensée ne saurait être conçu comme soumis à une détermination de cette catégorie.

M. Obersteiner fut plus catégorique et plus incisif. Il ne craignit pas de proclamer que « on édifie de l'activité mentale des théories fort peu solides en se fondant sur des hypothèses anatomiques dont rien jusqu'ici n'est venu établir avec certitude l'exactitude. Il n'est pas prouvé que l'écorce cérébrale soit le siège de la conscience, il est moins certain encore que le lobe frontal soit le siège de l'intelligence. Il n'existe pas des observations assez étendues et assez précises pour que nous puissions rechercher, dans les modifications que subissent les cellules et les fibres nerveuses, l'explication des différents états et processus psychiques. Les voies d'association entre les divers territoires corticaux jouent très probablement un rôle dans l'activité mentale. Mais ce sont des voies, des chemins (*Bahnen*) que suivent les excitations, ce ne sont pas des centres. L'intégrité de l'écorce cérébrale est bien la condition *sine qua non* de l'activité psychique normale, mais nos connaissances anatomiques actuelles ne nous fournissent pas pour l'intelligence des processus mentaux des données suffisantes... » (*Compte rendu Marillier.* — *Revue philosophique*, XLII, p. 395.)

Au total, dans ce Congrès de Munich, si on ne se prononce pas en faveur de la spiritualité du psychisme humain, on se montre réservé, respectueux. On l'a vu surtout au dernier Congrès international de Psychologie tenu à Paris. (Voir *Compte rendu Marillier.* — *Revue philosophique*, 1ᵉʳ novembre 1900.) On se garde des affirmations matérialistes outrecuidantes. Les hautaines sommations ne sortissent plus leur effet. On sent trop l'indigence philosophique du monisme matérialiste, et l'on passe au monisme de l'inconnaissable, que nous devrons examiner.

Il nous suffit en ce moment de constater qu'en général les grands esprits considèrent la position matérialiste comme irrémédiablement compromise.

C'est qu'en effet il est impossible de se faire à l'idée que le concept qui n'offre aucune analogie avec la matière, qui offre même des caractères contradictoires, puisse en dériver comme l'effet dérive de la cause. Le contraire ne saurait engendrer son contraire.

Qu'on le remarque bien toutefois, nous ne prétendons nullement que la matière ne peut agir sur l'esprit, et l'esprit sur la matière... au moins indirectement. Nous aurons à revenir sur ce sujet. Dès maintenant, qu'il nous soit permis d'anticiper une brève réponse : bien que reçu dans un sujet de nature différente, l'effet est toujours qualitativement identique à la cause. L'esprit, qui agit sur le corps, y produit un effet correspondant à telle de ses virtualités et de ses propriétés.

Au lieu que si le concept dérivait de la matière, l'effet serait en opposition avec la cause. Impossibilité.

II

Bon nombre de naturalistes tiennent en fait pour l'hypothèse mécaniste, pour le monisme matérialiste, tel que nous venons de l'exposer. D'autres, moins aventureux et plus fidèles à leur vocation d'expérimentateurs, marquent la résolution bien arrêtée de s'enfermer dans l'observation. Et c'est à ce titre d'observateurs et d'expérimentateurs qu'ils s'élèvent contre la spiritualité de la pensée. En définitive, l'hostilité est la même chez les seconds et chez les premiers.

C'est ainsi que s'est formée toute une phalange de neurologistes, de biologistes, de physiologistes, de psycho-physiologistes, de naturalistes scientifiques, tous plus ou moins transformistes, disciples de Darwin, et non sans quelque teinte de philosophie. En général, pourtant, les hommes de la pensée pure se tiennent à l'écart. Pas un grand nom philosophique. En revanche, beaucoup de noms scientifiques : et à côté de savants de premier ordre, beaucoup de professionnels. A la suite de Huxley, Romanes, H. Milne-Edwards, Edmond Perrier, se pressent nombreux MM. Mathias Duval, E. Ferrière, J. Soury, Le Dantec, Richet, Bourdeau et bien d'autres. Esprits très divers, à tendances parfois opposées, et qui se rencontrent dans une commune négation de la spiritualité ; plus ou moins absolus, d'ailleurs, dans leur négation. D'aucuns, Milne-Edwards, par exemple, semblent plutôt observer une attitude expectante. En grand nombre, cependant, ils inclinent fortement vers la théorie mécaniste ; la plupart même se prononcent nettement en sa faveur, impressionnés qu'ils sont par l'une des trois objections suivantes :

a) Comment contester l'organicité de la pensée, du moins à son origine ? Ne s'offre-t-elle pas à nous comme la sécrétion ou la vibration, comme la fonction d'un centre cortical cérébral, et n'est-on pas sur le point de découvrir dans la masse encéphalique les tissus fibreux ou cellulaires qui élaborent la pensée ?

b) L'espoir de cette découverte devrait-il être déçu, il n'en resterait pas moins acquis que l'introspection et la psychométrie établissent un parallélisme rigoureux et constant entre les phénomènes nerveux et les événements psychiques. Pourquoi, si ce n'est parce que ces faits ont une même cause ou peut-être parce qu'ils sont foncièrement identiques avec dualité d'aspect ?

c) Viendrait-on à bout de ces deux graves difficultés, une constatation plus large nous force à conclure que notre psychisme tout entier est sous la dépendance absolue de notre somatisme. Cette dépendance si étroite semble difficile à concilier avec la spiritualité du principe pensant.

Reprenons une à une les trois objections.

On nous oppose le prétendu fait de l'origine organique de la pensée. On nous annonce comme imminente la découverte de l'organe, du centre cérébral qui pense, comme d'autres centres imaginent. Nous ne savons pas ce qui sera demain ; nous savons ce qui est aujourd'hui.

Or, à cette heure, malgré tous les *euréka* hâtifs d'anatomistes trop pressés, point de résultat décisif. Nous ne voudrions pas répéter ce que nous avons dit plus haut sur les localisations cérébrales.

On n'a pas oublié combien à ce sujet sont profonds les dissentiments des philosophes et des savants. Déjerine se déclare absolument impuissant à constater, dans l'encéphale, les centres d'association ou centres présumés de psychisme supérieur que Flechsig aurait découverts. Au reste, Flechsig lui-même ne paraît nullement fixé sur le nombre de ces centres.

Mettons les choses au mieux pour le neurologisme

automatique. Supposons que dans la substance grise corticale du cerveau on a fini par déterminer l'amas de fibres ou de cellules nerveuses dont l'atrophie amène fatalement la disparition de la pensée.

Au fait, il n'est pas douteux qu'à tort ou à raison l'opinion tend à localiser la pensée dans la région préfrontale.

Quelle portée faut-il donner aux observations physiologiques et à ce vague instinct de localisation intellectuelle ?

Localiser peut ici avoir deux sens ; on peut vouloir dire que l'organe est cause de la pensée ou simplement qu'il la conditionne. On peut prouver qu'il est condition ; on ne peut pas prouver qu'il est cause. Pas plus cause totale que partielle.

Il faudrait montrer pour cela ou bien que le centre nerveux sécrète la pensée, comme « le foie sécrète la bile », ou à tout le moins que la matière encéphalique a une part quelconque dans la production et, par suite, dans la constitution de la pensée, à peu près comme elle intervient dans la causation de la sensation. Alors vraiment la preuve serait faite : la pensée serait organique.

En d'autres termes, comme nous avons d'excellentes raisons de faire remonter la genèse de la pensée à un principe inorganique, il vous faut montrer que dans l'organe présumé du concept la matière opère seule, ou du moins qu'elle a un rôle causal partiel, mais certain ; il vous faut montrer que le psychique n'opère pas, ou du moins qu'il n'opère pas seul, qu'il s'associe la matière comme co-génératrice, non d'une image concomitante, mais du fait conceptuel lui-même. Pouvez-vous découvrir expérimentalement le psychique ? Pouvez-vous saisir sur le vif l'éclosion matérielle d'une pensée ? Pouvez-vous prendre la matière en flagrant délié d'idéation? Serez-vous jamais sûrs que la fibre ou la cellule nerveuse soutient vis-à-vis de l'idée le rapport de cause à effet? Non, n'est-ce pas? Dès lors, votre démonstration est nulle, inefficace.

Elle est même impossible, si nous en croyons Tyndall. « Admettons, écrit ce témoin non suspect dans la *Revue des cours scientifiques,* qu'une pensée définie corresponde simultanément à une action moléculaire définie dans le cerveau. Eh bien! nous ne possédons pas l'organe intellectuel, nous n'avons même pas apparemment le rudiment de cet organe qui nous permettrait de passer par le raisonnement d'un phénomène à l'autre. Ils se produisent ensemble, mais nous ne savons pas pourquoi. Si notre intelligence et nos sens étaient assez perfectionnés, assez vigoureux, assez illuminés, pour nous permettre de voir et de sentir les molécules même du cerveau; si nous pouvions suivre tous les mouvements, tous les groupements, toutes les décharges électriques, si elles existent, de ces molécules; si nous connaissions parfaitement les états moléculaires qui correspondent à tel ou tel état de pensée ou de sentiment, nous serions encore aussi loin que jamais de la solution de ce problème. Quel est le lien entre cet état physique et les faits de la conscience? L'abîme qui existe entre ces deux classes de phénomènes serait toujours intellectuellement infranchissable. Admettons que le sentiment *amour,* par exemple, corresponde à un mouvement en spirale dextre des molécules du cerveau, et le sentiment *haine* à un mouvement en spirale senestre. Nous saurions donc que, quand nous aimons, le mouvement se produit dans une direction; et que, quand nous haïssons, il se produit dans une autre; mais le pourquoi resterait encore sans réponse. »

Opérerait-il sur soi-même, l'expérimentateur qui verrait coïncider telle vibration d'un organite cérébral avec l'apparition d'une affection psychique, constaterait bien la simultanéité, non l'identité de causation ; la concomitance des deux événements, non l'unité de principe. La conscience nous dit bien l'existence, la réalité d'une cause psychique, non sa nature. La matière serait-elle principe de pensée, on n'aurait aucun moyen de l'établir avec expériences à l'appui. On n'a aucune bonne raison de croire pensante la matière, tandis que nous en avons d'excellentes pour croire le contraire. Voilà exactement où en est la question.

Il n'est pourtant pas douteux, ripostera-t-on, qu'une lésion de tel centre encéphalique entraîne la manie, la démence, l'écholalie, des troubles intellectuels nombreux et variés. Pour l'explication de ces accidents, nous l'avons déjà dit, il suffit amplement d'admettre que certains lobes cérébraux conditionnent la pensée, au point d'être peut-être en corrélation avec elle. Comme pourvoyeurs d'images et de sensations, les organes encéphaliques seraient les conditions physiologiques *sine quibus non* de l'acte mental. Ils formeraient le terrain le plus favorable à la germination de l'idée, ils n'en seraient pas le germe.

Il est possible, comme le note très bien M. l'abbé Piat, « que l'âme s'épanouisse en un certain nombre de fonctions, et que chacune de ces fonctions devienne coextensive à une zone spéciale du cerveau ». Simple en lui-même, le moi psychique deviendrait coextensif aux centres corticaux, où se localiseraient directement les pouvoirs psycho-organiques, et indirectement les pouvoirs suprasensibles. A ces centres viendrait s'adjoindre, se souder, comme développement mental, le pouvoir d'idéaliser les données empiriques de la sensation ou de l'image, la faculté spirituelle qui centralise, juge, compare toutes les données éparses et les socialise, pour ainsi parler, dans la cité des concepts.

Ce qui confère à l'âme l'empire sur elle-même, ce qui lui permet de régir son monde idéal et par là même l'organisme tout entier, ce qui en un mot établit sa responsabilité, c'est ce pouvoir de classer, de hiérarchiser, d'unifier par la comparaison, le jugement, le raisonnement, tous les éléments psychologiques. De là résulte la rectitude de jugement, l'équilibre et la pondération de la pensée indispensables à toute responsabilité.

L'abolition de certains centres nerveux ruine cette belle ordonnance intérieure, condition de la responsabilité.

C'est ainsi que la paralysie d'un pouvoir simplement empirique peut compromettre et pervertir nos facultés supérieures.

Cette dépendance conditionnelle de l'intelligence à l'égard du cerveau explique à merveille les empêchements, les alanguissements, les intermittences, les dépressions et les développements intellectuels corrélatifs aux états organiques. Le cerveau, condition *sine qua non* de la pensée, rend très suffisamment compte de tous les faits et ne donne pas lieu, comme l'organicité de l'idée, à d'insolubles objections. Nous devons donc nous en tenir aux arguments qui militent en faveur de la thèse spiritualiste.

On a tort de faire intervenir la théorie des localisations. Elle ne prouve rien pour ou contre la spiritualité du concept. Que les lobes frontaux soient simplement conditions *sine quibus non*, et les faits d'expérience sont aussi bien expliqués que si l'on admet la causalité psychique de la matière nerveuse. Les choses demeurent en l'état.

De par ailleurs, cette causalité transcendante du cerveau implique de foncières antinomies. La sagesse et la logique nous font donc une obligation de ne voir dans les centres anatomiques que des conditions nécessaires de la pensée.

III

On a tort pareillement d'avoir recours au parallélisme observé entre les événements psychiques et les états nerveux.

En fait, ce parallélisme est-il indiscutable ? Voici comment M. Ribot s'efforce de l'établir : « Il nous serait impossible de faire voir ici dans le détail que tout état de conscience est lié à un concomitant physique bien déterminé. Quelques indications suffisent. En ce qui concerne les cinq sens et les sensations viscérales, nul n'en doute. Quant aux images, ce n'est pas l'induction seule qui autorise à dire que la reproduction idéale suppose des conditions physiques, analogues à celles que la sensation réclame. Des faits pathologiques, et en particulier les hallucinations, prouvent que l'idéation est liée à un état déterminé des centres nerveux. — Si, d'un autre côté, nous considérons les désirs, les sentiments, les volitions, nous les voyons liés, chacun selon son espèce, à un concomitant physique, état de l'organisme, mouvements, gestes, cris, sécrétions, changements vasculaires, etc. Il reste cependant, pour embrasser la vie psychique dans sa totalité, certains états de conscience sur lesquels on pourrait élever des doutes. La réflexion, les raisonnements abstraits, les sentiments de l'ordre le plus élevé, ne semblent-ils pas, comme disait l'ancienne psychologie, être la manifestation d'un pur esprit ? — Cette thèse est insoutenable. La vie psychique forme une série continue, qui commence par la sensation et finit par le mouvement. Lorsque, à un bout, nous trouvons les sensations et les images liées à des états physiques ; à l'autre bout, les désirs, sentiments et volitions liés à des états physiques, peut-on supposer au milieu l'existence d'une *terra incognita* soumise à d'autres conditions, régie par d'autres lois ? « Il serait en contradiction avec tout ce que nous savons sur l'acte cérébral de supposer que la chaîne physique aboutit brusquement à un vide physique occupé par une substance immatérielle, qui communiquerait les résultats de son travail à l'autre bout de la chaîne physique... En fait, il n'y a pas d'interruption dans la continuité nerveuse. » (Bain.) Mais si plausible que soit cette conclusion, la psychologie peut faire mieux que de recourir à un raisonnement par analogie, fondé sur la continuité des lois naturelles. D'abord la réflexion la plus intime et la plus abstruse n'est pas possible sans signes, qui supposent une détermination physique, si faible qu'elle soit. De plus, la physiologie générale nous enseigne que si quelque chose apparaît, quelque chose se détruit, que la période de fonctionnement est une période de désorganisation, et que cette loi biologique est applicable au cerveau comme à tout autre organe, au travail cérébral comme à toute autre fonction. Rappelons encore la production de chaleur qui accompagne l'activité psychique (Schiff), les modifications produites dans les excrétions par le travail intellectuel (Byasson), et sans accumuler des détails, qui rempliraient un volume, nous pouvons conclure : que tout état psychique déterminé est lié à un ou plusieurs événements physiques déterminés, que nous connaissons bien dans beaucoup de cas, peu ou mal dans d'autres. » (*Introduction à la Psychologie allemande*, pp. ix, x, xi.)

Dans ce passage la thèse paralléliste est formulée et définie. On prétend nous fournir des preuves.

M. Ribot a bien vu dans le département de la sensibilité. Oui, sensations, images, appétitions instinctives ont leur correspondant nerveux. Quoi de plus naturel? Ne portent-elles pas, comme représentations, le sceau d'une double causalité, — physique et psychique, — se fusionnant dans une seule fonction?

Il en va tout autrement du phénomène purement mental, qui impérieusement exige l'élimination de tout caractère empirique. De quel droit dès lors raisonnerait-on *a pari* sur les deux ordres de phénomènes? Ils ne présentent que des notes opposées, et, comme représentations, aucune espèce d'analogie. Est-il logique et rationnel de les soumettre aux mêmes lois? La pensée et la volonté seraient les seuls éléments spirituels dans l'homme. — Pourquoi pas? Pourquoi exige-t-on que l'homme soit un tout homogène?

Mais, insiste-t-on, pouvez-vous contester qu'il se produise un accompagnement de chaleur, qu'il se produise des déperditions, de la fatigue, des modifications organiques, etc.? Nous n'y contredisons pas; car nous savons très bien que parallèlement à l'exercice de la mentalité, les centres psycho-physiologiques s'ébranlent, se meuvent, se mettent en quête des matériaux nécessaires au travail intellectuel. Les effets signalés ne correspondent qu'indirectement au mouvement psychique; ils sont le résultat direct de l'ébranlement psycho-organique.

Il n'en reste pas moins acquis, répliquera-t-on peut-être, qu'à l'ébranlement nerveux correspond invariablement un ébranlement psychique en rapport, la psychométrie en fait foi ; acquis également qu'à l'élément histologique correspond un élément psychique proportionné, la cérébroscopie est là pour en témoigner. D'où proviendrait cette correspondance parfaite, sinon d'une identité de cause ?

La psychométrie ne parvient pas à prouver que des états nerveux semblables ont toujours pour correspondants psycho-physiques des phénomènes semblables.

La cérébroscopie pourra moins encore faire voir qu'à des éléments nerveux identiques répondent invariablement des éléments psychiques identiques ; que par exemple telle masse cérébrale emporte nécessairement tel degré d'intelligence humaine. C'est avec intention que nous formulons ainsi notre exemple. Effectivement nous n'avons pas à nous préoccuper de ce qui se passe dans la série animale. Que si, d'une manière générale, il y a parallélisme entre le développement du cerveau et le développement de la connaissance psycho-physiologique de l'animal, en cela rien de surprenant. Nous avons reconnu que les centres anatomiques sont les organes propres de la sensation et de l'image ; il est bien naturel que sensation et image, ces éléments psychiques si mêlés d'empirisme, se proportionnent et au développement et au bon fonctionnement de leurs organes respectifs. Cette loi souffre bien quelques exceptions, apparentes du moins. Avant de se prononcer, il faudrait peut-être y regarder de plus près. En somme, nous ne voyons nul inconvénient à ce que cette loi soit admise comme l'expression approchée de la vérité.

Ce qui nous étonnerait davantage, ce serait un rigoureux parallélisme proportionnel entre mentalité et somatisme. On a donné diverses formes à la systématisation de cette théorie. Tantôt on a dit que l'intelligence se proportionnait au volume, au poids, à la structure du cerveau ; tantôt on s'est rabattu sur la composition organique et chimique des cellules nerveuses ; tantôt sur l'intensité et le nombre des vibrations pour établir l'équation susdite. M. Bourdeau affirme : « L'esprit diffère suivant le volume, le poids, la conformation du cerveau. » (*Problème de la mort*, p. 79.)

Ne parlons pas de conformation et de structure : les différences sont à cet égard insignifiantes entre le cerveau d'un singe et le cerveau d'un homme. C'est M. Richet qui l'enseigne, — M. Bourdeau ne récusera pas ce témoignage. — « Le cerveau d'un singe, ou d'un chien, ou d'un chat, représente, dans son ensemble, à peu près la disposition générale du cerveau humain. L'anatomie comparée a parfaitement démontré l'homologie de toutes les parties... » Et quel écart entre les deux connaissances !... N'avons-nous pas établi que la brute est dépourvue de toute intellectualité ?

Quant au poids et au volume M. Bourdeau a-t-il donc oublié les célèbres déconvenues de certains théoriciens, lorsque Wagner dressa ses tableaux, lorsqu'on pesa le cerveau de certains grands hommes ? A-t-il oublié les aveux de K. Vogt lui-même, très catégorique dans son refus de concéder à l'homme un cerveau absolument ou même proportionnellement supérieur en poids, en volume ? Il n'est pas le seul. Dans un rapport à l'Académie des Sciences morales, M. G. Colin s'exprime ainsi : « Si maintenant on cherche dans ces tableaux un rapport entre l'intelligence et la masse des centres nerveux, pris en bloc ou en partie, on ne le trouve nullement... L'homme qui est évidemment et de beaucoup le plus intelligent des animaux, non seulement n'est pas à leur tête par le développement de son encéphale, mais il est inférieur à un grand nombre de mammifères, singes, rongeurs, petits carnassiers, et même à un assez grand nombre d'oiseaux. Ainsi, parmi les singes, le saï, le coaëta, le mone, le gibbon ; parmi les rongeurs et les carnassiers, le mulot, la souris, la taupe, la belette ont relativement à la masse du corps plus de substance encéphalique que lui ; il est dépassé même par des oiseaux, tels que la mésange, le serin, la linotte, le moineau, la pie, le perroquet, et cela dans des proportions considérables, au point que la pie, la linotte, le moineau, le chardonneret, le coq, ont une fois autant d'encéphale que lui, le serin et la mésange presque quatre fois autant ! » (*Traité de Physiologie comparée*, T. I, p. 263.)

Observons de plus que le développement de notre mentalité ne coïncide nullement avec le développement du cerveau, région préfrontale ou autre. La formation de l'organe est déjà avancée que l'intelligence en est encore à des essais malhabiles.

En outre, certaines peuplades nègres ont des fronts superbes ; tel idiot peut avoir un cerveau très volumineux, et maint grand homme un cerveau très petit. Ajoutons enfin que des lésions, des destructions même, non seulement de tel centre sensoriel-moteur, mais aussi de l'un ou de l'autre, bien plus des deux lobes frontaux n'ont pas toujours amené des troubles irréparables, quelquefois même appréciables dans la vie intellectuelle des blessés. (Dr Surbled.)

On le voit, les sciences et les expériences physiologiques ne déposent pas en faveur du parallélisme absolu entre la série nerveuse et la série mentale. D'autre part, la psychométrie ne fonde son droit à intervenir dans le débat que sur des titres apparents. Par une pétition de principes manifeste, elle doit supposer que le psychisme supérieur ne se distingue pas du psychisme inférieur, et que la mesure à peu près recevable dans l'ordre physiologique l'est également dans l'ordre de la spiritualité.

Mais accordons que les faits sont favorables au parallélisme. Jusqu'ici on s'était trouvé, partiellement du moins, sur le terrain de l'expérience. Si le parallélisme veut se compléter et devenir un système de philosophie, il perdra pied nécessairement. Quelque positif qu'il se dise, il lui sera interdit de se réclamer de l'expérience. Il ne relèvera plus de l'observation scientifique, mais seulement de la raison et de la critique philosophique. C'est à ce titre que nous l'examinerons, que nous le suivrons dans la double direction qu'il va prendre.

A cet endroit les parallélistes se divisent. Les uns prétendent se maintenir sur un terrain plutôt scientifique ; les autres préconisent et s'efforcent de trouver une solution philosophique.

a) Parmi les naturalistes, les scientifiques, les uns admettent la dualité de phénomènes avec unité de cause matérielle ; les autres sont pour l'unité de phénomène avec apparence double et se rapprochent du courant philosophique.

Nous répondons aux premiers que si un effet quelconque est en opposition certaine avec l'effet certain d'une cause donnée, cet effet quelconque sera également en opposition avec la dite cause. L'effet n'étant que le développement de la cause, les mêmes antinomies observées entre l'effet' et l'effet'' devront régner entre l'effet' et la cause certaine de l'effet''. Si les deux effets s'excluent mutuellement, ils s'excluront dans leur principe présumé ; c'est dire qu'une seule cause ne saurait être simultanément le principe de deux effets contraires. L'irréductibilité des effets se poursuit jusque dans la cause.

Si la pensée est inconciliable, comme de fait, avec

la sensation, elle doit l'être également avec le principe certain de la sensation, avec l'organisation psychophysiologique. Si pensée et sensation s'opposent, nul espoir qu'elles pourront avoir un principe commun. Application nouvelle de la vérité axiomatique qu'il faut proportionner la cause à l'effet : l'organe ne peut produire la pensée.

Rien, du reste, n'empêche de raisonner ici directement de la cause à l'effet ou de l'effet à la cause. L'effet n'étant que l'extension de la cause, il faut, de toute évidence, proportion, harmonie, identité de nature entre la cause et l'effet. Le concept spirituel ne peut être le fruit d'un organe matériel.

Quant aux naturalistes et aux philosophes, qui se déclarent partisans de l'unité de phénomène à double aspect, ils devront s'expliquer sur cette invraisemblable conception d'un phénomène unique, qui présenterait des caractères absolument contradictoires. Nous revenons par un chemin détourné à la théorie du phénomène à la fois et sous le même rapport concret et abstrait, individuel et général, contingent et nécessaire, relatif et absolu. Quoi qu'ils en aient et bien qu'ils aient déclaré la guerre à la métaphysique, cette affirmation des naturalistes soi-disant positivistes constitue bel et bien une théorie métaphysique. La conscience proclame la dualité d'aspect, elle ne dit rien de l'unité phénoménale ou causale. C'est là une position métaphysique... et métaphysiquement insoutenable, comme d'ailleurs la précédente.

Il y aurait bien à dire sur ce parallélisme des naturalistes. Philosophiquement les contours en sont mal arrêtés. Il est assez difficile de se démêler, de se frayer une voie dans ce taillis. Les uns ont des préférences marquées pour le phénoménisme et ne voient que phénoménalité dans la série nerveuse ; les autres, matérialistes, automatistes ou mécanistes, y voient un ensemble de réalités ; d'autres encore se prononcent pour ou contre la causalité. Bref, impossibilité pour les tenants de ce parallélisme à prétentions scientifiques de s'en tenir à la simple expérimentation ; et si l'on en sort, c'est l'anarchie.

b) Voyons dans quel sens s'est orienté le parallélisme des philosophes, le vrai, celui qui peut se réclamer d'autorités philosophiques considérables (Bain, Spencer, Wundt, Lange, Paulsen, Höffding, Münsterberg).

Dans un ouvrage qui traite de la causalité physique et psychique comme principe du parallélisme psychophysiologique (Leipzig. — Barth, 1896), M. Max Wentscher formule ainsi la doctrine paralléliste : le corporel et le spirituel forment deux séries parallèles, et dans chacune de ces séries des lois rigoureuses gouvernent l'enchaînement des phénomènes.

L'inspiration est spinoziste. Mais, à la différence de Spinoza, les parallélistes contemporains veulent dégager leur système de toute attache avec la métaphysique. Wundt, par exemple, en fait « un postulat empirique ».

Du reste, si l'accord entre naturalistes laissait grandement à désirer, il ne sera guère plus parfait entre philosophes et psychologues. M. Erhardt, encore un Allemand, dans un livre qui porte pour sous-titre : *Eine Kritik der psychophysischen Parallelismus* (Leipzig. — Reisland, 1897), institue une critique serrée du parallélisme philosophique, qui, d'après lui, peut revêtir quatre formes différentes.

On peut distinguer, en effet : 1° le *Parallélisme universel* du psychique et du physique : les deux séries seraient aussi étendues l'une que l'autre; 2° Le *Paral-*

lélisme partiel suivant lequel les deux séries ne seraient concomitantes que dans les vivants, doués d'appareils nerveux; 3° La doctrine de l'identité phénoménale ou causale, que nous connaissons déjà. On la considère à tort comme la conséquence nécessaire du parallélisme; elle en est tout au plus le couronnement métaphysique; 4° Enfin, ces trois systèmes prennent des formes secondaires selon l'importance accordée à chacune des séries.

Ce dernier point de vue ne saurait nous préoccuper. Nous avons déjà soumis à l'examen la doctrine de l'identité. Nous aurons, d'ailleurs, à y revenir, quand se présentera la question du monisme idéaliste.

Le parallélisme partiel ne saurait davantage nous retenir. Le psychisme, assure-t-on, apparaît avec l'organisation nerveuse. Pourquoi? La matière vivante nerveuse a la propriété d'être en concomitance avec les phénomènes psychiques. Il ne suffit pas de répondre que l'esprit est un épiphénomène intermittent de la matière. Ce sont là de vains mots. Montrez-nous comment l'esprit a commencé; et il a commencé puisqu'il était absent du règne inorganique et qu'il a fait son apparition avec la série nerveuse. Montrez-nous comment la matière organisée est plus à même de produire la pensée que la matière inorganique. Avec de la matière faites donc de l'esprit. On se souvient des efforts impuissants de MM. Richet et Le Dantec.

Reste le parallélisme universel, à certains égards le seul conséquent. Le psychique serait un accompagnement forcé du corporel. Corps et esprit formeraient deux séries inséparables et parallèles d'événements. L'un n'irait pas sans l'autre, et le psychique serait comme diffus dans l'univers entier dont il ne serait que la phosphorescence et le reflet.

Il nous suffit d'observer que cette position des parallélistes intransigeants n'est pas contraire à notre thèse. Dès l'instant qu'à leur sens le psychique seul peut être principe de psychisme, qu'on garantit, par conséquent, à l'idée une cause proportionnée, nous n'avons pas présentement à demander davantage. Nous reprendrons la discussion, quand il s'agira de clore le moi dans l'incommunicabilité d'une substance complète.

IV

Contre la spiritualité du moi psychique on a voulu faire flèche des doctrines parallélistes. Nous venons de voir que l'entreprise s'est terminée par un aveu somme toute favorable.

La théorie contraire de l'*interaction* n'a pas été un thème moins fécond à objections. De ce que la pensée est dans une certaine dépendance vis-à-vis du corps et plus particulièrement du cerveau; de ce que le somatisme étend son influence parfois si déprimante sur la mentalité, on a pris occasion de supposer et d'enseigner que la pensée devait être une fonction de la matière.

Lisons une page de M. Bourdeau. Nous trouvons là, ramassées en formules scientifiques, toutes les objections anti-spiritualistes auxquelles peut donner lieu cette dépendance de l'esprit vis-à-vis du corps : « L'unité de l'esprit et du corps apparaît avec évidence, quand on considère la mutuelle dépendance de leurs fonctions... On n'a jamais constaté d'esprit actif sans organisme vivant, ni d'organisme vivant sans principe d'animation... Un principe domine désormais les recherches de la psychologie positive : chaque état psychique est invariablement lié à un état du système nerveux. Toutes les modifications de l'esprit correspondent à des modifications moléculaires de cet appareil qui, jeté comme un filet sur l'organisme, en pénètre les moindres parties, draine ses énergies latentes et les accumule dans un centre où, coordonnées, elles se résolvent en faits de conscience par un effet comparable à celui qui, en physique, détermine la transformation de la chaleur obscure en lumière. Chaque opération psychique, que ce soit une sensation perçue, une émotion sentie, une idée conçue, un acte voulu, entraîne une usure de la substance nerveuse, une décomposition chimique et, par conséquent, une dépense de force à laquelle l'organisme doit subvenir. Ce travail de l'innervation est, comme l'activité psychique, si intense et si continu qu'il suffit que le sang cesse un moment d'affluer au cerveau ou lui arrive moins chargé d'oxygène, pour qu'aussitôt la puissance de l'esprit se trouble et s'arrête. Ainsi étroitement liée à des transformations de matière et à des dégagements de force, la pensée peut-elle être autre chose qu'une forme de l'énergie ?

« À raison de ces rapports nécessaires, l'esprit relève du corps et en suit la fortune. Son développement subordonné à l'ensemble des conditions somatiques subit l'influence de leurs moindres variations. Il diffère selon le volume, le poids et la conformation du cerveau, suivant la constitution de l'organisme, sa taille, son tempérament et la prédominance de tel système organique ; suivant l'âge qui lui fait parcourir les mêmes phases d'évolution que le corps, tour à tour comme lui infantile, juvénile, adulte et sénile ; suivant le sexe, avant, pendant et après l'exercice de la fonction génératrice ou par l'effet des mutilations qui la suppriment ; suivant l'état de santé ou de maladie ;

suivant l'influence des climats, des saisons et des intempéries ; suivant que l'alimentation est animale ou végétale, grossière ou raffinée, insuffisante ou en excès ; suivant les habitudes acquises ou l'état passager du corps (fatigue, veille, sommeil), etc. » (*Problème de la mort*, pp. 78, 79, 80.)

Ce passage reproduit des assertions que nous avons déjà examinées. Nous savons ce que nous devons penser de la transformation prétendue des énergies nerveuses en faits de conscience, et surtout en concepts. En physique, la chaleur obscure, qui se transforme en lumière, ne passe pas d'un genre à un autre genre, d'un ordre à un ordre contraire ; elle subit une pure modification moléculaire de densité, d'accélération, et, partant, de rayonnement. Au total, les deux termes ne présentent pas des caractères contradictoires ; ils ont même matière et ne divergent que par des formalités accidentelles. Au lieu de cela, le corporel et le spirituel n'ont rien de commun et diffèrent par toutes leurs propriétés, exclusives les unes des autres.

Inutile également de revenir sur la proportion présumée entre le développement cérébral et le degré d'intelligence.

Ce qui ne laisse pas d'étonner, c'est l'assurance avec laquelle M. Bourdeau interprète ces faits en faveur du matérialisme. Ces faits sont susceptibles d'une interprétation toute différente de la sienne, on l'a montré depuis longtemps. Dès lors, la sincérité critique demande qu'on soit plutôt prudent, réservé, et qu'on évite les affirmations tranchantes, surtout si en toute occasion on ne manque pas de se déclarer positiviste.

A raisonner autrement on cesse d'être conséquent avec ses principes. Ce défaut de suite s'accuse plus encore, si c'est possible, dans l'affirmation générale qui se dégage du morceau découpé dans le livre de M. Bourdeau. Comme preuve de l'unité du corps et de l'esprit, notre auteur allègue la subordination des fonctions psychologiques aux fonctions physiologiques.

Nous ne contestons pas cette subordination. On nous la dit très bien en brèves formules dans lesquelles excelle M. Bourdeau, un professionnel de la vulgarisation scientifique. Il y a là des constatations d'ordre expérimental, comme l'usure de la substance nerveuse à l'exercice de la mentalité, les influences constantes des variations organiques sur le fonctionnement de la pensée, etc., des constatations qui ne laissent pas subsister le moindre doute, quant au fait : il est certain que le somatisme se trouve en relation très étroite avec le psychisme. Ce qui est moins certain, beaucoup moins, c'est la conclusion que l'on fait découler de ces prémisses.

Les faits peuvent embarrasser un cartésien, voire un leibnitien, ils ne sauraient gêner le péripatéticien spiritualiste. Avec l'âme, forme substantielle du corps, il n'est nullement en peine pour expliquer la mutuelle dépendance des deux éléments. Essayons à nouveau de le faire voir.

Nous avons dit que nous acceptions les faits à peu près tels que les présente M. Bourdeau. Non toutefois que nous n'ayons des réserves à faire. Certaines assertions sont évidemment trop généralisées. Par exemple, on pose en thèse qu'il y a correspondance parfaite, adéquation entre l'usure de la substance nerveuse et le travail psychique. On n'en sait rien, on ne peut rien en savoir : la psychométrie n'atteint pas le psychique pur pour comparer.

M. Bourdeau prononce que l'esprit varie suivant le tempérament, l'âge, le sexe, les conditions extérieures, l'état de santé ou de maladie, etc., etc. Encore une fois, il y a du vrai dans ces assertions. Le malheur est qu'elles sont trop générales. L'historien physiologiste qu'est M. Bourdeau ne peut pas ignorer combien de faits vont à l'encontre de ses théories. Des hommes de génie ont été des valétudinaires — saint Augustin, Pascal ; — cent autres malades ou infirmes se sont condamnés à un travail de pensée opiniâtre. Nous avons tous connu des enfants, des adolescents donner des preuves d'une maturité de pensée exceptionnelle et d'une activité intellectuelle dévorante. Ne sait-on pas que tels vieillards, tels mourants, — Littré, Chevreul, Cuvier, de Humboldt, — ont fait preuve jusqu'aux derniers instants d'une étonnante lucidité d'esprit? Jusqu'aux derniers instants, ils sont demeurés en pleine possession de leurs facultés mentales.

On alléguera peut-être que chez ces hommes le cerveau peut ne pas être intéressé dans l'état général de l'organisme, qu'il est peut-être moins exposé à l'action dissolvante de la décrépitude. — C'est possible. Il est plus rationnel cependant et plus conforme à l'expérience de conclure à la solidarité des différentes pièces de l'organisme, plutôt qu'à la solidarité de l'esprit et du corps.

Sans doute, ce sont là exceptions ; mais ces exceptions suffisent à nous donner le soupçon qu'à elle seule l'usure du cerveau n'entraîne pas fatalement une dépression intellectuelle adéquate.

D'autre part, si les désagrégations physiques n'emportent pas de nécessaires dépressions morales, l'hyperesthésie de l'organisme n'amène pas forcément l'hyperesthésie de la pensée. L'intensité d'un travail organique fiévreux est loin de donner toujours une somme équivalente de travail psychique. Il semble, au contraire, que, dans ce cas, les deux travaux soient en raison inverse. Il faut le calme aux fortes études ; l'agitation et la fièvre tendent l'organisme, surexcitent la sensibilité au détriment de la netteté, de la clarté, de l'intensité même du travail intellectuel. Tous les grands ouvriers de la réflexion ont dû adopter un régime sédatif de tempérance, de quiétude, d'isolement, de sacrifice même. Des excès de toute nature, de la débauche physique il est toujours vrai de dire avec l'auteur sacré : *Deprimit sensum multa cogitantem*. On s'épuise à sentir, et les jouisseurs sont en général de piètres penseurs. Les orages de la passion, les fougues des appétits déchaînés ne sont-ils pas les pires ennemis de la contemplation et de la vérité ? L'ascétisme chrétien est bien autrement favorable à l'essor de la pensée que les théories épicuriennes. Le développement exagéré de la vie nerveuse n'est pas toujours en corrélation avec le développement parallèle de l'intellectualité. Il fait des névrosés, des déséquilibrés, des maniaques, des déments ; il aboutit à Nietsche, jamais à Platon ou à saint Thomas d'Aquin.

Le principe des relations réciproques paraît inattaquable. Mais rien ne prouve qu'il y a adéquation entre le travail nerveux et le travail mental. S'il y a des présomptions pour, il y a des raisons contre ; ici comme ailleurs, on a eu le grave tort d'apporter en psychologie pure des arguments et des méthodes d'ordre tout au plus psycho-physiologique ; ici comme ailleurs, les choses demeurent en l'état.

Mais il y a plus. Je suppose que par des procédés encore inconnus on parvienne jamais à établir tout de bon l'adéquation parfaite des états conceptuels et des états organiques, serait-on pour cela bien avancé ?

Il restera toujours loisible au spiritualisme de se retrancher derrière le mystère de l'idéation. Vous prouvez très bien, peut-il répondre à ses détracteurs, que l'état nerveux conditionne extérieurement l'état mental ; vous ne fournissez pas la plus petite preuve expérimentale qu'il le conditionne intérieurement comme cause. Vous nous faites bien voir que la matière nerveuse est condition, nullement qu'elle est cause de l'idée : « Il ne vous sert de rien, écrit le R. P. Coconnier, très pressant en cet endroit, de montrer que tout état ou opération psychique est invariablement associé à un état nerveux, que toute pensée est liée à un concomitant physique, cérébral, déterminé. Tout cela est accordé. Ce qui ne l'est pas, c'est que la cellule nerveuse, c'est que le cerveau ne pose pas, ne réalise pas seulement une condition préalable de la pensée, mais sécrète ou vibre la pensée elle-même... Pouvez-vous démontrer, soit par voie de simple observation, soit par voie d'expérimentation, que le cerveau est la cause efficiente, directe, prochaine, immédiate de la pensée ? C'est-à-dire avez-vous vu et pouvez-vous faire voir une pensée sécrétée ou vibrée par un cerveau ou par une cellule du cerveau ? Si vous avez vu ce spectacle et si vous pouvez nous le montrer, c'en est fait, nous sommes matérialistes avec vous. » (*L'Ame humaine*, p. 67.)

Montrez-nous que dans ces zones silencieuses, que dans ces territoires si inexplorés de l'encéphale, ne se dissimule aucun principe de psychisme supérieur, nulle énergie transcendante, et faites-nous assister à l'éclosion, à la germination d'une pensée, d'une seule idée, le matérialisme sera scientifiquement démontré.

Mais les microscopes, les scalpels et les psychomètres n'ont pas prise sur le psychique pur. On ne peut faire appel qu'à l'introspection, à l'analyse réflexive et au raisonnement. Or, ces armes sont fatales au matérialisme. Appuyée sur le principe de la causalité proportionnée et harmonique, la déduction logique spiritualiste reste victorieuse.

En définitive, pour quiconque est exempt de préjugé, les résultats acquis de la physiologie, de la cérébroscopie, de la psychométrie, de la pathologie neurologique, de la psychophysique en général, n'ont pas sensiblement fait avancer l'étude du psychisme pur. Ces sciences ne se trouvent plus ici sur leur terrain. Aussi nul document nouveau n'a été versé au débat. Et l'on peut bien dire que l'inanité de l'effort du monisme matérialiste corrobore d'autant la thèse de la spiritualité. Contre elle l'arme de la science expérimentale, employée à tort, s'émousse ou frappe dans le vide. L'étude de la matière ne saurait être en contradiction avec une philosophie de l'esprit.

Par contre, les nouvelles méthodes d'observation et d'expérimentation ont rendu des services signalés dans la détermination des phénomènes organiques, qui accompagnent les phénomènes psychiques. Il est possible maintenant d'assigner des bases expérimentales solides aux constructions de cette psychologie, qui va du dehors au dedans.

Il reste que le phénomène spirituel doit avoir une cause spirituelle. Cette conclusion demeure tout entière après toutes les attaques. Le sensationnisme, l'automatisme, le mécanisme, d'un mot le monisme matérialiste ne peut rien là contre. Ou bien il faut renoncer à la philosophie, et même à toute science, ou bien il faut assigner à la pensée une cause active, proportionnée, irréductible à la sensation, immatérielle, indépendante essentiellement de l'empirisme, transcendante, spirituelle. Tels sont les enseignements de la raison.

Solidement étayée sur des faits de conscience, sur

la constitution et sur les principes premiers de notre raison, cette thèse de la spiritualité nous paraît défier toute attaque sérieuse.

V

Nous allons sortir enfin des régions de la matière. Avec le monisme de l'inconnaissable nous passons dans un monde nouveau, où du reste on aura soin de nous bander les yeux.

En réalité, le monisme de l'inconnaissable procède de Kant. « Pour Kant, dit M. Bourdeau, l'essence des choses n'est ni esprit, ni matière, mais un substratum inconnu, principe mystérieux, x impossible à dégager, noumène que la pensée ne peut atteindre. » (*Critique de la Raison pure*, trad. BARNI, T. II, p. 7.)

Une seule réalité dont l'esprit et le corps ne seraient que des fonctions, des manifestations, des aspects, tel est bien le premier dogme, la première base de la philosophie panthéistique, criticiste, panlogiste, panthéliste, voire à certains moments positiviste. Sous une double file d'événements, de phénomènes, un même fonds de réalité appelé, tour à tour, par Kant, « un Noumène »; par Fichte, « le Moi »; par Schelling, « l'Absolu »; par Hégel, « l'Idée »; par Schopenhauer, Wundt, A. Weber et d'autres, « la Volonté »; par Hartmann, « l'Inconscient »; par Spencer, « l'Inconnaissable »; par Littré, « l'Incognoscible »; par Secrétan, Ravaisson, la « Liberté ».

Parmi ces penseurs, bien qu'ils se proclament monistes de l'inconnaissable, il en est qui en réalité sont monistes idéalistes. Dès l'instant qu'ils imposent au noumène une dénomination autre qu'une dénomination négative, il semble qu'ils cessent d'être monistes de l'inconnaissable.

Quoi qu'il en soit, sous cette dernière forme, le monisme est assurément une des conceptions philosophiques qui, dans ce siècle, ont réuni le plus d'adhésions parmi les personnalités philosophiques les plus marquantes. Les explications divergent, le principe est le même. Les matérialistes eux-mêmes ne veulent plus être que monistes : « C'est qu'ils comprennent que produire l'idée, c'est la contenir virtuellement, que la source d'où elle jaillit, ce n'est pas le corps aux trois dimensions, la matière au sens propre, mais cette unité supérieure du matériel et de l'immatériel, de la Force et de l'Idée, que postule le spiritualisme concret. Or, il n'y a pas que le matérialisme et l'idéalisme qui aboutissent à cette synthèse. Par une coïncidence, qui est la caractéristique du mouvement philosophique de notre temps, le spiritualisme, naguère dualiste, reconnaît à son tour que l'unité étant la loi suprême de la raison, toute philosophie est un monisme. » (A. WEBER, *Hist. de la Philosophie européenne*, p. 588.)

Laissant à M. Weber la responsabilité de ses affirmations dogmatiques, reconnaissons qu'il se produit dans ce sens une tentative de conciliation entre les systèmes les plus opposés. Le néo-spiritualisme renoncerait au dualisme traditionnel, et l'empirisme admettrait sous le phénomène une réalité supérieure inconnaissable, foyer commun de psychisme et de somatisme, qui n'en seraient que les deux faces.

Dans l'*Avenir de la science* (p. 478), Renan a écrit : « Je regarde l'hypothèse de deux substances accolées ensemble pour former l'homme comme une des plus grossières imaginations qu'on se soit faites en philosophie... Le vrai est qu'il y a une substance unique, qui n'est ni corps, ni esprit, mais qui se manifeste par deux ordres de phénomènes, qui sont le corps et l'esprit, que ces mots n'ont de sens que par leur opposition, et que cette opposition n'est que dans les faits. »

C'est l'idée même de Fechner dans l'Introduction à ses *Éléments de Psychophysique* : « Ce qui du point de vue intérieur te paraît ton esprit, l'esprit que tu es, du point de vue extérieur, te paraît le substratum corporel de cet esprit. » Notre substance est comme un cercle : vu du dedans il est concave, vu du dehors, convexe.

Wundt pense lui aussi que « la corrélation absolue entre le physique et le psychique suggère l'hypothèse suivante : ce que nous appelons âme est l'être interne de la même unité, que nous envisageons extérieurement comme étant le corps qui lui appartient ». (*Psychologie physiologique*, T. II, conclusion.)

A. Bain se prononce dans le même sens : « La substance unique avec deux ordres de propriétés, deux faces, l'une physique, l'autre spirituelle, — une unité à deux faces, — semble plutôt satisfaire toutes les exigences de la question. » (*L'Esprit et le Corps*, p. 202.)

D'après Spencer, les premiers principes des choses ne sont que « des symboles servant à désigner une réalité transcendante et à jamais inconnaissable : les matérialistes l'appellent la matière ; les spiritualistes, l'esprit ; mais leur querelle n'est qu'une querelle de mots, et ils ont tort de part et d'autre, puisque les uns et les autres s'imaginent comprendre l'incompréhensible. » (*Principes de Psychologie*. Conclusion.)

Le métaphysicien de l'école associationniste anglaise ne pouvait pas s'en tenir à ces données trop générales. Il donne plus de détails au cours de l'ouvrage cité. A la fin de son chapitre sur la « substance de l'esprit », il écrit : « L'inconnaissable, tel qu'il se manifeste à nous dans les limites de la conscience et sous la forme de sensation, n'étant pas moins impénétrable que l'inconnaissable tel qu'il se manifeste hors des limites de la conscience, sous d'autres formes, nous n'arrivons pas à le mieux comprendre en traduisant le second dans le premier. La forme conditionnée, sous laquelle l'être est présenté dans le sujet, ne peut pas plus que la forme conditionnée, sous laquelle l'être est présenté dans l'objet, être *l'être inconditionné commun aux deux.* » (*Op. cit.,* p. 162-163. Trad. Ribot et Espinas.) Plus loin : «... Et cela nous amène à la vraie conclusion contenue dans les pages précédentes, à savoir qu'il y a une seule et même réalité ultime, qui se manifeste à nous subjectivement et objectivement. (T. I, *Résultats,* p. 683. *Op. cit.*)

Nous pourrions multiplier les citations ; dès maintenant on doit se faire une idée assez claire du monisme de l'inconnaissable. Il est facile de voir qu'il se présente comme une hypothèse (Wundt) ou comme un système (Spencer) complémentaire du parallélisme philosophique.

Ainsi entendu, le monisme, à l'encontre du spiritualisme, soutient que la réalité causale du phénomène psychique peut dans son fond ne pas se distinguer, et en réalité ne se distingue pas de la réalité causale du phénomène physique. De cette réalité inconnaissable on ne peut dire ni qu'elle est esprit, ni qu'elle est matière ou quoi que ce soit de connu. Pour la caractériser, nos vocables et nos catégories nous trahissent. Au dire des monistes agnostiques, c'est donc se tromper grossièrement que d'ériger en dogme la spiritualité du moi psychique.

Malheureusement pour le monisme de l'inconnaissable, dès les premiers pas il laisse trop voir qu'il est peu conséquent avec lui-même. Le reproche lui est fait avec juste raison par M. Fouillée : « Cette première doctrine est contradictoire, on ne peut connaitre si l'inconnaissable est un ou plusieurs : la catégorie de l'unité ne lui est pas plus applicable que toute autre. Unir par un *x*, c'est laisser les choses en l'état. La théorie qui fait du mécanique et du psychique deux aspects parallèles et harmoniques d'une même réalité inconnaissable est donc un dualisme de fait, couronné par une unité toute nominale et abstraite. C'est un pseudo-monisme sans application en théorie, sans application en pratique. Le monisme vrai ne peut être fondé que sur le connaissable, et il n'a que deux formes possibles : réduction du psychique au physique, ou réduction du physique au psychique. » (*Revue philos.*, T. XLI. p. 465.)

Bien plus, si cette réalité une, placée au-dessus et en dehors du physique et du psychique, est à ce point inconnaissable, de quel droit lui appliquer la catégorie de l'existence? De par la raison spéculative.

A la bonne heure. Mais de par la raison spéculative, la réalité causale du phénomène est loin d'être aussi inconnaissable qu'on veut bien le dire. En se basant sur le principe de la causalité proportionnée, qu'elle admet invinciblement, la raison humaine est conduite à prononcer que la cause doit nécessairement recéler les mêmes virtualités, la même réalité que son effet. L'effet connu, la cause n'est plus inconnaissable.

Et c'est parce qu'elle n'est pas inconnaissable à tous égards qu'à un autre point de vue que M. Fouillée nous croyons cette dernière conception monistique contradictoire. Effectivement, si une réalité unique est à la fois la cause du psychique et du physique, les propriétés des deux séries de phénomènes doivent être réunies dans une même réalité. C'est-à-dire que pour donner naissance au concept la force supposée inconnaissable doit être, comme le concept lui-même, transcendante ; et, pour engendrer le mécanique, concrète, empirique, particulière, comme tout événement matériel.

C'est prêter, par conséquent, à une même réalité et sous le même rapport des caractères contradictoires ; c'est tenter de réaliser, de faire vivre et agir une contradiction, une impossibilité... à moins de supposer une dualité d'éléments dans la cause. Mais que deviendrait le dogme essentiel du monisme ?

Il reste donc qu'une réalité simple doit présenter des propriétés qui s'excluent. Cette nécessité où le monisme de l'inconnaissable est réduit le condamne sans appel. Si les notes du concept s'opposent aux notes du fait mécanique, ces mêmes notes s'opposent évidemment dans la réalité d'où partent les deux files d'événements. Dans la cause présumée, mentalité et empirisme s'excluront comme l'unité est exclusive de la multiplicité, la simplicité de la complexité et de l'étendue, l'activité de la passivité, l'abstrait du concret, l'universel du particulier, le nécessaire du contingent, l'absolu du relatif. Un être peut être doué de pouvoirs divers, jamais contradictoires, s'il est simple dans son fond. — Et Dieu, votre Dieu créateur ?... objectera-t-on, n'est-il pas à la fois le principe de la matière et de l'esprit ? — Sans doute ; mais Dieu a créé ; il n'a pas tiré de lui-même esprit et matière.

Que si maintenant la doctrine de l'Incognoscible veut prendre une autre position et ne pas distinguer la réalité causale de la réalité phénoménale, sa situation n'en sera guère meilleure ; elle s'aggravera même sous un rapport. Non seulement cette réalité sera foncièrement antinomique, un assemblage violent et hurlant de caractères qui s'excluent, mais, en outre, l'hypothèse sera contradictoire dans son exposé lui-même ; on déclare l'énergie inconnaissable alors qu'elle se manifeste à nous directement comme corps et comme esprit. Elle est au moins cela ; et de ce chef elle cesse d'être inconnaissable.

Des phénoménistes irréductibles, Taine, par exemple, diront-ils qu' « il est très probable que les deux phénomènes (mental et physiologique) n'en sont qu'un vu du dedans et vu du dehors... »? (*Derniers Essais de critique et d'histoire*, p. 102.) Cette idée est chère aux positivistes et à certains parallélistes. Dans son *Introduction à la Psychologie allemande* (p. xi), M. Ribot y revient en ces termes : « ...A l'hypothèse arbitraire et stérile de deux substances agissant l'une sur l'autre, on substitue l'étude de deux phénomènes, qui sont en connexion si constante pour chaque espèce particulière, qu'il serait plus exact de les appeler un phénomène à double face. » On revient au cercle de Fechner : vu du dedans, il nous paraît concave ; vu du dehors, convexe.

Mais s'il est antinomique qu'une substance présente des caractères contradictoires, l'antinomie n'est pas moins déconcertante et répugnante, alors qu'il s'agit d'un simple phénomène. La comparaison de Fechner est absolument inexacte. Dans le cercle, le simple point de regard explique la dualité d'aspect. Mais les deux aspects se rapportent au même pouvoir perceptif; le phénomène ne diffère pas de nature, puisque la même faculté le saisit, il diffère accidentellement d'aspect grâce à ses faces multiples, à sa complexité et par suite aux points de vue variés qu'il présente.

Pour le soi-disant phénomène à double face, rien de

pareil. Le même pouvoir ne peut saisir les deux faces : preuve manifeste qu'elles ne sont pas de même nature. Au surplus, pour la conscience, le psychique est simple et d'aspect et de réalité : une joie n'offrira jamais les apparences d'un caillou. Le psychique ne se prête donc pas à la variété de points de vue que l'on découvre dans un cercle matériel. Plus que toute autre, la comparaison est donc boiteuse. Elle ne prouve rien contre notre thèse, et il demeure établi que les deux phénomènes sont distincts, et que le phénomène à double face est une impossibilité métaphysique, une conception monstrueuse qui n'est pas viable.

D'où nécessité pour les parallélistes de se cantonner dans le dualisme forcé de deux files distinctes de phénomènes, dans lesquelles le psychique serait indéfiniment cause de psychique, le physique de physique, sans réciprocité d'action et sans autre relation qu'un étroit parallélisme. Cette manière de concevoir les choses n'est pas directement en opposition avec les résultats acquis de notre démonstration. Nous verrons plus loin si le phénomène peut éternellement se passer de substance.

Nous concluons ce long chapitre. A la lumière de la conscience et partant de constatations introspectives, la raison, appuyée sur le principe d'une causalité harmonique et suffisante, démontre la réalité et la spiritualité de cette force intime qui agit en nous dans la conception mentale. De toute rigueur, cette force doit être simple, immatérielle, indépendante, du moins essentiellement et subjectivement, des conditions somatiques ; cette force qui s'offre sous la forme du moi psychique doit être transcendante et spirituelle.

Elle ne saurait être une explosion, une décharge, une

organisation spéciale, une condensation de la matière nerveuse, comme le veulent l'automatisme, le mécanisme, le monisme matérialiste.

Elle n'est pas fonction de la matière, de la vie ou de la sensation, puisqu'on ne lui découvre pas d'organe et qu'elle ne saurait d'ailleurs en avoir.

Le parallélisme des deux séries nerveuse et psychique est loin d'être rigoureux; le serait-il, il ne s'ensuivrait pas que la matière est l'agent de l'idéation.

L'activité organique, condition extérieure de la pensée, explique suffisamment la dépendance mutuelle de l'âme et du corps sans qu'il soit nécessaire de recourir à une causalité matérielle de la pensée.

Enfin une réalité causale de la pensée, qui ne serait ni corps ni esprit, est inconcevable et contradictoire.

CHAPITRE VIII

SUBSTANTIALITÉ DU MOI

I. Fait de la substantialité : unité ; permanence ; non-inhérence. — II. Dualisme péripatéticien et Monisme idéaliste. — III. Moi intégral et Moi spirituel. Nature et Rapports.

I

L'ontologie des données de conscience nous a amenés à cette conclusion que le moi psychique ou spirituel, principe évident de nos concepts et de nos volitions, est une réalité active et causale, une réalité suprasensible, transcendante par rapport à la matière.

Faut-il borner là nos investigations et la lumière de la conscience ne peut-elle atteindre et mettre en saillie d'autres vérités psychologiques ?

1° Un des faits les plus apparents de notre psychologie, c'est la multiplicité de nos événements intimes. Il n'est pas d'heure où de nombreuses modifications ne surgissent dans le champ de la conscience et ne viennent affecter notre moi. Chose plus grave, ces événements ne se présentent pas seulement comme multiples, ils se présentent également comme très variés : événements de psychisme pur, concepts et volitions ; événements mixtes, comme tous ceux qui relèvent de la psycho-physiologie. Que dis-je ? Il est facile de constater en nous la présence d'éléments contraires. Tendances en sens inverse ; aspirations vers l'idéal et retours vers la terre ; efforts généreux sublimement héroïques et désintéressés, et soudainement mouvements inavouables.

Tous les saints, tous les moralistes ont déploré ce dualisme, cet antagonisme même des propensions humaines. Et néanmoins nous ne laissons pas d'attribuer ces événements si multiples, si divers, si contraires au même fonds d'activité psychique, à ce moi causal, qui, lui, présente un caractère d'irrécusable unité. Sous toutes les variations, le moi psychique se montre indéfectiblement *un*. C'est là du moins l'attestation de la conscience.

Taine ne s'inscrit pas en faux contre ce témoignage. Il admet la multiplicité de nos phénomènes et l'unité du moi. Mais, d'après lui, c'est là l'unité d'une somme, d'un total. Et comme le total ne se distingue pas de ses facteurs, de même le moi ne doit pas être distingué de ses événements. Il n'en est que le total. « Idées, sensations, résolutions ne sont que des tranches ou portions interceptées ou distinguées dans ce tout continu que nous appelons nous-mêmes, comme le seraient des portions de planche marquées et séparées à la craie dans une longue planche. »

Il n'y a que des systèmes de faits et de lois. La chose dite substance est un groupe de phénomènes. C'est un mot, une rubrique inventée pour rendre plus facile le collectionnement des faits. Le moi humain n'est que la totalité de nos phénomènes et nos phénomènes sont les constitutifs de notre substance.

La théorie n'est pas nouvelle. Avant Taine, Locke, Hume et la plupart des sensistes l'avaient également adoptée. Nul ne l'avait exposée avec plus de précision et de verve que l'auteur des *Philosophes français du XIX° siècle*. Elle n'est pas plus vraie pour cela.

La question a déjà été traitée et résolue à propos de la causalité. Il a été démontré qu'en outre des opérations et des effets psychiques, des phénomènes, il fallait accepter la réalité d'une cause active, d'une force psychique, principe de tous nos événements internes.

Au reste, sa comparaison condamne l'auteur. Le moi est une planche rayée de craie!... Tant que l'on voudra. Mais précisément, puisqu'il s'agit d'*une* planche, les tranches interceptées ont un fond commun et réel. Nous ne voyons nul inconvénient, si l'on y tient, à faire usage de cette bizarre métaphore.

Planche ou totalisation, il faut expliquer l'unité du moi.

Direz-vous que cette unité n'est qu'une apparence? Pourquoi et comment cette fantasmagorie? Pourquoi cette hallucination de toute conscience humaine? Au surplus, qu'est-ce que la conscience elle-même dans votre système de phénomènes? Ce ne pourrait être, d'après vos principes, qu'un phénomène qui percevrait et unifierait d'autres phénomènes. Et les phénomènes de conscience, qu'est-ce donc qui les totalisera? Totalisation chimérique d'ailleurs, puisqu'elle exprime une unité non-existante en réalité. Du coup, la véracité de la conscience ne serait pas sans recevoir quelque atteinte.

Hasardera-t-on que l'unité du moi est purement logique et adventice, qu'elle est une synthèse, un classement de faits pour faciliter les opérations rationnelles, qu'elle est une création de la pensée, qui prend conscience d'elle-même? Mais il suivrait de là que l'ignorant, le primitif, qui n'ont jamais pensé leur unité, ne sont pas des unités, mais des séries vivantes sans ordre et sans lien, des manières de nébuleuses phénoménales. L'unité du penseur lui-même s'évanouit avec l'exercice actuel de la pensée. — Ce n'est pas tout. Puisqu'en dernière analyse, ce serait ma pensée qui synthétiserait le moi en groupant ses événements, qui m'empêche de penser les phénomènes du dehors, tous les phénomènes connus? Par le fait de ma pensée, je pourrai les identifier dans un même moi. Croira-t-on jamais que ce classement arbitraire présente quelque analogie avec l'unité psychologique attribuée au moi par la conscience?

Reste que l'unité du moi soit réelle, ou, pour parler le langage de Taine, que la totalisation ne soit pas une hallucination ou une catégorisation, mais une réalité. Dans cette hypothèse, quel sera le ciment, le lien, l'énergie active qui fera l'unité dans le groupe phénoménal, si vous n'admettez un même fonds de réalité, un même substratum causal? — Un autre phénomène, un phénomène unique, qui embrasserait dans son unité tous les événements de notre vie? Le moi ne serait dès lors qu'un phénomène prolongé. — Nous verrons tout à l'heure si le phénomène peut subsister indépendamment de tout appui.

Mais peut-être répliquera-t-on qu'il n'est nul besoin de lien, que par l'effet d'une affinité mystérieuse, d'une sorte d'attraction assez semblable à l'attraction moléculaire, les divers états de conscience sauront bien se rechercher, se retrouver, se fusionner, s'identifier et s'harmoniser de manière à ne plus constituer qu'un seul moi.

M. Bourdeau pourrait être tenté de formuler cette objection, lui qui a écrit : « Étant donné que l'unité du moi conscient résulte de la disposition du système nerveux dont l'action, éparse dans l'organisme, se totalise dans un centre, il y aurait à distinguer autant d'agents psychiques que l'anatomie reconnaît de centres subordonnés... Enfin, comme le système nerveux est moins un créateur qu'un collecteur d'énergie, le principe de vie et d'animation doit forcément provenir de la totalité des cellules dont le corps est composé. Chacun de ces organismes infimes a sa vitalité propre, ses fonctions distinctes, sa sensibilité particulière, sa conscience obscure, sa petite âme. Unis par d'étroits rapports, ils forment un ensemble dont le moi exprime l'harmonie et l'unité. Toutes ces consciences élémentaires, ténébreuses et passives, qui résident dans chaque centre nerveux, dans chaque cellule nerveuse, et même dans chaque cellule organique, sont trop faibles pour être perçues séparément et se dérobent à la prise du sens intime ; mais, répercutées dans un même centre, elles s'y résolvent en une conscience totale, lucide et active. Leibnitz les compare à ces bruits de vague dont aucun ne serait entendu s'il était seul, mais qui, ajoutés l'un à l'autre, deviennent la voix retentissante de l'océan. De même encore les vagues lueurs d'une nébuleuse, condensées et unifiées, se changent en étoile resplendissante. » (*Problème de la Mort*, p. 92-93.)

Affirmations tranchantes et entassement confus d'objections !

Telle qu'elle est exposée, la difficulté donnerait lieu à bien des développements. Nous dégagerons de l'ensemble ce qui se rapporte à la question présente.

A moins qu'il ne fasse fond sur l'hypothèse mécaniste, d'après laquelle le psychique serait une résolution du mouvement ou une émanation de la matière — ce qui est tout simplement inconcevable — le publiciste philosophe se rallie à la théorie paralléliste : l'élément de conscience serait un accompagnement forcé de l'atome, un épiphénomène de la matière, l'ombre ou la phosphorence du corps.

Admettons. Comment expliquer l'unité de conscience? S'il s'agit de la conscience psycho-physiologique, à la rigueur on pourrait invoquer l'unité du système nerveux; cela peut se comprendre. L'unité organique provoquerait accidentellement l'unité psychique. Le développement d'un organe amène bien le développement correspondant de l'habitus psycho-organique et simple. L'unité de conscience serait le résultat et non la cause de l'unité organique. On rejetterait au terme ce que l'ancienne philosophie plaçait à l'origine de l'évolution organique. Le psychique empirique est à ce point subordonné à la matière qu'il est assez naturel qu'il évolue avec elle et se condense en elle et avec elle.

Mais l'unité du système nerveux lui-même, comment se produira-t-elle? Par l'attraction moléculaire, la structure des plastides, un ensemble d'énergies analogue aux énergies immanentes, qui agissent dans l'isomérie, la cristallisation? En somme, des forces inorganiques, non conscientes, non intelligentes, un pur mouvement? Ce mouvement, d'où vient-il? Pouvez-vous le confondre avec la matière?...

Et puis on conçoit que dans le tourbillon moléculaire les atomes ne s'associent qu'avec des atomes isomorphes pour former des cristaux, qui n'offrent que cette particularité de présenter la même structure. Mais il semble bien qu'on ne puisse pas se passer de cette idée directrice, si bien dénommée par Cl. Bernard, dès qu'il faut rendre raison du développement des êtres vivants et sentants, de leur organisation par nutrition et intussusception, de la finalité immanente qu'ils manifestent. Comment voulez-vous que le non-vivant réalise le vivant, comment l'attraction inconsciente et brute réaliserait-elle, poursuivrait-elle un plan donné, une finalité si compliquée? Dieu lui-même se sert des causes secondes et leur donne le nécessaire pour l'action. D'autre part, le psychique ne saurait intervenir : c'est un résultat. Quelle apparence de vérité y a-t-il donc à ce que l'attraction ou l'affinité puissent expliquer l'unité de plan et d'organisation, la finalité architecturale du vivant et du système nerveux? Cela heurte de front toutes les données du sens commun.

En sorte que vous devez rappeler à l'origine du vivant l'unité psychique et vivante que vous vouliez reporter comme résultat épiphénoménal au terme de l'évolution organique. L'unité doit être réintégrée à l'origine des choses comme principe vivant dans les vivants, comme principe sensitif et conscient dans les êtres conscients. Elle doit être cause : le résultat est la synthèse psycho-physiologique d'un organisme vivant et sentant. Les molécules de matière ne sont et ne peuvent être que des matériaux. En psychologie physiologique, tout comme en biologie, il faut avoir recours à « l'idée directrice », et cette idée ne saurait être que le principe de vie ou de sensation.

Voudrait-on, par hasard, qu'il y eût deux éléments psychiques : l'un pour présider à l'unification et à la finalisation de l'organisme, l'autre résultat? Voilà qui ne serait pas pour simplifier notre psychologie, et toute psychologie en général. L'un des deux éléments est inutile : c'est le psychique considéré comme résultat. Nous le supprimons : le psychique principe suffit bien à le remplacer.

Au surplus, serait-elle démontrée, la conception que nous examinons serait toujours une reconnaissance de l'unité, sinon de la simplicité essentielle du moi. Il est vrai que nous avons besoin de cette dernière. L'unité accidentelle de composition ne nous suffit pas. Aussi avons-nous réclamé l'unité originaire et incomposée.

Ajoutons que même dans le cas où notre réponse à M. Bourdeau ne serait pas décisive, nous n'en serions pas autrement troublés. En réalité, nous étions en dehors de la question et de notre sujet. Il s'agit du moi spirituel et non du moi psycho-organique. Ce dernier serait-il composé, il ne s'ensuivrait nullement que le premier ne serait pas irréductiblement un et simple.

Essayera-t-on de porter la discussion sur ce nouveau terrain, de faire du psychique rationnel un concomitant obligé de la molécule, et par suite de composer le moi mental comme le moi psycho-organique? C'est là que tendrait l'effort des parallélistes. Mais cette nouvelle tentative ne saurait avoir plus de succès que la première. Car, outre tous les arguments qui militent contre la composition du moi sensitif, la composition du moi spirituel a contre elle de nouvelles et d'excellentes raisons.

D'abord, l'affirmation paralléliste est absolument gratuite. Rien ne prouve qu'un élément spirituel soit nécessairement rivé à l'élément somatique. Nous avons montré qu'il ne peut en découler comme effet ou comme opération ; il ne saurait donc lui être intrinsèquement subordonné. La concomitance des deux éléments serait simplement accidentelle, bien que constante. Cela même ne va pas sans difficulté.

L'élément rationnel serait diffus dans le monde entier, le règne inorganique serait peuplé d'intelligences engourdies ou en éveil, nous l'ignorons, mais réelles, quoiqu'elles ne se trahissent nulle part que chez l'homme. Pure imagination.

Autre remarque importante. Cet élément mental sera ou phénoménal ou noumenal.

S'il s'agit de simples phénomènes, comment seront-ils réduits à l'unité? Par l'attraction? Pas d'attraction en dehors du mouvement et ici point de mouvement. — Accidentellement, grâce à l'unification des atomes ou des cellules nerveuses? Mais la subordination n'étant qu'accidentelle, l'unification d'un élément n'entraîne pas l'unification de l'autre. — La loi de l'universel déterminisme, comme le propose M. Lachelier? Mais, si liés soient-ils, des phénomènes ne cessent pas d'être phénomènes, et nous verrons qu'ils ne sauraient subsister sans un substratum nouménal.

Concédera-t-on que l'élément rationnel est une réalité nouménale? Que chacune des manifestations psychiques est une « petite âme », selon le langage de M. Bourdeau, une conscience obscure, un petit être indépendant et se suffisant, ayant sa vitalité propre et ses fonctions distinctes? Fort bien, mais d'où résultera l'unité de ces petites âmes groupées, identifiées dans la conscience pour former une conscience totale? Qui fera même l'unité de chacune d'elles, puisqu'elles ont vitalité et fonctions, phénomènes distincts? Comme dernier fond de ces consciences rudimentaires, il faudra bien que nous retrouvions l'unité, indispensable facteur de l'unité intégrale. Nous n'en demandons pas davantage pour le moment.

De toute manière, pour rendre compte de l'unité du moi psychique et de la totalisation de ses événements, il faut en arriver à un fonds d'activité réelle, une, simple, incomposée. C'est d'ailleurs sous ce jour que le moi psychique se révèle à la conscience. Elle distingue fort bien entre l'unité d'une somme et l'unité profonde de la cause qu'est le moi, et elle affirme que l'unité du moi n'est pas le résultat d'une addition de phénomènes, mais le caractère inaliénable de la cause mentale que nous sommes.

2° Après l'*unité*, la *permanence*. Le moi causal psychique se montre permanent sous le flot mobile des phénomènes. Les opérations se succèdent, les changements se multiplient en nous. Les éléments de notre somatisme se renouvellent incessamment. Et dans cet écoulement de notre existence phénoménale, la raison et la conscience nous répètent à l'envi que le moi demeure identique à lui-même sous le flot mouvant de nos événements quotidiens et de nos perpétuelles transformations. Le moi psychique est la roche dure qui ne se laisse pas entamer par l'action du flot rongeur. Au sens intime de chacun, la permanence de ce substratum actif ne saurait faire l'objet d'un doute. Le moi qui écrit cette page est bien le même moi qui, à pareille date, se promenait l'an passé sur le bord de l'océan. A tort ou à raison, voilà ce qui apparaît à la conscience et ce qu'elle rapporte à chacun.

Et comment s'illusionnerait-elle ? Sans l'identité du moi nos opérations rationnelles ne se comprennent plus. Prenons les deux propositions suivantes : je pense, j'ai voulu. A l'analyse il y a là trois éléments : le fait de la pensée actuelle, le fait de la volition passée, et un élément commun, à savoir le *Je* ou le *sujet*. Les deux actes de pensée ou de volition sont choses absolument distinctes et dans le temps et dans la réalité. Et néanmoins dans toutes les langues, si un même individu a voulu et pensé, irrésistiblement la pensée humaine reliera ces deux événements dans un sujet commun, dans le τὸ *ego*. Donc identité de sujet.

Le moi, qui est présent à ma pensée actuelle, et dont elle n'est qu'une manifestation, fut également présent à ma volition passée et lui donna le jour. Le moi qui pense actuellement a voulu jadis, j'en ai l'irréfragable certitude ; donc le moi est permanent. Nous pouvons raisonner *a pari* sur toute pensée, toute volition, tout sentiment, sur tous nos événements psychologiques, quelque lointains ou durables, multiples ou variés et même contradictoires qu'ils puissent être. Inéluctablement, le langage en fait foi, la conscience les réunit dans un même sujet, et les attribue au même moi. Témoin et agent, le même moi a été présent aux événements de toute une vie. Donc il s'étend à la vie tout entière ; donc il est persistant, perpétuel. Si c'est là une illusion, si notre conscience se trompe à nous fournir ces renseignements, voilà bien certes le plus inintelligible des travers et la plus décourageante perversion de notre mentalité : « Si le moi n'existe pas, s'il n'est pas un et identique, la pensée d'aujourd'hui n'a aucun lien avec la pensée d'hier : ce sont deux choses distinctes, contradictoires peut-être, existant en des temps différents. Dans cette hypothèse, lorsque je dis : je pense, avec la prétention d'établir que le moi est le moi de la proposition : je pensais hier, mon langage est absurde. S'il n'y a que les phénomènes, à savoir les deux pensées, sans un point qui les relie, le moi n'est rien ; je ne puis dire : je pensais ou je pense, mais seulement il y avait pensée, il y a pensée. Que si l'on me demande où, en qui ? Je dois répondre qu'il n'y a point de où, ou de qui ; et rejetant la supposition me borner à répéter : il y avait pensée, il y a pensée. » (Balmès, *Philosophie fondamentale*, T. III, p. 176.) N'empêche que la raison, la conscience auraient de singulières mœurs à nous duper ainsi universellement.

En réalité, les observations de Balmès ont une portée très haute ; elles sont on ne peut plus justes, et toutes les arguties des phénoménistes n'y peuvent rien. On a beau repartir avec M. Fouillée que nos événements ne sont pas terrains vagues, puisque le moi psychologique en a pris possession. C'est là un vain sophisme. Votre Je n'est qu'une forme, nulle comme réalité, et c'est pourquoi, en tant que réels, mes phénomènes sont suspendus dans le vide.

Mais nous avons prouvé la réalité du moi psychique : il s'agit d'établir ici sa permanence. Elle ressort des mêmes observations, puisque c'est le même moi qui, au dire de la conscience, fait le plein de tous les phénomènes passés et présents. Il est l'artisan et le soutien de ses états. Il est donc permanent.

Au reste, tels de ses phénomènes s'étendent à la vie entière : le vouloir-vivre, la recherche du bonheur, etc. A *fortiori* faudra-t-il admettre la stabilité du support de ces phénomènes.

On peut dire encore que la plupart de nos opérations mentales exigent l'identité du moi. Essayez de concevoir ce que pourrait être, par exemple, le souvenir sans la permanence du pouvoir et, partant, du fonds d'activité, qui le fait revivre. Vains efforts ! La mémoire implique stabilité et en elle-même et dans ses acquisitions. Un nouveau venu ne s'y reconnaîtrait pas.

Le jugement et surtout le raisonnement supposent aussi une certaine fixité du pouvoir qui juge et raisonne. Ce sont là opérations complexes, qui demandent du temps : temps de percevoir, de comparer, d'affirmer, de poser des prémisses, de tirer des conclusions. Qu'elles soient interrompues, elles avortent. Or, elles le seraient nécessairement, incessamment, si l'activité psychique se renouvelait à tout instant. C'est dire que ces opérations ne seraient plus réalisables. Unité et fixité du principe pensant, telles sont les conditions indispensables de tout raisonnement. Que le moi se confonde avec chacun de nos états, qu'il n'ait pas plus de durée que chacun d'eux, c'en est fait de notre raison, c'est l'écroulement de l'édifice scientifique et philosophique : « Admettons par impossible, écrit M. Caro, que chaque pensée se pensât dans le moment où elle se produit, que chaque sensation se sentît dans le moment même où elle naît. De cette succession de phénomènes que pourrait-il résulter, sinon une succession de pensées et de sensations se connaissant individuellement sans se relier entre elles? Le phénomène connaîtrait et prouverait le phénomène ; là finirait toute science. » (*Idée de Dieu*, p. 166.) Plus de jugements, plus de raisonnements, plus de doctrines. L'alternative s'impose : ou renoncer à la trame logique des idées, ou revenir à la permanence du moi.

Avec les disciples de Kant, M. J. Lachelier va prendre vis-à-vis de la conscience une position nouvelle; « Admettons, d'ailleurs, que nous ayons, comme on l'assure, conscience de notre liberté et que ce soit cette liberté qui constitue notre moi ; il est évident qu'un tel moi n'aura aucun caractère individuel, qui nous permette de le distinguer du moi d'autrui, et de le reconnaître pour le même d'une époque de notre vie à une autre. Dire que nous rapportons nos états internes à notre moi reviendra exactement à dire que nous les rapportons à un moi ou à un sujet en général ; et si, par quelque opération surnaturelle, le moi d'un autre homme venait à être mis à la place du nôtre, il nous serait, dans cette hypothèse, absolument impossible de nous en apercevoir. » (*Psychologie et Métaphysique*, p. 116.)

Nous traiterons la question de l'individualisation du moi, et nous verrons qu'il y a moyen de ne pas le confondre avec un moi en général.

Il s'agit maintenant de savoir si la conscience est à même de le distinguer d'un autre moi particulier. Non, répond le subtil dialecticien,... à preuve que si l'on substituait un nouveau moi à l'ancien, nous ne remarquerions pas la substitution. Est-ce bien sûr? Voyons : la substitution peut porter sur le moi, dissocié de ses phénomènes. Chimère, en effet ! La réalité des phénomènes n'est qu'une effusion, une extension du moi réel. Ce serait morceler une réalité ; on éliminerait le fragment nouménal pour le remplacer par un nouveau fragment également nouménal que l'on raccorderait avec la série des phénomènes. La fraude échapperait à la conscience. — C'est bien possible. La conscience juge de la permanence du moi d'après la permanence des phénomènes. Conservez les phénomènes et tous les caractères, dispositions, modifications, tendances, souvenirs qui donnent une physionomie spéciale à l'individu, faites à ce dernier un moi absolument semblable, la conscience s'y trompera peut-être.

Il pourrait se faire qu'elle se méprenne, si vous substituez au moi nouménal et même phénoménal un nouveau moi, un nouveau substratum et de nouveaux phénomènes qui, de tout point, soient la copie des premiers. Et après?...

De ce que, dans un cas impossible, M. Lachelier en fait l'aveu, la conscience ne remarquerait pas une substitution furtive, absolument paradoxale, s'ensuit-il que, dans la vie réelle de tous les jours, dans son état normal, et posé les conditions indispensables à l'exercice régulier d'un pouvoir quelconque, s'ensuit-il que la conscience sera déçue et décevante? Il n'est pas une faculté, pas un pouvoir logique ou intuitif qui, en semblable occurrence, et dans des circonstances à ce degré chimériques, ne soit sujet à erreur. Est-ce à dire que, dans le cours ordinaire des événements, et dûment exercées, consultées, nos facultés nous trompent ou peuvent nous tromper, et qu'on ne peut s'en rapporter à elles? On l'a soutenu. Un mauvais génie, une puissance supérieure peuvent nous jouer en agissant, soit sur l'objet qu'ils revêtiraient de fausses couleurs, soit sur nos pouvoirs dont ils empêcheraient la mise à point, ou qu'ils pervertiraient. Absolument la chose est possible. Le croire, toutefois, c'est tomber en un incurable scepticisme. Le sage, le philosophe se gardera de cette chute.

Mais les faits eux-mêmes, riposte M. Lachelier, « déposent formellement contre cette... hypothèse (d'un moi identique). Un homme qui dort n'a pas de moi, ou n'a qu'un moi imaginaire qui s'évanouit à son réveil ; un coup à la tête suffit, en paralysant le souvenir, pour creuser entre le moi d'aujourd'hui et celui d'hier un abîme infranchissable ; on connaît enfin le cas de certaines malades pourvues de deux moi, qui alternent en elles, et dont un seul connaît l'existence de l'autre. » (*Loc. cit.*) Donc, pas de moi permanent.

Cette argumentation est plutôt faible et accuse une confusion entre le moi psychologique et le moi ontologique. Autre chose est percevoir le moi, et autre chose le posséder. La perception est conditionnelle ; la possession est inconditionnelle.

Nous avons établi la réalité et la permanence du moi réel, actif et causal. Cela ne signifie nullement qu'à tout instant je devrai le percevoir. Comme toutes les autres, cette connaissance sous-entend certaines conditions d'activité, de mémoire, qui ne seront pas toujours réalisées, ex. gr. dans le sommeil, la folie, l'évanouissement, etc. Cela veut-il dire que le moi réel est aboli? Pas le moins du monde. Le moi psychologique disparaît : le moi ontologique subsiste.

Et de ce que l'introspection ne peut pas nous donner

toujours l'intuition d'un moi permanent, faut-il ne plus s'en référer à elle, lorsqu'elle nous la donnera? De ce que nous ne voyons pas toujours un ami, faut-il conclure à sa non-existence, et croire être victime d'une illusion, lorsque nous le revoyons?

La mémoire conditionne indispensablement la perception de notre identité. Son abolition ou sa perversion vont abolir ou pervertir le sentiment de notre identité. Il s'agira toujours du moi psychologique, d'un simple phénomène de connaissance, lorsque des névrosés ou des hystériques nous raconteront comment ils ont perdu leur moi, comment deux moi différents alternent en eux, ou coexistent dans leur conscience. Nul besoin de supposer atteinte et altérée ou supprimée la réalité du moi ontologique. Un trouble quelconque de la mémoire, qui doit rappeler les états passés pour qu'on puisse juger de l'identité avec le présent, explique surabondamment ces anomalies, ces maladies de la personnalité. Pourquoi donc M. l'abbé Piat a-t-il hasardé la futile hypothèse de plusieurs âmes ou de plusieurs moi ontologiques? (*Destinée de l'homme*, p. 29.)

3° Unité et permanence, deux propriétés originaires que la conscience attribue invinciblement au moi ; non moins invinciblement elle le dit *non-inhérent*.

C'est un fait de conscience que nous rapportons tous nos événements à ce substrat actif, que nous percevons sous la dénomination de moi psychique et comme le sujet de tous nos phénomènes. Nous référons tout à lui, tandis que lui nous apparaît comme indépendant, comme subsistant par lui-même. Sans doute, son indépendance ne nous est pas donnée comme objet direct d'intuition psychologique. Mais ce silence même, ce fait de ne pas être rapporté à un sujet ultérieur, au lieu que tous nos phénomènes lui sont attribués, ce fait, dis-je, est l'équivalent d'une affirmation.

Au vrai, tous nos phénomènes sont des événements. Comme tels, dans l'ordre psychique, ils relèvent du sens intime. Cela est si peu contestable que nos phénomènes psychiques permanents eux-mêmes trahissent nettement leur phénoménalité. Leur présence habituelle ne fait pas que nous les confondions avec le dernier fond de notre activité mentale. Nous n'avons jamais cru, par exemple, à la non-inhérence de notre effort constant vers le bonheur. Pourquoi, si ce n'est parce que nous avons comme une intuition directe de sa phénoménalité? Il est permanent, mais il n'est pas non-inhérent. Nous n'en faisons pas une substance, parce que ce dernier caractère — fondamental il est vrai — lui fait défaut. Aussi, précisément parce que nul ne s'avisa jamais de rapporter le moi à un sujet ultérieur, et parce que rien dans la conscience n'autorise l'attribution de ce rapport, pouvons-nous dire que, par une vue indirecte, réflexe, l'introspection nous donne la non-inhérence du moi psychique.

Le sens intime infère donc plutôt qu'il ne perçoit immédiatement que le moi psychique est indépendant de tout sujet ultérieur, pas de toute cause. Il importe de faire cette remarque pour ne pas verser dans l'erreur de Spinoza, le véritable ancêtre du panthéisme moderne. Ce qui subsiste actuellement par soi, sans support contingent, n'est pas nécessairement sans cause. Comme s'exprimerait un scolastique, la perséité n'est pas l'aséité.

Le moi psychique est non-inhérent. Il semble que ce soit là un caractère négatif. Mais, malgré Scot et Descartes, nous inclinons à penser avec saint Thomas et

Balmès que « la non-inhérence suppose quelque chose de positif, une chose sur laquelle repose cette propriété : n'avoir pas besoin d'être inhérent. Cette propriété, qu'est-elle ? Nous l'ignorons ; nous savons qu'elle existe, mais c'est tout. Pour l'expliquer il faudrait avoir l'intuition de l'essence des choses ; or, cette intuition nous manque. » (*Philosophie fondamentale*, T. III.)

Sous son aspect négatif, cette qualité cache donc je ne sais quoi de positif et de réel. A ce titre, l'école thomiste a donc bien raison de l'appeler perséité plutôt que non-inhérence. Le moi n'est pas de soi, il est par soi. De là ce vocable positif : la perséité. Que faut-il entendre par ce terme ? Nonobstant nos incertitudes, les scolastiques ne sont pas sans hasarder une explication, hypothétique, si l'on veut, mais qui montre combien ces questions de nature et d'essence préoccupaient ces esprits vraiment philosophiques.

D'après une remarque profonde de saint Thomas, les êtres se diversifient, dans leur ordre respectif, en substances et en accidents, selon le plus ou moins de développement qu'ils comportent : *per majorem vel minorem explicationem ipsius entis*. Autrement dit, c'est le développement ou l'intensité de l'être qui différencie entre elles les réalités. Tels êtres sont trop imparfaits pour subsister indépendamment d'un sujet : ce sont des modalités ou de purs phénomènes. D'autres doivent entrer en composition comme co-principes élémentaires et primitifs. D'autres enfin sont assez parfaits pour se passer de tout sujet, de tout appui, et même de tout co-principe. Ce sont les natures les plus excellentes, les plus élevées dans la hiérarchie des êtres. Et c'est ce surplus d'excellence, ce complément de perfection, qui les fait se tenir debout, par elles-mêmes, sans le secours d'un appui, d'un substratum quelconque. Cette majoration, cet être plus intensif leur apportent une certaine stabilité proportionnée à ce développement ; elles en deviennent comme inébranlables dans le cours torrentiel des phénomènes qui s'écoulent. Si certaines dispositions sont plus durables, elles le doivent à cette stabilité radicale. Ainsi ce serait sa valeur entitative qui exigerait, dans le moi humain, non seulement la non-inhérence, mais aussi la haute prérogative de s'appartenir dans une souveraine incommunicabilité, d'être *sui juris*, et d'exercer sur tout l'agrégat une véritable royauté.

En brèves formules, voici donc les résultats de l'introspection touchant le moi psychique : un substratum actif, une énergie primordiale, un moi, unique sous le multiple, permanent au cours d'incessantes variations, subsistant par lui-même comme sujet indépendant de tout support, de tout appui. Or ce sont là précisément données et facteurs dont l'addition ou la combinaison constituent l'être substantiel ; c'est là ce que nous entendons par substance. Donc le moi psychique est une substance.

C'est ce que nous trouvons de certain, d'irrécusable dans les intuitions de la conscience. Et l'analyse réflexive donne raison à la conscience. Nous allons avoir l'occasion de nous en convaincre en argumentant contre nos contradicteurs. En réfutant le criticisme et les parallélistes nous établirons que la série phénoménale suppose inéluctablement le noumène, le sujet substantiel. Contre M. l'abbé Piat nous prouverons qu'en ce qui concerne nos phénomènes psychologiques, ce sujet ne peut être que le moi. Il sera par le fait rationnellement établi que la conscience est dans le vrai, et que le moi psychique est une substance.

Kant et son école nous reprochent ce qu'ils appellent le paralogisme de la substantialité. Ils ne veulent voir dans notre démonstration qu'un artifice de logique, artifice qui tient aux lois immanentes de notre entendement, mais en réalité illusoire, attendu que nous sommes dans l'impossibilité de savoir si ces lois ou catégories répondent au noumène. Et voici le sophisme que nous prête le philosophe de Kœnisberg : « Ce qui peut être conçu seulement en tant que sujet, n'existe qu'en tant que sujet, et, partant, est sujet. C'est ainsi que l'être pensant, en tant qu'être, ne peut être pensé sinon comme sujet ; donc il existe en tant que sujet. » (Deuxième édition de la *Critique de la Raison pure*.)

Ainsi présenté, nous l'accordons volontiers, le raisonnement est sophistique. Il n'est pas malaisé de montrer qu'il y a passage du spéculatif au réel, que la conclusion s'étend au-delà des prémisses et se tire en vertu du sophisme *figuræ dictionis*.

Mais jamais substantialiste sérieux n'a énoncé le syllogisme ci-dessus sous cette forme trop abrégée ; et nous pourrions nous plaindre à bon droit que délibérément ou inconsciemment le philosophe prussien ait altéré notre pensée et tronqué notre preuve. Il aurait fallu compléter l'argument comme suit : « Ce qui peut être conçu seulement en tant que sujet n'existe qu'en tant que sujet et, partant, est sujet, — supposé toutefois le fait de l'existence que de par ailleurs la conscience atteste. — Or, etc. » La parenthèse est le complément indispensable de la majeure, et sans ce complément il est clair que la prétendue preuve n'est qu'un vain jeu de dialectique. Elle n'a de valeur qu'ainsi rétablie ; elle ne prouve la substantialité qu'en supposant la réalité. Cette réalité du moi psychique, nous l'avons établie plus haut. Donc, au témoignage même de Kant, nous pouvons logiquement déduire la substantialité.

Mais Kant ne veut des affirmations de la conscience ni en faveur de la substantialité, ni en faveur de la réalité du moi psychique.

Et cependant peut-il songer à contester le fait d'introspection, qui nous manifeste le moi comme le sujet inhérent, substantiel, de nos phénomènes conceptuels? Il convient avec nous « que le moi se trouve au fond de toute pensée ». Le moyen de regimber contre l'évidence ? « Cette conscience que vous éprouvez, cette conscience, une dans le multiple, identique dans la diversité, constante dans la variété, permanente dans la succession des phénomènes ; cette conscience, qui n'est aucune de vos pensées individuelles, qui persiste, lorsqu'elles passent pour ne plus revenir, cette conscience vous donne la substantialité de votre âme : elle vous la donne en quelque sorte en intuition, non en intuition de sensation, mais en intuition de sens intime, comme une chose qui vous affecte profondément, dont vous ne pouvez révoquer en doute la présence, pas plus que vous ne doutez du plaisir ou de la douleur au moment où vous les éprouvez. » (BALMÈS, *Phil. fond.*, p. 189-190.)

Ici, du reste, Kant ne chicane pas. Comme nous il accepte la mineure de l'argument précité, qui nous rapporte le témoignage de la conscience. C'est donc la valeur critériologique de ce témoignage que veut infirmer le sage de Kœnisberg. Il est bien vrai que la conscience nous parle ainsi ; ne se trompe-t-elle pas ?

Pour Kant, il n'y a qu'une intuition : l'intuition sensible. Tout le reste est illusion ; illusion par conséquent l'intuition réflexe, médiate, du moi substantiel dans l'introspection. Prétendre avoir l'intuition du moi est aussi absurde que prétendre voir l'espace et le temps. Comme l'espace et le temps, le moi substantiel est forme et non pas objet de connaissance. Est donc illusoire tout acte de connaissance qui substantialise ces formes *a priori* de notre entendement ou de notre sensibilité.

La critique kantienne a juste la valeur du système : une valeur aujourd'hui bien problématique.

Il semble bien que le *nexus arguendi* de Kant est en ce que l'intuition sensible nous fait légitimement conclure à l'existence d'un noumène, insaisissable, inconnaissable, si l'on veut, mais réel; au lieu que l'intuition psychologique est toute décevante, et nous inférons indûment la réalité d'un moi noumènal. Pourquoi cette prédilection pour les facultés empiriques? Pourquoi résoudre en catégories certains objets d'intuition sensible, comme l'espace et le temps, et pas les autres, la matérialité par exemple? Pourquoi toutes données de conscience psychologique doivent-elles se résoudre en formes *a priori* de l'entendement? Pur caprice et besoins d'un système préconçu.

Si d'ailleurs l'introspection nous dupe, reprend Balmès, un rude jouteur, celui-là, et pas assez connu en France, « pourquoi nous parler encore de concepts intellectuels purs, de fonctions logiques, d'idées, etc., puisque toutes ces choses, en tant que placées en dehors de l'ordre sensible, ne peuvent nous être données en intuitions sensibles? Et toutefois elles existent réellement en tant que phénomènes internes, comme faits subjectifs. » Et il conclut avec colère : « Cette manière de raisonner est indigne d'un philosophe... Et les principes de l'attraction, de l'affinité, de l'électricité, du magnétisme, du galvanisme, de la lumière, enfin de tout ce qui charme ou étonne dans la nature, dira-t-on qu'ils n'existent point, qu'ils ne sont point permanents, parce que nous ne saurions nous les représenter en intuition sensible?...

« Si cela n'est point concluant, nions la conscience et la raison; ne perdons pas notre temps à parler de philosophie! » (*Phil. fond.*, p. 188.)

Les impatiences de Balmès ne se justifient que trop par les fantaisies du philosophe allemand, car enfin l'entendement agit : il y a donc opérations, phénomènes psychologiques. Ces phénomènes d'ordre extrasensible, il faut les expliquer. Pourquoi ne vous amèneraient-ils pas à reconnaître l'existence d'un noumène psychique, puisque les phénomènes empiriques vous font croire à un noumène cosmique?

C'est un illogisme manifeste. Nous devons néanmoins des félicitations à Kant pour avoir bien vu que le phénomène suppose le noumène. C'est là pour nous un principe de métaphysique inébranlable.

Les néo-criticistes avec M. Renouvier, tous les phénoménistes et les parallélistes en très grand nombre ne manqueront pas de nous trouver présomptueux. Dans ces camps divers on nous opposera la série infinie ou indéfinie des phénomènes. Et cette série se suffirait!...

D'abord il est certain qu'à moins d'hypostasier le phénomène, c'est-à-dire d'en faire une substance déguisée, — et dans ce cas nous n'avons qu'à nous déclarer satisfaits : nous tenons sous la main la substantialité du moi, — il faut convenir que, isolément considéré, le phénomène ne se suffit pas.

Par définition, le phénomène est un accident, qui a pour fonction de manifester une réalité quelconque. Il modifie, il affecte cette réalité, et il la révèle à la sensibilité. A s'en tenir à l'indication étymologique du mot, le phénomène survient pour ainsi dire à l'être déjà constitué pour le compléter. Il implique donc l'existence préalable d'un sujet. Les accidents ne sont pas des ὄντα ou des êtres proprement dits, indépendants ; ce sont des ὄντων ὄντα, ou des actualités subalternées, dépendantes jusque dans leur existence, dans leur être intime. Ils n'ont en fait d'autre existence que l'existence du substratum qui les supporte, comme la modification n'a d'existence que par l'être modifié. On ne modifie pas le néant.

Or, tous nos actes, toutes nos impressions, tous nos événements psychologiques se présentent comme des modifications du moi. Voyez le concept. Imaginez-vous cette clarté mentale, ce rayonnement sans un foyer ? Le concept paraît et disparaît en nous ; sa phénoménalité n'est donc pas douteuse. Mais la phénoménalité n'est qu'une manifestation d'un objet et d'un sujet en conflit ; elle suppose donc une réalité manifestée.

Et maintenant on n'évitera point le dilemme : ou le phénomène n'est qu'une ombre, une apparence, ou bien il faut lui accorder certaine réalité accidentelle.

Le premier terme de l'alternative nous rejetterait dans le scepticisme absolu dont on ne sort pas, dans le nihilisme intellectuel. Dès l'instant que nous ne percevons que de vaines fantasmagories, nous ne sommes plus que des ombres dans un monde de brume et d'insondables ténèbres. Il faut en prendre son parti : nous ne percerons jamais la nuée qui nous environne ; nous ne parviendrons jamais à la lumière ; il faut nous enfoncer désespérément et abîmer notre raison et nos espérances dans cet océan de nos incertitudes.

Dans la seconde hypothèse, si pour nous le phénomène est une quelconque réalité, il faut bien convenir que c'est là une réalité d'emprunt ; s'il en était autrement, nous serions en présence de la substance, de la perséité. D'où tire-t-il cette réalité? D'où lui vient-elle, si ce n'est d'une réalité substantielle?

C'est ici que les parallélistes vont recourir à la série infinie. Vains efforts! Si la réalité phénoménale individuelle n'a qu'une réalité d'emprunt, la série collective, totale, n'aura pas de réalité différente. Étendez cette série indéfiniment, infiniment; indéfiniment, infiniment, elle appellera, elle attestera la présence de l'être par soi, qui lui infuse sa réalité. C'est la réalité substantielle, qui fait le fond, le plein, le tout de la réalité phénoménale. Point de phénomène sans noumène. Kant a bien vu pour le dehors; il est à regretter que sa logique ne l'ait pas conduit à la même conclusion pour le dedans.

L'accident ne va pas sans la substance. Se réduirait-il à une ombre..... Resterait encore à expliquer sans un fond réel cette fantastique apparition. A quelque point de vue que l'on se place, le phénomène suppose le noumène.

Et avançant d'un pas, nous ajoutons que dans l'ordre psychologique le noumène qui soutient tous les phénomènes de notre mentalité, c'est le moi psychique.

Nous sommes là en présence, dit M. l'abbé Piat, d'une position que l'évolution de la pensée et les progrès des sciences ont rendue intenable. Il faut l'abandonner. « Mieux vaut ne rien démontrer, écrit M. l'abbé Piat, que d'avancer une démonstration, qui ne prend pas. Dans un tel ordre d'idées, toute raison qui ne prend pas de quelque manière est une diminution de l'empire de la vérité, ce que l'on pourrait appeler un scandale intellectuel. » (*Destinée de l'Homme*, p. 101.) Bien pensé et bien dit.

Mais la démonstration de la substantialité psychique

est-elle donc si précaire? L'auteur l'affirme : il s'est donné la tâche de montrer le faible de l'argumentation traditionnelle, de saper de ses propres mains le vieil édifice scolastique qu'il nous dit lézardé. A-t-il réussi à l'ébranler? Nous l'avons suivi pas à pas. Nous l'avons vu à l'œuvre. Il ne nous semble pas que sous ses coups la construction philosophique d'Aristote, de saint Thomas et du spiritualisme soit moins solide. Loin de menacer ruine, elle est à peine effleurée.

Dans son livre l'*Idée*, M. Piat a déclaré accepter les idées abstraites, générales, nécessaires, irréductibles à la sensation. Que va-t-il inférer de cette constatation ? Tout simplement la nécessité d'un principe unique, indivisible et simple, fixe et permanent. Pas plus. Mais la même conclusion s'impose à nous en présence de la plus humble des manifestations vitales, en présence du plus informe protozoaire ; la vie la plus élémentaire, la plus obscure sensation trahit le même principe. Pour aboutir à ce résultat M. Piat n'avait pas à se mettre en frais d'intellectualité et de métempirisme. Il fait purement et simplement la métaphysique de la psychologie animale, ou même de la biologie. Tout comme la psychologie humaine, celles-ci nous donnent un principe simple et permanent. Conclusion évidemment trop vague, imprécise, équivoque même, puisqu'elle induirait à confondre la simplicité et la spiritualité. La logique de la spiritualité est aussi rigoureuse que la logique de la simplicité. Mais nous avons déjà traité ce point.

Que faut-il voir dans ce principe indivisible et fixe que l'auteur affirme être le dernier fond connaissable de notre psychologie? On n'a jamais pu le savoir : « Le fond de notre intelligence nous échappe donc. A plus forte raison, ne pouvons-nous suivre jusqu'à sa racine ce principe unique d'où sortent toutes nos facultés, comme autant de rameaux, ce *vinculum substantiale*, sur lequel les philosophes ont soutenu tant d'infructueuses discussions. Et, dès lors, comment savoir, avec l'unique secours de la métaphysique, si notre âme est ou n'est pas radicalement distincte de tout le reste, si elle est essentiellement indépendante ou non d'une réalité plus riche et plus profonde? Comment définir si elle n'est pas inhérente à quelqu'autre sujet, qui la développe et l'enveloppe derechef d'après des lois inconnues, d'où elle sort, où elle rentre au bout d'un certain temps, à la manière de la matière sidérale qui passe de l'état nébuleux à l'état de système planétaire, pour retourner à l'état nébuleux. C'est là une question à laquelle nous n'avons jusqu'ici aucun accès soit direct, soit indirect, dont le fond échappe encore de tout point aux prises de notre esprit. » (*Destinée de l'Homme*, p. 89.)

H. Spencer ne parle pas un autre langage : « Par définition, elle (la substance) est ce qui subit la modification produisant un état de l'esprit. Conséquemment si tout état de l'esprit est quelque modification de cette substance de l'esprit, il ne peut y avoir aucun état de l'esprit dans lequel la substance non modifiée de l'esprit soit présente. » (*Principes de Psychologie*, p. 147. Trad. Ribot et Espinas.) Comme si toute modification phénoménale devait nécessairement amener un changement radical de nature! Comme si l'impossibilité d'une compréhension intégrale entraînait l'impossibilité d'une connaissance fragmentaire, de toute connaissance! Comme si toute science devait être le fruit d'une intuition directe! Comme si la réflexion et le raisonnement déductif n'avaient aucune part, aucun rôle dans notre service d'information!

Inconnaissable très certainement d'une science intuitive, directe, compréhensive, le dernier fond du *vinculum substantiale*. Il y a beau temps que la philosophie est résignée. — Mais, et c'est ainsi que nous répondons à M. Piat et à Spencer, il est bien des points lumineux dans ces ombres : tout n'est pas ténèbres en nous. Existence, simplicité, spiritualité, substantialité, individualité du principe spirituel, voilà certes des vérités que la raison métaphysique regarde à bon droit comme acquises. Les doutes soulevés n'obscurcissent aucunement l'évidence de la démonstration ; la certitude de nos conclusions demeure entière.

Sait-on bien pourtant si notre âme se distingue de tout le reste? Cette question revient maintes fois sous la plume de M. Piat et le rend visiblement anxieux. Unité et permanence du moi, à la bonne heure ; non-inhérence et perséité, voilà qui le trouble et le fait hésiter. C'est là, en effet, l'élément formel, la caractéristique de la substantialité. Il faut répondre.

Eh bien ! oui, nous savons que « notre âme est radicalement distincte de tout le reste ; qu'elle est indépendante d'une réalité plus riche et plus profonde ». Nous le savons, parce que la raison déductive nous l'a appris. L'auteur cité contesterait-il par hasard la valeur de la raison? N'admettrait-il pas qu'on puisse en faire un usage légitime? Mais du coup il s'interdirait l'entrée de la philosophie où le raisonnement tient assurément plus de place que l'intuition. — Du reste, est-ce que ce n'est pas en vertu du processus logique et métaphysique, qu'il infère lui-même et la réalité et les caractères du principe psychique ; qu'il infère ailleurs et l'existence et la multiplicité des facultés? Est-ce qu'il ne fait pas un usage constant de la raison métaphysique? N'est-il pas arbitraire et peu conséquent de ne s'en référer qu'à son bon plaisir quand il faut se prononcer sur la légitimité d'une induction ou d'une déduction? Et pourquoi refuserait-on de souscrire à une conclusion métaphysique, lorsqu'elle repose sur des faits et des principes inattaquables? Ici, par exemple, nous ne faisons nulle difficulté de nous incliner devant les arrêts de la déduction rationnelle. Vous vous demandez si le moi psychique n'est pas essentiellement dépendant. Dépendant de quoi?

De la matière? Mais, de par le principe de causalité, nous savons que des effets diamétralement opposés, comme la pensée et les états matériels, ne peuvent pas résulter d'une cause unique. L'organisme donne naissance aux événements empiriques; si perfectionné soit-il, il ne saurait engendrer la pensée et son principe immédiat. Le concept exclut la matérialité et en lui-même et dans sa cause, dans son être propre et dans l'être dont il est une modification comme réalité; le concept n'est d'ailleurs que le noumène psychique en action ou manifesté. Le spirituel ne peut pas jaillir du matériel ou en dépendre essentiellement.

Y a-t-il plus de probabilité que l'âme ou moi psychique soit une dépendance, une manifestation, une éclosion d'une substance psychique étrangère au moi, plus vaste et diffuse dans l'univers entier? C'est l'hypothèse panthéiste, averroïste ou plus exactement panpsychique. L'auteur y revient ailleurs, c'est pour lui une obsession. Il s'effraie à tort.

En outre de sa gratuité absolue, cette conception présente tous les inconvénients du Panthéisme. Elle supprime l'individualité, et, partant, la responsabilité et la moralité.

Effectivement, si le moi psychique est immanent à une substance plus profonde, ce ne peut être qu'à titre de faculté. Le moi psychique serait comme un rejeton, un rameau de ce tronc commun d'où s'élèveraient toutes les unités humaines. Le moi psychique ne saurait dépendre de cette réalité supposée, comme le co-principe substantiel dépend de son co-principe, dans l'animal, par exemple. Le concept, à l'encontre de la sensation, n'accuse aucune composition.

Encore un coup, le moi ne dépendrait de ce fond hypothétique d'une réalité inconnue qu'à titre de faculté. La mentalité serait un pouvoir, un jaillissement de cette activité inconsciente. Nulle autre supposition vraisemblable ou même possible. Il faudrait, dès lors, qu'une faculté pût constituer une individualité, une personne libre, morale, responsable. Chacun de nous est cela, de l'aveu de M. Piat, et cependant nous ne serions qu'une faculté, un pouvoir psychique. Nous savons que la conséquence n'est pas pour effrayer notre contradicteur. « Que je sois une substance ou non, écrit-il ailleurs, je n'en reste pas moins un sujet indivisible et permanent, doué d'intelligence et de liberté : je n'en suis pas moins une personne. » (*La Personne humaine*, ALCAN, p. 65.)

M. Piat nous pardonnera-t-il? Ses doctrines philosophiques nous paraissent ici plus que vagues et mal arrêtées. Où a-t-il pris qu'ici-bas on pouvait être une personne sans être une substance? Qu'est-ce donc qu'une personne? Un sujet indivisible et permanent. Mais la faculté réalise ces conditions. Elle peut donc constituer une personne. M. Renouvier a raillé les scolastiques de ce que, croit-il, ils ont transformé les facultés en de petites personnes. M. Piat tient-il à donner raison à M. Renouvier?

Il nous objectera peut-être ce qui se passe *in divinis*. Mais, s'il revoit le *Traité de la Trinité*, il se convaincra que le sens transcendant et suréminent attaché au mot « personne », quand il s'agit de la Divinité, ne trouve plus son application dans l'homme. Pour Dieu, le problème du mal ne se pose pas. Or, tel est le grand écueil du panthéisme : que le mal soit commun à toutes les unités qui émergeraient du Grand Tout. En Dieu, dès là qu'il ne peut être question que de bien, il n'y a nul inconvénient à supposer une opération commune foncièrement. Dans l'homme, ce serait l'abolition du libre arbitre, du mérite et de la responsabilité ; par suite, ce serait la négation de la personnalité.

Supposons un instant qu'en effet une faculté puisse constituer la personnalité. Avant de passer outre, il serait bon de s'entendre sur la nature de nos facultés. Pour nous, la faculté est simplement une modalité qui affecte l'énergie substantielle pour lui communiquer une direction déterminée. Au fond, ce n'est qu'une tendance spéciale, un écoulement de cette activité originelle ; en sorte que nos pouvoirs n'ont de réalité et de vitalité, de force et d'activité que par le fond substantiel. Le rameau n'existe que par le tronc : toute sa sève, toute sa vie lui vient d'ailleurs ; il n'a rien que ce que le tronc lui communique. Ou, si l'on préfère, les facultés sont comme les orifices par où notre énergie substantielle s'écoule, se déverse dans nos opérations.

Mais opérations et facultés n'ont pas d'activité et de réalité autres que la source elle-même, que le moi psychique. Si nos opérations ont une valeur quelconque, si elles sont défectueuses par quelque endroit, ce ne sont pas, à proprement parler, nos facultés qui ont le mérite ou le démérite ; elles ne font que transmettre au dehors une activité déjà déterminée, offrant tels ou tels caractères bons ou mauvais. Le bien ou le mal n'ont pas leurs racines dans les facultés, mais dans le moi originaire et fondamental. C'est l'activité radicale du moi qui fait le plein, la réalité, le tout des pouvoirs et des actes, nous le disions tout à l'heure.

Par suite, si la volonté est libre, c'est que le moi actif est déjà libre. Si elle est méritante, c'est qu'il est méritant ; si elle est responsable, c'est qu'il est responsable ; si elle est individuelle, c'est qu'il est individuel.

Il résulterait de là que, si nous n'étions que des facultés sur un fond identique de substance, nous ne serions par nous-mêmes ni individuels, ni libres, ni méritants, ni responsables. Il n'y aurait au monde qu'une seule individualité, une seule personnalité, une seule liberté, une seule responsabilité, et tout cela nous serait commun. L'Inconnaissable serait la seule substance, la seule personne, et nous ne serions que des épanouissements éphémères de ce Grand Tout, seul responsable. Panthéisme et contradiction !

L'accord est donc aussi parfait que possible entre la raison et la conscience. Celle-ci ne nous induit pas en erreur lorsqu'elle témoigne en faveur de notre personnalité, de notre non-inhérence ; lorsqu'elle nous donne l'intuition presque directe et le sentiment si vif de cette vérité. Sans même l'avoir raisonné, nous avons ce sentiment inaliénable que nous sommes des systèmes fermés, des moi qui s'appartiennent, distincts de tous les êtres environnants, des centres indépendants de toute substance plus riche ou plus profonde, qui nous soutiendrait et nous alimenterait, à peu près comme la tige soutient et alimente la fleur. Quel témoignage accepterons-nous, si nous récusons celui-là ? Allez dire au premier venu qu'il est tout au plus un rejeton dans une cépée de chêne, une pousse parasite sur un grand fond de substantialité universelle, il vous accueillera par un éclat de rire.

Cette conception est insoutenable :

a) Parce qu'elle va contre le témoignage de la conscience qui a la perception au moins réflexe de notre non-inhérence, et contre le sens intime de chacun, qui se prononce irrésistiblement en faveur de la substantialité du moi.

b) Parce qu'elle ruine la personnalité morale et consciente, qui, de toute rigueur, sous-entend la substantialité. Si je ne suis pas cause indépendante, totale et absolue de mes actes, si ma conscience me trompe, je cesse d'être responsable. Si je ne suis que le prolongement conscient d'une substance inconsciente, je n'ai que la conscience en plus ; tout le reste est déjà impliqué dans l'inconscient : individualité, moralité, liberté. Mes déterminations ne sont plus les miennes, mes mérites ne sont plus les miens, mes fautes ne sont plus mes fautes.

Dira-t-on que justement la conscience est la condition *sine qua non* pour que la liberté s'exerce ? C'est vrai ; mais elle ne la crée pas ; elle la suppose. En fin de compte, ce sera toujours le dernier fond substantiel qui agira, sera libre, individuel et personnel ; ce sera lui qui méritera ou déméritera.

M. l'abbé Piat n'a-t-il pas vu combien branlante et périlleuse est sa base d'argumentation ? N'a-t-il pas perçu en lui-même ce sentiment très net, très précis, que nous nous appartenons, que nous formons, par conséquent, des systèmes clos, que nos virtualités et nos actes sont l'extension et l'épanouissement de notre moi, et nullement l'extension, le prolongement d'une réalité étrangère ?

Ou le sens intime n'est que mensonge, et la logique

une vaine gymnastique de l'esprit, un pur artifice de langage, ou il faut regarder comme démontrée la substantialité du moi psychique. L'auteur du livre *Destinée de l'Homme* doit se prononcer entre renoncer à la logique ou réintégrer dans son ouvrage la démonstration de la substantialité. Tel quel, malgré la sincérité des intentions, ce livre offre une lacune et ne rend pas tous les services qu'on pourrait en attendre. Nous sommes de ceux qui ne consentent à abandonner des positions séculaires que si elles deviennent manifestement indéfendables. Nous ne voyons pas que la thèse de la substantialité et de la spiritualité du moi psychique soit à ce point compromise par les découvertes récentes et la marche en avant de la pensée.

II

Le moi psychique est donc un principe unique, permanent et non-inhérent d'opérations : c'est une substance.

Mais nous ne sommes pas que psychisme et, surtout, que psychisme supérieur. De l'expérience de tous les jours, il appert que le complexus intégral que nous sommes enveloppe en même temps que notre mentalité un élément somatique, qui rend compte de nos événements matériels, une force brute qui explique nos énergies physico-chimiques ; un principe vital, source de vie ; un principe de sensation. C'est toujours en nous fondant sur la loi de la causalité proportionnée que nous sommes amenés à reconnaître en nous ces énergies diverses pour expliquer l'origine des phénomènes correspondants.

Il reste maintenant à examiner comment toutes ces virtualités se comportent entre elles.

S'il est vrai, comme nous l'avons montré à propos de l'évolution, que le moins ne peut engendrer le plus, il est manifeste que la matière ne saurait à elle seule rendre raison de l'action, l'action de la vie, la vie de la sensation, la sensation de la pensée ; mais la réciproque est loin d'être vraie au même titre et dans le même sens. Le mouvement n'explique pas la vie ; mais la vie explique et implique le mouvement. L'action, la vie, la sensation, sont impuissantes à rendre compte de la pensée, mais rien n'empêche que la pensée rende compte de l'action, de la vie, de la sensation. L'adage célèbre : *qui potest majus potest minus*, trouve ici son application naturelle. Une virtualité supérieure et suréminente, comme la pensée, doit par un *a fortiori* être à même de remplir des fonctions inférieures, — mouvement, vie et sensation, — si toutefois il dispose des moyens appropriés et indispensables. L'esprit est éminemment actif et vivant ; pourquoi ne pourrait-il pas sentir, vivre et agir organiquement, s'il a un organisme à sa discrétion ?

Okkam, cité par Newton, recommande prudemment de ne pas multiplier les êtres sans nécessité. Partant, puisque le principe qui pense en nous, puisque, en collaboration avec le corps, il est capable de rendre compte de tout le psychisme inférieur et supérieur, inutile de maintenir la multiplicité des principes psychiques.

Nous croyons donc qu'il y a lieu d'identifier dans le même moi psychique, dans la même activité radicale, tous les principes d'énergie que la déduction et l'analyse ont mis à découvert dans le moi intégral. Cette manière de voir a déjà pour elle cette grave présomption qu'elle est une simplification. Or, la critique newtonienne nous fait une obligation de viser toujours à l'unité.

Est-ce tout? Et la conscience est-elle muette sur une question de cette importance ? Nous conviendrons sans difficulté qu'elle n'a pas de réponse directe. Toutefois, il est un fait bien significatif : elle attribue au même moi réel et causal toutes les opérations, tous les événements qui relèvent de son contrôle et de son expérimentation. La conscience est la vue du dedans, du simple, du psychique. Par suite, dès lors qu'elle rapporte à la même réalité active tous nos états internes, c'est que vraiment cette réalité est une.

Mais, objectera-t-on, le sens intime rapporte indistinctement au moi psychisme et somatisme. A ce compte, il faudrait identifier le corps et l'âme.

La conscience ne fait dériver du moi psychique, le seul qui ressortisse à son domaine, que les événements psychiques purs et les événements psycho-physiques en tant que psychiques ou simples. — Les états somatiques ne sont attribués par la conscience au moi qu'en tant que la sensation les a transformés en éléments psychiques. En sorte que, comme tels, les faits somatiques ne relèvent pas de l'introspection ; elle ne saurait donc les référer au moi psychique.

Avec M. Grasset on pourrait dire encore que l'âme n'exerce pas son intelligence dans ses opérations psychophysiologiques. Or, l'âme ne peut pas cesser d'être elle-même. Par conséquent ce ne serait pas l'âme intelligente qui opérerait ; d'où nécessité de conclure à la multiplicité des principes psychiques.

Cette difficulté est plus spécieuse que solide. Pour s'en débarrasser il suffit de se remettre en mémoire que l'exercice normal de la pensée requiert certaines conditions physiologiques et cérébrales, qui ne se trouvent évidemment pas réalisées dans toutes nos fonctions organiques. Voilà pourquoi notre virtualité psychique, bien que transcendante, sera sans déployer, en toute occurrence, toutes ses énergies. Elle agira automatiquement, organiquement en des viscères, en des muscles organiques, automatiques. Elle exercera son activité inférieure sans préjudice de son activité supérieure, de cette réserve d'énergie suréminente qui se développera en concepts dès que seront réalisées certaines conditions de matière cérébrale.

Et pourtant, ripostera-t-on, il semble que le principe vital doit être composé : il est divisible… A preuve que « chez les animaux où la centralisation du système nerveux est très imparfaite, un individu coupé en tronçons se trouve multiplié ». C'est très vrai. Que va-t-on prétendre? Que « l'âme du sujet se partage en même temps que son corps ». M. Bourdeau voit dans ce fait une preuve directe de la divisibilité de l'âme. C'est trop se hâter.

On peut supposer avec autant de vraisemblance qu'il y a ici plusieurs animaux soudés ensemble. On peut même expliquer le fait par la simplicité de l'âme. De fait, croyons-nous, c'est parce que l'âme est simple, parce qu'elle est tout entière dans le tout et dans chaque partie de l'organisme, c'est pour cela qu'elle est à même de se scinder, en quelque sorte, par fissiparité ou sexiparité, et d'animer un nouvel organisme. Qu'on veuille bien le remarquer cependant : il n'y a pas ici division directe ou proprement dite. C'est une division accidentelle ; le principe vital n'est pas divisible en lui-même, il n'est divisible, comme dit l'École, que *ratione materiæ cui conjungitur*. Le phénomène est assez facile à comprendre. Il ne se produit d'ailleurs que chez les animaux imparfaits à organisme rudimentaire. A raison même de son imperfection, une nouvelle ébauche d'organisme peut facilement se former en relation vitale avec l'organisme souche. La même vie s'étendra de l'un à l'autre. La scission s'opère ; chacun conservera sa vie multipliée accidentellement, *ratione materiæ*. Quoi de surprenant ? Il est divers modes de génération. La génération anormale ou violente n'est ni plus ni autrement mystérieuse que la génération sexipare.

Pour plus de détails on peut consulter l'ouvrage du R. P. Coconnier (*L'Âme humaine*, chap. IV). Dès maintenant, chacun peut voir que la « preuve directe » de M. Bourdeau est loin d'être décisive. A vrai dire, les faits allégués peuvent et doivent être considérés comme non-avenus. Ils n'ont aucune portée pour ou contre la simplicité, l'unité du principe psychique. Nous savons qu'il y a multiplication de vivants : elle peut se produire par division, ou seulement par extension et génération. On l'ignore.

Est-il bon de revenir sur l'hypothèse, qui concéderait une petite âme à chaque cellule nerveuse, ou qui hypostasierait chaque phénomène ? Ainsi que l'observe excellemment un philosophe d'outre-Rhin, « s'il n'y avait en nous, comme le veut la psychologie sans sujet, que le simple fait de la succession, sans que rien vienne relier les états successifs, l'âme perpétuellement confondue avec chacun de ses états, incapable de s'en distinguer, vivrait éternellement dans le présent, et cela sans même s'en rendre compte, car le présent ne peut être conçu que par opposition au passé ou à l'avenir. Pour qui ne connaît ni l'avant, ni l'après, il n'y a même pas de présent. La conscience du temps n'est donc possible que pour un sujet concret, qui s'oppose à ses déterminations abstraites, en les ramenant à son unité. » (*Psychologie générale* de REHMKE, *Revue philos.*, 21ᵉ Année, IIᵉ vol., p. 186.)

Aussi bien là n'est pas la question. Il s'agit de l'unité

ou de la multiplicité de sujet psychique, admis en principe. Nous avons vu que rien ne s'oppose à l'unité des énergies psychiques. Nulle incompatibilité entre leurs caractères essentiels. Active, simple, vivante, notre virtualité mentale peut cumuler des rôles divers. Comme principe transcendant et spirituel, elle sera capable de pensée. En union avec le corps, elle agira, vivra physiologiquement, et sentira. Pourquoi n'accomplirait-elle pas ces différentes fonctions? Elle possède éminemment toutes les qualités requises d'activité, de vitalité, de simplicité. Les règles d'une sage inférence nous amènent à n'assigner qu'un principe aux phénomènes psychiques purs et à la part de psychisme englobée dans les phénomènes mixtes ou psycho-organiques. Simple en fait et multiple virtuellement, ce principe psychique unique opérera mentalement ou organiquement selon les besoins du type individuel conçu et réalisé auquel il appartient.

Mais ne pourrait-on pas procéder à des simplifications nouvelles? En maint passage nous avons parlé de deux classes de phénomènes à ce point irréductibles qu'on ne pouvait les ramener les uns aux autres. Ne pourrait-on pas les ramener au même principe? Non, parce que leurs caractères ne sont pas seulement divers, ils sont opposés, et, d'après les lois de la causalité, l'opposition se poursuit jusque dans la cause. Il s'agit, on le devine, des événements spirituels et des événements somatiques. Irréductibles, inconciliables en eux-mêmes, ils le sont également dans leur cause ; et c'est justement parce que, à doses diverses, phénomènes psychiques et somatiques se combinent pour constituer des faits psychophysiques, que ceux-ci ne sauraient être identifiés avec les phénomènes psychiques purs. Psychisme et somatisme présentent des propriétés contradictoires. De là nécessité d'admettre le dualisme traditionnel : matière, esprit. La dualité forcée du phénomène exige impérieusement la dualité du noumène. Cette nécessité est-elle à ce point inéluctable ? Le monisme idéaliste le conteste.

Nous avons vu plus haut que le corps, l'organisme, est impuissant à rendre compte des événements psychologiques. Avec le corps comme pivot, le monisme occupe donc une position absolument intenable. Le dualisme s'impose.

Si l'on déplaçait l'axe du monisme ; si l'on faisait tout graviter autour de l'esprit ? Peut-être l'esprit serait-il plus à même de consommer en lui la grande synthèse. La vie n'expliquait pas la pensée, et néanmoins la pensée explique la vie. De même le corps n'est pas capable de produire la pensée ; mais peut-être pourrons-nous faire dériver le corps de la pensée. C'est ce que les idéalistes ont tenté.

Car ils ne veulent pas d'un bissubstantialisme quelconque, ni même d'un dualisme mitigé tel que le nôtre. Des deux pôles opposés de la pensée contemporaine, matérialisme et idéalisme dirigent sur les dualistes un vrai feu croisé. La philosophie actuelle et la science elle-même tendent au monisme. La pensée moderne se travaille, s'épuise en efforts pour faire dans la réalité l'unité absolue et substantielle qu'elle poursuit dans ses spéculations ; elle veut établir la synthèse de la réalité, comme la synthèse de l'idée. Nous verrons dans quelle mesure ces tendances sont légitimes.

Toujours est-il qu'en fait, avec Spinoza, mais dans un autre sens, l'Idéalisme cherche le nœud qui ferait l'unité dans la substance universelle. Nous avons classé parmi les monistes de l'inconnaissable certains penseurs, qui en réalité sont idéalistes. Le système de

Berkeley, le Moi évolutif de Fichte, l'Absolu indéterminé de Schelling, le Devenir dialectique et immanent de Hegel, le Volontisme aveugle de Schopenhauer, ou le Volontarisme idéal de Hartmann et de leurs disciples, autant de formes données à l'Idéalisme monistique. Tous ces théoriciens sont d'accord pour tout expliquer par l'idée ou par une force mentale quelconque : l'idée est au fond de toute réalité ; elle est même toute réalité.

En France, le monisme idéaliste a rencontré des adeptes fervents parmi les néo-spiritualistes. Maine de Biran tient que l'unité psychophysique de la substance n'est pas un simple postulat de la raison, mais un fait, et de tous les faits le plus accessible à l'expérience. Peut-être s'agit-il simplement de l'union substantielle de l'âme et du corps.

Après ce vigoureux penseur MM. Félix Ravaisson, J. Lachelier, E. Boutroux, Secrétan donnent à leur tour des gages à l'idéalisme. Ils se disent spiritualistes ; en réalité, ce sont idéalistes bien authentiques. Ils opposent « au demi-spiritualisme de l'école éclectique le spiritualisme véritable (?), celui qui retrouve jusque dans la matière l'immatériel, et qui explique la nature même par l'esprit ». (*Rapport de M. Ravaisson sur la Philosophie française*, p. 142.)

Parmi les idéalistes on peut encore ranger M. Fouillée qui oppose aux erreurs et aussi aux vérités qu'il combat « une sorte de monisme psychique à base de volonté ; et cette puissance, aveugle en se réfléchissant sur elle-même, en concentrant et en augmentant son intensité, devient pensée et sentiment ».

Des divergences assez profondes semblent néanmoins séparer ces jeunes philosophes des idéalistes. Maine de Biran, si tant est qu'il soit idéaliste, M. Ravaisson,

M. Fouillée lui-même admettent que l'élément psychique, idée ou volonté, est une force, une réalité active, évolutive. Au contraire, en fidèles disciples de Kant ou plutôt de M. Renouvier, nos jeunes idéalistes subjectivistes ne mettent que leur idée personnelle, la forme apriorique de leur pensée, à la place de la substance. La substance n'est plus une force, c'est une pure idéalité, à ne consulter que la raison spéculative.

Dans son ouvrage, *Essai sur l'Immortalité au point de vue du naturalisme évolutionniste,* M. Sabatier a fait profession de monisme. Il a donné un nom nouveau à la substance unique, c'est l'esprit. Il s'étudie à nous la faire connaître. « Vie et esprit, nous dit-il, ont fait partie de l'univers dès les temps les plus reculés. Ils étaient répandus et diffusés dans le germe cosmique primitif. Vie et esprit sont des conditions même de ce que nous appelons matière ; elles en font des parties intégrantes et inséparables. Qui dit matière dit étendue, qui dit matière dit esprit et vie... » (P. 71.)

Alors voilà : à l'origine rien que de l'esprit ; c'est la nébuleuse idéaliste. Puis apparait la matière, « qui est la forme revêtue par l'esprit en vue de réaliser une fin ».

Ainsi créé, le cerveau est un accumulateur, un organisateur du psychique dans le but de fonder « ce faisceau bien lié, qui devient sensibilité, pensée et volonté ; d'organiser, d'accroître la conscience et de constituer enfin, peu à peu, l'individualité psychique, et la personnalité, qui en est la plus haute expression » (p. 65).

Il serait superflu de mettre en lumière tous les points faibles de cette théorie, toute faite de rêve et d'ingénieux aperçus. L'existence originaire d'un psychique latent, diffus dans un germe cosmique primitif, — que faut-il voir dans ce germe ? — l'organisation condensatrice de cet élément par un agent matériel, qui est lui-même esprit et vie, et au terme de cette accumulation la conscience et la personnalité comme résultats, tout cela ne nous paraît pas très solidement conçu et enchaîné. Avec M. F. Pillon, nous craignons fort que l'auteur n'ait pas soumis ces quelques idées, fondamentales pourtant, à l'épreuve de la critique.

Idéalisme réaliste, qui dans l'idée voit une force, ou idéalisme pur, qui ne voit partout qu'idéalité ou formes diverses de la pensée, double manifestation de cette tendance au monisme qui s'accuse dans la philosophie contemporaine. Et à certains égards cette tendance est légitime. L'homme éprouve l'impérieux besoin de faire l'unité dans sa pensée ; ce besoin doit l'amener à rechercher cette unité en dehors de lui. Dans quelle mesure peut-on espérer le succès en semblable entreprise ?

Quel est le dernier fond de l'être matériel ? Est-ce l'atome ou la monade, le corps ou l'esprit ? Question troublante en vérité. Aristote répond : les deux. Soit ; mais les deux co-principes réels et distincts, nous ne songeons pas à le nier, sont-ils également primitifs, apportent-ils la même part de coopération dans la constitution des corps ? Le Stagirite n'élude pas la difficulté. On connaît sa réponse.

La forme ou l'idée, εἶδος, en opposition avec la matière, ὕλη, est simultanément principe actif, qui actualise, énergie primordiale et réalisatrice, exemplaire et finalité immanente ou entéléchie de son évolution organisatrice. C'est une idée-force s'actualisant, se développant et s'organisant sous la quantité et l'étendue. Elle est par conséquent la raison vraie, la force intime et évolutive de la matière : la matière, simple passivité, n'existe, ne se détermine, n'opère que par elle. De ce chef, puisque toute actualité de la matière lui vient de la forme, n'est-il pas vrai de dire que la forme jouit d'une certaine primauté, qu'elle joue un rôle privilégié, qu'elle est le dernier fond de l'être matériel ? Au surplus, dans la théorie d'Aristote, la matière elle-même ne se confond nullement avec l'étendue et la quantité. Ce sont là modes immédiats et primitifs, ce n'est pas le dernier substratum des corps. Dans son fond, la matière apparaît plutôt comme une passivité simple, purement exigitive de la quantité. De tout côté, dans le système péripatéticien, nous aboutissons donc à la simplicité de la substance matérielle. La matière quantitative ne vient au secours de la forme que pour la soutenir, la compléter, la délimiter et lui fournir un champ d'opération. Mais la quantité n'est pas le fond essentiel de la matière ; elle en est la première modalité réelle, non l'essence. Fond essentiel et modalité réelle quantitative constituent le co-principe, dit matériel, qui est l'étai de la forme. Car la forme, monade commençante et embryonnaire, est de soi trop imparfaite pour subsister isolément ; elle ne surgit, elle ne paraît au jour que sous un revêtement de matière. La complexité matérielle appuie l'imperfection de sa simplicité et lui permet de se développer et d'agir.

En résumé, pour Aristote, le fond substantiel de l'être matériel n'est pas la quantité, mais la force simple ; l'activité immanente est la raison et le principe primogénique du complexus matériel ; son déplacement est le facteur de toute génération, de toute production nouvelle.

Serait-ce dès lors une grave erreur, ne serait-ce pas plutôt une nécessité logique de soutenir qu'en dernière analyse l'être matériel s'explique par l'être simple, par un *nisus* intime, un effort organisateur, postulant un élément passif, qui lui fournira l'étoffe dont il se revêtira, les formes quantitatives sous lesquelles il s'épanouira ; bref, qui l'aidera à constituer l'atome ? Nous sentons bien que ces termes sont trop achevés et disent trop pour exprimer et dénommer ces éléments primitifs, à peine ébauchés, des choses matérielles. Il faut qu'un effort de pensée saisisse les nuances et supplée à l'indigence du langage. En toute question de genèse, la difficulté est d'ailleurs la même. Les mots ont un sens trop précis pour rendre l'imprécision des rudiments.

Cela bien compris, on pourrait peut-être essayer d'un rapprochement avec le monisme idéaliste réaliste de Biran, Ravaisson, etc., selon nous, le plus près de la vérité. Le monisme concordiste de Renan, Spencer, Fechner, offre le grave inconvénient de supposer arbitrairement une substance antinomique, inconnaissable, ni matière, ni esprit, que rien ne justifie. De fait, l'être simple ou l'idée initiale des spiritualistes rend suffisamment compte de tous les phénomènes... à deux conditions toutefois. D'abord, il ne faudrait pas contester la réalité du mode passif qu'est la quantité, et son irréductibilité à l'élément simple. Cela ne peut faire l'objet d'un sérieux désaccord ; il est manifeste que les propriétés de la quantité sont antithétiques aux qualités de l'énergie simple. Et puis l'irréductibilité de la quantité, simple modalité réelle, ne compromet pas l'unité monistique, attendu que la quantité n'est pas une substance. Plus de bissubstantialisme.

En outre, et c'est la seconde condition d'un rapprochement, l'identité de substance ne peut être que générique, non spécifique. Il n'existera que des substances simples ; mais il faut que des substances soient spécifiquement distinctes. Il serait évidemment peu philosophique de ranger sous la même espèce, par exemple le moi humain et une force physique ou chimique, électrique ou thermodynamique ; il serait peu philosophique de prêter intelligence et volonté à des êtres inorganiques dont l'agir ne révèle rien de pareil. Il faudrait maintenir la diversité spécifique dans l'identité générique.

Cette double réserve faite, il ne nous paraît pas que l'idéalisme réaliste se distingue beaucoup du monisme péripatéticien, que nous avons exposé. Ce monisme mitigé semble offrir de sérieuses garanties de vérité.

« D'après les expériences de Dolbear, dit M. Sabatier (*op. cit.*), on peut considérer comme très probable que les propriétés physiques de la matière dépendent absolument de la température, et que, au zéro absolu (c'est-à-dire théoriquement à 270°), il n'y a plus ni liquide, ni solide, ni gaz, et que les propriétés magnétiques et électriques atteignent leur maximum ; en d'autres mots, que ce que nous appelons vulgairement matière est ramené à un groupement de tensions dynamiques considérables. » (*Revue philos.*, XLII. — *Essai sur l'Immortalité*, d'après M. Fr. Pillon.)

L'importance de ces expériences n'échappera à personne. Le caractère phénoménal de la quantité s'en dégage nettement. Une fois de plus, Aristote a raison. De par ailleurs il est établi que le bissubstantialisme cartésien est antiscientifique. On ne peut désormais s'y arrêter davantage. Or, toutes les objections que l'on élève contre nous se fondent sur ce que nous croirions à l'union de deux substances complètes accolées ensemble. Comme on vient de s'en assurer, ces reproches ne nous atteignent pas. Notre monisme mitigé, ou dualisme partiel, est hors de cause. A l'instar de M. Ravaisson, quoique dans un sens un peu différent, nous trouvons l'immatériel jusque dans le matériel. C'est à cause de leur imperfection que les forces immatérielles élémentaires ont besoin d'un support, et qu'elles revêtent une forme matérielle proportionnée à leur imperfection. Mais à mesure qu'elle apparaît plus haut dans la hiérarchie des êtres, la force, la forme simple, à peine ébauchée dans le corps, va se développant, s'affermissant, devenant plus intensive, et se simplifiant en quelque sorte. L'union avec la matière est de plus en plus surérogatoire ; l'être simple devient de plus en plus autonome, jusqu'à ce qu'il s'épanouisse dans la pleine immatérialité des substances spirituelles.

Avec du calme, de la réflexion, et des concessions peu importantes il est parfois possible de s'entendre entre adversaires déclarés.

Mais quelque accommodant que l'on se montre, on ne saurait se passer d'un Dualisme relatif et partiel. Il est absolument impossible de ramener le quantitatif au psychique. Entre les deux l'hiatus est infranchissable, et si profond !

Force est au philosophe de revenir au Dualisme. M. Bain se prononce catégoriquement : « Il reste à considérer quelle est l'expression qui convient le mieux à cette union de deux natures distinctes et qui ne peuvent se ramener l'une à l'autre. » (*L'Esprit et le Corps*, p. 135.) Il s'agit de l'Esprit et du Corps. Plus haut il avait déjà dit : « Ces deux substances ont très peu de qualités communes. » (P. 127.) « Malgré leur *opposition essentielle* ces deux ordres de facultés se trouvent inséparablement unis dans le même être. » (P. 132.)

Hier encore, dans son *Essai d'une philosophie nouvelle suggérée par la Science* (ALCAN, 1898), M. Léonce Ribert proposait une théorie, qui à cet égard ne diffère pas sensiblement de la théorie péripatéticienne. Les principes des êtres ne sont pas des êtres proprement dits, c'est-à-dire des réalités achevées et séparables ; ils consistent en deux éléments distincts, mais étroitement unis, nécessaires l'un à l'autre, impuissants l'un sans l'autre ; en deux natures simplement potentielles, que leur action réciproque est seule capable de manifester par la production même de ce qu'on appelle véritablement des êtres. Tous les êtres doivent leur existence au concours de ces deux principes : ils tiennent de l'un l'inertie, la quantité et tout ce qui les différencie ; ils puisent dans l'autre l'activité, la qualité, et tout ce qui les unit.

Il y aurait lieu sans aucun doute de critiquer cette conception de deux êtres potentiels, que l'auteur dit *êtres par soi*. Pour le moment, bornons-nous à constater un louable effort pour restaurer le dualisme traditionnel.

Il le faut bien. La modalité quantitative est une modalité réelle, qui par ses caractères concrets d'empirisme, de particularité et de contingence se refuse absolument à une identification quelconque avec le psychisme immatériel, abstrait, général, nécessaire, spirituel. Ce serait l'identification des contraires.

III

Après simplification des virtualités psychiques du moi, voici donc ce que nous donne l'analyse des éléments irréductibles englobés en chacun de nous :

a) D'abord un élément psychique. Est-ce une substance ? Si, comme le psychisme animal, le psychisme humain n'avait que des opérations communes avec le co-principe organique, nous devrions conclure que l'élément psychique est bien co-principe substantiel, pas substance, puisque absence complète d'actes propres. Les opérations résulteraient seulement du composé, non de tel composant particulier. Le composé seul serait substance.

Dans l'espèce nous devons tirer d'autres conclusions. Tout le démontre, le psychisme humain, outre des opérations communes, a des opérations propres, dans lesquelles l'organisme n'intervient qu'à titre d'objet, de condition antécédente, concomitante ou conséquente : de ce chef, notre psychisme supérieur est donc principe particulier indépendant et permanent d'opérations propres ; c'est une substance.

Notre conscience psychologique ou réflexe peut nous fournir un nouvel argument à l'appui de cette thèse. On n'a pas oublié que notre conscience mentale est cette faculté que possède notre raison de se réfléchir sur elle-même pour se contempler, s'étudier dans ses opérations et ses divers états. Or, la conscience dite physiologique n'est pas susceptible de réflexion, au sens propre du mot. Elle perçoit bien de façon en quelque sorte directe actions et passions, plaisirs et douleurs ; elle ne se dédouble pas, ne se réfléchit pas sur elle-même, ne s'analyse pas. La matière entre dans son intime constitution, et la matière est impuissante à se dédoubler, à se réfléchir intégralement sur elle-même, à s'objectiver pour se percevoir. Notre conscience supérieure, notre mentalité est capable de réflexion ; donc elle émane d'un principe immatériel et spirituel, qui agit indépendamment de tout composé, qui s'appartient, qui est substance.

b) L'analyse du moi nous donne encore un élément somatique, principe quantitatif, passif, étendu, qui, nous venons de le voir, s'offre comme une réalité modale et substantielle, connaturelle à des énergies simples trop rudimentaires, trop imparfaites pour subsister isolément. Comme le dit M. Ribert, ce n'est pas un être, c'est une ébauche, un commencement d'être ; ce n'est pas une substance, c'est un co-principe substantiel. Il n'a que les actes du composé, car il est dépourvu de toute activité propre. Il n'est donc pas principe permanent et indépendant d'opérations : il n'est pas substance.

c) Enfin notre inventaire du moi nous met en présence d'un complexus intégral, qui constitue l'individu humain et qui est le moi total, suprême synthèse du psychisme et du somatisme.

Nous savons que nous sommes composés, et nous nous sentons des unités. L'unité du moi intégral est un sentiment primitif. Nul, s'il n'est malade, ne prit jamais le change. La subordination de nos pouvoirs inférieurs à notre liberté, de l'organisme à la raison suffirait à montrer l'unité réelle d'organisation et de coordination entre les éléments divers, qui constituent le moi. Nous avons conscience de notre unité comme de notre activité et de notre liberté. Étudions le moi intégral dans ses relations avec le moi psychique.

1. — Nous nous résumons. A démonter pièce à pièce l'être humain pour scruter son intime composition, nous avons découvert et mis à part deux constitutifs essentiels et irréductibles : minimum de principes absolument indispensable à l'explication de nos pouvoirs et de nos états. Notre psychisme rend compte de nos états de conscience ; le somatisme rend compte des événements matériels. Psychisme et somatisme s'unissent dans un même moi, pour constituer un même agent et coopérer aux mêmes fonctions psycho-

organiques. Ils forment ainsi un même moi que nous avons appelé le moi intégral et qui embrasse tous nos éléments constitutifs. Nous avons la perception très nette que par leur union ces éléments divers concourent à ce résultat.

De cette union nous avons également la perception très nette, en tant que fait. Nous sommes en peine dès qu'il s'agit de l'expliquer. Quel est le lien qui rattache l'un à l'autre l'esprit et le corps? Grande question et pleine de ténèbres. A-t-on assez cherché, assez proposé de solutions : le mystère ne cesse pas d'étendre son ombre sur le facteur de cette unité. L'union est certaine ; cela suffit. Les plus avisés en prennent leur parti.

On présumera néanmoins que nous inclinons vers l'explication péripatéticienne par l'union substantielle. Nous avons conscience que le moi implique unité de centre d'attribution, donc unité de substance complète : d'où nécessité de conclure à l'union de tous nos éléments dans une même substance. En d'autres mots, nos constitutifs essentiels se compléteront pour constituer une substantialité unique. Ils se compénètrent et se fusionnent de manière à ne former qu'un seul tout analogue à celui que forment les deux co-principes, matériel et formel, dans la théorie d'Aristote sur la composition des corps. Telle la coopération des deux éléments, psychique et somatique, dans la substantialisation physique du moi intégral.

Et les faits sont favorables à cette interprétation, d'après laquelle le psychique est la forme du corps. Nous parlons des faits psycho-organiques ou des opérations mixtes, qui présentent le double caractère de la matérialité et du psychisme. Double caractère, et pourtant opération unique! De même, double principe substantiel pour rendre raison de ce double caractère, et pourtant substance unique. Quoi de plus logique et de plus rationnel? L'un des principes confère à l'acte la simplicité, la vitalité, la sensibilité; l'autre lui confère la quantité, l'étendue, la matérialité. Encore une fois, quoi de plus concordant avec les faits? Mais la multiplicité de principe ne porte pas atteinte à l'unité de substance, pas plus qu'à l'unité d'opération.

S'il n'y avait dans l'homme que vitalité, activité psycho-physiologique et sensation, rien que des opérations mixtes; si les virtualités du composé épuisaient son fonds d'énergie substantielle; si les deux éléments, tels que nous venons de les décrire, constituaient les limites de l'être humain; si, en un mot, ces deux éléments ainsi proportionnés et rivés l'un à l'autre, épuisés l'un par l'autre, si ces deux éléments expliquaient le moi intégral et tous ses phénomènes, il n'y aurait pas lieu de chercher davantage. Ils apporteraient un égal concours à la substantialisation du moi. Nous aurions un agrégat substantiel dont l'unité s'imposerait, alors même que nous n'aurions pas la pleine lumière sur le lien, sur le facteur de cette unité. Substance ni l'un ni l'autre, puisque ni l'un ni l'autre ne constituent isolément un principe complet d'opérations, puisqu'ils sont, d'ailleurs, inhérents l'un à l'autre, psychisme et somatisme devraient cependant être considérés comme des éléments, ou plus précisément des co-principes substantiels. C'est en toute raison que l'École les a appelés des substances incomplètes, *ratione substantialitatis*.

Les choses semblent se passer ainsi dans la brute, non dans l'homme. Tandis que le principe psychique envahit l'organisme pour lui infuser l'énergie, la vie, la sensibilité, il exerce en des régions suprasensibles des opérations dans lesquelles la matière n'a pas de part directe ; elle ne s'y rattache tout au plus qu'à titre de condition objective ou concomitante. Ce sont les opérations mentales.

En conséquence, s'il est vrai de dire que dans notre activité psycho-physique, dans la vie et dans la sensation, ainsi que dans le composé lui-même, le principe somatique concourt à l'opération et à la substantialisation du moi dans la même mesure, sinon au même titre que le principe psychique et simple, il est aussi exact d'ajouter que, dans l'exercice de la pensée et de la liberté, le psychisme trahit des énergies, qui outrepassent la matière et étendent la substantialité du moi bien au-delà de l'organisme et du monde physique. Notre mentalité confère au moi une substantialité plus large que la substantialité mixte de l'organisme, une substantialité qui va se déployant dans le monde des esprits.

Et c'est pourquoi notre psychisme n'est pas, comme notre somatisme, une substance incomplète, *ratione substantialitatis*. Il est plus et mieux. Il constitue, par ce fait qu'il est principe suffisant, intrinsèquement indépendant d'opérations propres, ce que l'on a dénommé une substance incomplète, *ratione speciei*. De soi elle est complète ; elle n'est incomplète que par rapport à un but étranger à son être absolu, qu'en vue de réaliser telle fin autre que son existence. Nous nous expliquons.

Les matériaux d'un édifice sont en eux-mêmes des substances complètes ; ils ne sont incomplets que par rapport à l'édifice en projet. De même notre psychisme est en lui-même, l'activité mentale en fait foi, une substance complète. Il a tout ce qui constitue la substantialité : actes propres, unité et permanence, non-inhérence en tant que mentalité et liberté. Avec son fonds de réalité transcendante, notre psychisme a donc tout ce qu'il lui faut pour fonder une substantialité autonome, suréminente et *sui generis*, capable de se suffire ; une substantialité jouissant d'une vie à elle propre, bien qu'en incessantes communications avec la vie mixte du composé. Comme être réel, comme esprit, comme substance individuelle, le moi mental se suffirait donc, il tiendrait debout sans appui nouménal.

Mais pour la beauté de l'ensemble et pour relier les deux mondes de la matière et de la pensée, il doit exister un être intermédiaire, qui soit à la fois esprit et corps. C'est l'homme. A constituer cet être d'espèce particulière, à former l'homme il est clair que l'esprit ne suffit pas ; la matière doit intervenir. De soi l'esprit serait substance complète ; il ne sera incomplet qu'en vue de constituer cet être de nature si spéciale, l'homme. Substance incomplète *ratione speciei*.

Le moi intégral enferme donc deux vies, qui se développent parallèlement : la vie psychique pure et la vie mixte du composé. D'après cela, il doit sembler que le moi total impliquera deux centres d'attribution, deux substantialités, deux moi : le moi mixte du composé psycho-organique et le moi transcendant de l'esprit. Reconnaissons tout de suite que la chose ne serait pas impossible. Nous ne voyons pas d'impossibilité à ce qu'un esprit soit emprisonné dans un organisme vivant.

Toutefois, nous avons dit pour quels motifs nous ne pouvions accepter cette hypothèse, qui fut, on le sait, une idée chère à Platon et à Descartes. Nous n'admettons qu'un seul principe psychique, et c'est ainsi qu'il nous est facile de tourner, disons mieux, de supprimer la difficulté d'une double substantialité, d'un double moi complet, et, partant, d'une unité fortuite et accidentelle entre les éléments de la personnalité. Essentiellement et substantiellement, c'est le même principe qui, en vertu de ses multiples virtualités, joue à la fois le rôle de co-principe psychique dans le composé, et le rôle de principe autonome dans les opérations mentales.

Cette unité du principe psychique explique en même temps et l'unité substantielle du moi intégral et les mutuelles relations du moi psychique pur et du composé psycho-physiologique.

Nous accorderons encore, si l'on veut, qu'il y a virtuellement deux substantialités dans le moi en ce sens que esprit et composé mixte pourraient à la rigueur subsister séparément, nous venons de l'indiquer. *En fait*, il n'y a qu'une seule substantialité, parce qu'il n'y a qu'un seul principe psychique, à la fois esprit et co-principe simple dans le psycho-somatisme.

Au total et après simplification, nous avons donc le co-principe somatique, substance incomplète *ratione substantialitatis*; et le psychisme, tout ensemble co-principe psychique de l'organisme, également incomplet *ratione substantialitatis*, et principe absolu indépendant d'intellectualité et de volonté, incomplet seulement *ratione speciei*.

Ces deux éléments s'agglutinent, se compénètrent, s'unifient de manière à ne constituer plus qu'une substantialité réelle, actuellement unique, bien que virtuellement double. Tel le végétal ou l'animal en composition avec l'élément inorganique. Dans la vie ou dans la sensation, l'analyse peut distinguer deux ou plusieurs séries de phénomènes avec, chacune, un centre particulier d'attributions et d'opérations: corps, centre des phénomènes quantitatifs ; principe vital, centre des phénomènes biologiques, etc. En réalité, une seule substance.

A signaler pourtant une différence essentielle : les centres, dont il vient d'être parlé, sont rivés à la matière et sont incapables de vivre indépendants. C'est le contraire pour le psychisme pur et autonome ; et néanmoins l'unité substantielle est la même, parce que le même principe, qui à certains égards vit indépendant de la matière, remplit à d'autres égards le rôle de co-principe organique.

Voici donc à peu près le schème, qui nous montrerait ce double aspect du principe psychique et qui exprimerait symboliquement ses relations avec le corps :

1° $a\ a'$ Psychisme indépendant et transcendant, autonome et spirituel : intelligence et volonté, substance complète en soi et se suffisant ; incomplète seulement *ratione speciei*, en tant qu'elle doit contribuer à former l'homme. Opérations essentiellement indépendantes de l'organisme, bien qu'objectivement elles puissent en relever, dans ce sens que la coopération organique peut être pour elles une condition, un accompagnement nécessaire.

2° $a'\ a''$ Substantialité inférieure et mixte, impliquant, comme double co-principe, l'organisme et le psychisme inférieur. Deux éléments qui se complètent *ratione substantialitatis*. Impuissants à subsister l'un sans l'autre, ce ne sont pas substances distinctes, ce sont co-principes substantiels, ou, si l'on préfère, substances incomplètes *ratione substantialitatis*. Comme tels ils forment un seul tout, un seul principe complet d'action, de vie, de sensation.

3° $a\ a'\ a''$ Une seule et même réalité psychique, dont l'unité explique l'unité du moi humain. Unité substantielle, bien que le psychisme soit à la fois substance de soi complète comme élément spirituel, et substance incomplète dans le composé. Encore un coup, la substance psychique, actuellement et réellement une, joue le rôle d'une substance virtuellement double. Par sa double fonction et son identité, le psychisme est le lien qui fonde l'unité substantielle dans l'homme.

Ce serait peut-être le cas de rechercher dans quelle mesure l'élément psychique confère l'activité à l'organisme. Doit-il être considéré comme l'artisan, comme l'architecte de notre somatisme? Est-il forme de corporéité? Nous le pensons contre Scot. Remplace-t-il par ses énergies propres les forces physico-chimiques inhérentes à chaque atome? Question toute nouvelle, qui n'a pas dû préoccuper nos ancêtres! Question d'ailleurs difficile et fort complexe, que nous laissons à de plus habiles le soin de résoudre, si toutefois on peut sortir ici du domaine des suppositions.

2. — Pour le moment, nous devons retenir que le moi intégral se confond avec ses constitutifs. Il n'est qu'une intégration substantielle de ses éléments essentiels. Par le fait de leur groupement, de leur fusion, de leur consolidation, ces éléments forment une synthèse indépendante et substantielle ; comme tels, ils deviennent centre d'attribution, d'action et de passion. Voilà précisément ce qu'il advient du groupement en un seul moi du psychisme et du somatisme. Ils forment un tout substantiel et global dont la réalité n'est pas autre que la réalité des composants.

Tel est le centre général d'attribution, le moi total, qui englobe et synthétise tous nos événements et toutes nos énergies dans sa vivante substantialité, auquel tout se réfère et qui impose à notre être tout entier son infrangible unité. Pour qu'ils cessent d'être unifiés en lui, il faudra que tels ou tels de nos événements ou de nos éléments nous soient arrachés violemment.

Si nous arrêtions là nos investigations, nous aurions obtenu un moi qui ne se distinguerait pas sensiblement des substances complètes, organiques ou non, dont nous sommes environnés. Plus complexe, plus étendu, si l'on veut, mais en dernier ressort constitué par une même substantialité, comprenant psychisme et somatisme, âme et corps, dans sa féconde unité. Centre général d'attribution avec deux séries parallèles de phénomènes ayant leurs centres particuliers dans le moi psychique supérieur et dans le composé psycho-organique. Ces deux centres particuliers sont évidemment subordonnés, comme substances incomplètes, à la synthèse intégrale du moi total. Nous avons dit comment.

Mais voici que dans le complexus humain va se faire jour un phénomène sans précédent et sans équivalent au sein du monde empirique. Dans ce qu'il est permis d'appeler le prolongement spirituel et transcendant de son être organique, le moi conscient va exercer son activité supérieure, intellectualité et liberté.

A ce jet de lumière, il va sembler que tout est changé, que le moi va se créer un axe nouveau, se polariser en quelque sorte dans notre mentalité. Dès que la raison et la liberté font irruption en nous, l'une pour éclairer, l'autre pour diriger et mouvoir, toutes deux pour régner, pour porter une même couronne et un même sceptre, le moi psychique acquiert, de par sa transcendance et les services qu'il peut rendre, une prépondérance incontestable, sinon incontestée. Les inclinations psycho-organiques pourront se mutiner, ronger le frein. Finalement, elles devront plier et reconnaître l'autorité supérieure de plus fort qu'elles. Notre mentalité devient prédominante ; elle s'attribue le gouvernement du moi intégral ; elle fonde ainsi notre personnalité. Jusqu'à présent, nous nous étions trouvés en face d'une substance ; désormais, c'est la personnalité qui apparaît.

De fait, la personne morale et consciente, telle que nous l'entendons, n'est et ne saurait être qu'une substance, en tant que raisonnable et libre.

Et c'est précisément l'apparition de la personnalité qui dépossède la substantialité psycho-physiologique de la propriété de ses fonctions libres pour s'en investir, ou, plutôt, pour en investir le moi global qui embrasse le composé organique et ce moi psychique supérieur dont en réalité il ne se distingue pas.

En effet, nous l'avons déjà dit, à tout prendre, le moi intégral n'est que la synthèse vivante et substantielle de ses éléments essentiels. Le moi n'a de réalité que la réalité de ses constitutifs, et chacun des constitutifs se comporte vis-à-vis de lui comme la partie vis-à-vis du tout.

Le moi total englobe donc l'élément psychique, et se confond avec lui. C'est par le psychisme supérieur, par la mentalité qu'il est personne morale et consciente. Quoi de surprenant à ce qu'il rapporte tout à lui-même sous cette formalité de moi psychique, d'âme, de personne intelligente et libre ? Les éléments physiques, réels, sont comme la matière du moi synthétique, la mentalité en est comme la forme : elle caractérise le moi ; elle en fait une personne. Encore un coup, rien d'étonnant à ce que dès lors tout le moi se concentre en quelque sorte dans notre mentalité, que tout se subordonne et se réfère à elle, qu'elle soit l'aboutissant et le moteur suprême de l'agrégat que nous sommes

C'est dans le moi psychique, dans la raison et la liberté, que le moi prend conscience de lui-même, de ses droits, de sa prééminence ; c'est grâce à lui qu'il régit et domine le composé tout entier, qu'il devient personne morale et soumet tout notre être à un ordre donné.

Nous insistons pour bien établir les relations du moi intégral et du moi psychique, du tout et de la partie. Comme le tout ne se distingue pas de ses parties, ainsi le moi intégral du moi psychique ou de l'âme. Simplement, le premier est plus large, il enveloppe tout l'agrégat.

L'âme s'identifie donc avec le moi total, comme la partie s'identifie avec le tout. Mais le moi psychique est un fragment privilégié : c'est en lui et par lui que le moi est personne libre et raisonnable ; aussi est-ce en lui et par lui que le moi global exerce ses droits, qu'il se subordonne tout, se rapporte tout et régit en maître le composé humain.

En fait, c'est un seul et même moi, une seule et même réalité.

De nos jours, la chose ne va pas sans discussion. Dans une lettre ouverte à R. Avenarius (*Philosophische Monatshefte*, 1896), W. Schuppe s'élève contre les contradictions et impossibilités du « réalisme naïf ». D'après lui, ces extravagances ont en grande partie leur origine dans la substitution de l'âme au moi, qui, seul, est donné par la conscience.

R. Willy lui répond bientôt après que, pour lui, ce que l'on appelle moi, le moi scientifique en quelque sorte, n'est pas autre chose que l'individu humain lui-même, à condition que l'on tienne compte des relations spéciales avec les autres hommes. Avec quelques réserves, nous pensons comme R. Willy.

Il faut identifier l'âme et le moi global ; mais il ne

doit pas être question d'une identification absolue ; ce serait nier le corps et sombrer dans l'Idéalisme. Dans l'École on n'a peut-être pas parlé assez clairement de la distinction entre l'âme et le moi. On ne l'a pourtant pas méconnue, tant s'en faut. Au fond, le moi total n'est pour nous que ce que la substance ou la personne constituée par l'union substantielle et la subsistance est pour les scolastiques. L'âme est l'élément transcendant et régulateur, la *personnalisation*, si l'on peut ainsi s'exprimer, du composé substantiel, à la formation duquel elle contribue pour sa très grande part. Constitutif et régulateur, le moi psychique devient en quelque sorte par la raison et la liberté le pivot central du moi synthétique : le composé psycho-organique, en vertu de l'union substantielle, n'est plus qu'une dépendance, une appartenance, à laquelle le moi psychique est préposé et qu'il exploite à sa convenance. Bref, le moi psychique, substance incomplète *ratione speciei*, mais complète *ratione substantialitatis*, s'identifie avec le moi intégral comme la partie avec le tout ; mais élément privilégié, transcendant, rationnel, il polarise l'agrégat humain et tous ses événements qu'en vertu du lien substantiel il s'attribue en dernier ressort. C'est ainsi qu'il s'identifie avec le moi synthétique, qu'il s'en différencie, et qu'il constitue avec lui une seule personne morale.

Est-il besoin de reparler du moi psychologique que les phénoménistes de toute nuance s'efforcent de confondre avec le moi ontologique ?

A les entendre, nous n'aurions conscience que du moi psychologique : or, c'est là une création de notre raison, une irréalité par conséquent.

Mais après tout ce que nous venons de dire, il est évident, croyons-nous, que le moi psychologique n'est et ne peut être qu'un épiphénomène, une traduction, une copie de nos réalités psychiques, et qu'il les suppose inéluctablement.

Nous convenons sans peine qu'il y a bien ici une création rationnelle, mais en sens inverse de ce que prétendent les associationnistes. Ce n'est pas le moi psychologique qui fonde le moi ontologique ou réel; le moi psychologique émerge du moi réel et le présuppose.

Nos contradicteurs prennent évidemment le change. Leur méprise fait de la connaissance logique une réalité ontologique se suffisant et s'expliquant par elle-même. Nous avons vu que cette position n'est pas tenable; que le moi psychologique ou phénoménal de la conscience sous-entend invinciblement le moi réel et substantiel, comme l'effet sa cause, le phénomène sa substance; qu'en fait nous avons conscience de notre moi psychique comme d'une réalité vivante et agissante, principe vivant et agissant de ses opérations. Le psychologisme n'est et ne peut être que le dédoublement introspectif des réalités psychiques, telles qu'elles nous apparaissent.

Par l'association on explique très bien le développement progressif du moi psychologique. Comme tel, le moi logique n'étant qu'une photographie mentale de notre psychisme, on comprend à merveille que l'accumulation des phénomènes de connaissance l'étende et le développe.

L'association explique même certaine extension, certain perfectionnement des pouvoirs facultatifs. Nul ne l'ignore, la répétition des actes, consolidés en habitudes, condense l'énergie et développe la puissance. A ce double point de vue, l'associationnisme rend parfaitement compte de l'évolution du moi.

Telle n'est pas la question. Il s'agit de préciser : oui ou non, les phénomènes de connaissance, l'apparition originelle du moi psychologique peuvent-ils s'expliquer indépendamment du moi ontologique ? La question ainsi posée, il ne nous semble pas que la réponse puisse être douteuse. On aura beau faire toutes les suppositions ; imaginer des créations incessantes de phénomènes sans cause ; faire appel à notre ignorance et à l'inconscient, finalement et à jamais toutes les dénégations et tous les efforts du phénoménisme viendront se briser contre le sens commun, qui ne peut pas vouloir de phénomènes réels « suspendus entre ciel et terre ». Le principe de causalité et de substantialité est trop enraciné dans les profondeurs de la pensée humaine pour que les arguties d'une critique, aussi audacieuse que subtile, puisse jamais le mettre racines au vent.

Quoi qu'on dise et quoi qu'on fasse, le phénomène impliquera toujours la substance, l'effet la cause, le moi psychologique le moi réel, substantiel et personnel, qui se manifeste dans son activité. Cela est plus fort que tout, et l'explication du τὸ *fieri* initial du moi logique sans la vivante réalité du moi ontologique sera toujours la pierre d'achoppement de l'associationnisme phénoméniste.

En fin de compte, nous trouvons donc à l'analyse :

a) Un moi psychologique, substitut et représentant du moi psychique réel, l'empreinte de sa substance, son image de lumière, son *alter ego* introspectif.

b) Un moi intégral, qui synthétise dans son unité substantielle tous nos constitutifs et qui confère tous ses droits au moi psychique dans lequel il se personnifie.

c) Un moi psychique, qui personnifie le moi total, devient son ayant cause, en raison de sa transcendance et de son identification avec lui. Le moi libre et rationnel crée la personnalité morale, c'est-à-dire la prise de possession de tout notre être, la mainmise du moi psychique supérieur sur tous les éléments qui nous constituent ; telle est la genèse de la personnalité morale, qui réside tout entière en ce que par la raison le moi psychique perçoit, et par la liberté il exerce ce droit de propriété, cet empire, cette juridiction que le moi intégral a sur lui-même. Notre moi mental pourra désormais à sa guise régir, modifier, mouvoir, activer, réprimer : hormis certains besoins physiologiques, sur lesquels d'ailleurs il ne sera pas sans influence, tout en nous devra s'incliner devant son autorité souveraine.

CHAPITRE IX

IMMORTALITÉ DE L'AME OU MOI SPIRITUEL. — PREUVE SUBJECTIVE ET ONTOLOGIQUE.

I. Stabilité du moi spirituel. — II. Il ne peut se détruire lui-même. — III. Contre lui la créature est impuissante. — IV. Ne se pourrait-il pas que Dieu intervienne pour l'anéantir ?

I

La substantialité du moi spirituel est pour nous une vérité acquise. L'âme est une substance autonome, intrinsèquement indépendante de la matière ; une substance à opérations, à fonctions spéciales, régie par des lois d'ordre à part. Bien que mystérieusement rivée et mêlée aux organes qu'elle imprègne, qu'elle influence, qu'elle anime, elle s'en distingue néanmoins par le fond de son être. Nous l'avons vu, ce fond de l'être mental constitue une substance, c'est-à-dire qu'il vit en dehors et au-dessus des conditions organiques... du moins subjectivement et essentiellement, sinon toujours objectivement.

Nous sommes donc en possession d'une conclusion importante au plus haut point : le fond substantiel du moi psychique est de soi un être permanent ; il est debout : *stat*.

Si maintenant on veut agiter la question de sa durée, le vrai philosophe doit observer une attitude en quelque sorte expectante. Pour lui, le moi psychique est debout : montrez qu'il est ou peut être jeté bas. La stabilité ou la permanence du moi psychique possède; faites valoir vos titres contre cette possession. Nous sommes environnés d'êtres substantiels, qui subsistent et vivent un temps : l'expérience et la raison nous apprennent vite qu'ils peuvent périr. Leur permanence, leur stabilité ne peuvent opposer à la destruction que des titres précaires et sans valeur. La mort ou une évidente possibilité de mourir par désagrégement ou extinction ne tardent pas à nous renseigner sur le mal fondé de cette possession.

Pareillement pour mettre un terme à la possession de stabilité du moi psychique, il faut de toute rigueur en appeler à l'expérience et montrer qu'en fait il meurt, ou, du moins, imaginer un mode particulier de dépérissement, qui puisse triompher de sa résistance ou de ses énergies vitales. Voilà exactement notre position: voilà dans quel sens nous pouvons opposer une fin de non-recevoir à quiconque viendra nous contester la permanence du moi psychique. Notre psychisme supérieur possède la stabilité, la permanence indéfinie: prouvez que cette possession repose sur des titres viciés. En d'autres termes, la présomption est que le moi psychique doit vivre indéfiniment; détruisez cette présomption en nous montrant ou que le moi psychique meurt, ou, du moins, qu'il peut mourir.

Cette position est très forte; on s'est rué à l'attaque. On ne peut guère, évidemment, en appeler à l'expérience. Le physiologiste ou le médecin trouveraient difficilement une âme agonisante sous le scalpel. Le fond substantiel du psychisme échappe manifestement à toute constatation expérimentale. L'empirisme et ses processus n'ont rien à faire ici. Impossible de nous faire assister à la mort d'un moi psychique; on ne peut la prouver comme réelle; peut-on du moins la concevoir comme possible?

C'est ici le grand champ de bataille où nos adversaires nous livrent le suprême combat; combat d'autant plus dangereux qu'ils peuvent se dérober derrière des « peut-être » et des « que sais-je »?

II

Envisageons toutes les possibilités de mort qu'on nous oppose.

On peut concevoir que l'âme humaine ou le moi psychique coure quelque danger de mort ou, par le fait de sa nature, trop débile pour subsister à jamais, ou de la part des créatures, ou de la part de Dieu, qui pourraient la détruire ou l'anéantir. Examinons la première hypothèse. Considérée en elle-même, l'âme humaine est-elle indestructible?

Selon que nous avons affaire à des matérialistes ou à des idéalistes, on nous oppose une possibilité de mort indirecte ou directe.

1. — Le matérialiste de n'importe quelle école ne concevant le moi psychique, l'âme, la conscience qu'en fonction du cerveau, tout au plus comme épiphénomène, comme un événement, un état parallèle, ou comme une prolongation de la série nerveuse, doit logiquement conclure à l'anéantissement, à la suppression de la fonction dès que la cause active, dès que l'organisme se désagrège et meurt. On connaît la célèbre comparaison : « L'esprit n'est que l'expression consciente et comme la musique du corps, formule

reproduite par nombre de philosophes anciens, qui tenaient l'âme pour un accord analogue aux sons que rendent les cordes d'une lyre. Il n'y a pas à chercher ce que devient la mélodie, quand l'instrument est brisé. » (Bourdeau, *Prob. de la mort*, p. 81.)

En somme, l'hypothèse matérialiste se base sur ce que l'âme n'aurait pas d'autre essence que l'essence même du corps dont elle serait comme une phosphorescence, une efflorescence, un parfum; le moi psychique dépendrait essentiellement du corps. C'est l'objection qu'on ne se lasse pas de formuler et de nous opposer.

Ouvrez donc les yeux, nous redit-on. Ne voyez-vous pas que de jour en jour la dépendance du dedans à l'égard du dehors s'accuse davantage? Ne voyez-vous pas que la matière dicte ses conditions à la pensée? Le moi psychique est dans un perpétuel esclavage, dans un perpétuel assujettissement vis-à-vis du corps.

On se souvient du mot cruellement ironique d'Em. Ferrière : « Un homme est constipé et a le délire. Cinquante grammes de sulfate de magnésie sont introduits dans les intestins; et voilà la substance spirituelle logée dans le cerveau (?) qui recouvre ses perceptions exactes, ses idées raisonnables, en un seul mot son essence (?). Nouveau phénomène, non moins étrange que le premier, aussi incompréhensible et aussi absurde ! » (*La Vie et l'Âme*, p. 214.) Cette solidarité entre la pensée et le mouvement ne dit-elle rien à votre esprit? N'est-elle pas une preuve tangible qu'on s'est fourvoyé à prêter à la pensée et à son sujet une indépendance illusoire?

Nous sommes assez malheureux pour ne pas être persuadés; et pour être persuadés précisément du contraire. Qu'on se reporte à nos conclusions; il est inutile de les étayer à nouveau. Certes, nous ne nions pas toute dépendance mentale vis-à-vis de la matière. Avec notre théorie du composé substantiel, il est trop évident que le corps et l'âme ne peuvent vivre en étrangers. L'entendement emprunte à la sensation et à l'image les matériaux abondants de ses idées cosmologiques. De plus, pensée et mouvements physiologiques ou psycho-physiologiques s'entraînent mutuellement; il est bien difficile de penser sans imaginer ou sentir. L'effort du moi est commun aux deux éléments et provoque une fatigue physique dont l'influence n'atteint sans doute directement que l'organisme, mais par ricochet se fait sentir indirectement jusque dans les hautes régions de la spéculation; cette fatigue engourdit les organes des sens qui alimentent la pensée ou marchent parallèlement avec elle, la torpeur de l'organisme détermine une torpeur apparente de l'esprit, les désordres physiologiques entraînent par là même des désordres intellectuels; l'état embryonnaire ou sénile de notre corps doit ligoter en quelque sorte l'exercice normal de nos facultés mentales. Quant aux races incultes, il est à croire que leur incapacité n'est tout simplement qu'une maladresse psychologique provenant de la non-éducation et du défaut d'exercice.

Mais nous avons expliqué cela tout au long. Tous les faits qu'on nous oppose, la théorie péripatéticienne peut en rendre compte assez facilement. Il n'y a pas lieu de supposer un seul instant que le fond substantiel de notre moi psychique dépend entitativement du système organique. Au contraire, d'excellentes raisons nous amènent à penser qu'il y a indépendance essentielle.

Dès lors s'écroule la possibilité d'extinction indirecte comme s'éteint l'âme de la brute aussitôt que se dissout l'organisme. Les deux cas ne sont pas semblables. Dans l'animal il y a adéquation parfaite entre les deux co-principes. Nul des deux composants n'a d'existence et de vie propre; ils ne peuvent subsister que réunis. Substantiellement incomplets, ils s'appuient et s'achèvent l'un l'autre, non pas seulement pour constituer une espèce, mais encore pour former un être se suffisant à lui-même. Chacun des deux co-principes égale donc, complète, épuise l'autre. L'un ne saurait subsister sans l'autre, puisqu'à eux deux ils constituent, ou du moins ils partagent une même existence, ainsi qu'il résulte de l'observation des actes. Dans l'animal, l'acte ne saurait être psychique sans être simultanément physiologique. L'image et la sensation, seuls fruits de son activité, impliquent nécessairement la mise en jeu de l'organisme.

Si donc il est vrai que l'activité extérieure est le fidèle miroir de l'activité du dedans, des virtualités intimes, et, pour trancher le mot, de l'essence elle-même, il faut bien admettre cette conséquence que dans la brute le principe simple, qui vit et qui sent, dépend radicalement de son co-principe organique, à telles enseignes qu'il ne peut aucunement se passer de lui; la ruine de l'un entraîne fatalement la ruine de l'autre. Selon le mot heureux de saint Thomas, l'âme de la brute est *totaliter immersa materiæ*, c'est-à-dire qu'elle n'a pas d'acte propre, exclusivement psychique; c'est-à-dire que le corps épuise l'être, l'activité, la vitalité du principe simple, au point que le principe simple n'est rien que par le corps. Comment, dès lors, subsisterait-il indépendant?

Il en va tout différemment de l'âme humaine qui, elle, *emergit a materia*; c'est-à-dire qu'elle a des actes propres essentiellement purs de toute matérialité. Par suite, s'il faut en croire l'axiome invoqué plus haut et qui n'est en réalité qu'une forme du principe de causalité, l'âme humaine possède un supplément d'énergie transcendante, un fond substantiel d'être également pur de tout mélange, de toute combinaison matérielle. De ce chef le moi psychique ou âme humaine est essentiellement supérieur à la matière, assez pour ne pas en subir toutes les vicissitudes. Les orages qui bouleversent et dévastent les régions inférieures du moi ne doivent pas nécessairement atteindre les hauts sommets.

Le moi mental et rationnel a des opérations, une vie, une réserve de substance sans mélange de matérialité. Que la matérialité s'effondre, cet excédent d'activité et de vie transcendante demeurera intact; il a une vie propre, il peut donc se suffire indépendamment d'un organisme étranger à sa constitution essentielle. Quoi de plus logique; quoi de plus naturel?

Quel reproche M. Piat peut-il adresser à cette conclusion? Elle découle de l'ontologie naturelle de l'âme tout aussi directement, nous semble-t-il, tout aussi infailliblement que les conclusions par lui admises touchant les facultés de l'âme et la personnalité humaine. Comment n'a-t-il pas vu que jeter la suspicion sur une inférence aussi légitime sous prétexte qu'elle est trop métaphysique, c'était par le fait infirmer toute métaphysique possible (car où sera la mesure, le critérium qui nous fera discerner si la déduction est trop loin conduite, si elle doit, oui ou non, nous donner le vrai?), c'était jeter le discrédit, la défaveur sur tout processus rationnel?

Le moi psychique n'est pas essentiellement conditionné par l'organisme. — Mais nos opérations mentales le sont, au moins pour vous, péripatéticiens, qui posez en principe l'absolue nécessité d'une sensation préalable à l'exercice de la pensée : *Nihil est in intellectu quod non fuerit in sensu.* — « C'est donc sur des images étendues que porte directement notre pensée rationnelle, quand elle se façonne celles de ses idées qui se rapportent au monde extérieur; elle discerne dans ces images elles-mêmes, et sans l'en retirer, le fruit de vérité qui lui revient. Il faut que notre entendement communie à la matière pour l'entendre; son opération, si noble qu'elle soit, ne peut être toute faite d'indivisible. » (PIAT, *Destinée de l'Homme*, p. 79-80.)

Un cartésien, un platonicien, pour qui l'âme et le corps sont deux frères ennemis incompréhensiblement soudés l'un à l'autre, échapperont à la difficulté. L'âme, d'après eux, sera d'autant plus disposée à l'action que son esclavage sera plus près de finir; elle voit la vérité en Dieu; le corps n'est pour elle qu'une entrave; la matérialité un brouillard. Supprimez l'entrave, enlevez le voile, l'âme verra mieux. — Mais vous qui faites des sens le boulevard de l'intelligence, comment résoudrez-vous l'antinomie de ces deux vérités contradictoires : la ruine de l'organisme et le maintien de l'activité mentale?... Car, remarquez-le bien, vous ne pouvez sans cruauté et sans folie supprimer cette activité. Vous parlez de vie future : mais serait-ce une vie que cette existence de larve inconsciente, que cette existence vague, sans lumière, sans acte, sans joie, sans crainte, sans espoir, sans amour?

L'objection est grave : elle n'est pas insoluble. Oui, c'est trop évident et trop facile à constater, dans la vie présente les sens sont indispensables à l'exercice de l'intelligence, surtout s'il s'agit de la connaissance des corps. Dans nos centres psycho-organiques s'amoncellent les matériaux, les éléments primitifs dont la pensée dégagera ses idées immatérielles, ses concepts.

Mais, en vérité, même ici-bas, tout acte de pensée a-t-il uniquement pour but de nous acquérir des idées à objet matériel? N'y a-t-il pas le travail de *réflexion*, de *comparaison*, de déduction, travail qui échappe aux conditions de la matière, se fait indépendamment de la sensation dans le domaine réservé de l'intelligence, et ouvre à l'âme les perspectives de l'idéal pur?

Tout d'abord, en effet, l'âme séparée, plus attentive, plus clairvoyante à raison même de son immatérialité, l'âme libre de toute entrave, qui lui venait du corps souvent rétif et impuissant, pourra mieux se consacrer à l'étude personnelle du moi psychique; et cette étude sera incontestablement plus pénétrante, plus approfondie. L'âme se connaissait si peu sur la terre !

« Je n'ai jamais pu non plus me persuader, dit Xénophon, que l'âme, par cela seul qu'elle se séparerait d'un corps irraisonnable, viendrait à perdre la raison. Il est vraisemblable, au contraire, que lorsque l'âme a été dégagée, pure et sans mélange (ἄκρατος καὶ καθαρὸς ὁ νοῦς ἐκκριθῇ), c'est alors qu'elle jouit le mieux de son intelligence. » (*Cyropédie.*)

Ce n'est pas tout. En s'éclairant d'une plus vive lumière, le fond substantiel et les facultés de notre âme découvriront à notre contemplation des trésors d'idées amassées dans les profondeurs solitaires de notre intelligence, des trésors de notions emmagasinées dans notre souvenir, tout l'apport de notre vie mortelle. Et Dieu sait quelles richesses psychologiques nous avons ainsi entassées souvent à notre insu. La plupart ne s'offrirent qu'une fois à notre regard. Depuis, elles vécurent silencieuses et ignorées, dans les mystérieux abîmes de l'inconscient. Elles étaient là, et nous ne le savions pas. Mais, au jour de l'immortalité, elles se lèveront, elles jailliront comme d'intimes étincelles, et comme les étoiles au Créateur, elles répondront à notre appel : « Nous voici ! »

Ces idées acquises, nous pourrons mieux les scruter, les comparer entre elles, les analyser, en mieux dégager la lumière latente, les rapports cachés. De déduction en déduction, nous pourrons reconstruire à l'infini, et avec plus de suite, plus de certitude, plus d'évidence l'édifice de notre propre science. Dieu et le monde, dans leurs relations transcendantes, les attributs divins et les entités insaisissables à nos sens seront l'objet de cette science, moins sujette à l'erreur et plus lumineuse, car elle nous montrera plus clairement ce qu'il est permis d'appeler l'envers des choses, leur immuable essence, et non plus seulement leurs apparences empiriques, leurs nuances changeantes et mobiles à travers le prisme souvent mensonger de notre sensibilité.

Toujours est-il, répliquera-t-on, que certaines réalités, les corps échapperont à notre connaissance.

Non pas celles que nous connaissons déjà. Celles-là, l'immortalité les évoquera dans notre souvenir. Quant aux autres, convenons d'abord qu'elles ne sont nullement indispensables à l'exercice de nos facultés mentales. Par suite, Dieu peut fort bien se dispenser de les livrer à notre perception. Que s'il juge à propos de ne pas restreindre notre savoir, il ne tient qu'à lui de l'élargir en tous sens. Sans aller contre les lois fondamentales de notre intelligence, il peut fort bien donner à l'âme séparée des notions nouvelles sur le monde matériel.

Car, enfin, quelle est la condition préalable de toute perception intellectuelle ? Tous les péripatéticiens le redisent avec saint Thomas, c'est l'intelligibilité de l'objet à comprendre, intelligibilité provenant de ce que l'objet est immatérialisé.

Dès lors, si tel est son bon plaisir, pourquoi Dieu ne pourrait-il pas élaborer lui-même, immatérialiser l'objet matériel qu'il désire nous faire percevoir? Lui qui a créé nos sens, ne pourrait-il pas les suppléer par lui-même ou par tout autre intermédiaire?

Si le Tout-Puissant le juge à propos, nous pourrons donc connaître même les corps.

Enfin, est-il interdit, n'est-il pas même raisonnable d'admettre que les âmes pourront communiquer entre elles et avec les êtres supérieurs dont la philosophie d'Aristote et de Platon s'est plu à reconnaître l'existence? On ne peut guère supposer que dans son ciel le Dieu des saintes amitiés n'établira pas ces mutuels échanges de pensées et de sentiments, qui sont le charme de toute société. Quelle est la nature de ces communications, quel est le langage du paradis? Est-ce une sorte d'illumination, qui s'allume ou s'éteint au gré des âmes interlocutrices? C'est ainsi, d'après saint Thomas, que s'entretiennent les anges. Rien de certain : nous le saurons un jour.

Que reste-t-il maintenant de la difficulté qui nous avait été faite? L'âme ne cesse pas de penser; elle peut compléter et mieux approfondir ses connaissances antérieures sur Dieu et sur les essences des choses. Libre de toute attache avec ce corps aux passions troublantes, aux accablantes infirmités, aux appétits indomptés, l'âme sera plus apte, plus appliquée, plus alerte à l'étude, à la méditation, à la contemplation. Enfin, nous avons tout lieu de croire qu'elle aura du monde matériel la connaissance indispensable à son bonheur, et qu'elle pourra s'entretenir avec ses commensales du paradis.

Et comme il n'est point de pensée qui n'ébranle en nous le vouloir et l'amour, il est hors de doute que le moi psychique ne cessera pas d'aimer. Il aimera l'ordre et la vérité, Dieu et les âmes, tous ceux qui lui furent chers ici-bas. Il les aimera en Dieu et pour Dieu. Et nous trouvons un peu bien froide et incomplète cette philosophie d'un auteur spiritualiste : « Notre cœur qui a tant aimé et des objets si divers, si fragiles et si indignes, n'aimera plus que Dieu... Nous n'aurons plus qu'une seule idée et qu'un seul amour. » (CARO, *Idée de Dieu*.) Sans doute, mais encore faudrait-il expliquer dans quel sens.

Comme nous aimons mieux cette page de la *Somme théologique* où saint Thomas nous parle de nos immortelles amours : « Nous aimerons Dieu plus que toutes choses et nous aimerons les créatures dans la mesure de leur ressemblance et de leur union avec Dieu; nous continuerons aussi à voir, à aimer Dieu dans son rayonnement de bonté, de beauté, de vérité dans l'âme des élus. Plus ce rayonnement et cette manifestation de l'éternelle beauté seront étendus, plus notre affection sera grande, notre amour sera profond. Cependant chacun de nous conservera un attachement spécial, qui implique la connaissance, pour ceux qui nous furent unis, sur la terre, par des liens de parenté ou d'amitié; car les causes d'un honnête attachement subsistent dans les âmes bienheureuses. » (II^a II^æ, q. 26.)

Saint Paulin de Nole pouvait donc bien écrire à son ami Ausone : « Vous me serez présent partout... Et lorsque, affranchi de cette prison, je m'envolerai de la terre, en quelque région que le Père commun me place, là encore je vous porterai dans mon âme. La mort, qui me séparera de mon corps, ne me détachera pas de vous, car l'âme qui, en vertu de sa céleste origine, survit à notre corps, doit nécessairement conserver ses affections, ses sentiments, comme sa vie. Elle doit vivre et se souvenir à jamais. Elle ne peut pas plus oublier que mourir ! »

Nous nous reconnaîtrons et nous nous aimerons plus et mieux qu'ici-bas. Ce sera toute notre vie d'outre-tombe. Connaître indéfiniment une vérité infinie, se retremper sans lassitude dans un amour toujours grandissant, toujours inépuisé : ce sont là sans doute de splendides perspectives ! Mais que sont-elles en regard de celles que la foi nous découvre !... C'est là un terrain réservé : il nous est défendu d'y poser le pied.

« N'importe ; tout imparfait qu'il est, cet enseignement de la philosophie calme nos alarmes les plus poignantes et nous rassure délicieusement. Il nous délivre de cette doctrine avilissante qui, nous réduisant à la condition de la brute et ne voyant dans l'homme qu'un tas de matière, affirme que tout en nous meurt avec le corps... Non, ceux qui succombent près de nous et parfois dans nos bras, ne sont pas voués à la poussière ou rejetés au néant. En nous quittant, ils n'ont fait que commencer une vie nouvelle où, s'éclairant à une lumière meilleure, libres de l'agitation et du tumulte des sens et de la matière, ils peuvent se livrer à la douce contemplation de la vérité éternelle. La philosophie nous assure qu'ils peuvent penser et qu'ils peuvent aimer ! » (R. P. Coconnier, *L'Âme humaine*.)

En résumé, et la raison philosophique ne saurait se hasarder plus loin sans courir le risque de s'égarer, notre âme identique à elle-même, avec sa mentalité, intelligence et liberté, ne cessera pas à la mort de vivre, de penser, d'aimer par-delà la tombe. L'abolition de l'activité organique n'entraîne pas l'abolition de l'activité mentale.

C'est dire que nous n'acceptons pas, que nous ne pouvons accepter la solution panthéiste d'après laquelle l'activité personnelle du moi psychique serait supprimée, tandis que le fond substantiel de notre psychisme irait rejoindre je ne sais quelle substance universelle dans laquelle se perdrait, s'abîmerait notre personnalité consciente. Pour que la justice éternelle ne soit pas lésée, il faut que notre identité personnelle subsiste avec son activité consciente, avec ses souvenirs, avec ses pensées, avec son amour. Sans cela, la vie future n'est plus une vie; votre immortalité n'est qu'une mort. Car, je vous prie, que me fait à moi l'éternelle survie de cette substance, qui fut la mienne, alors que j'ai perdu conscience de moi-même, que je n'existe déjà plus comme personne? Qu'y a-t-il de commun entre mon moi vivant et conscient, toujours identique à lui-même, et qui a pleuré, souffert, mérité, aimé dans la pleine clarté de l'être conscient, et cet être vague, imprécis, sans ressouvenir et sans acte, qui, à l'heure dernière, ira se confondre à jamais avec une substantialité qui m'est étrangère? Autre serait celui qui aurait mérité, autre celui qui serait récompensé. Toute justice disparaîtrait.

Si vous paralysez mon activité consciente et psychologique, vous ruinez mon identité personnelle. Et si mon identité est en péril, mon immortalité n'est plus qu'un mot.

Il suit de là qu'au jour de la décomposition organique, le moi perd sa corporéité, une de ses attributions, une de ses appartenances substantielles, cette modalité réelle, ou cette réalité modale qui le mettait directement en relation avec le monde des corps. Des rouages complémentaires sont brisés dans ce système compliqué qu'est le moi humain; le pivot central avec ses pièces maîtresses est demeuré intact. Ou si l'on aime mieux une comparaison devenue classique, dans ce démantèlement partiel du moi humain, le psychisme reste debout comme une colonne qui soutient l'édifice ébranlé. Le moi subsiste, non plus dans l'intégralité de ses éléments, mais dans son être radical et primitif; il subsiste dans la racine et dans la tige d'où lui montent la sève et la vie; momentanément, feuilles et fleurs jonchent le sol, l'arbre est toujours vert, debout; il va refleurir à la saison nouvelle, au souffle de l'immortalité.

2. — Indirectement, la dissolution du somatisme, organe et principe substantiel, ne peut rien sur le moi psychique. Il faut savoir maintenant si le moi psychique ne renferme pas en lui-même des germes de mort, s'il n'est pas sujet à une destruction directe, résultat du libre jeu de son élément constitutif.

Il est à peine besoin d'observer qu'il ne peut périr à la manière des *corps*. Dès le moment qu'on croit devoir concéder au moi de la conscience l'incomposition absolue ou la simplicité, il est par trop clair que notre psychisme ne saurait être soumis au désagrégement des parties qu'il n'a pas. L'incomplexité est la négation formelle de toute dissolution à la manière des agrégats atomiques. Mais, et nous empruntons ici le langage de M. Bourdeau, « quand même il serait démontré que l'âme présumée est simple, il ne s'ensuivrait pas qu'elle est immortelle. Car on ignore si sa destruction ne pourrait pas se produire autrement que par une dissociation des parties. Supposez qu'elle ne soit pas une grandeur extensive, elle ne cesserait pas d'être une grandeur intensive, comportant des degrés de puissance qui la font croître et décroître tour à tour, l'élèvent au-dessus de zéro et l'y ramènent. Elle serait donc exposée à s'éteindre, soit par alanguissement continu comme dans la décrépitude sénile, soit par évanouissement brusque, comme il arrive dans le sommeil ou la syncope. » (Bourdeau, *Probl. de la mort*, p. 85.)

L'argument est emprunté de Kant qui, dans sa *Critique de la Raison pure* (trad. Barni, t. II, pp. 15 et 16), le propose à peu près ainsi : « D'après les partisans de ce dogme (l'Immortalité), l'âme non seulement est une substance indestructible, mais conserve dans la mort la conscience d'elle-même. On peut constater, dans l'aperception interne, une infinité de degrés d'intensité, et l'on conçoit une échelle descendante aboutissant à sa destruction complète. » On le voit, c'est bien l'objection de M. Bourdeau. M. Piat paraît également très impressionné par la force de cette objection. Il nous la fait pour son propre compte : « L'énergie intellectuelle est donc susceptible et d'augmenter et de diminuer à l'indéfini. Et alors, quelle raison métaphysique avons-nous de croire qu'au bout d'un certain temps de travail plus ou moins pénible, elle ne descend pas une bonne fois jusqu'à zéro pour ne plus en revenir? Mais pourquoi ne périrait-elle pas par extinction, à la manière d'une flamme qui s'évanouit? Pourquoi n'y aurait-il pas une sorte de retour à l'état virtuel?... » (Piat, *Destinée de l'homme*, p. 87.)

De fait, nous ne voyons pas trop comment Descartes, si fuyant et si souple soit-il, pourrait parer ce coup droit porté à son système. Si l'acte conceptuel constitue l'essence même de l'âme, comme il l'affirme imprudemment, Kant et ses adhérents ont bien raison de soutenir que l'existence d'une telle âme est nécessairement précaire, peu assurée. A tout propos, pour cause de fatigue ou de sommeil, de maladie ou de vice de conformation, l'exercice de la pensée peut être suspendu ; la pensée peut momentanément descendre à zéro. Logiquement, il doit s'ensuivre que l'essence de l'âme est abolie ; si elle reparaît, ce sera une résurrection. Rien de plus juste. C'est une conséquence directe des idées cartésiennes.

Mais conçoit-on que M. l'abbé Piat nous oppose une telle difficulté, à nous substantialistes ? Évidemment le distingué professeur se trompe d'adresse. Nous admettons que l'énergie intellectuelle, pour une cause ou pour une autre, subit des hauts et des bas. Là n'est pas la question. Il ne s'agit pas de l'énergie mentale, quand nous parlons du moi psychique ; il s'agit du fond substantiel qui la supporte et lui donne naissance. Or, ce fond substantiel ne subit ni dépression ni majoration ; il demeure toujours identique à lui-même. C'est un tout intensif, si l'on veut, mais un tout intensif invariable, parce que simple, nous le prouverons tout à l'heure. Le fond substantiel du moi étant invariable, il ne se peut qu'il descende un jour à zéro. Pour que la critique de Kant eût une portée contre nous, il fallait tout d'abord démontrer que la substance psychique est un leurre de notre raison métaphysique ; faute de quoi elle passe à côté. Nous ne voyons nul inconvénient à concéder que notre activité psychologique baisse et remonte, si on nous accorde que le fond substantiel ne subit pas de variation.

C'est probablement ce qu'on ne voudra pas reconnaître. Car, reprendra-t-on, rien n'empêche d'appliquer le raisonnement ci-dessus, non plus à une virtualité donnée, mais à la substance elle-même. Au vrai, la substance même psychique nous apparaît comme une force simple, ayant une intensité déterminée, et, si l'on veut, indépendante. Qui nous dira si elle ne peut baisser graduellement jusqu'à évanouissement ou complète extinction?

Ainsi présentée, il n'est pas douteux que l'objection ne soit plus grave. Il s'en faut pourtant qu'elle soit insoluble.

L'extinction dont on nous parle doit nécessairement être graduelle ou instantanée. Il s'agit d'une dissolution non plus organique, mais dynamique.

a) Examinons l'hypothèse d'une dépression progressive, celle que M. Bourdeau appelle un alanguissement. A quelque point de vue que l'on se place, cette extinction par degrés est une impossibilité, dès là qu'il s'agit d'une substance simple, immatérielle, spirituelle, pure de tout mélange de matière.

On n'a pas de peine à concevoir qu'un être mixte, mi-partie matière et mi-partie force simple comme la plante ou l'animal, subisse des hauts et des bas en l'élément simple qui entre dans sa constitution. Cet élément simple étant fonction de la matière et avec elle en communauté d'existence et d'activité, de telle sorte qu'elle ne possède en propre ni être, ni opération, doit évidemment suivre la fortune de la matière. Il s'élèvera, il s'abaissera avec elle. Ces mouvements rythmiques corrélatifs aux mouvements de la matière sont une conséquence naturelle de l'intime fusion, de l'essentielle dépendance des deux éléments. Il n'y a plus unité substantielle primitive entre les forces ainsi réunies au hasard de la rencontre ou selon le jeu des causes mécaniques; ces forces ainsi agglomérées agissent à la manière des substances simples; ce ne sont pas des êtres complets, foncièrement et originairement simples. Ainsi dans la brute l'être et l'activité psycho-organiques *peuvent* fort bien admettre des développements en raison de la matière que des influences quelconques amassent et consolident autour d'un noyau central ; on crée de la sorte des penchants, des habitudes, un redoublement d'activité vitale, parfois au détriment de l'équilibre animal. Car de la même manière on *peut* provoquer des régressions, par la désorganisation de centres voisins, de noyaux antérieurs. Dans ces divers cas, l'être simple ne s'ajoute pas de soi et comme tel à l'être simple, pas plus qu'il ne s'en désagrège ; c'est la matière qui subit ces accroissements et ces dépressions, et dans ce double mouvement entraîne avec elle les forces simples dont elle est le support. En résumé, si l'élément simple compose occasionnellement et accidentellement avec l'être simple, c'est en raison de la matière qui l'absorbe.

Le mouvement de progrès et de régression n'est donc concevable que dans les agrégats moléculaires, dans ces simplicités de hasard concomitantes à la composition organique. A raison de sa complexité, on comprend que l'agrégat matériel laisse échapper, une à une, les parties qui le constituent avec leurs virtualités correspondantes. Avec une substance simple et absolument immatérielle, cela ne se conçoit plus. Supposez une extinction par degrés, ces degrés perdus s'élimineront et par suite se distingueront du fond primitif. Dès lors, ils forment composition avec lui : cet être n'est plus simple. C'est le propre de l'être simple de se trouver tout entier dans le tout et, si l'on peut ainsi s'exprimer, tout entier dans chacune de ses parties. Impossible d'en soustraire une parcelle ou un degré quelconque sans porter atteinte à la source même de sa vie, à sa raison d'être. Il ne se peut absolument que des parcelles ou des degrés se détachent de la substance simple et tombent à la mort. Pour elles baisser d'un degré, c'est mourir. La destruction progressive implique donc contradiction; l'alanguissement est une impossibilité. S'il y a dissolution, cette dissolution ne peut être qu'instantanée.

Tel est le témoignage de la métaphysique, témoignage que les sciences viennent corroborer. Effectivement, c'est en physique un principe démontré que l'inertie relative des forces. Cette loi peut ainsi se formuler : Étant donné un point en mouvement, si aucune cause extérieure n'agit sur lui, ce point conserve indéfiniment un mouvement rectiligne et uniforme. Cela revient à dire que de soi le mouvement est irrépressible et perpétuel, que de soi une force en mouvement conservera toujours et la même direction et la même intensité, à moins que des obstacles ne surgissent et ne viennent modifier ou suspendre, faire dévier ou paralyser le branle reçu. Si donc il se produit des déperditions, ce n'est pas le fait d'une dissolution dynamique intérieure, c'est le fait des obstacles supposés. De soi une force en mouvement se meut indéfiniment dans le même sens et conserve indéfiniment son intensité première.

Si nous appliquons ce principe à cette force psychique qu'est le moi humain, il s'ensuit qu'à moins d'obstacles, — et, dans ce cas, nous verrons ce qu'il faut penser, — on ne peut supposer en lui de déperditions; il s'ensuit que cette force s'exercera toujours dans le même sens, dans le sens de la vie, si elle est vivante.

b) Reste l'hypothèse d'une mort foudroyante, d'une subite extinction, d'une saute brusque de l'être au néant. Le moi psychique, en pleine vigueur, retomberait soudainement dans le non-être sans cause apparente. Mais en vérité cette idée ne soutient guère la critique. Nous le verrons, des causes étrangères autres que Dieu ne sauraient avoir prise sur le moi psychique. A moins que Dieu n'intervienne, hypothèse que nous examinerons tout à l'heure, il s'ensuit donc que si le moi succombe, il ne faut pas chercher ailleurs qu'en lui-même la cause de sa destruction. Mais quelle cause? Le moi psychique n'a pas subi de dépression préalable, de déperditions successives, il a toujours la même vigueur, le même fond substantiel, la même intensité de vie. Dès lors, rien ne peut faire prévoir et ne permet de comprendre ce brusque arrêt non plus seulement des fonctions psychologiques, mais de l'existence elle-même. Dès lors que nul changement essentiel n'a été apporté dans l'état du moi; dès lors que les conditions extérieures sont les mêmes, les raisons qui valent pour que j'existe au moment présent, valent pour que j'existe le moment d'après, et ensuite, et toujours, à l'indéfini. Tant qu'il ne surviendra pas des modifications profondes qui portent atteinte aux conditions mêmes de la vie, et ces modifications ne sauraient aller sans des déperditions préparatoires, la mort psychique apparaîtra comme une impossibilité. Ces déperditions ne se conçoivent pas; le brusque anéantissement non plus.

Aussi bien admettons un instant cet évanouissement soudain, que va-t-il se produire? De trois choses l'une : ou la force psychique va passer par les vicissitudes de la redistribution, ou elle va subir des transformations de nature, ou enfin elle va tomber au néant. Pas d'autre alternative imaginable.

Les savants nous ont fait connaître cette admirable loi de la redistribution des forces cosmiques. Rien ne se perd dans le monde; tout est utilisé. Les éléments dissociés constituent de nouveaux agrégats; les morts sont des naissances, comme le soutenait l'antique philosophie de Pythagore. C'est qu'en effet ces perpétuelles migrations des forces sont assimilables à une manière de métempsycose.

Ne pourrait-on pas dire que l'âme humaine rentre ainsi dans la constante des forces naturelles : tantôt principe de pensée, tantôt principe vital, tantôt simple force physico-chimique, elle jouerait ici-bas des rôles bien divers, selon les circonstances et les jeux du hasard?

La science voudra sans doute soumettre l'âme à cette loi de la redistribution, de telle sorte qu'elle n'agisse plus qu'à l'instar des énergies universelles. Le règne inorganique serait ainsi peuplé d'étincelles psychiques déchues, à peu près comme dans le silence de nos nuits d'été le firmament se peuple d'étoiles tombées et de débris lumineux. Mais alors il faudrait qu'à l'état latent le psychique fût diffus dans le monde, ou bien que le cosmos inorganisé manifestât de l'intelligence et de la liberté. Fantaisie, caprice, rêve antiscientifique et anti-expérimental. Car enfin ou cette énergie psychique demeurera telle quelle, et ce sera un vulgaire cas de métempsycose, état inadmissible, puisqu'il serait inconscient et que les sanctions d'une vie future doivent être conscientes; ou elle sera soumise à une transformation préalable, et nous revenons à l'une des alternatives ci-dessus énoncées, alternative qu'il faut tout de suite examiner.

La force psychique serait tout simplement sujette à se transformer en force vitale ou physico-chimique. Cette vue ne soutient pas l'examen de la critique. Qu'on réfléchisse : tout être en voie de transformation suppose nécessairement un principe fixe qui passe dans le nouveau composé, et certaines formalités ou virtualités qui surviennent ou disparaissent pour donner lieu aux diverses modifications. Un même fond subsiste avec des variations plus ou moins importantes. Comme Aristote l'a très bien observé, si rien ne passait de l'être primitif à l'être dérivé, il y aurait non pas transformation, mais anéantissement et création ; nous retomberions à l'hypothèse que nous allons mettre à l'épreuve dans un instant. Pour l'heure, il nous suffit de retenir que seul l'être matériel peut être sujet à des variations, à des transformations essentielles. Il serait donc illogique et antinaturel que la substance éminemment simple qu'est le moi psychique connût jamais une transformation radicale, qui l'enlèverait à elle-même et à ses fonctions supérieures.

Nous nous trouvons en présence de la dernière hypothèse concevable : l'anéantissement ; en présence de ce gouffre sans fond, de ce mystère qui donne toujours le frisson : le néant. Deux cas bien distincts : ou d'elle-même, de son propre mouvement l'âme se laisserait choir à l'abîme, ou la nature créatrice l'y précipiterait.

Nous nous occuperons à l'instant de la seconde hypothèse. Nous ne voyons aucune bonne preuve pour étayer la première. La raison se déclare impuissante à percer les ombres d'un néant final, à détailler analytiquement les rouages secrets du mécanisme dont le néant serait l'aboutissant. Elle ne conçoit pas que de son propre poids une réalité quelconque puisse aboutir au non-être absolu. Le moi psychique existe ; la sagesse humaine ne peut comprendre que cet être ait plus de pouvoir pour se détruire que pour se créer. C'est que cela est formidable : prendre son être, et lui imprimer un branle si puissant qu'il aille rouler à l'éternel néant ; lui communiquer ou provoquer en lui une secousse si violente que de ce qui était il ne reste rien. Encore une fois, à la méditation approfondie, il apparaît bien que l'annihilation n'implique pas moins de puissance que la création elle-même. La philosophie et la théologie l'enseignent de concert : Celui-là seul qui ramène du néant peut ramener au néant ; Celui-là seul qui pose les fondements de l'être peut les mettre à nu et les arracher ; Celui-là seul qui fait germer les êtres au sein du néant peut atteindre leurs profondes racines et les jeter au vent destructeur. Tel est le témoignage de la métaphysique, et c'est bien à tort que l'auteur du livre *Destinée de l'Homme* prétend que la métaphysique ne dépose pas en faveur de la conservation des forces. Si M. Piat voulait se donner la peine de feuilleter quelques in-folio de commentaires sur Aristote, il se convaincrait sans doute que les métaphysiciens concluent à peu près unanimement à l'impossibilité de l'annihilation, autrement que par l'intervention de l'absolu, intervention qui, d'après eux, ne se produit et ne se produira jamais.

III

De soi l'âme ne saurait donc périr ni indirectement, ni directement, ni par extinction progressive, ni par saute brusque au néant.

Ne se pourrait-il pas cependant que des influences étrangères et ennemies déterminent une déperdition ou une déviation complète, la maladie ou la mort ? La question peut être diversement résolue, selon qu'elle se pose pour la vie présente ou pour la vie future.

Commençons par la vie future. Il est manifeste qu'il n'existe que deux catégories d'obstacles possibles : les corps ou les esprits. Il est également hors de doute que dans le monde de la matière, le corps, l'obstacle physique à surmonter, est la seule cause de la diminution de vitesse, et finalement de l'arrêt. Mais que le mouvement soit enrayé ou paralysé, à quoi cela tient-il si ce n'est à la matérialité du composé auquel la force est inhérente? Supposez une force immatérielle, en dehors de l'espace et du temps, un esprit, le monde corporel devient impuissant à lui barrer la route, à lui faire obstacle. Ce sera le cas du moi spirituel après la décomposition organique. Le contact matériel ne peut rien sur l'immatériel. Ce contact n'est même qu'un paradoxe, une impossibilité : la matérialité est nécessairement sans proportion et sans action sur une force spirituelle, qui lui est étrangère.

Faut-il redouter davantage une opposition des esprits? Nous pouvons nous rassurer : le moi psychique s'appartient; c'est une substance, un système clos en lui-même, fermé de toutes parts. Nul, si ce n'est Dieu, nul ne saurait violer le sanctuaire intime de la personnalité morale; nul ne saurait pénétrer au sein de l'âme pour y provoquer une accélération, ou un ralentissement vital : *Non illabitur animæ*.

Mais peut-être, au cours de la vie présente, les obstacles, notre corps surtout, seront-ils plus à même d'agir sur le moi spirituel. Il n'est pas contestable que parfois l'organisme fait vivement sentir ses déprimantes influences jusque dans les régions les plus éthérées de la pensée. Néanmoins, ce sont là influences tout indirectes dont l'action ne retentit dans la mentalité que par contre-choc, par réverbération. Elles ne parviennent au sommet de l'être psychique et de l'entendement que parce que le même moi est à la fois substance spirituelle et principe vital; elles n'ont d'autre effet que de gêner, d'embarrasser, de troubler l'opération mentale, qui, on ne l'ignore pas, emprunte la plupart de ses matériaux à la sensation et à l'image. Elles ne peuvent donc s'opposer à la prolongation indéfinie de notre existence spirituelle ; elles n'atteignent pas le fond substantiel de notre mentalité : tout au plus agissent-elles indirectement sur nos opérations intellectuelles qu'à titre de conditions elles peuvent rendre plus lentes, plus empêchées.

N'est-ce pas déjà trop? Qui nous assurera que cette influence, si déterminée soit-elle, ne suffit pas à précipiter le psychisme intellectuel sur les chemins de la mort et du néant? — Ces craintes ne sont pas fondées ; la spiritualité substantielle est comme un vulnéraire, un puissant préservatif, qui met le moi psychique à l'abri des coups partis du dehors, des coups de la matière et des coups du hasard. C'est une cuirasse, un second rempart qui protègent le moi contre toutes les agressions, contre toutes les forces ennemies conjurées : contre les esprits, parce que personne inviolable ; contre la matière, parce que manque de proportion entre l'agent destructeur et la réalité à détruire. L'esprit est à l'abri des coups de la matière. Ces coups se perdent dans l'inaccessible, l'inexpugnable de notre esprit. L'invulnérabilité de notre esprit rejaillit même sur les virtualités inférieures et leur communique une certaine indestructibilité. Même après la mort, ces virtualités vitales et sensitives se survivront et se manifesteront à nouveau, si les circonstances le permettent.

En somme, la matière s'élimine seule au moment de la mort ; le psychisme n'est pas entamé. Pas d'obstacle possible direct ou indirect qui puisse avoir sur cette substance intrinsèquement indépendante une action progressivement ou instantanément dissolvante. Point de déperdition psychique substantielle, point de déviation dans la direction native de cette force qu'est le moi psychique ; il ne peut cesser de vivre, de se mouvoir dans le sens de la vie.

Par là même se trouve résolue la difficulté qu'on ne manquera pas de soulever touchant la prétendue fatigue de l'intelligence. Parle-t-on de la fatigue purement nerveuse ou physiologique qui accompagne le travail de la pensée ? Le cerveau est surchauffé ; les cellules nerveuses surmenées ; tout l'organisme finit par être débilité, abattu, épuisé, prostré. C'est là un fait constant contre lequel, bien sûr, nul penseur ne s'inscrira en faux. On sait les angoisses et les imprécations d'A. de Musset, quand il fallait se mettre à l'œuvre. Il ne s'appelait pas l'ouvrier, mais le forçat de la pensée. Tous ceux qui ont voué leur existence au dur labeur de la réflexion ont dû faire le même aveu : le travail intellectuel est certainement plus épuisant que le travail physique, et il faut que la vérité soit une bien puissante fascinatrice pour que sa beauté entrevue et poursuivie soit capable d'enchaîner un homme à ce martyre incessant de la pensée.

L'étude a raison des plus solides tempéraments. Toutefois, nous ne voyons dans ce fait rien qui légitime les conclusions qu'on veut en tirer, à savoir qu'il se produirait une débilitation, une régression de la substance mentale. La simple concomitance du travail psycho-organique et du travail conceptuel explique suffisamment le délabrement physiologique, conséquence des fortes études. L'image et la sensation, échos ou antécédents de toute pensée, sont certes bien à même, nous l'avons observé, d'expliquer la fatigue des organes, ces disgrégations de matière, ces dissociations de molécules cérébrales qui se traduisent par le sentiment de la lassitude. Nulle nécessité de croire à des déperditions de forces mentales, déperditions qui constitueraient une anomalie, une impossibilité. Sans cesser d'être elle-même, une substance simple, spirituelle, ne saurait perdre un degré de son intensité.

Nous objectera-t-on les expériences par l'ergographe et le dynamomètre? Quelle est la portée de ces expériences? Elles prouvent simplement que dans l'état de fatigue les effets dynamiques, les efforts manifestés par l'organisme sont moindres. Mais cela peut provenir de ce que la passivité, l'inertie du corps à bout d'activité est plus grande que si le corps est frais et dispos. Le même effort psychologique n'a plus les mêmes résultats somatiques.

Ainsi la pensée peut en arriver à être à peu près complètement liée, paralysée par la suppression d'une condition indispensable à son libre développement, je veux parler de la sensibilité momentanément suspendue, anesthésiée par la fatigue. Cela n'est-il pas aussi rationnel que l'hypothèse invraisemblable d'un « épuisement mental »? Et n'est-ce pas très suffisant pour rendre compte des phénomènes observés? Les expériences ergographiques, si précises qu'on les suppose, ne peuvent nous renseigner que sur l'état de notre organisme; elles ne nous apprennent rien et ne peuvent rien nous apprendre sur le fond psychique lui-même. Sous ce dernier rapport, les choses demeurent en l'état, c'est-à-dire qu'il n'est de ce chef nullement indiqué de croire à une fatigue mentale, que la raison métaphysique repousse.

On avance avec M. Piat que la fatigue se propage du « dedans au dehors ». Et après? Il est bien possible que le mouvement, qui engendre la fatigue, vienne du dedans. Mais quel dedans? Des centres corticaux peut-être, mais non de l'esprit. Comme l'image, la fatigue est d'origine centrale et organique. Elle monte peu à peu jusqu'à l'esprit et finit par l'obscurcir ou l'engourdir par contre-coup ou par suppression des conditions requises. Il n'est pas rare cependant que la pensée lutte contre cet abattement, cette souffrance de l'organisme, et dans un accès, dans une sorte d'exaltation fébrile ne développe une activité redoublée.

Nous demeurons persuadés que ni le travail de la pensée, ni les agents étrangers, matériels ou non, ne peuvent avoir prise sur la substantialité psychique et la miner sourdement.

Ils ne peuvent davantage la détruire brusquement, l'anéantir. Nous avons dit pourquoi. Et les sciences sont ici parfaitement d'accord avec la raison métaphysique. Ouvrez n'importe quel ouvrage de physique ou de chimie; consultez n'importe quel savant. On vous enseignera invariablement que toutes les pressions, toutes les manipulations, toutes les fermentations, toutes les décharges électriques, toutes les explosions, toutes les énergies de la nature coalisées sont radicalement impuissantes à anéantir un ciron, un atome. Et vous voulez que le moi psychique soit moins résistant aux agents de destruction, quels qu'ils soient, externes ou internes? Rien n'est anéanti dans le monde; le moi intelligent le serait seul? Et s'il n'était pas annihilé, s'il était simplement transformé, que deviendrait-il? Même difficulté et même réponse que ci-dessus.

Plus on y réfléchit, et plus il devient manifeste que le dépérissement et surtout l'annihilation de l'âme, soit par épuisement progressif ou instantané, soit par une action destructive intestine ou étrangère, est une flagrante impossibilité.

IV

Il resterait toujours que Dieu peut réduire à néant, et quelle infaillibilité nous assurera qu'il n'usera pas de son pouvoir absolu contre notre substantialité spirituelle ?

« Chaque commencement est une réalité de plus, chaque fin une réalité de moins ; s'il y a toujours la même somme d'énergie dans le monde, c'est peut-être que l'Éternel ouvrier produit sans relâche à mesure qu'il détruit ; c'est qu'il tient bien le budget de l'univers. » (*Destinée de l'Homme*, p. 88.) Il se pourrait donc bien que Dieu fût un grand Annihilateur, tout comme il est le souverain Créateur. C'est la difficulté que M. Piat élève contre le principe de la conservation des forces. Il n'est pas même indispensable de supposer que le Créateur, quel qu'il soit, intervient brutalement dans chacune des annihilations. On peut se contenter de croire que dès l'origine, à l'heure même de la création, la puissance productrice a déterminé la durée de chaque créature : cette volonté souveraine s'est emmagasinée dans les entrailles de l'être, comme un ordre sans appel, comme un mystérieux germe de mort qui, le moment venu, opérera d'une manière foudroyante.

Il ne faut pas que les mots nous leurrent. Avec cette fiction deux éventualités possibles. Cet ordre donné, écrit dans les profonds replis de l'être, opère seul, ou plutôt sortit immanquablement son exécution par cela seul qu'il est donné et sans mobiliser un pouvoir quelconque. Dans ce cas, un simple arrêt n'étant pas une énergie causale, il s'ensuit que l'être est abandonné à lui-même, et dès lors on ne voit pas comment peut se produire l'anéantissement. Le moi psychique est en pleine santé, en pleine vigueur ; subitement il se précipite au néant, et cela sans impulsion extérieure, sans usure, sans fatigue, sans maladie préalable, par le seul effet d'un ordre spéculatif et dénué d'impulsive virtualité. Un ordre purement théorique et inconscient est nécessairement sans efficacité, et, partant, la substance qui porterait inconsciemment cet ordre gravé dans son sein ne serait ni plus ni moins inclinée au néant que si cet ordre n'avait pas été donné. Nous retombons dans l'hypothèse déjà écartée d'une brusque chute au néant par le seul poids de l'être.

Que si l'on veut supposer que l'ordre dicté englobe l'énergie capable de l'exécuter, les choses changent de face; mais ceci équivaut à dire que Dieu intervient directement et se fait lui-même annihilateur. Justement la dernière hypothèse que nous ayons à examiner.

C'est l'idée de Bossuet dans son sermon sur la mort : « Qui ne voit, dit-il, que toute la nature conjurée ensemble n'est pas capable d'éteindre un si beau rayon (l'âme), cette partie de nous-même, de notre être, qui porte un caractère si noble de la puissance divine, qui la soutient; et qu'ainsi notre âme supérieure au monde et à toutes les vertus qui le composent n'a rien à craindre que de son auteur? »

Aurait-elle donc à trembler pour son existence propre? Pour nous rassurer, voici comment argumente Platon : L'âme est essentiellement vivante : elle communie à l'Idée éternelle de vie; elle n'est qu'une participation de cette idée. Or, les idées platoniciennes, êtres en soi bien que multiples, ne sauraient ne pas être telles quelles. C'est naturel : le nombre impair est nécessairement impair; la vie est nécessairement vivante. L'âme étant essentiellement une communication de la vie subsistante, il en résulte qu'elle est essentiellement vivante, immortelle, éternelle. En un mot, l'âme ne peut périr, parce que son essence, c'est la vie.

Socrate et Cébès sont les deux interlocuteurs. « Réponds-moi donc, interroge Socrate : Qui fait que le corps est vivant? — C'est l'âme. — En est-il toujours ainsi? — Comment ne le serait-il pas? — L'âme apporte donc la vie partout où elle est? — Cela est certain. — Y a-t-il quelque chose de contraire à la vie ou n'y a-t-il rien? — Oui, il y a quelque chose. — Qu'est-ce? — La mort. — L'âme ne recevra donc jamais ce qui est contraire à ce qu'elle porte toujours avec elle : cela s'ensuit nécessairement de nos principes. — La conséquence est sûre, dit Cébès... » (*Phédon, ou de l'Ame*, trad. FOUILLÉE, pp. 80, 81, 82, 83, etc.)

Saint Augustin et saint Thomas ont reproduit cette preuve et en ont tiré cette conséquence que Dieu lui-même ne saurait anéantir le moi conscient, bien qu'en principe un Dieu tout-puissant ait le pouvoir absolu de ramener au néant ce qu'il a tiré du néant. Il ne le fera pas parce qu'il est de sa sagesse de respecter les lois naturelles qu'il a lui-même édictées.

Concluante avec les prémisses ontologistes de Platon, cette argumentation paraît caduque dans la thèse spiritualiste. Des âmes, êtres en soi, portant la vie et l'être en soi ou essentiellement existantes et vivantes, sont nécessairement immortelles et même éternelles comme l'Être en soi, comme le Dieu de notre *Théodicée*.

Au contraire, et c'est l'objection qui se poursuit, si l'on admet la libre création des âmes, il en va tout autrement. Dès lors, il est très vrai que l'âme est essentiellement vivante, il est faux qu'elle soit essentiellement existante. Le tort des métaphysiciens a été de confondre l'existence et la vie. La vie est une propriété essentielle de l'âme humaine ; l'existence non pas. L'âme sera vivante, ou elle ne sera pas. Fort bien. Mais peut-être ne sera-t-elle pas. L'âme ne peut se concevoir que vivante. La seule conclusion légitime, c'est qu'elle ne peut subir de transformations qui en feraient une substance non vivante, c'est que l'anéantissement est le seul mode de dépérissement, la seule mort qui lui convienne. L'âme est esprit et vie essentiellement ; elle ne peut être que vivante.

Mais, semble-t-il, il faut se garder de dire qu'il est contraire à la nature de l'âme de ne pas être existante, comme il lui est contraire de ne pas être vivante ! L'âme ne peut pas être sans être vivante ; cela ne veut pas dire qu'elle doit être et qu'elle est nécessairement ; qu'en un mot essence et existence s'identifient en elle. Cela n'est vrai que de Dieu. Il n'est pas exact de dire que l'existence convient à l'âme, comme la parité au nombre pair et la rotondité au cercle. La subsistance implique bien une vie indépendante, non l'immortalité.

Il a été accidentel que l'âme fût ; il est resté accidentel qu'elle soit. L'existence de l'âme est donc un fait contingent ; ce n'est pas un élément naturel ou essentiel. Sans aller contre la loi des essences ou contre les exigences naturelles de notre humanité, Dieu est donc libre de ramener au néant ce qu'il fut libre d'amener à l'existence. Il paraît donc que cette base d'argumentation est ruineuse. De ce que le monde entier et l'âme elle-même sont impuissants contre notre moi spirituel, il ne s'ensuit pas du tout qu'il est essentiellement indestructible.

On dira peut-être, non sans quelque apparence de raison, que le fait de l'indestructibilité, à considérer le moi psychique en lui-même ou dans ses relations avec les autres créatures, est déjà suffisamment significatif ; il trahit dans le Créateur l'intention de ne pas tuer ce qui peut vivre toujours, de ne pas anéantir ce qu'il a fait capable de subsister éternellement. Ne pourrait-on pas dire qu'il y a là des énergies inutilisées et dilapidées ?

Il est certain que cette réflexion n'est pas sans portée et sans valeur. Est-elle suffisante pour fonder une certitude ? Dieu n'a-t-il pas pu se réserver de mettre fin à notre existence psychique, dans un délai plus ou moins long, selon les mérites de chacun ? De ce que nous ne pouvons pas attenter à la vie de notre âme, de ce que le monde entier est impuissant contre elle, il s'ensuit peut-être simplement que le Tout-Puissant a voulu rester le Maître souverain de nos destinées, qu'il n'a voulu se décharger sur personne du soin de mettre un terme à notre vie spirituelle. Il n'est pas facile, croyons-nous, de répondre à cette objection.

Cette preuve ne parait donc pas décisive. Le moi ontologico-psychique ne révèle qu'imparfaitement une essence si impérissable, si essentiellement immortelle que Dieu ne puisse fixer une limite à sa durée, sans aller contre les lois fondamentales de notre nature métaphysique.

L'introspection n'est pas tout à fait capable de nous rassurer contre l'éventualité d'un anéantissement. Cette voie de l'auto-observation n'aboutit pas au gré de nos désirs ; serons-nous plus heureux en nous tournant du côté de Dieu ?

Les métaphysiciens nous affirment que Dieu ne saurait anéantir ; non certes qu'il n'ait ce pouvoir. D'après eux, il intervient sans cesse auprès de tous les êtres pour leur conserver l'existence et les empêcher de retomber au néant ; dans cette hypothèse, il n'aurait qu'à cesser d'agir, qu'à retirer la main ; le monde entier s'écroulerait dans le néant.

Donc Dieu peut anéantir ; en toute hypothèse, il peut

défaire ce qu'il a fait, anéantir ce qu'il a créé. En réalité, il n'anéantit pas, parce que, poursuivent les métaphysiciens, il ne convient pas que l'opération souverainement réelle et souverainement positive de Dieu ait un résultat souverainement négatif et destructeur. Sans doute. Mais cette raison est quelque peu vague et abstruse. En vérité il m'en coûterait d'échafauder, de faire reposer ma certitude sur un argument si imprécis. Il a une valeur... pas absolue.

Et pourtant, c'est déjà une grave présomption en faveur de notre immortalité psychique. Hé quoi ! c'est une constatation expérimentale, c'est une vérité scientifique, Dieu n'anéantit rien dans le monde. S'il se produit des destructions et des morts, c'est le fait des causes secondes. Or, les causes secondes n'ont pas de prise sur notre moi psychique, non seulement pour l'anéantir, mais, nous l'avons prouvé, pour lui faire subir une transformation essentielle quelconque. C'est Dieu qui doit intervenir, et son intervention sera annihilatrice, et cette annihilation jettera au néant le seul être rationnel, le seul être capable d'intelligence et d'amour? Voilà qui est grave, très grave.

Vous connaissez le poème si vrai de notre création. Puisqu'il s'agit ici du Dieu du spiritualisme, avec lequel seul nous pouvons avoir quelque appréhension d'anéantissement, les spiritualistes ne nous contrediront pas : Dieu a tout créé pour sa gloire : l'univers et tout ce qu'il renferme. Les soleils innombrables, qui à son ordre tout-puissant se levèrent comme une blonde moisson dans les champs illimités de l'espace, apparurent en leurs globes de feu comme le resplendissement de cette gloire inaccessible qu'habite la Divinité. Chars étincelants qui, dans leur course vertigineuse, portèrent à Dieu l'immense *Alleluia* des choses et l'hymne sans fin des mille voix, qui chantent, exultent et s'harmonisent au sein des mondes : *Cœli enarrant gloriam Dei.*

Toutefois cet hosanna triomphal se prononce fatalement sous l'impulsion du Créateur. Les océans des mers, comme les océans de l'espace ; les soleils innombrables qui roulent sur nos têtes ; les orbes de feu, qui nous entraînent dans leur course de vertige, confondent leurs voix comme leurs rayonnements en des hymnes de gloire, en des concerts grandioses. Mais si sublimes soient-ils, ces concerts n'ont pas l'accent de la pensée. Inintelligents et sans amour, ils ne sauraient parler au cœur de l'Éternel, éveiller en lui un écho ému et reconnaissant. Dieu voulut davantage : il voulut que des êtres intelligents lui expriment, lui traduisent ces louanges ; il voulut que des cœurs épris de ses divines Beautés lui redisent le cantique universel. Les cœurs bien faits souffrent avec peine l'expression d'une amitié forcée, aveugle ou intéressée. Ceux-là comprendront que Dieu ait voulu être aimé librement.

Dieu créa l'homme aux confins de la matière et de l'esprit. Il ramassa et condensa en cet être privilégié toutes les splendeurs, tous les enchantements, toutes les harmonies de notre univers, et il fit de l'homme l'être le plus grand, le plus beau, le plus harmonieux.

Le plus beau ; il fit briller à son front ce rayon de la pensée, capable d'illuminer le dedans et le dehors, le présent, le passé, l'avenir, le fini et l'infini ; auréole mystérieuse dont la pure clarté luit en nous comme un reflet de la Divinité.

Le plus grand, car, outre l'intelligence, Dieu lui donna l'amour, cette douce et charmante puissance qui gémit et qui chante, qui rêve, murmure et pleure en chacun de nous ; cette force tragique qui, émanée du cœur de Dieu et descendue jusqu'à nous, nous prend, nous enlève sur ses ailes de flamme pour nous porter aux plus hauts sommets de la grandeur morale, du dévouement, des généreux enthousiasmes et de l'héroïsme.

Le plus harmonieux enfin, car sur ses lèvres fragiles Dieu plaça une voix plus touchante et plus éloquente, plus émue et plus vibrante que toutes les voix de ce visible univers, la voix de l'intelligence et de l'amour.

Lui du moins pourrait librement prosterner son être et ses pouvoirs aux pieds de la Divinité en reconnaissant dans un acte de culte suprême et son propre néant et l'infinie grandeur de Dieu! Il serait le chef-d'œuvre et le but de la création, le grand chantre et le grand adorateur du Tout-Puissant!...

Et vous vous voulez que ce soit précisément sur cet être de choix, sur ce privilégié de sa puissance et de son amour que Dieu fasse l'essai de son pouvoir annihilateur? Vous voulez que par la suppression de l'homme il enlève au monde sa raison d'être et son couronnement, il réduise son œuvre à néant? Vous voulez qu'un jour, dans les mornes solitudes de son Éternité redevenue déserte, un Dieu ricanant se murmure à lui-même ces amères et sarcastiques paroles d'ironie et de mort : « Ces débris fumants, ces monceaux de cendres, d'ossements et de poussière, tel est le terme de la matière. Je voulais la gloire et j'aurai l'oubli ; je cherchais la louange, je trouverai le silence ; j'avais semé l'amour, je récolterai la suprême indifférence. » N'est-ce pas le langage d'un impuissant et d'un fou? On veut que le néant soit le terme final de l'œuvre créatrice. Mais alors Dieu change de dessein ; il s'abandonne à tous les caprices, qui rendent l'homme méprisable ; ou bien il cesse d'être à même de protéger ses clients et ses fidèles contre la mort et le néant ; il veut être glorifié et ne sait plus conserver la vie à son glorificateur. C'est l'omnipotence divine qui croule, cette omnipotence dont on a dit dès lors si malencontreusement : *Attingens a fine usque ad finem fortiter.*

Cela n'est guère acceptable ; d'autant que le néant saisirait l'âme, répudiée par Dieu, en pleine vigueur de jeunesse, en plein épanouissement de beauté et d'amour, alors que justement cette fleur répand tout son parfum et tout son éclat.

L'âme est ici-bas un perpétuel devenir, devenir d'intelligence et devenir de cœur ou de volonté. *Intelligendo fit omnia,* disent les scolastiques après Aristote. Effectivement l'intellection s'opère par l'union de la pensée avec l'objet. Il se produit entre l'intelligence et son objet une combinaison suprasensible, une mystérieuse fusion, d'où résulte dans l'âme une profonde empreinte, qui représentera désormais l'objet conquis. Sans cesser d'être elle-même, l'âme subit une sorte de travail intérieur à la suite duquel elle offre l'aspect représentatif et universel de la réalité perçue et pensée.

C'est ainsi que, semblable à ce dieu marin, qui prend toutes les formes, l'âme acquiert et peut revêtir tous les jours des formes nouvelles, elle devient plus riche de perceptions intellectuelles. Comme un vaste miroir, comme un cristal à facettes multiples, elle peut refléter de nombreuses représentations dans les profondeurs de son essence immatérielle. Journellement les acquisitions s'ajoutent aux acquisitions ; le fond idéal et représentatif s'enrichit, à peu près comme un album auquel on ajouterait tous les jours quelques nouvelles photographies.

Par le fait de la naissance, l'homme est déjà un microcosme ; il l'est bien autrement au fur et à mesure que son intelligence se développe et que par la pensée il s'unit les réalités environnantes, se transforme sous leur étreinte et dans une certaine mesure se façonne à leur image, emprunte leurs traits essentiels et se les assimile, se les approprie. N'est-ce pas là un véritable, un perpétuel devenir, un devenir illimité, universel, que rien ne borne, qui s'étend au monde entier, de sorte que l'âme devient une miniature transcendante de l'univers? Dans les pures limpidités de cette essence immatérielle passent et repassent, vont et viennent jusqu'à fixation définitive les notions les plus diverses, les idées les plus hétérogènes. Le monde entier projette dans notre mentalité ses beautés et ses harmonies, ses infiniment petits et ses infiniment grands, ses mouvements incessants et sa vie universelle. Nous concentrons peu à peu en nous toutes les lumières et tous les murmures, tous les reflets et toutes les magnificences, toutes les gloires et toutes les splendeurs du monde visible comme toutes les intuitions, tout l'idéal et tous les rayonnements supérieurs du monde de la pensée.

Et l'on prétendrait nous faire accroire que Dieu va se jouer arbitrairement, despotiquement, cruellement de ce chef-d'œuvre, si lentement, si péniblement parfois élaboré, architecturé par cet admirable ouvrier qui s'appelle le penseur? Tandis que nous ne travaillons que pour l'immortalité, Dieu ne travaillerait que pour détruire! Par un jeu meurtrier il abuserait de sa force pour ruiner le chef-d'œuvre intentionnel de sa création, alors que le chef-d'œuvre apparait dans ses plus harmonieuses proportions, alors qu'il étale dans la société des esprits les richesses immatérielles, les sublimes trésors de vérité accumulés par les années? Dieu jetterait au gouffre éternel ce glorieux Devenir de qui les immanentes virtualités ont déjà fait un si radieux ouvrage?

Évidemment, cela ne se peut. La raison se refuse obstinément à se laisser persuader, surtout si l'on songe que cette merveilleuse transformation n'atteint pas seulement notre intellectualité; elle englobe simultanément la volonté, le sentiment. A cet égard, on peut bien dire que la vie présente est un noviciat, un apprentissage de l'immortalité. Nous nous exerçons ici-bas, nous nous appliquons à nous dégager de la matière et des appétits inférieurs, de nos liens de chair et de nos inclinations vicieuses. Nous faisons effort pour vivre par le cœur et pour entretenir en nous les plus nobles aspirations vers l'Idéal, vers le Bien, vers l'Absolu : « Il y a dans la nature, dit très justement M. l'abbé Piat, une sorte de hiérarchie de formes. Ces formes, au fur et à mesure qu'elles s'élèvent, acquièrent une prédominance de plus en plus accusée sur le principe contraire qui leur est uni. Purement physiques dans le caillou, elles deviennent organiques dans la plante, conscientes dans l'animal et réfléchies dans l'homme : elles tendent vers un état d'émancipation complète. Mais, si tel est l'effort de la nature, pourquoi l'âme humaine, après avoir franchi tous les degrés d'être qui lui sont inférieurs, ne monterait-elle pas plus haut? Pourquoi n'arriverait-elle pas, après s'être conquise elle-même, à conquérir une totale et définitive indépendance ?... » Cette indépendance complète n'est-elle pas le rêve de toutes les grandes âmes, l'ultime but qu'elles poursuivent? Et ne croyons-nous pas invinciblement, avec Socrate et Platon, qu'à l'obtention de ce but est attaché notre bonheur à venir? « Si l'âme donc se retire en cet état (de pureté, d'indépendance), elle va vers un être semblable à elle, divin, immortel, plein de sagesse, près duquel elle jouit de la félicité, délivrée de ses erreurs, de ses craintes, de son ignorance, de ses amours tyranniques et de tous les autres maux attachés à la nature humaine; et, comme on le dit des initiés, elle passe véritablement avec les dieux toute l'éternité. » (*Phédon*, trad. Fouillée, p. 43.)

Recueillons le même aveu sur des lèvres qui ne nous ont pas habitués à des affirmations si précises. L'âme est immortelle, dit Renan. « Car, échappant aux conditions serviles de la matière, elle atteint l'infini, elle sort de l'espace et du temps, elle entre dans le domaine de l'idée pure, dans le monde de la vérité, de la bonté, de la beauté où il n'y a plus de limite ni de fin. Elle est libre et souveraine, car, dominant le corps, qui la porte, et ses instincts inférieurs, elle se crée une royauté sans bornes par la culture de sa raison et le perfectionnement de sa moralité. » (Renan, *Essais de morale et de critique*, p. 64.)

On ne peut s'exprimer plus clairement. Hélas! nous craignons fort que le mobile esprit du célèbre dilettante ne trouve à éluder le sens apparent du texte cité, et que pour lui l'immortalité de l'homme ne consiste uniquement dans son privilège de penser le nécessaire et le divin. C'est la conception panthéistique qui, du reste, n'est pas dénuée d'un fond de vérité. Souvenez-vous des enthousiastes déclarations de Spinoza, de Fichte et de Schelling, de Herder, de Novalis, de Gœthe, de Schleiermacher surtout. « L'âme du sage, dit Spinoza, peut à peine être troublée; possédant par une sorte de nécessité éternelle la conscience de soi-même, de Dieu et des choses, jamais il ne cesse d'être. » (*Éthique*, Conclusion.) « De même qu'il n'y a point de mal dans l'empire de Dieu, s'écrie Header, il n'y a point de mort. Les formes de la vie changent, il est vrai, mais la force vitale persiste et survit à toute transformation... L'homme se flétrit comme la plante, et sa fleur fait place à une semence dont sortira une plante nouvelle. » Horn propose une formule énergique pour compléter cette théorie : « La pensée de l'éternité, voilà l'immortalité même ! » (Cf. Delbos, *Prob. moral dans Spinoza.*) Il est inacceptable que l'immortalité réside précisément et uniquement dans le fait de la pensée. La pensée est la preuve et non l'essence de l'immortalité. Il reste néanmoins qu'ici-bas l'union avec l'absolu, l'effort moral et mystique disposent l'homme à l'Immortalité. Ils ne la constituent pas, ils l'annoncent et la préparent. Comme la pensée, l'effort vers le Bien transforme l'âme insensiblement. Il est dit que si la pensée est une faculté d'acquisition, la volonté est le pouvoir de sortir de soi-même. Si la pensée s'assimile son objet, la volonté s'assimile à l'objet. C'est, je crois, saint Augustin qui en a fait la remarque : on devient terrestre à aimer la terre ; on devient céleste à aimer le ciel. Dès lors, quel pouvoir de transformation ne doit pas posséder toute une existence vouée au bien et à la vertu ! La vérité, la justice, la sainteté, l'éternel amour ardemment désirés et poursuivis doivent agir dans les profondeurs de l'âme humaine ; elles doivent rayonner en nous et porter au plus intime de l'être psychique leur puissance de transformation, de purification, de sanctification, et pourquoi reculer devant le terme, juste à bien des égards, de déification ? On s'explique le lyrisme débordant de certains mystiques lorsqu'ils décrivent la beauté d'une âme longtemps travaillée par le Bien et par la Vérité.

Et, sans tenir compte de cette longue et quelquefois si douloureuse évolution psychique, le Souverain Maître, Vérité et Amour par définition, Dieu, anéantirait d'un signe ou d'un mot cette âme parvenue au plus haut point de sa gloire, de son rayonnement et de son développement moral : il gaspillerait follement toutes les réserves d'idée et d'amour, si péniblement amassées dans cette âme aux jours de la vie terrestre ! Ce serait stupide et méchant !

Combien cela satisfait plus la raison de conclure avec le trop habile écrivain que nous citions tout à l'heure : « Dès que le sacrifice devient un devoir et un besoin pour l'homme, je ne vois plus de limite à l'horizon qui s'ouvre devant moi. Comme les parfums des îles de la mer Érythrée, qui voguaient sur la surface des mers et allaient au-devant des vaisseaux, cet instinct divin m'est un augure d'une terre inconnue et un messager de l'infini. » (RENAN, *Essais de morale et de critique*, Int., p. IV.)

Il est facile de voir que l'auteur fait ici porter son argumentation sur la preuve morale par le devoir, telle que l'a exposée Kant. On a dû se demander pourquoi nous n'avons pas déjà fait de l'immortalité un postulat du devoir. Dieu ne doit pas anéantir l'homme ; le devoir ne serait plus qu'un leurre. Le grand critique d'outre-Rhin a raison, le devoir suppose l'Absolu et une vie future.

D'ailleurs, nous avons tous présentes à l'esprit les preuves toujours redonnées, jamais réfutées, par la nécessité d'une rétribution posthume et d'une explication de la douleur. Nous n'essayerons même pas de les rajeunir, tant elles sont familières à chacun. Voilà une âme de vierge que le mal n'a pas même effleurée de son souffle. Sans remonter bien haut le cours de vos souvenirs, peut-être un nom vient-il naturellement se placer sur vos lèvres. De son haleine glaciale, l'ange de la mort dessécha la fleur, et par essaims s'envolèrent les espérances. Elle avait vingt ans, et, comme une captive célèbre, elle trouvait que c'était bientôt pour mourir!... Dans les affres de l'agonie, elle eut, malgré tout, le courage de prendre à deux mains sa jeunesse et sa beauté, son cœur et sa vie, pour tout jeter au pied de la croix. — A l'école du Christ, nous avons appris l'histoire de toutes les générosités, de toutes les fidélités, de tous les héroïsmes, de tous les martyres.

L'humanité déchue a fait également passer devant nos yeux le tableau de toutes les hontes, de toutes les scélératesses, de toutes les infamies, de toutes les monstruosités. Nous avons connu des hommes qui ont eu l'audace de tous les crimes, la fureur du forfait!...

Et l'innocence et la corruption, le dévouement et la trahison, le martyre et l'assassinat, en un mot le vice et la vertu, seraient rigoureusement égaux devant la mort et le néant, devant la récompense et le bonheur?... Tout sombrerait dans le même abîme sans que jamais la moindre différence eût été faite entre le devoir accompli et toutes les difformités morales, entre le bien et le mal? Pas de faveur, pas de privilège, pas d'autres joies pour la vertu que les joies présentes réparties d'une manière aveugle et sans discernement.

Mais alors, qui voudra de la probité et du sacrifice, de l'effort continuel et des agonies intimes du devoir? La morale ne sera plus qu'une chimère, une impossibilité, au plus une manière spéciale d'agir toute facultative. — Le sage devra tout de même rester moral, répondra-t-on. C'est un préjugé, une fausse vue, un calcul peu noble que de confondre le bien et le bonheur. Nous devons rechercher le bien; le bonheur n'est pas notre affaire.

Ces affirmations stoïques ne sont pas dépourvues d'une mâle fierté. Malheureusement, elles sont extra-humaines; la réalité ne se fait faute nulle part de leur infliger les plus humiliants démentis. On cherche inéluctablement le bonheur, si ce n'est dans le bien, c'est dans le mal. Cela est, parce que cela doit être, parce qu'en réalité il est dans la nature du bien de produire le bonheur. Bien et bonheur se distinguent, mais celui-ci résulte nécessairement de celui-là. Les circonstances sont indéterminées ; le fait central tient à la nature des choses. Le bonheur n'est en nous que l'écoulement du bien. Les joies véritables ne sont dans l'âme que le sentiment perçu à la présence, à l'envahissement du bien.

Tel est l'ordre absolu : le bien doit nous rendre heureux, sinon tout de suite, du moins dans un temps plus ou moins rapproché. Le bien manquerait à sa nature, s'il ne béatifiait pas. Le sage est sans reproche quand il demande au bien, à la vertu de lui apporter la félicité. Nous ne prétendons pas qu'il n'est pas plus parfait et que l'aspirant à la sainteté ne doit pas tous les jours s'efforcer de détacher peu à peu ses regards des promesses de bonheur pour les fixer de préférence sur le devoir. Nous prétendons simplement que la poursuite du bonheur, et par là même la poursuite plus ou moins intéressée, du bien est dans la nature de l'humanité, parce que dans la nature des choses. Tout comme l'immense majorité des hommes, le juste peut attendre le bonheur de la vertu. Ce n'est point là une déchéance. Une même réalité constitue le bien et le bonheur ; l'un ne va pas sans l'autre. Simplement on devient plus parfait à mesure qu'on s'attache davantage au devoir comme tel. Il est présomptueux et utopique de demander à l'homme le désintéressement absolu dans l'accomplissement du bien. Il a le droit de lui demander le bonheur.

Or, il se trouve que dans cette effroyable mêlée

d'ambitions et d'intrigues, de joies et de douleurs qu'est la vie humaine, il se trouve, dis-je, que la vertu n'est pas nécessairement accompagnée d'un bonheur proportionnel. C'est un fait qu'elle est souvent malheureuse, tandis que le vice triomphe. Les théories n'y font rien. On a beau dire avec Spinoza : « Le prix de la vertu, c'est la vertu même », ou avec M. Bourdeau : « Elle (la vertu) a pour récompense le contentement de soi, la satisfaction du devoir accompli, la fierté de la perfection accrue. Cette récompense, rien ne l'en peut priver, ni la lui ravir, quand elle sait l'avoir méritée. C'est la seule qui ne dépende pas d'accidents fortuits, ne trompe jamais et ne risque pas de se corrompre dans nos mains, celle, par conséquent, qu'il convient d'estimer le plus. Le châtiment de l'acte mauvais, c'est, au contraire, le remords, qui suit la faute, l'humiliation de la conscience, qui se désapprouve et se voit déchue... Nous trouvons ainsi en nous-même la plus équitable, la mieux appropriée, la plus infaillible des sanctions, dans la mesure exacte de notre moralité. » (*Probl. de la mort,* p. 127.)

Vaines tentatives pour donner une sanction à la morale : « Le remords, mais plus on le mérite, plus on l'étouffe ; et le crime finit enfin, — c'est trop certain, — par tuer la conscience et trouver une affreuse tranquillité. La paix du cœur, mais d'où vient que personne ne s'en contente ? d'où vient que celui qui en jouit, pleure cependant, souffre, est réputé malheureux ? La paix du cœur est une barrière contre le désespoir, mais elle n'en supprime pas les causes... » (Aug. Nicolas, *Études philosophiques sur le Christianisme,* t. I, p. 152.)

Quoi de plus vrai ? les âmes délicates souffrent plus d'un moment de faiblesse que les grands criminels d'un parricide. Où serait l'équité ? Où serait la justice ?

Au surplus, que peuvent signifier et remords, et paix du cœur, et satisfaction du devoir accompli, et humiliation de la conscience, si vous êtes matérialiste ou positiviste, si vous n'admettez ni la liberté, ni un ordre transcendant, ni un criterium suprême de moralité, ni une autorité qui s'impose à vous ; si le vice et la vertu sont des produits comme le sucre et le vitriol? Joies et remords sont au même titre des préjugés, des faiblesses d'esprit, des non-sens. Tout au plus peut-on les assimiler à des émotions esthétiques, au regret de ne pas être celui-ci ou celui-là, grand ou petit, etc. Regrets stériles et enfantins. C'est l'effondrement de toute morale possible.

Encore une fois, le bien n'engendre pas toujours le bonheur ici-bas. Si la vertu n'est pas un vain mot, une promesse mensongère, il faut qu'elle béatifie ailleurs, dans une autre vie. Sinon, plus de justice, plus de morale, plus d'absolu.

Frustrer l'homme de toute survie serait donc une injustice ; ce serait aussi une cruauté. La douleur humaine est un fait aussi universel que la recherche du bonheur. Or, ce fait ne s'explique, il n'a sa raison d'être que si la vie présente est une épreuve et une préparation, que si la vie future est une réalité. Tout s'éclaire alors. La douleur est une expiation, une rédemption, une transformation, une sorte de divinisation, qui prépare notre union avec Dieu.

« Toutes mes facultés souffrent... s'écriait Jouffroy ; quel scandale et quel désordre ! Mais comme tout se rectifie, au contraire, et s'illumine à mes yeux, s'il y a une autre vie ! Dès lors, tout s'explique ; mes souffrances ne sont plus que les saintes épreuves de ma moralité ; l'obstacle n'est plus que la condition de ma personnalité responsable et libre. Tout mon être moral se crée ; tout l'ordre du monde s'éclaire à des profondeurs inouïes. Eh quoi ! je vois la convenance, la divine nécessité, la grandeur de l'ordre dans l'hypothèse d'une autre vie, et cette hypothèse ne serait qu'une chimère impossible, absurde ? »

Mais, alors, la douleur ne serait plus pour moi qu'un mystère d'épouvante ; je ne croirais plus à la consolation et aux consolateurs ; je ne croirais plus qu'au blasphème et au désespoir ! Car, enfin, pourquoi ce corps qui dépérit et se convulse sous l'étreinte de la souffrance ; pourquoi mon âme toujours saignante et toujours mutilée? Pourquoi tout mon être d'angoisse, de désolation et de deuil? Si je ne dois plus m'attendre à un lendemain, si tout finit à l'heure de la mort, si toutes mes espérances viennent s'engouffrer dans la tombe, pourquoi les tortures de ma vie? Réponds, mystérieuse Puissance, qui m'as jeté sur terre et t'y plais à m'y tenailler, sans but et sans motif. Jouis-tu donc au spectacle de ma souffrance, et les âcres relents de l'agonie et de la mort sont-ils pour toi un encens d'agréable odeur? L'impie serait donc dans le vrai :

« Le mal est de trop vivre, et la mort est meilleure,
Soit que les poings fermés on se jette à la mer,
Soit qu'en face du ciel, d'un œil ferme et sur l'heure,
Foudroyé dans la force on tombe sous le fer ! »

(Leconte de l'Isle.)

Par toutes les avenues de la raison, la négation de la survivance d'outre-tombe nous amène logiquement au blasphème, c'est-à-dire à l'absurde, à l'impossible, dès qu'il s'agit de Dieu. S'il est un Dieu juste et bon, quel qu'il soit, il faut qu'il ménage à l'homme une autre vie. « La plus grande absurdité, conclurons-nous avec Jouffroy, serait que cette vie fût tout; donc il y en a une autre. » Nous ne saurions mourir tout entiers.

Ce sont là considérations graves assurément, observera quelqu'un, mais un peu théoriques, aprioriques. N'y aurait-il pas moyen de fournir une preuve, une seule petite preuve qui relève davantage de l'expérience, une preuve tangible, accessible à tous, irrécusable comme un fait. Depuis si longtemps, le spiritisme nous la promet : va-t-il enfin tenir sa promesse?

Nous ne le croyons pas. Le spiritisme n'offre pas encore un fond solide de vérités éprouvées sur lequel on puisse édifier une certitude quelconque. Les célèbres expériences de William Crookes sont dans toutes les mémoires. Elles semblent démontrer sans réplique l'existence d'une force psychique, autre que les forces connues jusqu'à présent. Quelle est au juste la nature de cette force? S'agit-il d'un fluide nerveux, magnétique, électrique? Est-il question d'une force physique, psycho-physiologique ou purement psychique? Faut-il reconnaître dans la plupart des cas l'intervention d'un esprit étranger, bon ou mauvais, l'action d'une personne décédée ou simplement éloignée? Mystère.

Ajoutez que les faits observés, les plus compliqués surtout, ne se laissent pas facilement observer et classer. Ils se présentent fort irrégulièrement avec des caractères labiles et changeants. Il est difficile d'établir des lois, difficile même d'asseoir des certitudes avec toutes les garanties de solidité et de rigueur scientifique désirables. Aussi paraît-il peu probable que le spiritisme fournisse jamais une base expérimentale inébranlable à la démonstration de la Spiritualité ou de l'Immortalité.

Une série d'expériences a cependant une importance toute spéciale dans l'œuvre du célèbre physicien anglais : ce sont les expériences touchant la médiumnité de Miss Florence Cook. Il faut lire dans le livre de M. Crookes (*Force psychique, Recherches sur les phénomènes du Spiritualisme*, pp. 181 et suiv.), il faut lire cette relation, que, vu sa longueur, nous ne pouvons transcrire ici.

De cette étude il ressort qu'à l'appel de Miss Cook, le médium, est apparue en de nombreuses séances (1874) une forme de femme, qui s'est appelée Katie King, et qui a déclaré avoir eu nom Annie Morgan durant sa vie terrestre. Cette apparition bien caractérisée, aux traits bien accusés et assez longtemps bien arrêtés, — elle a été photographiée à l'aide de la lumière électrique, — aux formes palpables, — l'expérimentateur s'en est convaincu, — était bien distincte du médium, attendu qu'on les a vus et photographiés ensemble, en même temps que M. Crookes. Katie et son médium ne se ressemblent pas ; elles constituent par conséquent deux individualités bien distinctes. Pendant trois ans, Miss Florence a eu le pouvoir d'évoquer Katie. Celle-ci a parlé, agi, marché, distribué des fleurs, fait des adieux à maintes reprises, et surtout en 1874. Elle a bien voulu se prêter à toutes les expériences scientifiques. Après quoi, elle a définitivement disparu, se disant obligée de passer par des purifications successives. Il est à regretter que les expérimentateurs n'aient pas cru devoir pousser plus loin leurs investigations. Il aurait été intéressant de connaître la pensée de Katie et sur Dieu, et sur l'âme, et sur notre origine et sur notre fin. Telle quelle, l'expérience paraît décisive à M. Crookes pour prouver qu'il est une autre vie que la vie présente.

Nous le pensons avec lui, ou du moins nous croyons que la preuve est concluante pour démontrer l'existence d'individualités autrement organisées que nous.

C'est tout. Avons-nous affaire à de purs esprits qui s'adaptent un corps pour la circonstance, comme l'a expliqué saint Thomas, ou à des personnalités douées d'un organisme plus subtil ; nous trouvons-nous en présence d'esprits qui ont réellement animé tels corps dans les âges passés, ou simplement d'esprits qui ont toujours vécu indépendants et qui se disent les représentants, les *alter ego* de tels trépassés? Nous l'ignorons ; nul moyen d'éclairer ici notre religion. Il semble pourtant, si l'on se refuse à croire Katie King capable de mensonge et de fourberie, il semble prouvé qu'il faut admettre une survivance quelconque, une existence future.

C'est la conclusion qui se dégage pareillement des deux démonstrations ci-dessus basées sur la justice immanente à toute morale et sur le fait de la douleur. Il faut que le bien produise le bonheur, ce n'est pas durant la vie présente ; ce sera donc dans une vie future. — La douleur est une épreuve ; l'épreuve appelle un dénouement ; ce n'est pas ici-bas ; ce sera donc ailleurs. Cette argumentation traditionnelle nous paraît défier toutes les misérables arguties des sophistes, des sceptiques et des naturalistes.

Mais peut-être lui a-t-on donné une extension qu'elle ne comporte pas. Oui, elle établit solidement que Dieu ne saurait anéantir l'âme avec le corps, qu'une vie future attend le moi spirituel ; elle lui est due. Mais quelle sera exactement la durée de cette vie nouvelle? S'agit-il d'une immortalité absolue? Après que chacun aura reçu une rémunération ou un châtiment proportionnés, Dieu n'est-il pas en droit d'annihiler? Problème que les présentes données ne nous permettent pas de résoudre d'une manière décisive. Aussi n'avons-nous pas exposé ces preuves avec tous les développements. Concluantes en faveur d'une vie nouvelle, elles ne le sont pas en faveur de l'immortalité absolue. Il faut avoir le courage de la vérité et des aveux.

Pour nous rassurer contre l'éventualité d'une annihilation par la main du Tout-Puissant, il reste qu'il semble répugner à ce Dieu d'anéantir après avoir créé; il reste qu'il ne saurait convenir à sa sagesse et à sa bonté de replonger l'âme dans le néant, alors que cette âme atteint le plus haut point de développement intellectuel et moral; alors que son front resplendit de toutes les beautés, de toutes les lumières, de tous les nobles amours.

Il n'est pas douteux que ces deux raisons n'aient une valeur bien capable de faire impression. Est-ce à dire qu'elles sont démonstratives? Nous n'oserions pas l'affirmer; nous redouterions trop l'impitoyable critique des adversaires de l'immortalité. La sincérité est d'ailleurs le premier des devoirs.

Quelle que soit la portée de ce raisonnement, il laisse comme un scrupule dans l'intelligence, comme un point d'angoisse dans le cœur. Sans doute, nous nous faisons difficilement à l'idée d'un Dieu destructeur, annihilateur surtout. Il nous apparaît bien qu'en son lieu et place nous n'agirions pas ainsi à l'égard de l'âme, au terme même de son évolution, au moment précis où son lent et laborieux devenir a fait d'elle un chef-d'œuvre d'intelligence, d'amour. Mais, peut-on repartir, les idées de l'homme ne sont pas toujours les idées de Dieu. Dès l'instant que ramener au néant n'implique pas une déchéance ou une impossibilité, il y a une fissure dans votre théorie de l'Immortalité. Jusqu'ici rien ne prouve que Dieu se soit engagé à ne pas anéantir; les liens de convenance avec lesquels nous prétendons l'immobiliser n'existent peut-être que dans notre esprit;

ici comme ailleurs nous faisons de l'anthropomorphisme en parlant de Dieu. Il n'est pas sûr que Dieu se laisse enchaîner par nos idées à contre-vue. Ce doute imperceptible suffit à tenir en échec la plus vigoureuse argumentation à base de convenance.

Tant qu'on n'aura pas établi que Dieu s'est engagé, qu'il y aurait par conséquent mensonge et félonie à ne pas tenir son serment, nous aurons lieu de demeurer inquiets. C'est ici que l'argument téléologique arrivera à propos pour nous rassurer contre toute hypothèse d'annihilation. Il va nous apprendre que Dieu écrivit des promesses d'immortalité au plus profond de notre moi psychique; les transgresser serait se rendre coupable d'un parjure, comme nous allons le montrer dans le chapitre suivant. Ah! maintenant nous serons sûrs de Dieu comme de nous-mêmes. Dieu sera lié par son serment; on peut le défier d'anéantir. C'est donc ici que l'argument téléologico-objectif doit trouver sa place naturelle. Il faut bien en convenir, sans cette dernière preuve la démonstration ne serait plus décisive, autant du moins qu'il est désirable.

S'ensuit-il que l'argument ontologico-subjectif soit désormais suranné, démodé, vieilli, qu'il faille en faire bon marché et le sacrifier de gaieté de cœur? Ce serait d'après nous s'abuser étrangement et mutiler la thèse de l'Immortalité. Nous estimons que l'introspection psychique et la déduction substantialiste constituent la base la plus solide, disons la seule base de la finalité. Si je sais qu'il faut l'universel, l'infini à mon intelligence et à mon cœur, c'est parce qu'il est établi que je suis une substance spirituelle, en dehors et au-dessus de l'espace et du temps.

Y a-t-il même deux arguments? Qu'on veuille bien se donner la peine d'y réfléchir : on verra qu'il n'en est qu'un : l'étude approfondie subjective et objective de l'âme tout entière. Nous en avons distingué deux pour mettre plus d'ordre dans notre étude ; au fond, les deux preuves ne constituent qu'une seule démonstration dont l'une est la base, et l'autre le couronnement ; qui par conséquent ne sauraient se passer l'une de l'autre et doivent se prêter un mutuel appui. Nous l'avons constaté ; sans la téléologie, l'observation intime et substantialiste nous laisse quelque peu anxieux sur l'intervention éventuelle d'un Tout-Puissant Annihilateur. D'autre part, sans l'étude ontologico-subjective, il resterait à se demander si, même dans le cas de non-intervention divine, l'âme ne subirait pas les influences délétères du monde extérieur, du temps, de la fatigue, d'une dissolution dynamique, etc.

Les deux processus se complètent donc et n'en font qu'un en réalité. M. Piat n'a pas vu que renoncer à l'étude, à la preuve ontologico-subjective, c'était mutiler son argumentation, enlever même toute base solide à la finalité, insuffisante d'ailleurs par elle seule.

CHAPITRE X

IMMORTALITÉ DE L'AME OU MOI SPIRITUEL (*suite et fin*). — PREUVE OBJECTIVE OU TÉLÉOLOGIQUE

I. Recherche du bonheur. — II. Impossibilité d'atteindre le bonheur parfait durant cette vie terrestre. — III. C'est que le bonheur parfait postule l'infini et l'immortalité. — IV. Il faut que ce bonheur parfait soit un jour le nôtre.

I

Nous l'avons déjà noté, cette preuve fait corps avec la précédente. Elle en offre le développement naturel. Dans l'intérêt de l'ordre nous l'avons mise à part, et aussi parce qu'elle procède tout différemment. Au lieu de partir de l'introspection, de l'observation rationnelle de la substance psychique, au lieu de suivre un processus ontologico-subjectif, elle part de l'objectif universel de notre mentalité ; elle institue un processus téléologico-objectif, uniquement appuyé sur la finalité, pour faire aboutir plus sûrement notre démonstration à l'affirmation sereine et tranquille de notre immortalité psychique. C'est le point convergent des deux preuves qui s'étayent mutuellement et se complètent dans une merveilleuse unité. La première nous apprend que, considérée en elle-même et dans ses relations avec le monde du dehors, l'âme ne trahit nul germe de dissolution, nulle possibilité d'anéantissement. La seconde va nous montrer que Dieu lui-même a les bras liés et qu'il ne saurait l'annihiler.

Notre spiritualité se base sur ce fait que notre activité psychologique postule en nous un moi, un principe substantiel. Ce moi s'érige en nous comme la pièce maîtresse de notre composé, comme la charpente de l'édifice que nous sommes. Tout appuie sur lui et s'explique par lui. Supprimez-le, l'édifice croule ; le moi humain n'est plus qu'une ruine, une énigme. Remettez-le à la place que lui assignent les certitudes séculaires de l'humanité, tout s'explique à nouveau, tout se coordonne dans le moi intégral.

Il s'agit maintenant de savoir si la Toute-Puissance, qui fut créatrice, ne sera pas un jour annihilatrice. C'est le théorème à démontrer irréfutablement dans cette seconde partie de notre argumentation.

Il n'est pas besoin de faire appel à de hautes autorités pour se réclamer de leur témoignage; que chacun descende un seul instant dans sa conscience, il constatera le fait, qui n'admet pas d'exception : l'homme cherche le bonheur; c'est l'objet de toutes ses démarches; c'est le but auquel se bande toute notre activité; nous l'avons déjà constaté dans l'analyse de la volonté. Pas un seul acte qui ne tende actuellement ou virtuellement au bonheur. Nous n'insisterons pas sur la distinction, d'ailleurs très justifiée, entre le bonheur subjectif et le bonheur objectif, entre le sentiment éprouvé à la possession de la réalité destinée à combler nos aspirations, et cette réalité elle-même. Cette dissociation importe assez peu à notre dessein. Il est hors de doute que nous poursuivons notre satisfaction personnelle, que nous poursuivons également notre perfectionnement par l'union avec la réalité béatifiante. Des deux tendances quelle est celle qui prévaut? Nous n'avons guère à nous en préoccuper en ce moment. Il nous suffit de retenir que le bonheur intégral implique sentiment et réalité sentie, qu'il réside dans l'union harmonique de nos puissances avec leur objet proportionné. En général, nous parlerons indistinctement de ces deux aspects du bonheur; ils sont du reste corrélatifs : la pleine satisfaction postule une réalité capable de combler la faculté correspondante, et *vice versa*.

Observons encore que le bonheur n'est pas l'objet d'un pouvoir particulier; c'est la suprême fin de l'homme tout entier, bien que la volonté soit sous ce rapport notre grande pourvoyeuse.

Puisque nous le poursuivons, le bonheur n'est pas en nous, quoi qu'en puissent dire les stoïciens de la vieille et de la nouvelle école; c'est un rêve orgueilleux que la réalité dément. Il faut donc mobiliser nos énergies pour nous élancer à la recherche du bonheur. Il faut un signal, un branle, une impulsion : c'est le rôle de l'effort volontaire, du vouloir. C'est ainsi que notre vouloir se subordonne toutes nos puissances secondaires pour les attacher à la poursuite de leur objet correspondant. Elle les anime de son effort, elle les stimule, elle les rive à l'action. Sous sa poussée l'intelligence doit connaître, le cœur aimer, la sensibilité goûter enfin une réalité capable de remplir l'homme tout entier. Elle n'accorde, l'infatigable, elle n'accorde de halte et de répit à ces grands coureurs du bonheur que le court instant où elle a l'illusion du but atteint.

Nous disons bien, l'instant de courte durée; car la noble et pitoyable chercheuse ne garde pas longtemps l'illusion de sa découverte. Elle n'est pas longtemps à reconnaître son erreur. Les apparences l'ont déçue. Déconcertée un jour, elle se relève le lendemain débordante d'amertume et de fiel contre le mensonge de nos réalités ; elle se relève et de nouveau un souffle d'espoir passe sur elle, un courant d'outre-terre l'emporte, la réentraîne à travers toutes les réalités dans le monde des corps, comme dans le monde de la pensée. Alors même que le désespoir paraît la clouer au sol, au fond du suicide et de la désespérance, elle voit luire l'étoile messagère d'un vague et lointain bonheur par un changement de vie, par une modification des circonstances de temps et de lieu où présentement son existence se débat. La vaporeuse lueur est à peine visible ; le phare paraît et disparaît dans l'écume des mers. Mais qui sait? il éclairera peut-être une plage moins inhospitalière au bonheur, ou du moins au repos.

Elle va donc, la Volonté humaine, toujours reprise par l'implacable espoir. Elle va à travers toutes les infortunes et toutes les déceptions, semblable à cette folle que nous dépeint Guyau. « Il y avait une femme, dit-il, dont l'innocente folie était de se croire fiancée et à la veille de ses noces. Le matin en s'éveillant, elle demandait une robe blanche, une couronne de mariée, et souriante se parait. « C'est pour aujourd'hui », disait-elle. Et elle passait sa vie dans cette certitude toujours déçue et toujours vivace, n'ôtant que pour la remettre sa robe d'espérance. L'humanité est comme cette femme ; oublieuse de toute déception, elle attend chaque jour la venue de son idéal ; il y a probablement des centaines de siècles qu'elle dit : « C'est pour « demain. » Chaque génération revêt à son tour la robe blanche. La foi est éternelle comme le printemps et les fleurs!... » La foi au bonheur! (Guyau, *Esquisse d'une morale sans obligation ni sanction*, p. 16.)

Oui, l'humanité nous apparaît bien comme une inlassable chercheuse, désespérément attachée à la poursuite du bonheur, cet insaisissable rêve. Elle va, fiévreuse et ardente, demandant à tous les vents du ciel une goutte de la céleste rosée ; elle espère toujours que de là-haut tombera cette blanche floconnée, cette manne réconfortante que lui promettent les horizons trompeurs de cette existence. Elle va se heurtant à toutes les pierres du chemin, laissant à toutes les ronces du sang de ses pieds et de ses genoux, s'égarant dans les sables brûlants de son douloureux pèlerinage. Elle va toujours meurtrie, toujours déçue, toujours saignante, et néanmoins jamais à bout. O Dieu, n'auras-tu pas pitié de ton enfant ; l'impiété aurait-elle raison et la vie serait-elle triste ?...

II

Un fait est hors de contestation : nul n'atteint ici-bas le bonheur rêvé : la vie présente fait banqueroute à ses promesses ; elle trompe nos facultés et nos espoirs. Écoutez le poète se plaindre amèrement de ce que la vérité échappe à l'étreinte de notre intelligence.

> Voilà la vérité, chaque siècle à son tour
> Croit soulever son voile et marcher à son jour ;
> Mais celle qu'aujourd'hui notre ignorance adore
> Demain n'est qu'un nuage, une autre est près d'éclore !
> A mesure qu'il marche et la proclame en vain,
> La vérité qui fuit trompe l'espoir humain,
> Et l'homme qui la voit dans ses reflets sans nombre,
> En croyant l'embrasser, n'embrasse que son ombre !...
> . . . .
> Non, tu n'es pas en nous ; tu n'es que dans nos songes
> Le fantôme changeant de nos propres mensonges,
> Le reflet fugitif de quelque astre lointain
> Que l'homme doit saisir et qui fond sous sa main,

> L'écho vide et moqueur des mille voix de l'homme,
> Qui nous répond toujours par le mot qu'on te nomme,
> Ta poursuite insensée est sa dernière erreur !...
>
> (LAMARTINE, *Harmonies poétiques et religieuses*,
> pp. 365, 366.)

En ce même endroit, on compare la vérité à un immense miroir où Dieu seul perçoit le vrai dans son unité synthétique. L'homme « voit mille vérités où Dieu n'en a mis qu'une ».

> ...L'homme brise à son tour son miroir en éclats,
> Et dit en blasphémant : « Vérité, tu n'es pas ! »

La vérité, on peut encore dire qu'elle ressemble à ce soleil qui, un soir d'orage, se dérobe derrière les nuées du couchant. Les nuées se colorent, s'empourprent, s'embrasent. Il semble que chacune d'elles renferme l'astre royal qu'elle va nous révéler et nous livrer. Ne le devinez-vous pas à travers ces fantômes de lumière, ces amoncellements d'incarnat ? Il va se montrer. Hé ! non ; il est déjà descendu derrière l'horizon et vous ne percevez plus que les reflets et les lueurs fugitives de sa lointaine disparition.

Combien d'intrépides chercheurs, après une vie d'étude et de laborieuses investigations, pourraient reprendre pour leur compte le mot rapporté d'Aristote mourant : « Je suis né dans l'ignorance, j'ai vécu dans l'incertitude, je meurs dans le doute. Être des êtres, ayez pitié de moi ! » Quelle infinie détresse dans l'intelligence, lorsqu'il faut enfin convenir qu'on a usé sa vie à d'infructueux efforts, qu'en règlement de compte on ne connaît le tout de rien, on n'a touché le fond d'aucune réalité. Vous souvient-il de ce théologien philosophe qui aurait donné toute sa science, tous ses ouvrages et ses ardentes veilles pour une bonne prière d'un instant? Ils finissent tous par cet aveu d'impuissance et de suprême désolation.

Qui ne se souvient de cette amère et poignante plainte de Pascal : « Nous voguons sur un milieu vaste, toujours incertains et flottants, poussés d'un bout vers l'autre. Quelque terme où nous pensions nous attacher et nous affermir, il branle et nous quitte; et si nous le suivons, il échappe à nos prises, nous glisse et fuit d'une fuite éternelle. Rien ne s'arrête pour nous. C'est l'état qui nous est naturel, et toutefois le plus contraire à notre inclination; nous brûlons du désir de trouver une assiette ferme et une dernière base constante pour y édifier une tour qui s'élève à l'infini; mais tout notre fondement craque, et la terre s'ouvre jusqu'aux abîmes. » (Pascal, *Pensées*, Éd. Garnier, p. 219.)

Même impuissance, mêmes lamentations dès qu'il s'agit non plus seulement des vérités exactes, mais des vérités idéales. Qui donc a jamais réalisé son rêve, qui a fixé son idéal fuyant à tire d'aile? Et la question n'est-elle pas devenue banale : quel écrivain n'a brisé sa plume, quel poète maudit son inspiration, quel peintre jeté ses pinceaux, quel sculpteur son burin, quel virtuose son archet? Quel fervent de la beauté entrevue n'a déchiré ses pieds et meurtri ses genoux à la poursuivre dans ses retraites profondes? La tête ardente et la lèvre en feu, il s'est tordu comme un agonisant sur sa couche solitaire, il a erré dans la fraîcheur des nuits et demandé à toutes les brises du matin cette intime caresse, qui est le baiser de l'idéal. La beauté idéale, il a

> Crié cent fois son nom du soir jusqu'à l'aurore,
> Et cru qu'elle viendrait en l'appelant encore.
>
> (Hugo, *Feuilles d'Automne*, p. 273.)

De ses doigts crispés, il s'est déchiré la poitrine à l'attendre, à la désirer, à frémir d'impatience et d'amour !... Elle n'est point venue...

C'est que, voyez-vous, l'esthétique idéale est comme la colombe sortie de l'arche. Descendue du ciel, et nécessairement étrangère ici-bas, elle ne sait où se reposer. Ou bien, si vous voulez, elle nous apparaît comme ces vierges d'Orient dont un long voile de réserve et de pudeur défend contre tout regard indiscret la beauté hiératique et le charme profond. Nul autre que le Dieu n'écartera jamais le péplum virginal.

Et la liberté, a-t-elle jamais pleinement réalisé son rêve de vertu ? Qui osera le prétendre ? N'avons-nous pas déjà parlé de cette lutte tragique de tous les jours, qui scinde notre vie, dédouble notre moi psychique, nous met aux prises avec nous-mêmes et paralyse nos efforts pour le bien, ou, du moins, nous fait passer par de cruelles alternatives de faiblesse et de remords, de déchéance et de repentir ? « Où est-il, se demande Mme de Staël, l'homme qui se présenterait sans crainte aux yeux de l'Éternel ? Où est-il, cet homme qui a aimé Dieu sans distraction, qui l'a servi dès sa jeunesse et qui, atteignant un âge avancé, ne trouve dans ses souvenirs aucun sujet d'inquiétude ? Où est-il, cet homme moral en toutes ses actions sans jamais songer à la louange et aux récompenses de l'opinion ? Où est-il, cet homme si rare, si digne de nous servir de modèle ? Où est-il ? où est-il ?... » (*Corinne*.)

Mme de Staël est fondée à se montrer pressante. Hélas ! même ces héros de la moralité que nous appelons des saints, tous ou presque tous ont connu les défaillances de la vie, les traîtrises de leur nature, l'engourdissement léthargique de certains jours. Sont-ils nombreux, ceux qui ont ignoré le gémissement désolé de l'Apôtre : « Je ne fais pas le bien que je voudrais, et je fais le mal que je réprouve !... »

La liberté n'aboutit pas. Le cœur aboutit moins encore. Écoutez donc à travers les siècles les sanglots désespérés de l'amour. Car si nulle passion n'inspira jamais des accents plus enthousiastes et plus exultants, par contre, nulle passion n'arracha jamais à l'âme humaine des cris plus poignants et plus désespérés.

Et, tenez, si vous le voulez, analysons ensemble les dernières pages d'un roman quelque peu vieilli d'Eugène Sue : *Thérèse Dunoyer*. Il ne faut pas que le satirique latin ait seul le privilège de recueillir des perles dans le fumier d'Ennius.

Donc, Ewen de Ker-Ellio et Thérèse Dunoyer, deux êtres de rêve, d'amour et de mélancolie, deux âmes bien faites l'une pour l'autre, se rencontrent à Paris. Un malentendu, puis une passion de Thérèse pour un fourbe, passion aussi malheureuse qu'inexorable, les sépare momentanément. Dans la suite, les circonstances les rapprochent. Ewen montre généreux, sublimement généreux. Il pardonne, il épouse, il réhabilite. Hélas ! en pure perte. Blessée à mort dans son premier amour, la jeune femme, « une de ces vaillantes qui n'ont qu'un seul amour », qui en vivent et en meurent, la jeune femme n'a ni le désir, ni la force d'aimer à nouveau, même cet héroïque Ewen.

Depuis déjà deux années, retirés sur les côtes de Bretagne, dans le vieux manoir des Ker-Ellio, les deux infortunés errent nuit et jour par les landes et les rochers, à travers les forêts et sur les bords de l'Océan ; ils errent, jetant à la brume des nuits, à la brise des mers, aux arbustes sauvages de la vieille Armorique la plainte inconsolée, Ewen de son amour sans espérance et de sa vie dévastée, Thérèse de son cœur trompé et de sa lente agonie.

Thérèse voit mourir son enfant, l'unique gage de son lamentable amour. Il semblerait que cette circonstance doit favoriser au cœur de la malheureuse femme l'éclosion et le développement d'un amour sincère pour Ewen ! — Cette mort ne fait que précipiter le dénouement ; elle fait éclater cette terrible évidence que Thérèse est à jamais incapable d'un amour nouveau.

Dès lors, la vie n'a plus de sens pour les deux époux. Ils se décident à mourir. Une main complaisante leur épargnera l'odieux et les responsabilités d'un suicide.

On touche à la dernière heure. Dans le navrement de leur infinie détresse, ils s'abandonnent aux suprêmes confidences : « Vous m'avez généreusement donné votre main pour assurer l'avenir de ce pauvre enfant qui n'est plus ; je vous ai aimé... je vous aime comme le plus tendre des frères... et cependant, quelle a été notre vie ?... » questionne douloureusement Thérèse.

— « Misérable... oh ! bien misérable...

— Vous m'aimez toujours, et malgré votre admirable dévouement, je ne puis vous aimer d'amour... Cela est fatal !... Que faire ?

— Ce que nous faisons, Thérèse... Nous nous sommes tout dit, tout..., nos lâches regrets, notre incurable faiblesse, notre honte de ne trouver qu'amertume dans notre union et de succomber aux chagrins d'un amour impossible. Nous avons mis une sorte de joie farouche à nous désespérer de sang-froid... Infirmité de notre nature, il nous manque l'énergie nécessaire pour accepter notre position, offrir notre douleur à Dieu et continuer notre triste vie, appuyés l'un sur l'autre... Les ressorts de mon âme sont brisés ; j'ai perdu tout espoir.

— Par quel phénomène, reprend Thérèse, deux

cœurs comme les nôtres ne sont-ils pas virtuellement l'un à l'autre? Cela est impossible. Peut-être l'amour n'existe-t-il jamais entre deux cœurs de vertu pareille, Ewen ; peut-être faut-il d'un côté l'égoïsme et de la dureté pour mettre en valeur le dévouement et la bonté ; oui, peut-être nous abusons-nous, Ewen... ; peut-être ne devions-nous pas éprouver de l'amour l'un pour l'autre. Généreux... qu'eussions-nous fait de notre générosité ? Quels sacrifices vous aurais-je imposés ? Qu'auriez-vous eu à me pardonner ? Et puis... malheur à la dépravation de notre nature ! Je vais vous dire quelque chose d'horrible, un accent toujours doux et tendre nous devient presque indifférent, mais nous sommes transportés de bonheur et d'orgueil lorsqu'une voix ordinairement impérieuse et rude devient, en nous parlant, émue et caressante. Et puis, encore, il est si bon de pardonner, il est si glorieux d'aimer malgré le mal qu'on nous fait !... Aimer qui nous chérit, c'est si facile ! Où est le courage ? où est la douleur ?

— ...Et ce n'est pas avec délices qu'on quitte une telle vie, s'écrie Ewen !... Reconnaître chaque jour l'inexorable impossibilité du bonheur que nous cherchons, moi dans votre amour, vous dans l'amour d'un autre !... »

Le dialogue, une déchirante élégie à deux voix qui se répondent, se poursuit ainsi bien avant dans la nuit à travers les sanglots des derniers adieux...

Le lendemain de l'anniversaire du mariage de Thérèse et d'Ewen, les cadavres des deux époux furent trouvés sur les grèves de Treff-Hartlog.

C'était le Mois-Noir, fatal aux Ker-Ellio, et Mor-Nader, le pilote de l'île de Sein, s'était précipité dans la tempête avec les deux infortunés ; il avait fait sombrer la barque dans la baie des Trépassés.

Combien d'amants, au lit de mort, pourraient gémir et se lamenter comme les deux époux de Treff-Hartlog !

On dira peut-être qu'il manque ici l'heureuse coïncidence d'un amour partagé. Elle fait si souvent défaut ! Mais supposons-la un instant. Il la supposait, ce profond psychologue, qui écrivait : « Pourquoi donnait-elle tous les signes d'une consomption intérieure, inexplicable, sinon par la morsure cachée d'une douleur constante ? Ils sont si amers à constater pour un amant épris, ces signes-là, même lorsqu'il connait la cause du ravage qu'ils révèlent ! Voir le visage de l'être, qui vous est si cher, pâlir et comme se fondre, ses paupières se lasser, ses joues se creuser, ses tempes jaunir, ses lèvres se décolorer, partout la preuve que la flamme de cette vie adorée tremble et vacille !... Dieu ! si elle allait s'éteindre ! Et quel frisson à la pensée que l'objet de tant d'amour est si fragile, que tout notre cœur est suspendu au souffle d'une créature mortelle ! Le supplice de cette inquiétude s'exaspère parfois en des lancinations si aiguës que l'on souhaite de cesser d'aimer comme un malade, crucifié par la névralgie, souhaite de ne plus vivre... » (BOURGET, *Un cœur de femme*, p. 312.)

Des circonstances malheureuses traversent et empoisonnent l'amour que nous raconte le célèbre romancier. Mais imaginez, si vous le pouvez, un amour que rien ne viendra contrarier, que tout semblera favoriser. Il se suffit à lui-même pour s'altérer et laisser après lui je ne sais quel résidu de tristesse et d'impuissante rancœur. Je trouve, dans cet admirable Récit d'une Sœur, une page qui me parait plus finement observée et plus profondément vécue : « Sans doute la terre n'est pas sans joies. Mais ces joies, pour être complètes, devraient être enfermées dans d'autres cœurs que nos pauvres cœurs mortels, où toujours une triste saveur de la terre se mêle pour les corrompre. L'idée de l'incomplet, de l'incertitude, une voix qui crie au soir : Rien n'est durable ; une sorte d'impuissance à savourer le bonheur, faut-il le dire, une sorte de fatigue à l'éprouver, un besoin de larmes et de douleur viennent apprendre au cœur de l'homme que les joies du ciel sont pour le ciel, et qu'ici-bas le ravissement qui fait éternellement sourire les Séraphins ne saurait se prolonger, ou plutôt — misère, misère ! — nous lasserait bientôt ! »

« Est-ce ma faute à moi, s'écrie G. Sand, si votre âme, comme la mienne, comme celle de tous les hommes, possède des facultés immenses pour le désir, et si vos sens sont bornés pour la joie ? Suis-je responsable de l'impuissance misérable de l'amour physique à calmer et à guérir l'ardeur exaltée de vos rêves ?... » (*Lélia*, I, p. 247.)

Mais las! loin de réunir les conditions de bonheur, les amours humaines sont le plus souvent des manières de bourreaux. Après avoir tout goûté, tout senti, tout aimé, le poète apostrophe la douleur et la défie dans un rictus exacerbé !...

> ... Il n'est pas dans mon cœur
> Une fibre qui n'ait résonné sa douleur,
> Pas un cheveu blanchi de ma tête penchée
> Qui n'ait été broyé comme une herbe fauchée,
> Pas un amour en moi qui n'ait été trompé !
> Et je cherche une place en mon cœur qui te craigne,
> Mais je ne trouve plus en lui rien qui ne saigne !
>
> (LAMARTINE, *Harm. poétiques*, p. 137.)

Dans ce même recueil, le poète que nous venons de citer fait pour son propre compte la démonstration que nous poursuivons. Nous ne croyons pas que les belles strophes harmonieuses du poète religieux et philosophe par excellence soient déplacées, même dans cet ouvrage de pure philosophie. Lamartine passe en revue les divers biens d'ici-bas. Nul n'est capable de satisfaire l'âme du poète, et c'est pourquoi cette âme est triste :

> *Car qu'est-ce que la terre?* . . . .
> Fange en palais pétrie, hélas! mais toujours fange,
> Où tout est monotone et cependant tout change.
>
> *Et qu'est-ce que la vie?* Un réveil d'un moment?
> De naître et de mourir un court étonnement,
> . . . .
> Minute que le temps prête et retire à l'homme,
> Chose qui ne vaut pas le nom dont on la nomme.
>
> *Et qu'est-ce que la gloire?* Un vain son répété,
> . . . .
> Nectar empoisonné dont notre orgueil s'enivre,
> Qui fait mourir deux fois ce qui veut toujours vivre.
>
> (LAMARTINE, *Harm. poét.*, p. 275.)

Et les plaisirs, la fortune, les honneurs peuvent-ils davantage pour notre félicité? Écoutez le Child-Harold de Byron : « Child-Harold passait l'été de ses jours à voler de plaisir en plaisir, sans penser que la froide misère viendrait le glacer tout à coup. Mais il n'était pas au tiers de sa carrière qu'il fut arrêté par quelque chose de pire que les malheurs de la fortune ; il éprouva le dégoût de la satiété... Tu veux savoir, disait-il, quel malheur secret empoisonne mes plaisirs et ma jeunesse? C'est le chagrin sombre et éternel qui poursuivait partout l'Hébreu fratricide... Que d'autres se livrent aux ravissements du plaisir et goûtent en paix tout ce que j'abandonne... Je suis condamné à errer dans mille contrées, emportant la malédiction de mes souvenirs. Toute la consolation qui me reste, c'est de savoir, quelque nouveau malheur qui me frappe, que j'ai déjà éprouvé le plus terrible de tous... Ce malheur, quel est-il? Oh! ne me le demande pas, par pitié, daigne ne pas m'interroger; continue à sourire et ne cherche pas à connaître un cœur dans lequel tu trouverais un enfer. »

Tous ceux que l'on appelle les « viveurs », les heureux du monde, ont tous fini par les mêmes aveux, et leur dernier cri s'est étouffé dans un sanglot.

> J'ai perdu ma force et ma vie,
> Et mes amis et ma gaîté ;
> J'ai perdu jusqu'à la fierté
> Qui faisait croire à mon génie !...
>
> (MUSSET, II, p. 193.)

Pas plus dans leur ensemble que par le détail, les biens d'ici-bas ne sauraient nous béatifier.

> Mais quand ces biens que l'homme envie
> Déborderaient dans un seul cœur,
> La mort seule au bout de la vie
> Fait un supplice du bonheur !
>
> (LAMARTINE, *Harm. poét.*, p. 279.)

Dieu lui-même est ici-bas trop imparfaitement connu, trop imparfaitement aimé et possédé pour combler le vide de notre cœur :

« Vous ne me suffisez pas, Dieu! s'écrie Lélia, vous le savez bien. Vous ne voulez pas être tout pour moi ! Vous ne vous révélez pas assez pour que je m'empare de vous et pour que je m'y attache exclusivement ! Vous m'attirez, vous me flattez avec un souffle embaumé de vos brises célestes, vous me souriez entre deux nuages d'or, vous m'apparaissez dans mes songes, vous m'appelez, vous m'excitez sans cesse à prendre mon essor vers vous, mais vous avez oublié de me donner des ailes. » (G. Sand, *Lélia*, I, p. 117.)

Il faut donc établir en fait que rien ici-bas ne peut combler le cœur de l'homme. De là cette universalité de souffrance qui pèse sur l'humanité. « La terre pleure », disait le Prophète ; aussi devient-il difficile de distinguer des voix particulières dans cette vaste clameur, dans cette lamentation ininterrompue qui monte de la terre. Plainte immense, qui pénètre tout, envahit tout, déborde sur toute notre vie, insinue des gémissements jusque dans les extases de notre pauvre et triste amour, et confère à nos rires des résonances de sanglots! Et, vraiment, est-ce que depuis six mille ans toutes les crucifiantes désespérances, toutes les tortures morales et physiques ont cessé de tournoyer sur nos têtes et de s'abattre sur nous comme un sombre vol d'oiseaux de proie, qui de leurs ongles sanglants nous labourent la poitrine?

Hélas! c'est le fait constant et universel : nous souffrons tous. Un poète, un grand poète, nous dépeint son isolement sous la figure d'une ombre attristée, qui marche côte à côte avec lui sans le quitter jamais.

> Partout où j'ai voulu dormir,
> Partout où j'ai voulu mourir,
> Partout où j'ai touché la terre,
> Sur ma route est venu s'asseoir
> Un malheureux vêtu de noir,
> Qui me ressemblait comme un frère.
>
> (Musset, *Poésies nouvelles*, *Nuit de Décembre*.)

Bien expressive au sens de l'infortuné Rêveur, cette fiction ne l'est pas moins, appliquée à la douleur. Oui, la douleur est bien ce spectre infatigable, qui s'attache à nous dès le berceau et nous suit jusqu'à la tombe.

Nous naissons à peine... Il est là comme pour initier notre frêle corps à la fatigue, à l'impuissance d'un organisme toujours prompt à se désemparer et à s'user; comme pour nous initier aux fiévreuses insomnies, au désagrégement sûr et lent des âges de retour, aux ardentes lancinations, aux sourdes irritations, aux commotions, aux frénésies de la souffrance humaine.

Plus tard, au premier éveil de notre intelligence, alors que notre front s'éclaire d'un rayonnement divin, alors qu'aux yeux de l'adolescent la nature revêt des parures nouvelles, alors que des tressaillements nouveaux ouvrent à son âme une source cachée d'émotions virginales et de mélancoliques ravissements, alors que des rêves de flamme embrasent l'avenir et projettent sur la vie je ne sais quels lumineux lointains de gloire et de félicité, alors que tout vit, que tout chante, que tout rayonne, que tout exulte au dedans et au dehors, alors du moins la douleur sera-t-elle absente? Ne l'espérons pas. Le spectre inassouvi marchera toujours à nos côtés. Il appellera l'intelligence à son secours, il sera de connivence avec notre cœur. D'une main hardie il dépouillera de ses charmes fascinateurs, il fouillera jusqu'aux entrailles, il disséquera sous nos yeux toute réalité ardemment poursuivie pour nous en montrer le vide et l'indigence; il fera retentir en nous cette voix funèbre qui murmure au soir : tout passe, tout meurt! A telles enseignes que notre intelligence et notre cœur, nos plus sublimes prérogatives, se feront contre nous des tortionnaires, complices de la douleur!

Et plus tard encore, quand la maturité nous apportera la plénitude de la force physique, intellectuelle et morale, quand elle nous entourera d'êtres chéris entre tous; quand elle nous placera au sein du bien-être et de l'indépendance; quand elle nous environnera d'honneur et de respect ; quand elle fera briller à notre front le diadème du pouvoir et l'auréole de la gloire, ô Douleur, serons-nous à l'abri de tes coups ?... Erreur. Le sombre génie rôde toujours autour de nous. Un glaive à la main, il frappera ces êtres si chers dont la vie est la moelle de notre vie ; de son souffle brûlant il desséchera sur notre front la couronne de lauriers, il attisera contre nous la haine et l'envie ; à son contact, notre fortune s'écroulera, notre corps sera travaillé d'un mal inexpliqué, notre âme succombera au dégoût et à la tristesse. Et déjà

> L'espérance reprend son vol vers l'Orient,
> On trouve au fond de tout le vide et le néant ;
> Avant d'avoir goûté l'âme se rassasie.
>
> (LAMARTINE, *Harm. poét.*, p. 361.)

Mais plus que jamais aux jours de la vieillesse l'horrible fantôme se rive à nos pas. De son doigt décharné il nous montre la tombe, et de sa voix qui résonne comme un glas il nous compte les heures qui nous précipitent à l'éternité. « Qu'elles sont graves et solennelles ces voix du temps qui s'élèvent comme un cri de mort, et qui vont se briser indifférentes sur les murs sonores de la demeure des vivants, ou sur les tombes sans écho du cimetière ! Comme elles vous saisissent et vous font palpiter de colère et d'effroi sur votre couche brûlante ! Encore une, me suis-je dit souvent, encore une partie de mon existence qui se détache ! Encore un rayon d'espoir qui s'éteint ! Encore des heures, toujours des heures perdues et qui tombent toutes dans l'abîme du passé... », et avec elles nous entraînent aux ténèbres !... Le noir fantôme est toujours là !

Mais pourquoi m'attarder à cette navrante histoire de la douleur ? pourquoi faire défiler le dolent cortège des souffrances humaines? Qu'est-il besoin de nous démontrer que nous sommes malheureux? Descendons dans notre âme, portons la main à notre cœur. Comme disait le poëte, est-il là un point qui n'ait eu sa meurtrissure, une fibre qui n'ait été froissée, un bonheur qui n'ait pleuré, une espérance qui n'ait été déçue, un amour qui n'ait saigné?... Dites-moi si votre pauvre cœur est autre chose qu'un douloureux tissu de suprêmes détresses et de mortels dégoûts, d'inconsolables regrets et de fiévreuses appréhensions, de plaies mal cicatrisées et de blessures sans cesse rouvertes, de mécomptes torturants et d'irréalisables rêves!

Et pourquoi ce drame étrange d'un être intelligent aux prises avec tous les dénuements, toutes les pauvretés, toutes les misères, toutes les transes et toutes les angoisses, toutes les faiblesses et tous les abandonnements, toutes les insécurités et toutes les désolations, en un mot avec le martyre d'une vie sans espoir? Car ce serait une singulière erreur que de compter sur un avenir de progrès pour changer le sort de l'humanité. D'abord les siècles passés auront ignoré ce bonheur, et le problème se poserait à leur sujet. Et puis, dit Schopenhauer, « vouloir pour l'homme est souffrir : plus il veut hautement et grandement, plus il souffre ; l'être le plus élevé est donc celui qui souffrira davantage, de sorte que tout progrès chez l'homme est un progrès dans la douleur ».

Encore un coup, pourquoi cette impossibilité de s'arracher à la souffrance? Pourquoi cette soif ardente de paix, de joie, de lumière et d'amour, la vie présente l'irrite-t-elle au lieu de la calmer? Ah! ils le disent tous, tous ceux qui ont réfléchi sur les données de l'éternel problème : ce qui manque aux biens terrestres, c'est la *plénitude* et la *perpétuité*.

Nulle réalité ne saurait apporter à notre âme la plénitude de la félicité. Dans une fine analyse de sentiment, Jouffroy (*Mélanges*) rend ainsi compte de cette impuissance de la créature : « ...Le moment vient où cette impétueuse inconstance dans la poursuite du bonheur, qui naît de la variété et de l'indécision de nos désirs, se fixe enfin, et où notre nature, ramassant, pour ainsi dire, et concentrant dans une seule passion tout le besoin de bonheur qui est en elle, voit ce bonheur, l'aime, le désire dans une chose qui est là, et à laquelle elle aspire de toutes les forces qui sont en elle. Alors, quelle que soit cette passion, alors arrive inévitablement l'amère expérience que le hasard avait différée ; car à peine obtenu, ce bonheur si ardemment désiré effraye l'âme de son insuffisance. En vain elle s'épuise à y chercher ce qu'elle avait rêvé ; cette recherche même le flétrit et le décolore : ce qu'il paraissait, il ne l'est point ; ce qu'il promettait, il ne le tient pas ; tout le bonheur que la vie pouvait donner est venu, et le désir du bonheur n'est pas éteint. Le bonheur est donc une ombre, la vie est une déception, nos désirs un piége trompeur... Le cœur de l'homme et toutes les félicités de la vie mis en présence, le cœur de l'homme n'est pas satisfait... »

Et voici, décrite par une femme de génie, l'étrange illusion dont nous sommes victimes : « L'amour n'est pas ce que vous croyez ; ce n'est pas cette violente aspiration de toutes nos facultés vers un être créé, c'est l'aspiration sainte de la partie la plus éthérée de notre âme vers l'inconnu. Êtres bornés, nous cherchons sans cesse à donner le change à ces insatiables désirs qui nous consument ; nous leur cherchons un but autour de nous, et, pauvres prodigues que nous sommes, nous parons nos périssables idoles de toutes les beautés immatérielles aperçues dans nos rêves. Les émotions des sens ne nous suffisent pas. La nature n'a rien d'assez recherché dans le trésor de ses joies naïves pour apaiser la soif de bonheur qui est en nous ; il nous faut le ciel, et nous ne l'avons pas !

« C'est pourquoi nous cherchons le ciel dans une créature semblable à nous, et nous dépensons pour elle toute cette haute énergie, qui nous avait été donnée pour un plus noble usage. Nous refusons à Dieu le sentiment de l'adoration, sentiment qui fut mis en nous pour retourner à Dieu seul. Nous le reportons sur un être incomplet et faible qui devient le dieu de notre culte idolâtre... Aussi quand tombe le voile divin et que la créature se montre, chétive et imparfaite, derrière ces nuages d'encens, derrière cette auréole d'amour, nous sommes effrayés de notre illusion, nous en rougissons, nous renversons l'idole et nous la foulons aux pieds. » (G. SAND, *Lélia*, I, p. 66-67.)

En d'autres termes, nous sommes les dupes de la créature parce qu'elle nous promet l'infini, le parfait, le surabondant, alors qu'elle ne donne et ne peut donner que du fini, de l'imparfait, de l'insuffisant. Nous attendons, nous poursuivons l'absolu et nous vivons dans le relatif. Nous aspirons à voir déborder notre cœur, et notre cœur n'est jamais plein. Le serait-il ? Les conditions essentielles du bonheur ne seraient pas remplies. Il faudrait, en outre, que cette plénitude fût durable. A la joie parfaite la plénitude ne suffit pas, il faut la *perpétuité*. C'est, du moins, ce qu'affirment les hommes qui ont expérimenté les choses de l'âme. On se souvient de l'aveu de Lamartine :

> La mort seule au bout de la vie
> Fait un supplice du bonheur...

N'est-ce pas lui qui disait également :

> Mourir, ah ! ce mot seul fait horreur de la vie !...

Il raconte les supplices exquis qu'entraîne pour chacun la certitude de mourir. On en devient, dit-on,

> Triste comme la mort !...

Effectivement cela n'est pas gai, et Schopenhauer a raison sur ce point, cela n'est pas gai de songer que « l'existence n'est qu'une chute perpétuelle dans la mort, un éternel trépas. A chaque gorgée d'air que nous rejetons, c'est la mort que nous chassons. Ainsi lui livrons-nous bataille à chaque seconde. Mais il faudra qu'elle triomphe, car il suffit d'être né pour lui échoir en partage, et elle ne joue avec sa proie qu'en attendant de la dévorer »...

Ces perspectives sont loin d'être réjouissantes. Demandez plutôt à nos incrédules. Toute la littérature contemporaine est imprégnée de cette sombre tristesse où jette la pensée du néant final. Sous mille formes, romanciers, poètes et philosophes nous disent leur écœurement à cette idée que leur vie s'écoule, que tout leur échappe, et que demain on ira s'échouer à la mort. Comment empêcherez-vous cette fatale obsession de la fin, qui est proche, de l'anéantissement, qui vous menace, de hanter vos nuits d'orgie, vos rêves d'amour ou d'ambition ? Si l'on ne croit plus à la perpétuité, il faut être fou pour ne pas être triste. Aussi jamais, semble-t-il, on n'a écrit des pages plus désespérées et tout à la fois plus exaspérées qu'en ce dernier siècle de doute et d'incroyance. Rien n'est plus désolé et plus désolant que cette lecture. C'est une épreuve à laquelle les mieux trempés ne résistent pas : les grands liseurs sombrent dans la folie ou le suicide. Plus particulièrement de nos jours où la négation est plus radicale et plus tranchante, cette angoisse est partout. Elle se trahit, elle s'étale dans les œuvres les plus vantées ; elle se raconte, elle gémit, elle sanglote, elle hurle, elle blasphème à travers de longues pages dans les livres de Baudelaire, Loti, Maupassant, Leconte de Lisle, Bourget, etc. Il faudrait tout citer ; ouvrez un livre des auteurs les plus goûtés, n'importe lequel, vous comprendrez cette détresse infinie d'une âme qui se regarde mourir.

Et les philosophes ne sont pas mieux défendus contre ces alternatives de révolte et de morne abattement. Encore ici nous nous dispenserons de citer. Dans la seconde partie de son livre, consacrée à l'exposition de l'argument téléologique, M. l'abbé Piat transcrit quelques pages des philosophes contemporains. C'est un travail fait et bien fait ; nous nous contentons d'y renvoyer nos lecteurs. Ils auront, comme nous, l'occasion de se convaincre qu'aux jours, aux heures trop rares où ces théoriciens à outrance se trouvent en présence de leur cœur, ils ont cette sensation bien nette que leurs utopies et leurs rêveries, pas plus que les réalités d'ici-bas, ne sont à même de leur remplir l'âme, cette âme qui s'éveille et qui pleure, de la remplir d'une béatitude sans mélange et sans terme.

Ils souffrent de ce manque de plénitude et de perpétuité dans la joie. Ils souffrent, eux comme nous, comme l'humanité tout entière. Nul n'échappe à ce tourment d'outre-terre, à ce que l'on a bien appelé la nostalgie du divin, le mal de l'infini.

Oui, tous nous la portons au cœur cette noire, cette profonde blessure toujours saignante et toujours béante, par où s'écoulent toutes nos joies. Gloire, honneurs, fortune, plaisirs, science, amour, tous les bonheurs et toutes les ivresses, tout glisse, tout nous échappe ; tout passe au dedans et au dehors sans que l'inguérissable blessure cesse d'être sanglante et enflammée. Nous comparions l'humanité à cette femme, à cette folle qui, à tous les réveils, attendait le fiancé de son rêve. Nous pourrions aussi la comparer à l'Ophélie d'une délicieuse romance dans le quatrième acte d'*Hamlet :* « Ces quelques mesures d'une mélancolie nostalgique et désespérée passent et repassent sans cesse dans la plainte d'Ophélie, tandis que, autour d'elle, ses compagnes vont et viennent dansant et chantant, elles aussi, et c'est le contraste, toujours poignant pour le cœur, de la Vie qui s'égaie, qui se déploie, insoucieuse, autour de l'âme en proie à la passion solitaire, au douloureux martyre de sa plaie intime... Le printemps arrive parmi les fleurs, il rit dans le ciel immortellement jeune, il sème dans les gazons les calices des tendres primevères, et dans les regards des amants il fait trembler les larmes ravies du bonheur. Toutes les bouches s'ouvrent pour saluer la fête enivrée de l'heure et des sens, toutes, excepté celle de l'abandonnée, à qui le prince cruel a dit tour à tour : « Suave Ophélie » et : « Entre « dans un couvent ! » A travers la félicité des autres, elle aperçoit, elle, son irréparable misère, et tout ce qui aurait pu être. « Ah ! » soupire-t-elle, « heureuse « l'épouse au bras de l'époux ! » Et sa raison s'en va dans ce soupir... Non, ce n'est pas possible qu'elle ait été trahie, si le prince, son prince, si Hamlet, son Hamlet, vit encore. Puisqu'elle est seule et brisée, loin de lui, c'est qu'il n'est plus de ce monde, et elle marche vers le fleuve qui coule, qui coule, promettant la couche où toute souffrance s'oublie. Non, laissez-la, vous toutes à qui elle a distribué les fleurs de son bouquet avec sa grâce d'amoureuse blessée, laissez-la s'en aller vers cette eau, — moins trompeuse que le cœur de l'homme, moins mouvante que l'espérance, moins rapide dans sa course que la fuite de l'heure douce, — et y noyer avec le souvenir de la joie perdue son inguérissable amour. « Adieu! » soupire-t-elle encore, « adieu, mon seul « ami! » La vie peut continuer de rire et de tournoyer, le printemps de prodiguer la lumière et les parfums, l'Ame malade est affranchie pour jamais! » (Bourget.)

Rien de plus saisissant, en effet, que ce contraste perpétuel entre notre rêve et la réalité, entre ce qui pourrait être et ce qui est, entre ce qui nous fuit et ce que nous pouvons retenir.

III

Considérées dans leur ensemble ou par le détail, les joies caduques de la terre sont incapables de nous béatifier. Nous aurions pu le prédire, rien qu'à sonder le moi psychique. C'est toujours le gouffre ; les jouissances humaines le creusent, l'élargissent, sans le combler jamais. Selon la parole si vraie, jetez-y l'immensité de vos biens créés, vous y causez tout au plus l'illusion d'une pierre qui tombe dans un abîme, l'abîme tressaille et subsiste.

L'expérience est trop décisive : plénitude et perpétuité sont les deux caractères essentiels inhérents au vrai bonheur. Peut-il en être autrement? La physionomie intime de l'âme humaine nous a révélé en elle des capacités illimitées. Au vrai, l'universel est l'objet proportionné de notre entendement, le mode suprasensible de nos conceptions, la mesure de nos pouvoirs psychiques supérieurs. L'universel, non pas seulement, — nous l'avons démontré, — l'universel extensif, mais aussi l'universel intensif, c'est-à-dire l'absolu, l'universel en tous sens, dans le sens de la durée, comme dans le sens de la compréhension.

Si donc il s'agit de combler nos capacités de bonheur, il y faudra non pas simplement une réalité indéfinie, — en soi c'est là une chimère ; existerait-elle, quelque jour elle serait nécessairement indigente, épuisée, — mais une réalité positivement infinie ; il y faut l'*absolu* et l'*éternel*.

Les conditions du bonheur parfait peuvent être considérées ou objectivement ou subjectivement.

Objectivement, ou de la part de Dieu : la réalité béatifiante doit être *infinie* pour nous saturer de félicité ; *éternelle*, parce que l'infini est essentiellement infini en tout sens, dans le sens de la durée comme dans le sens de l'intensité ; et aussi parce qu'elle doit être à même de béatifier, non un temps donné, mais toujours.

Subjectivement ou de la part de l'homme : il doit y avoir une certaine proportion entre nos capacités de bonheur et l'Absolu : c'est dire que nos puissances psychiques sont en quelque manière infinies. Ce n'est pas dans le présent ; c'est donc dans l'avenir et comme durée. D'où leur immortalité. Ajoutez que si notre moi psychique n'était pas immortel, nous aurions sans cesse à craindre pour notre bonheur. La certitude qu'il doit finir suffirait à nous l'empoisonner.

Voilà bien ce que nous découvre l'étude de notre spiritualité et surtout l'étude de l'objet connaturel de notre mentalité.

Il est donc vrai qu'à la simple inspection de nos facultés supérieures, nous pouvions prononcer sans crainte d'erreur qu'elles postulent un objectif rigoureusement infini. La spiritualité du moi mental fonde, par conséquent, notre téléologie. Sans la démonstration préalable de notre spiritualité, notre finalité transcendante ne reposera guère plus que sur la preuve expérimentale de l'insuffisance des biens finis. Cette preuve n'est pas sans valeur. Mais, isolée, elle sera difficilement concluante ; contre elle il restera ce recours qu'en fait nul ici-bas n'a parcouru dans le détail et n'a goûté dans l'ensemble le cycle des terrestres bonheurs. Peut-être serait-on béatifié si le sort nous avait été plus clément, la fortune plus favorable. Il y aurait là place pour un doute.

Précisons cependant. Dans l'hypothèse où l'on considérerait la spiritualité de l'âme comme indémontrée, est-il absolument interdit de prouver l'immortalité par la transcendance de l'objet? Faut-il renoncer à l'argumentation classique, perfidement reprise par Renan : « L'âme est immortelle ; car, échappant aux conditions serviles de la matière, elle atteint l'infini, elle sort de l'espace et du temps, elle entre dans le domaine de l'idée pure, dans le monde de la vérité, de la bonté, de la beauté, où il n'y a plus de limite ni de fin. » (*Essais de morale et de critique*, p. 64.) Fort bien ; mais il faudrait être sûr que l'on entend donner ici les raisons et non une explication de l'immortalité. Nous sommes immortels à cause de cela, non par cela.

M. l'abbé Piat reproduit le même argument dont la force probante ne fait aucun doute pour lui : « Notre pensée n'est pas close comme celle (?) des bêtes, dans une portion déterminée du temps et de l'espace. Son élan natif l'emporte plus loin ; elle franchit toute limite et se meut dans l'absolu : de quelque manière qu'elle s'exerce, de quelque côté qu'elle se tourne, c'est toujours de l'éternel qu'elle a en perspective. Or, il y a quelque chose de significatif dans cette excellence de notre esprit. En face de l'éternité, le temps ne compte pour rien. Si longtemps que nous ayons vécu, tout nous a encore manqué, lorsque nous venons à mourir, si nous mourons tout entiers. Quand nous sortons de la vie, l'adaptation de notre pensée à son milieu connaturel n'a pas commencé ; il reste, entre notre idéal et nous, une disproportion radicale. Il faut donc, pour que la finalité soit satisfaite, que notre existence se prolonge à l'indéfini ; il faut que nous puissions aller toujours « d'ascensions en ascensions. » (*Destinée de l'Homme*, Alcan, 159.)

C'est très juste. Il semblerait donc qu'on peut établir solidement la vérité de notre immortalité, simplement par la téléologie. De ce fait que l'objectif de notre pensée est immortel, on conclut que la pensée doit l'être également. On fonde la certitude de l'immortalité ; on ne se préoccupe pas de savoir ce qui doit être immortalisé. Est-ce notre âme ? Est-ce un corps plus ténu, double de celui que nous voyons et que nous touchons ? Et si Renan et tous les autres Panthéistes abordaient M. Piat pour lui dire qu'ils sont ravis de son enseignement ; qu'en effet l'adaptation n'est pas faite sur terre, la contingence et la phénoménalité du moi en sont la cause ; que ces formes éphémères brisées, l'Absolu qui est en nous va recouvrer sa conscience aliénée aux jours de sa terrestre captivité. A cela M. Piat ne répondit ni oui, ni non. Il ignore si l'âme humaine est une substance. Que deviendra l'immortalité personnelle ? — Ailleurs, il est vrai (*La Personne humaine*, p. 65), il introduit une distinction entre l'idée de substance et l'idée de personne ; comme si la substantialité n'était pas la base indispensable de toute personnalité !

Il y a plus. Supposez un instant la preuve sans

réplique, les logiciens ne manqueront pas de trouver que M. Piat en prend à son aise avec le principe de causalité. Il admet des opérations psychologiques à objet transcendant, spirituelles par conséquent. Puis il soutient qu'il est difficile, à l'heure actuelle, de conclure de la nature de l'idée à la nature de l'âme, ou du principe pensant. Imaginerait-il, par hasard, que la nécessité d'une cause proportionnée est moins impérieuse que la nécessité de l'adaptation au milieu naturellement donné? La nécessité d'un principe spirituel pour expliquer un acte spirituel lui semble-t-elle moins irréfragable que la nécessité de pouvoirs harmoniques à telle fin, à telle fonction? Est-ce qu'au fond ce n'est pas le même principe, appliqué diversement? Et si sans autre motif vous contestez telle application, pourquoi pas telle autre? Que M. Piat y prenne garde : démonstration substantialiste et démonstration finaliste reposent sur la même base, sur le principe de causalité. Dès lors, récuser ce principe dans un cas, c'est le récuser dans l'autre; c'est par anticipation anéantir sa propre argumentation.

On se passera difficilement et de la substantialité et de la spiritualité du moi psychique dans une démonstration philosophique de l'immortalité. L'argumentation de M. Piat a une valeur, certes, mais elle n'est tout à fait concluante que si on l'appuie sur la substantialité et la spiritualité.

Au fait, la déduction est rigoureuse de la spiritualité de la conception mentale à la spiritualité du moi ou du principe pensant, et de la spiritualité du moi psychique à son insatiabilité, du moins aussi longtemps que l'absolu n'est pas livré à son étreinte.

Cette insatiabilité n'est pas particulière à l'intelligence. *Voluntas sequitur intellectum,* dit l'axiome scolastique. Volonté et même sensibilité se règlent sur l'intelligence. C'est elle qui assigne, ou du moins qui indique leur but à tous nos pouvoirs. Si elle voit, si elle montre l'Absolu, invinciblement toutes nos énergies se banderont à l'Absolu. La faim de l'Absolu, ce besoin d'infini, passera de notre pensée dans nos autres facultés ; elle s'emparera de toutes nos puissances. A la suite de notre esprit, liberté, cœur, sensibilité aspireront au même bonheur sans mélange, et sans déclin ; ils demeureront également irrassasiés et béants après avoir épuisé toutes les jouissances d'ici-bas.

En droit, comme en fait, les biens créés ou périssables seront éternellement impuissants à combler nos aspirations natives. La démonstration sera faite irréfutablement.

Et pourtant, objectera quelqu'un, il semble que la pensée puisse trouver un objet proportionné en dehors d'une réalité infinie. L'universel est l'objet de notre intelligence, nous le voulons bien. Mais l'universel n'est pas seulement l'expression du réel, il est aussi l'expression du possible. Or, les possibles sont à tout le moins indéfinis. Voilà bien précisément un champ illimité de recherches, un objectif indéterminé parfaitement en harmonie avec notre activité mentale.

L'objection est subtile. Mais remarquons d'abord que, serait-elle insoluble, il ne s'ensuivrait rien contre le fait même de l'Immortalité. Pour connaitre cette série illimitée de possibles il faut disposer d'une existence sans terme.

En réalité, les possibles ne sont pas indéfinis, par rapport à notre pensée. En effet, quand il s'agit pour nous de possibles à connaitre, il n'est pas question des imitabilités de l'essence divine ; sous ce rapport, il n'est pas douteux que les possibles ne soient infinis ;

mais ils sont inscrutables comme la Puissance divine elle-même. Donc, ce vocable de possibles ne peut signifier ici que les combinaisons diverses d'éléments réels connus ou connaissables. Ces combinaisons, on pourra et on devra les chiffrer par milliards et par milliards ; elles n'en constitueront pas moins un nombre déterminé, dont une infatigable pensée finira par avoir raison. Les combinaisons de réalités finies, et nous avons vu que l'univers a nécessairement des limites, ne sauraient être en elles-mêmes indéfinies ; dès lors, l'universel ne nous fournirait plus d'aliment ; il se mentirait à lui-même, il ne serait pas l'universel extensif et intensif, l'absolu que nous percevons.

Et puis pense-t-on sérieusement que ces formes vides, ces ombres fugitives, ces symboles amortis de la réalité, ce formidable écheveau de combinaisons mathématiques ou logiques, toute cette fantasmagorie de possibles puisse vraiment constituer l'objet adéquat d'une intelligence vivante? Qui ne serait effrayé à la pensée d'être pour jamais condamné à cette frivole évocation, à ce vain entremêlement de symboles et de signes, de représentations de plus en plus vidées de tout contenu réel ? Puérile gymnastique de l'esprit, fragile tissu aranéen, trame de Pénélope à la texture de laquelle un forçat tremblerait d'être voué ! Et vous voulez en faire l'immortel délice du génie et de la sainteté?

En mettant les choses au mieux, supposez que l'intelligence trouve son compte à ce futile entrecroisement de données algébriques ou logiques, où donc nos autres facultés puiseront-elles leur félicité ? La vérité n'est que le rapport de l'intelligence à l'objet, ou de l'objet à l'intelligence. Par suite, la perception de ce rapport peut bien être l'objet propre de notre mentalité, il ne saurait constituer l'objet propre de nos autres puissances. Voulez-vous que la volonté trouve son bien moral, le cœur un objet d'amour, les sens une jouissance quelconque dans cet oiseux agencement de combinaisons possibles ?

IV

Mais enfin, interrompra quelque impatient, où avez-vous pris que l'homme doit être finalement heureux ? — Cette boutade va nous amener au cœur même de la question.

Revenons quelques instants sur nos pas ; mesurons rapidement du regard le chemin parcouru pour mieux nous rendre compte du point précis où nous sommes parvenus et de l'effort nécessaire pour atteindre le but.

Nous avons constaté que l'homme poursuit inéluctablement le bonheur ; de l'aveu de tous, il est certain qu'il ne l'atteint pas ici-bas. Nous sommes ici-bas la proie du malheur, et pourtant toutes les puissances de notre être se tendent au bonheur, au parfait bonheur. Or, l'analyse nous l'a révélé, le concept de la béatitude, ou de la joie parfaite, absolue, enferme deux conditions essentielles : la plénitude et la perpétuité ou l'infini dans tous les sens. Aussi tous les biens fragmentaires et passagers d'ici-bas sont-ils nécessairement incapables de nous béatifier, pour peu qu'un élément quelconque manque à notre félicité, notre bonheur est compromis, car notre idéal n'est pas réalisé. De même, si nous avons à craindre de voir notre béatitude nous échapper, cette seule appréhension suffira, nous le sentons et nous l'expérimentons quotidiennement, à empoisonner toutes nos jouissances. Plénitude et perpétuité sont, encore un coup, la condition essentielle du bien idéal ou universel et infini, objet de notre volonté.

Il y a plus. Ce bien, tel que nous venons de le décrire, nous sommes fatalement rivés à le rechercher, à le poursuivre. Cette nécessité résulte de la tendance prédéterminante, qui fixe la volonté au bien en général. L'intelligence se démontre que le bien universel ne peut exister que dans l'immortelle possession de l'absolu, qu'il y a équation entre ces deux formules : *bien universel intensif* $+$ *extensif* $=$ *réalité infinie*. Dès lors, on conçoit que la volonté éclairée et dirigée par l'intelligence se porte nécessairement, irrésistiblement, sans trêve ni repos, vers cette joie suprême entrevue par l'intelligence dans la parfaite réalisation de son idéal connaturel. Il s'ensuit que cette détermination est tout aussi naturelle à la volonté que la détermination à percevoir l'universel est naturelle à l'intelligence. La première dérive nécessairement de la seconde. On ne saurait expliquer autrement que partout et toujours l'homme ait appelé de toutes les aspirations de son être une immortalité de bonheur sans trouble et sans mélange.

Mais la question se pose derechef : Quel droit l'homme possède-t-il au parfait bonheur? Quel titre peut-il faire valoir pour le revendiquer si hautement? Nombreux sont aujourd'hui les professionnels de la littérature ou de la pensée qui, non sans angoisse, interrogent et hochent la tête. On les dirait vraiment pris du vertige de l'abîme ; le néant paraît exercer sur eux je ne sais quelle mystérieuse fascination. Tant ils sont ardents à la négation !

« Il suffirait donc, objecte l'un d'eux, pour être en droit d'affirmer la survivance, qu'on la désire et qu'on y croie. Mais une thèse pareille est difficile à soutenir par de solides raisons, et la théorie de la connaissance doit s'appliquer avec soin à mieux distinguer les conditions de la certitude véritable...

« Combien le sentiment est peu sûr, enclin à se méprendre dans la poursuite du bonheur, sur ses intérêts les plus chers, c'est ce que montrent surabondamment les imprudences du désir et les désenchantements de la passion. Combien aussi l'imagination s'abuse, exagère ou fausse la réalité des choses, rien ne le dit plus clairement que l'inanité de la plupart de nos rêves et la perte des illusions à mesure que s'acquiert l'expérience de la vie. Ce sont là, par conséquent, des modes inférieurs, non supérieurs, de connaissance, et, quand on les trouve si souvent en défaut dans la pratique, ne serait-il pas bien étrange de les réputer infaillibles en théorie ? Le cœur se trompe, l'imagination nous déçoit. Seule, l'intelligence a, par son désintéressement absolu, son application suivi*e*, ses méthodes rigoureuses d'investigation et de p*reuve*, le pouvoir et le droit d'affirmer des vérités générales, permanentes, qui s'imposent également à tous les esprits. » (BOURDEAU, *Problème de la mort*, ALCAN, pp. 4, 5, 6, 7.)

Je me fais difficilement à l'idée qu'un seul philosophe sérieux ait jamais prétendu qu'il fallait croire à l'immortalité sur un rêve de l'imagination. Quant au sens intime, tel que l'entend M. Bourdeau, il ne dit mot sur la question. En philosophie, sens intime et idéal peuvent signifier tout autre chose que ce qu'il lui plaît, à lui, de leur faire signifier. Il en fait des facultés ou des éléments empiriques ou psycho-physiologiques. La philosophie spiritualiste en fait des pouvoirs ou des éléments intellectuels. M. Bourdeau, chaud partisan de l'infaillibilité rationnelle, peut donc se rassurer. C'est bien l'intelligence qui se prononce dans le débat par la voix de l'idéal ou du sens intime ; inutile de revenir sur notre explication.

Mais plus difficiles que notre contradicteur en matière de certitude, nous n'admettons pas que toute affirmation de l'intelligence, toute vue idéale soit pour cela l'expression d'une réalité ; nous ne croyons pas que tout désir, que toute aspiration volontaire emporte forcément la réalité de son objet.

Nous distinguons entre l'idéal naturel et l'idéal libre ; entre la poussée de nos désirs primitifs, nés avec nous, et la germination de nos désirs ultérieurs et dérivés. Les premiers sont l'œuvre de la nature, les seconds sont l'œuvre de notre liberté. L'idéal universel et la poussée d'activité qui lui correspond dans le sens du bien en général et de la souveraine félicité sont des tiges dont le Créateur lui-même, quel qu'il soit, a planté les racines dans notre intellectualité, à l'heure même de notre création. Ces éléments absolument primitifs font partie des données originelles de notre psychisme. Au contraire, nos connaissances particulières et nos autres désirs ne sont par le détail que l'épanouissement plus ou moins voulu de germes que nous avons semés nous-mêmes, ou du moins dont nous avons favorisé l'éclosion.

Il résulte de là que nos vues et nos efforts libres sont plus ou moins sûrs, c'est-à-dire qu'ils emportent avec plus ou moins de certitude la réalité d'un objectif correspondant, selon que pour arriver au vrai nous employons avec plus ou moins de dextérité, de délicatesse et aussi de conscience, nos moyens d'investigation, les procédés intellectuels. En tout cas, si nos idées acquises, si nos désirs par nous provoqués nous trompent, c'est nous qui nous trompons.

Au lieu de cela, si nos tendances innées, si notre

idéal connaturel nous induit en erreur, c'est la nature, c'est le Créateur lui-même qui se rend, à notre endroit, coupable de mensonge. Par le fait qu'il nous a donné une intelligence et une volonté faites de telle façon qu'elles se porteront nécessairement à la connaissance et à la poursuite du souverain Bien, il faut que cette connaissance et cette poursuite ne soient pas vaines. À cette idée et à cette tendance doit forcément correspondre une Réalité proportionnée. Sinon, de par notre Créateur, nous sommes condamnés à l'erreur. Ne serait-ce pas là pour Dieu l'équivalent d'un mensonge? Il nous contraindrait à voir, à penser faux. Ne serait-ce pas un mensonge surtout que d'écrire des promesses de béatitude dans les désirs naturels de notre cœur, désirs auxquels on ne donnera jamais satisfaction?

Il n'y a pas à discuter, le fait que l'idéal universel et le désir du bien parfait sont compris dans les données essentielles de notre nature implique une sorte d'engagement de la part de Dieu. Il faut qu'un jour les conditions de notre béatitude et, par suite, de notre survie soient réalisées. Sans cela, Dieu, ou, si vous préférez, la nature nous a trompés, indignement trompés. Pouvons-nous être trompés de la sorte? Si l'on admet un Dieu parfait, quel qu'il soit, la question est résolue. Il est évident qu'un Dieu, la Vérité même, la Perfection subsistante, ne va pas se faire un jeu de nos déceptions et de nos souffrances, alors surtout que la responsabilité de l'erreur et du mensonge remonterait jusqu'à Lui.

Ce n'est sans doute pas sous cette forme que le problème s'était présenté à l'esprit de M. Bourdeau. Tout autre aurait été sa réponse. Mais n'accepterait-on pour l'explication du cosmos et de ses évolutions qu'une force aveugle, une nature impersonnelle, il ne nous semble pas que pour cela la solution dût différer sensiblement. Il n'en resterait pas moins établi que, en lui faisant des capacités illimitées, en lui octroyant des pouvoirs connaturels infinis, la nature créatrice ou organisatrice, quelle qu'elle soit, a pris en quelque sorte un engagement vis-à-vis de l'homme ; elle s'est obligée à remplir ses capacités, à donner un but à cette activité.

M. Bourdeau a tort d'écrire : « L'homme devait avoir plus d'appétitions que de jouissances, plus d'ambition que de forces, pour exercer pleinement sa capacité d'action et mener jusqu'au bout une existence dont la limite dépend de circonstances variables ; mais cela n'autorise aucune revendication au-delà de cette limite, et surtout pour l'éternité. Nous avons seulement le tort de rêver plus que la nature des choses ne comporte, et de nous promettre ce qu'elle ne peut tenir. » (*Loc. cit.*, p. 103.)

— C'est en quoi consiste précisément votre erreur ; nos rêves se modèlent sur la nature de nos capacités psychiques et de leur objet connaturel, qui, nous l'avons noté, ne sont pas notre œuvre, mais l'œuvre du Créateur. M. Bourdeau confond sans cesse le développement nécessaire et le développement libre de notre activité. Qu'il y ait utilement en nous un trop-plein d'activité libre pour nous pousser à l'action, personne n'y contredira. Mais que la poussée originelle de notre énergie, que cette énergie elle-même, si intime, si primitive qu'elle se confond avec notre nature, soit sans objet ou frustrée de ses légitimes aspirations, voilà ce que, à notre avis, on ne peut soutenir sans mettre la nature créatrice en fâcheuse posture et avec la vérité, et avec la logique.

Ma croyance à l'immortalité résulte de la nature de

mon idéal et de mes pouvoirs connaturels. C'est la puissance créatrice qui l'a ainsi voulu et disposé. Si je me trompe, c'est elle qui est cause de mon erreur. Elle manque donc à sa parole, elle trahit ses promesses.

L'immortalité est la condition du vrai bonheur; sous l'impulsion de notre nature, nous sommes invinciblement entraînés vers le bonheur, vers le souverain Bien, comme vers notre fin connaturelle. Or, cette félicité suprême ne saurait nous échoir ici-bas. Donc elle nous attend ailleurs, dans l'immortalité.

Sinon, si joie parfaite et éternelle survivance ne sont que leurre et illusion, il faut nous avouer, dans la suprême détresse d'une vie désenchantée et ravagée, que nous sommes victimes d'une puissance malfaisante et barbare, qui se plaît à nous torturer dans nos aspirations natives à tout jamais saignantes et méconnues !... Ah ! s'il est vrai que, fidèle, je ne dois pas être heureux un jour, pleinement heureux, mon Créateur s'est joué de moi ; il a fait de mon âme un être tronqué, un débris mutilé, un hochet douloureux et suprêmement misérable ! Quel qu'il soit, il m'a menti : il a écrit dans mon âme des serments d'immortalité et il me précipite au néant, pour effacer sans doute le serment de ma création. Ne craint-il pas, le sinistre bourreau, que sa promesse échappe à l'universel anéantissement et s'allume dans son éternité maudite comme un reproche, comme une vengeance, et aussi comme un glaive punisseur de sa félonie? Comment ! mais ce serait atroce ! Notre Créateur serait féroce d'ironie et de cruauté, froide et réfléchie, toute-puissante et imbécile ; il pourrait ricaner sur cette pauvre ébauche angoissée et sanglotante que nous serions tous : « Entrevois-tu ma vérité, tu ne la contempleras jamais ; devines-tu mon amour et mon bonheur au sein de l'éternité, tu ne porteras jamais tes lèvres à cette coupe de délices; je t'ai promis la vie, je te cloue à la mort, je te rejette au néant! » Ce serait perfide, ce serait lâche et scélérat monstrueusement.

La mort! Le néant! Quelles perspectives!... Et quel martyre pour toutes les heures de la vie! Car le moyen d'oublier?... Il ne resterait plus qu'à se voiler la tête, et à s'abîmer dans le suicide ou l'océan de la douleur humaine. Mais encore et toujours remonte et triomphe le cri de la malédiction et du blasphème :

> « Quel crime avons-nous fait pour mériter de naître ?
> L'insensible néant t'a-t-il demandé l'être
>   Ou l'a-t-il accepté?
> Sommes-nous, ô hasard, l'œuvre de tes caprices?
> Ou plutôt, Dieu cruel, fallait-il nos supplices
>   Pour ta félicité?
>
> « Héritiers des douleurs, victimes de la vie,
> Non, non, n'espérez pas que sa rage assouvie
>   Endorme le malheur!
> Jusqu'à ce que la mort, ouvrant son aile immense,
> Engloutisse à jamais dans l'éternel silence
>   L'éternelle douleur! »
>
>   (LAMARTINE, *Méditations poétiques*, 6ᵉ Méd.)

C'est de la démence. Aussi, conseillée par son intelligence et par son cœur, l'humanité a partout et toujours cru et proclamé le dogme de son immortalité; et c'est là sans conteste un argument de plus en faveur de la naturalité de cette croyance.

Dès les temps les plus reculés, dans les contrées lointaines que la Chine enferme dans ses murailles comme dans les forêts de la Scandinavie, dans la hutte du sauvage comme à l'ombre des bois sacrés où les Druides offraient leurs sacrifices, sous le ciel de Rome comme sous les cieux de la Grèce; aux âges de barbarie comme aux âges de civilisation, partout et toujours a retenti la même affirmation.

A des philosophes inquiets et peut-être présomptueux il a pu arriver ce que le Psalmiste appelle si à propos l'évanouissement de la pensée, la défaillance de l'esprit qui ne sait plus voir et prononcer. Le regard d'un homme a pu vaciller, sa voix trembler; le regard de l'humanité n'a pas vacillé, sa voix n'a pas tremblé; elle a toujours protesté de son inébranlable conviction. Elle a pu n'être que très imparfaitement renseignée sur la nature de l'esprit à immortaliser; elle a pu le confondre avec une ombre, avec un souffle, avec un corps plus ténu et plus subtil. Ses moyens d'information étaient si rudimentaires et son idéal si enseveli dans la matière! Mais son affirmation d'une survie fut toujours sereine, imperturbable. Hel ou Schéol, Élysée ou Valhalla, empyrée ou nirvanah, ciel ou enfer, elle a toujours eu un mot pour désigner le séjour de l'immortalité.

Et aujourd'hui même, pénétrez dans les habitations, gravissez les degrés du sanctuaire, parcourez tour à tour la cité des vivants et la cité des morts; lisez et relisez les innombrables inscriptions qui s'épanouissent sur les tombes, comme les sourires de l'espérance, et dites-moi si l'humanité qui vit et qui marche devant vous a cessé de croire à sa vie d'outre-tombe. Et pourtant, vous vous dites le siècle des douleurs et des incroyants, le siècle de la négation, de la pensée forte et libre, délibérément hostile à tout au-delà immatériel! Ces usages, ces cérémonies, ce respect, ces monuments, ces prières, ces adieux déchirants ne seraient-ils que des vestiges des anciennes superstitions? Ne faut-il voir dans ces pratiques auxquelles vous vous astreignez que jonglerie et mensonge?

Mais est-il vrai que vous doutez, que vous niez, vieillards blanchis par les épreuves et les années, qui voyez glisser dans la tombe le cercueil qui vous a volé le cadavre de votre fils; mères éplorées qui vous lamentez sur le cœur de vos enfants morts; veuves gémissantes dont la mort a mutilé le cœur pour en trainer au tombeau les débris sanglants? Est-il bien vrai que vous, les forts, les doctrinaires, les penseurs, les éducateurs du peuple, les indépendants, vous savez, vous pouvez douter auprès d'une fosse entr'ouverte, après avoir pleuré, agonisé au chevet d'un moribond? Si oui, cela tient du prodige. Car, quel autre cri s'échappe plus spontanément alors des profondeurs de notre âme brisée que ce cri de suprême foi et de suprême espoir : « Non pas adieu, mais au revoir ! »

Vous croyez donc, nous croyons tous. L'humanité croit aujourd'hui comme elle croyait hier, comme elle a cru toujours. Pour vous faire une conviction sur les grandes questions qui intéressent au plus haut point le genre humain, origine, nature et destinée, prêtez l'oreille au son que rend naturellement l'âme de l'homme, telle qu'elle est passée à travers les générations pour arriver jusqu'à nous. Si elle affirme, gardez-vous de nier, c'est la nature qui parle en elle, et la nature est le porte-parole de la Divinité. Ici, l'âme de l'humanité rend un son d'immortalité. Recueillons-le, taisons-nous et sachons reconnaitre dans cette voix les affirmations même de la nature humaine. Redisons-le, notre nature est faite de telle façon que nous ne pouvons pas ne pas aspirer à l'immortalité. Ce dogme est écrit dans toutes les évidences de notre raison, comme dans toutes les aspirations de notre cœur.

Et vous voulez que la Puissance créatrice, modératrice et régulatrice de l'univers, ait menti à notre nature? Mais alors, c'est l'humanité qui a le droit de se lever toute frémissante et de demander de terribles comptes à la grande menteuse. Pourquoi, en effet, cette vie de souffrance, ce songe sans réveil, ce cauchemar d'angoisse, cette mort prolongée à travers d'horribles convulsions? Pourquoi, ô impassible et mystérieuse Nature, pourquoi te faire un jeu de nos tourments? Sur la foi des promesses que tu avais gravées dans les profondeurs de son être, l'homme a usé son cœur à espérer; est-ce pour que sa déception soit plus poignante? As-tu voulu rendre plus angoissant et plus terrifiant le coup de l'anéantissement final que tu aies forcé ses yeux et son cœur à s'ouvrir à l'espoir d'un éternel avenir? Pourquoi, ô Cruelle et Barbare, ô Perfide et Sanguinaire, pourquoi ne pas me faire une âme de brute, si je dois périr comme la brute? C'est donc que tu te fais un jeu de mon martyre; tu te plais à me supplicier. Eh bien! soit; je marche à la mort, mais sache que je te maudirai avec le dernier râle de ma dernière agonie.

Mais, observera un critique, ce sont là développements plutôt oratoires, et, en tout cas, considérations qui s'adressent plutôt au cœur, à la sensibilité. — Eh! que m'importe; dès l'instant surtout qu'il est éclairé par l'intelligence, le cœur ne peut-il pas nous conduire au vrai? N'a-t-il pas ses intuitions? Dans l'espèce, son désir naturel de béatitude n'est-il pas un indice certain de la destination originelle de notre humanité? Nous avons été créés pour le bonheur sans fin et sans limite; tout en nous, le cœur spécialement, porte la trace de cette destination. Le cœur a donc le droit d'être consulté dans cette vaste enquête que nous avons instituée sur notre suprême finalité. La nature ne peut pas plus tromper notre cœur que notre intelligence.

Nous aboutissons ainsi à cette double conclusion, identique au fond :

1° L'objet connaturel de notre mentalité étant l'universel, et l'universel intégral extensif et intensif étant un équivalent de l'absolu qui implique l'immortalité, et que, du reste, l'immortalité seule peut connaître, il faut que notre âme soit immortelle ;

2° De cet objectif idéal universel, naît dans notre vouloir, dans notre cœur, un désir du bien absolu, désir par là même aussi naturel que notre connaissance de l'universel. Or, le souverain Bien exclut non seulement l'idée de limitation dans l'intensité, mais aussi l'idée de fin dans la durée ; il s'ensuit que le désir de l'immortalité, issu de notre idéal universel, est une propriété essentielle de notre nature, une aspiration naturelle à notre cœur. Elle ne saurait être déçue.

Dans les deux cas, il est nécessaire que nous soyons immortels. Que les énergies immortelles pour connaître l'absolu nous fassent défaut, il cesse d'y avoir proportion entre la faculté et son objet connaturel.

Que la suprême Réalité béatifiante ne soit qu'une illusion, et il sera vrai qu'une aspiration naturelle a été frustrée. En tout état de choses, il demeure établi que l'auteur de notre nature, quel qu'il soit, nous a indignement trompés. Ignorance ou perversité, il a manqué son prétendu chef-d'œuvre.

Et pourtant, rien de pareil dans la nature. Partout l'ordre, la régularité, la proportion, l'harmonie. Puisqu'il est ici question de finalité, voyez, est-ce que, dans cet immense univers, la fin ne correspond pas toujours aux moyens, et les moyens à la fin ? Dans les règnes vivants, est-ce que l'objet ne s'harmonise pas avec la fonction, et la fonction avec l'organe ? Est-il même besoin d'insister sur cette loi téléologique de correspondance et de proportion, qui est à la base de toutes les sciences naturelles? Jamais un savant a-t-il douté que l'organe implique une fonction, et la fonction un objet en rapport?

Comme le dit excellemment M. l'abbé Piat, qui a longuement développé cette preuve, « partout où l'on trouve des animaux pourvus d'yeux, il y a des ondulations lumineuses ; partout où il y a des animaux pourvus d'ouïe, il y a des vibrations sonores. L'odorat appelle les odeurs, et il n'en manque jamais où ce sens s'épanouit. L'organe génésique du mâle a toujours pour corrélatif l'organe génésique de la femelle et réciproquement. « Rien de vain » dans l'accommodation des êtres vivants aux conditions ambiantes; rien qui s'y déploie entièrement et définitivement dans le vide...

« Non seulement la finalité qui se révèle entre les fonctions de la vie et leurs objets respectifs est un fait constant qui prend une précision et une extension toujours croissantes ; mais encore c'est pour les savants une idée directrice et qui ne trompe pas ; elle est le ressort fondamental de toute recherche biologique! Un phénomène quelconque une fois donné, la question n'est plus de savoir s'il a une cause, mais quelle elle peut être. De même, une fonction organique une fois constatée, la question n'est plus de savoir si elle a son but, mais quelle en est la nature. » (*Destinée de l'Homme*, p. 145-146.)

Nous observons ici dans le monde phénoménal et contingent de la matière. Les lois de la finalité n'en sont pas moins respectées. Combien plus ne le seront-elles pas, dès que nous pénétrerons dans le monde des essences? Or, il ne faut pas l'oublier, notre immortalité est une conséquence immédiate et nécessaire de notre psychisme, de nos facultés essentielles, intelligence et volonté. D'après la loi téléologique que l'objet doit correspondre à la fonction et la fonction à l'organe, force nous est de croire qu'un idéal immortel entraîne en nous le droit à une éternelle survie; de croire que notre désir naturel ne saurait être frustré de la félicité sans terme qu'il poursuit.

Mais, encore une fois, il faut bien le remarquer avec M. Renouvier : Nous ne fondons pas « la croyance humaine sur un simple désir, mais sur le fait universel des correspondances qui se lisent dans la nature entre les moyens et les fins, les facultés et les fonctions, les aspirations et les accomplissements ». (*Critique philosophique*, t. III, p. 177.)

Ici, les objections se pressent en foule. Le moi spirituel est transcendant; il suppose un excédent de vie qui ne trouvera pleinement à se déployer que dans l'immortalité. Et vous voulez que Dieu soit contraint d'utiliser ce surplus, ce trop-plein d'activité. Vous avez sans doute d'excellentes raisons d'imposer à Dieu cette contrainte. La principale assurément est que sans cela votre thèse croulerait. En fait, il faut bien convenir que Dieu ou la nature ne paraissent pas tenir grand compte de ces obligations auxquelles nous prétendons les soumettre. Que de matériaux sans emploi, que d'énergies gaspillées, que d'avortements autour de nous! Mais aussi, où prenez-vous que la Puissance souveraine doit mener à bien toute destinée, que sous sa domination tout doit aboutir? Vous êtes par trop affirmatifs, par trop exigeants, et l'expérience de tous les jours vous contredit.

C'est une comparaison aussi célèbre qu'irrévérencieuse : est-ce que le jeune veau, que l'on égorge, n'avait pas d'autre destinée? Est-ce qu'il n'avait pas de la vie assez pour vivre encore ? Est-ce qu'il ne devait pas se reproduire ? Est-ce que des espèces entières n'ont pas disparu avec leurs facultés de se perpétuer ? Est-ce que toute espèce n'est pas condamnée à périr, bien que grâce à la génération elle fût en droit de se promettre une véritable immortalité ?

Et sans descendre jusqu'à la brute, est-ce que l'homme ne meurt pas avant d'avoir rempli sa terrestre destinée, avant d'avoir épuisé les énergies vitales dont il avait été doté en naissant ? Est-ce que l'enfant, le jeune homme, la jeune fille ne meurent pas avant d'avoir connu l'épuisement et la décrépitude de la vieillesse ? Que nous parlez-vous donc de déperditions impossibles, de forces naturelles jamais inemployées ? N'y a-t-il pas un fond de témérité dans cette robuste foi que tout être ira au bout de sa carrière ?

Regardez autour de vous. Ne voyez-vous pas qu'à certaines heures la terre se couvre de jeunes ruines, de fleurs sans fruits, de fruits qui tombent avant la maturité, d'espérances à peine écloses et qui sèchent sur leurs tiges ou jonchent tous les chemins ?... Pourquoi dès lors Dieu en agirait-il différemment avec l'âme humaine ?

Telle est la difficulté dont nous n'avons pas voulu diminuer la portée : car elle en a une. Toutefois il s'en faut que cette difficulté soit insoluble.

Notons d'abord qu'elle ne nous fait pas sortir de l'univers matériel, où, d'après l'axiome scientifique, rien ne se crée, rien ne se perd. La matière subit des transformations physiques et chimiques : les forces cosmiques se modifient et se diversifient indéfiniment, mais toute substance nouvellement produite est un complexus d'éléments préalablement existants, qui sont entrés dans sa constitution. C'est pourquoi les substances matérielles vont et viennent, naissent et meurent, sans qu'il y ait proprement création ou annihilation. Les scolastiques avaient bien vu cette vérité et ils l'exprimaient par ce mot profond : la mort est un enfantement. Le désagrégement d'un groupe matériel est un coefficient de nouveaux groupes. En tout cas, le néant n'est ni à l'origine, ni à la fin des choses.

Or rien de semblable ne saurait se produire dans l'ordre des substances simples. Pour elles la mort ne peut être que l'anéantissement. Elles manquent des deux principes, passif et actif, matière et mouvement, qui permettent des transformations substantielles sans danger d'anéantissement ; dans l'agrégat empirique la destruction n'est jamais complète, puisque l'un des principes persiste. Au contraire, dans l'être immatériel toute modification substantielle entraîne le dépérissement intégral, l'annihilation.

Il n'y a donc pas de comparaison possible entre les deux ordres de la matière et de l'esprit. On comprend que la Nature créatrice laisse agir les causes secondes, organiques ou inorganiques, qui s'attirent ou se repoussent, qui s'allient ou se combattent dans les espaces, sur cet immense champ de bataille que nos Évolutionnistes ont si bien décrit. On comprend qu'elle ait donné libre jeu à cette mutualité de l'action, instinct profond et irrésistible du vouloir-vivre. Et on ne saurait nier qu'il ne soit grandiosement beau le spectacle de cette activité débordante, qui tressaille et palpite au sein des mondes, dans cet immense océan qui a l'espace pour rivage, le temps pour horizon, et dont chaque vague est comme un aller et retour de la vie, un mouvement ondulatoire de naissances et de destructions. Et qui oserait blâmer la Suprême Puissance d'avoir voulu une nature agissante, révélant successivement toutes les magnificences, au lieu de s'en tenir à une nature impassible, et pour ainsi dire pétrifiée? Qui oserait la blâmer d'avoir associé l'univers à son incessante activité et, partant, de l'avoir livré, pour employer un mot de saint Paul, aux conflits toujours renouvelés de la lutte pour l'existence? Qui songerait à s'en plaindre, d'autant qu'Elle, la Créatrice, n'intervient pas directement pour détruire ; elle laisse agir les causes secondes, auxquelles elle se contente de prêter son concours ordinaire? Elle se refuse à jouer le rôle d'agent destructeur ; tant il lui répugne de défaire !... Et vous voulez qu'Elle intervienne directement pour jeter au néant les substances spirituelles, les êtres nobles par-dessus tous les êtres? Toutes les énergies de la nature conjurées sont impuissantes contre l'âme humaine ; leurs efforts réunis vont se briser contre la Spiritualité. Dieu seul peut avoir raison de sa vitalité. Mais il faudra une intervention spéciale, qui n'aura pas d'autre but que notre anéantissement, d'autre but que d'aller contre des promesses d'immortalité faites à chacun de nous au jour de notre création. Semblable hypothèse est-elle recevable? N'est-ce pas alors que vraiment Dieu se plairait à nous tromper et à dilapider follement et contre toute raison des trésors d'immortelle vie amassés dans les âmes?

Que dans le monde matériel des individus disparaissent, des races s'éteignent, qu'importe? Rien ne meurt tout entier ; rien ne va sombrer au néant. Tout vit, tout se transforme, et l'univers poursuit sa marche, à travers des péripéties, des vicissitudes prévues et voulues, vers la fin sublime qui lui fut assignée. Au lieu que s'il s'agit de l'âme, c'est un désastre, un effondrement, un complet, un irréparable avortement.

Il n'en reste pas moins certain, répliquera-t-on, que

des individus étaient, et comme tels ils ont cessé d'être sans avoir joui de l'existence que semblait leur promettre leur nature, et ce ne peut être qu'une mince consolation de savoir que les éléments constitutifs de leur essence n'ont pas été réduits au néant. En un mot, des destinées n'ont pas abouti.

— D'accord. Mais quelles destinées ? Des destinées dans l'ordre des contingences et des phénomènes ? A la bonne heure. Dans l'ordre des essences ? Non pas.

Ceci demande explication. Nous en avons fait la remarque, l'objection nous a transporté au sein du monde de la matière. Dans cet ordre, tout ce qui paraît à nos sens, couleur, masse, étendue, activité, existence, fonctions, durée, etc., tout cela est accessoire, éphémère, accidentel. Par suite, tout cela dépend de la libre volonté de Dieu qui peut en disposer à son gré. Il peut donner et reprendre par lui-même ou par ses créatures sans que les êtres, objets de ses divines largesses ou de tels amoindrissements, aient à formuler autre chose que des remerciements à l'adresse de la Souveraine Bonté, dispensatrice de tout bien, si minime soit-il. En tout cela la nature des choses n'est nullement intéressée ; elle n'intervient pas, et par conséquent il ne saurait être question d'engagement essentiel de la part de Dieu. Dieu doit incontestablement respecter les lois des essences ; mais, comme l'existence, la durée, les fonctions physiologiques, etc., des corps sont choses contingentes, la divine Liberté demeure maîtresse d'en disposer comme elle l'entend. Il existe un ordre, cet ordre n'est pas absolu.

La génération qui confère à la brute, à l'espèce animale un semblant d'immortalité par la faculté de se perpétuer, la génération est un accessoire dans l'ordre des vivants. On imagine très bien l'animal dépourvu de ce pouvoir et venant à la vie de toute autre façon. L'immortalité des espèces vivantes n'est donc pas plus essentielle que la fonction physiologique qui la fonde.

Autre serait notre solution si nous pénétrions dans le monde nouménal, qui se dissimule sous les phénomènes. Nous ne dirons jamais, par exemple, que Dieu peut modifier à son gré la constitution des essences : il ne fera jamais qu'un cercle soit carré et demeure cercle, qu'un végétal soit un animal et demeure végétal, etc.

Or, c'est dans cet ordre des noumènes que vient prendre rang l'immortalité de l'homme ; non que dans le moi psychique essence et existence se confondent ; nous avons vu que métaphysiquement cette position était intenable. Mais cette essentialité, si l'on nous passe le mot, de l'existence spirituelle de l'âme, déclarée inévidente dans l'analyse métaphysique du moi spirituel, fait ici irruption par la finalité. Elle se présente à nous, notre existence psychique, non comme formant un *quid unum* avec notre essence, mais comme une propriété essentielle, qui découle immédiatement de ce fond substantiel qu'est l'âme humaine. Notre immortalité n'est pas notre essence, cela n'est vrai que de Dieu et en Dieu ; mais elle se rattache si immédiatement à l'essence, elle en est une dérivation si naturelle que l'une ne saurait aller sans l'autre. Dieu ne peut pas faire l'homme sans immortalité, pas plus qu'il ne saurait le faire sans intelligence. Intelligence et immortalité sont deux propriétés essentielles de l'âme humaine. L'âme ne se conçoit pas sans la spiritualité, et la spiritualité sans l'immortalité. De fait, l'objet nécessaire de la pensée, c'est l'universel. Or, la connaissance de l'universel est essentiellement conditionnée par l'immortalité. Notre pensée ne s'égalera jamais à son idéal connaturel, si elle n'a pas l'éternité devant elle. D'où cette conclusion maintes fois répétée que notre idéal universel entraîne la naturalité de notre croyance et aussi de nos aspirations à l'immortalité. Le fait, d'ailleurs, que cette conviction se retrouve plus ou moins dans toute intelligence, et ce désir dans toute volonté, n'est-il pas étrangement significatif en faveur de la naturalité, ou plus expressément de l'essentialité de cette prérogative?

Dieu ne saurait donc y porter la main sans aller contre les lois des essences, sans se déjuger, sans forfaire à l'honneur, à la vérité, et dans l'espèce sans faire preuve d'une sorte de férocité. Car l'illogisme de sa conduite se doublerait ici d'une inqualifiable perfidie à l'égard d'une créature capable de réflexion, de prévision. La réflexion, la raison nous donnent l'assurance que nous sommes immortels. Cette raison telle que Dieu nous l'a faite et dûment consultée nous donne fatalement cette réponse. Et nous serions déçus? Et ce Dieu, dont la raison est le truchement, un jour ce Dieu jugerait à propos d'intervenir tout particulièrement pour faire ce dont toute la création est incapable, pour nous rejeter au néant, pour nous tromper ainsi de la plus odieuse, de la plus abominable façon? La haine et le dégoût vous en montent au cœur rien que d'y penser, à moins qu'on ne se prenne à sourire, rassuré par l'inconcevabilité d'une telle hypothèse.

Que la brute aboutisse à la mort dont elle ne saurait prévoir les horreurs, l'inconvénient est minime. Mais que l'homme, en droit d'être immortel, se vit glisser au néant, ce serait une atrocité!

Aussi est-ce dans la parfaite sérénité de notre persuasion et dans la pleine sécurité de notre confiance que nous formulons notre conclusion : Notre âme est immortelle ; plus heureuse que notre corps, elle doit échapper à l'action dissolvante des éléments contraires ; sa vie, plus forte que les siècles et de Dieu respectée, ne cédera jamais sous l'effort destructeur des âges à venir. Il nous est maintenant très facile de préciser dans quel sens l'âme humaine est immortelle. On peut distinguer trois sortes d'immortalité : l'immortalité absolue, l'immortalité de faveur, l'immortalité hypothétiquement nécessaire.

La première ne convient qu'à Dieu. Il est contradictoire que la cause première de la vie connaisse la mort. Par essence, par définition, l'absolu doit être immortel.

L'immortalité de faveur serait, au contraire, le privilège dont Dieu gratifierait un être périssable de sa nature. Ainsi, dans la Théologie, l'immortalité promise à notre corps, si le premier homme n'avait pas péché.

Enfin, il est une sorte d'immortalité intermédiaire : c'est celle que nous avons appelée hypothétiquement nécessaire. Elle forme l'apanage d'êtres contingents sous le rapport de l'existence, mais dont l'essence englobe une survivance indéfinie comme caractère distinctif. Ces êtres ne sont nullement nécessaires ; mais dès qu'ils sont, l'existence ne saurait leur être ravie. Cette nécessité de l'immortalité ne devient rigoureuse que dans le cas où il plaît au Créateur de réaliser un de ces types. Elle est donc hypothétique dans les conditions de sa réalisation, qui peuvent être ou n'être pas, nullement dans sa certitude ou dans le résultat final.

Or, c'est dans cette classe d'êtres que l'âme humaine doit être rangée d'après tout ce que nous avons dit. Elle peut être ou ne pas être. Si on la suppose créée, elle a droit à l'Immortalité. Dieu lui-même ne saurait porter atteinte à cette noble prérogative des substances spirituelles.

« Qui va nous en assurer? Qui va se porter notre garant contre Dieu? Dieu lui-même.

« Sa justice et sa sagesse s'opposent, en effet, à ce que nous soyons anéantis.

« Rien de libre et d'indépendant comme Dieu à l'égard de sa créature. Devant lui, les natures les plus nobles sont comme si elles n'étaient pas, et notre néant ne saurait jamais fonder le moindre droit à l'égard du Créateur. Mais Dieu peut s'engager, et de fait il s'engage lui-même à l'égard de lui-même. Il est libre incontestablement de ne pas créer un être; mais, dès l'instant qu'il le crée, Dieu se doit à lui-même de traiter cet être conformément à la nature qu'il lui a donnée. C'est en cela, suivant saint Thomas, que consiste, pour Dieu, la justice envers les créatures. Sa sagesse lui fait aussi un devoir de ne pas tenir une conduite qui se contredise; et Dieu se contredirait dans sa conduite, si, produisant à l'existence un être avec une nature, il traitait cet être comme en ayant une autre. L'homme se croit obligé de montrer de la suite et de la constance dans ses conseils et dans ses œuvres : qu'en doit-il être de Dieu?...

« L'âme humaine a une nature qui demande l'immortalité, Dieu doit donc à sa justice et à sa sagesse, supposé qu'il crée une âme humaine, de la conserver immortelle. » (R. P. Coconnier, *L'Âme humaine*, p. 340.)

Pour sceller en quelque sorte notre argumentation ontologico-psychologique et lui conférer l'ampleur et la solidité voulues, nous devions nous démontrer à nous-mêmes que notre immortalité est à l'abri d'une intervention éventuelle de Dieu, d'une destruction possible, résultat de cette intervention. Nous croyons la preuve faite.

Il ne nous reste plus qu'à conclure avec le poète :

> Oui, j'espère, Seigneur, en ta magnificence,
> Partout à pleines mains prodiguant l'existence,
> Tu n'auras pas borné le nombre de mes jours
> A ces jours d'ici-bas si troublés et si courts!...
> Témoin de ta puissance et sûr de ta bonté,
> J'attends le jour sans fin de l'immortalité !
>
> (LAMARTINE, *Méditations poét.*, 13ᵉ méd.)

CONCLUSION

Du phénomène mental à objet abstrait, universel, nécessaire, irréductible, immatériel, transcendant, en un mot, spirituel, on déduit logiquement l'existence d'une cause substantielle, immatérielle, transcendante, de soi indépendante de tout empirisme, spirituelle.

Par le fait de sa substantialité, cette entité psychique possède une stabilité contre laquelle sont impuissantes toutes les forces créées. Dieu lui-même ne saurait toucher aux assises de notre immortalité ; non pas qu'à la rigueur des termes il n'ait absolument le pouvoir de limiter notre survivance, mais dans ce sens que l'objet connaturel de notre intelligence et de notre volonté entraînant pour notre psychisme la nécessité d'une existence sans terme, Dieu, l'auteur de notre moi mental, ne peut, sans se déjuger, sans nous tromper odieusement, nous frustrer des légitimes espérances que l'examen téléologique de notre nature nous a fait concevoir.

Nous pourrions nous en tenir là. Il ne sera peut-être pas sans utilité de faire venir à cette place quelques rapides considérations sur les heureuses influences de cette croyance dans la vie individuelle et sociale de chacun. — Arguments *ab utiliori, a tutiori*, repartira-t-on, arguments sans grande valeur. — S'ils étaient isolés, peut-être. Après rigoureuse démonstration, il en va tout autrement. Cette circonstance leur confère une portée réelle. N'est-ce pas le propre de la vérité qu'elle s'adapte à notre vie de tous les jours, qu'elle s'harmonise avec notre nature et notre activité ?

Nous avons vu combien sont troublées et fugitives les joies qui nous viennent de l'intelligence, de la volonté, du cœur, etc. Mais combien plus ternes et plus vides ne seraient-elles pas, si nous n'avions pas des espérances d'immortalité !

Effectivement, se demande Caro, « qu'est-ce que l'idéal, en dehors de toute réalité transcendante ? si nous ne sommes plus, comme on nous l'a dit tant de fois, que des apparitions éphémères flottant à la surface de l'illusion infinie, ou plutôt, ce qui est plus conforme au langage moderne, des états de conscience momentanés, éclos au point de jonction de certaines forces physiques et chimiques » ?

Il faut changer les termes, si l'on veut une définition de l'idéal qui ait un sens. L'idéal n'est-il pas, à travers les voiles de la création et les ombres de nos terrestres pensées, l'apparition lointaine et intermittente de la Vérité, de la Beauté, du Bonheur infinis, réalisés dans l'Être suprême en tant qu'ils doivent se communiquer à nous et nous béatifier ? Les circonstances de notre vie présente mettent une barrière infranchissable entre cet idéal et nous ; il nous faut l'immortalité pour entrer en sa possession. Dès lors, si cette éternelle survie n'est qu'une illusion, nous n'étreindrons jamais notre idéal ; onde rafraîchissante, il doit fuir à jamais nos lèvres en feu ; ce n'est plus qu'un mirage décevant.

Pourquoi s'acharner à le poursuivre ? Il nous fuira éternellement. Il n'est plus rien de logique que l'apathie et l'engourdissement, plus rien que de glisser à la vie de la brute. Et pourtant l'humanité ne veut ni du sommeil léthargique, ni de la bestialité ; de toutes les vives énergies de son être, elle s'élance au-delà de nos terrestres réalités, elle en sort comme d'une prison où elle étouffe ; elle aspire à l'air, à la lumière. Refusez-lui cet au-delà qu'elle appelle de toutes ses puissances, l'humanité se cloue elle-même à son supplice ; elle s'écartèle entre ciel et terre, ou, si vous l'aimez mieux, comme Mazeppa, elle est rivée au coursier qui laissera partout sur son passage des lambeaux de cœur humain, des traces de sang et des membres épars. L'homme devient une énigme, la plus indéchiffrable, la plus douloureuse.

Au contraire, avec l'immortalité, tout s'éclaire, tout s'explique.

Si l'on pense, si l'on approfondit les mystères du dedans ou du dehors, si on recherche l'idéal sous toutes ses formes, on sait que l'on s'applique à une œuvre qui aura un aboutissement ; notre entreprise se poursuivra et pourra se parfaire durant les heures sans nombre de l'éternité. D'autre part, nous ne l'ignorons pas, nos efforts de tous les jours sont comme une préparation aux joies divines de la vision intuitive, de la pleine intelligence ; une élaboration qui aiguise le regard et élargit nos capacités psychiques. Il comprendra mieux, il verra davantage, celui qui aura peiné davantage à la découverte de la vérité. C'est une explication, une consolation et un but. Supprimez l'immortalité, le travail intellectuel devient une fatigue oiseuse, une torture, un non-sens.

Dans cette même hypothèse, l'amour demeure comme fonction physiologique, il n'a plus sa raison d'être comme passion élevée. Dans un de ses romans, M. L. Barracand vante l'idéale beauté d'un amour sans croyance, dans lequel les deux amants se tiennent par la main comme sur l'abîme du néant ; ils vont y sombrer en un commun trépas. Son personnage trouve que, dans ces conditions, un sentiment n'est pas dénué d'une certaine fierté courageuse, d'une stoïque grandeur.

J'avoue que la beauté esthétique de cet amour m'échappe. En somme, je ne vois pas que l'amour matérialiste ou athée soit notablement différent de l'amour animal. Dans les deux cas, il s'agit seulement de la matière qui tend à sa redistribution, de la vie qui veut se propager. Accouplement et reproduction, tout est là. Que me parlez-vous de poésie, de sentiments nobles, élevés, supérieurs, etc. Tout ce pathos est absolument déplacé, comme il le serait à propos de la génération animale. Chamfort était dans la vérité lorsqu'il définissait l'amour « une petite convulsion ».

Comme je comprends mieux cette page de Mme de Staël (*Delphine*, IIIe partie, lettre xiv) : « Si tout à coup l'affreux système dont l'anéantissement est le terme s'emparait de mon âme, je ne sais quel effroi se mêlerait même à mon amour. Que signifierait la tendresse profonde que je ressens pour toi, si tes qualités enchanteresses n'étaient qu'une de ces combinaisons heureuses du hasard, que le temps amène et qu'il détruit ? Pourrions-nous, dans l'intimité de nos âmes, rechercher nos pensées les plus secrètes pour nous les confier, quand au fond de toutes nos réflexions serait le désespoir ? Un trouble extraordinaire obscurcit ma pensée, quand on lui ravit tout avenir, quand on la renferme dans cette vie ; je sens alors que tout est prêt à me manquer ; je ne crois plus à moi ; je frémis de ne plus trouver ce que j'aime ; il me semble que ses traits pâlissent, que sa voix se perd dans les ombres dont je suis environnée ; je le vois placé sur le bord d'un abîme ; chaque instant où je lui parle me paraît comme le dernier, puisqu'il doit en arriver un qui finira tout pour jamais, et mon âme se fatigue à craindre, au lieu de jouir d'aimer... L'homme a surtout besoin d'espérance... il se retient dans la pente, il s'attache à chaque branche, pour que ses pas l'entraînent moins vite vers la vieillesse et le tombeau...

« La puissance d'aimer me fait sentir en moi la source immortelle de la vie. Quoi ! mes cendres seraient près des tiennes sans se réveiller ! Nous serions pour jamais étrangers à cette nature, qui parle si vivement à notre âme ! Ce beau ciel dont l'aspect fait naître tant de sentiments et de pensées, ces astres de la nuit et du jour se lèveraient sur notre tombe, comme ils se sont levés sur nos heures trop heureuses, sans qu'il restât rien de nous pour les admirer ! Non, Léonce, je n'ai pas moins d'horreur du néant que du crime, et la même conscience repousse loin de moi tous les deux. »

Il est difficile d'exprimer plus éloquemment combien même dans l'amour humain on a besoin d'immortalité. Aussi, remarquez-le, s'il est vrai, comme dit Montaigne, que « un soing extresme tient l'homme d'alonger son estre », la chose est encore plus vraie, s'il est possible, de ses amours. Il ne parle jamais que d'amours immortelles, impérissables, éternellement fidèles, etc. Jamais et toujours sont deux mots qui reviennent sans cesse sur ses lèvres. C'est une fatalité. Les discoureurs et les sophistes ont beau s'agiter, le sentiment de l'immortalité est plus fort que tous les raisonnements. Il est plus fort que notre volonté. Hélas ! trop souvent peut-être ce n'est pas dans notre raison que ce dogme trouve la principale opposition, c'est plutôt dans nos passions qu'il commande de museler et d'enchaîner. Certes, la raison n'a pas lieu de se cabrer.

Car, enfin, pour le croyant, quelles perspectives plus enviables, plus chargées de promesses que les perspectives de l'éternité ? L'amour n'est plus simplement un phénomène vulgaire de reproduction. Avec l'âme et l'immortalité, les sentiments éprouvés s'épurent, s'élèvent, s'ennoblissent, se transforment. C'est la divine Amitié qui, avec l'espérance d'un au-delà sans fin, va se lever sur ces deux existences, qu'elle rapprochera, qu'elle confondra dans une admirable communauté d'idées et d'aspirations. Cette union des âmes s'imprégnera dès ici-bas d'une certaine saveur d'éternité ; elle en contractera l'inaltérabilité. Et encore une fois quelle perspective pour deux âmes éprises que cette certitude d'une immortelle vie ? Ah ! s'il vous a été donné d'errer au soir, avec un amour dans le cœur, d'errer sur les montagnes fleuries de genêts et d'églantines, embaumées de thym et d'aubépines, au souffle fraîchissant et dans les mourantes lueurs du crépuscule ; s'il vous a été donné de vous égarer dans les forêts, à travers les épaisses fougères, au murmure des grands pins, au divin scintillement d'un ciel qui semble s'entr'ouvrir et dont les extrêmes limites reculent indéfiniment, vous ne serez sans doute pas sans avoir fait le rêve d'un immortel amour ; de votre cœur trop plein aura débordé ce désir, cette prière de voir votre félicité s'étendre à jamais dans un avenir sans fin.

Oh ! avoir des ailes et s'élever au-dessus des terrestres réalités ! Oh ! monter à deux vers ces îles de lumière, vers ces phares resplendissants qui illuminent les immensités béantes ! Oh ! se plonger, se perdre à deux dans cet océan d'éther et de clarté où nul autre vol ne pourra suivre votre vol, où nul autre regard ne pourra surveiller votre regard, où de sereines obscurités et de mystérieuses lueurs vous envelopperont d'une douce caresse, d'une exquise fraîcheur ! Et d'une aile égale monter, monter toujours dans un commun enlacement, dans une étreinte que rien ne brisera jamais ! Monter d'étoile en étoile, de soleil en soleil sans s'arrêter jamais ! S'enivrer de lumière et de vérité, d'enthousiasme et d'amour ! Aller toujours de l'avant dans ce pèlerinage supraterrestre dont nous parlèrent Dieu et ses prophètes, le Christ et ses saints, Dante et tous les grands génies. Avancer toujours jusqu'à ce que, éperdus de vérités découvertes et d'amour partagé, vous couriez vous abattre dans le sein de Dieu, où tout amour se renouvelle, où toute vérité est éternellement jeune. Quel rêve et quelle réalité !

Aussi écrivait-il avec raison, cet auteur déjà cité : « Celui qui rêve l'amour éternel, l'ardente et douce sympathie où deux destinées se lient à jamais, le trouvera rarement dans le monde. Les désillusions, les trahisons l'y attendent.

« L'immortelle fleur ne croit » qu'au soleil des convictions religieuses... « Sa tige montera jusqu'au ciel. C'est là que, lourde de parfums, elle déversera ses trésors accumulés. Ce sera le grand jour de fête. » (BARRACAND.) L'action, la vertu ne devront pas moins que l'idéal et l'amour à la doctrine de l'Immortalité.

Toute morale repose sur trois fondements : code, obligation, sanction. A la rigueur, l'existence d'un Dieu réel et personnel suffit à la codification de la loi morale, à la constitution d'un principe d'obligation. Mais il semble bien qu'on ne puisse se passer de la survivance d'outre-tombe pour l'établissement d'une sanction efficace, complément indispensable de toute règle d'action.

Supposé un homme qui ne croit pas à l'Au-delà, je ne lui connais plus de motif suffisant de s'abstenir et d'agir. Imaginons le cas très fréquent où cet homme n'a pas à redouter la vindicte publique, pourquoi s'interdirait-il les joies mauvaises de l'envie, de la haine, de la vengeance, du vol, de l'adultère, des forfaits cachés?

— C'est votre intérêt? — Je déclare net ne pas comprendre. A qui pourra-t-on faire accroire dans les angoisses, dans les transports, dans les frénésies de la passion que son intérêt lui commande de s'abstenir de tel crime qui, par son caractère intentionnel ou psychologique, ne relève pas des tribunaux? Ainsi de tous les autres motifs qu'il vous plait de proposer.

— Mais le genre humain est solidaire ; le vice ou le crime privé le flétrissent en bloc, le rendent inévitablement malheureux. Et comme vous êtes une fraction du genre humain, en travaillant contre lui, vous travaillez contre vous. — Cela m'est bien égal : dans l'alternative il me paraît qu'un homme avisé ne balancera pas. Il n'y a pas de comparaison possible entre la satisfaction immédiate, vivante, intense du moment présent, et la satisfaction très lointaine d'avoir contribué au progrès du genre humain ; pas de comparaison possible entre le mal actuel, pressant, très douloureux, et la souffrance très vague de faire partie d'une humanité moins incorruptible, moins parfaite. Au maximum, affaire de goûts.

— Et l'opinion publique? — Elle est d'abord fort capricieuse. C'est un juge partial, peu éclairé, trop à la remorque du succès v. gr., touchant le duel, les fortunes scandaleuses, les ambitions parvenues, les spéculations éhontées, les triomphes du cabotinage, etc., etc. Donc je me soucie aussi peu que possible des consécrations qu'il donne à la réputation ; je me moque de ses arrêts. Au surplus, que de desseins, de désirs, de tentatives, de sentiments, d'infamies cachées ne ressortissent pas à son autorité déjà si contestable? Non, vraiment l'opinion publique ne saurait par elle-même me retenir dans les limites de la vertu. Quoi alors? Dieu ne pourrait-il pas dès ici-bas se charger de récompenser la vertu et de châtier le péché? L'ordre moral serait sauvegardé sans nul recours à une existence d'outre-terre. Dieu en usait de la sorte avec le peuple juif.

Constatons d'abord qu'en fait il n'en va nullement ainsi. Quoi qu'en dise de Maistre dans ses *Soirées,* souvent, bien souvent, le méchant triomphe, l'homme de bien souffre.

Il faut, en outre, remarquer qu'il sera toujours facultatif au délinquant d'éluder tout châtiment par le suicide. En réalité, Dieu est désarmé, et, s'il plaît au criminel, la Toute-Puissance devient la souveraine impuissance. Elle n'aura pas le dernier mot. La créature peut se moquer à son aise et braver Dieu. Le suicide lui offrira toujours un refuge et une porte de sortie, si la punition devenait trop dure.

L'ordre moral serait sauvegardé!... A quel prix? Au prix de l'ordre moral lui-même, semble-t-il. Toute transgression serait punie sur le champ... Une police alors? Sans doute on fera le bien. Mais que deviendra la liberté? Nul mérite à rester dans la droiture. Nous tremblerons et nous fléchirons comme un peuple d'esclaves sous la verge redoutée de la plus despotique tyrannie. Ne serait-ce pas l'abolition de tout ordre moral élevé, tel que le Christianisme nous a appris à l'envisager? Et l'épreuve à laquelle nous sommes présentement soumis pourrait-elle être considérée comme définitive?

— Vous paraissez, reprendra quelqu'un, tenir grief à la théorie que vous venez de critiquer de ce que, dans cette hypothèse, la vertu serait intéressée. En réalité, ce reproche se retourne contre vous. Est-ce que l'intérêt n'est pas le mobile suprême du croyant lorsqu'il sacrifie quelques misérables jouissances à une immortalité de bonheur? Puisque nous en sommes au désintéressement, l'impératif catégorique de Kant n'est-il pas plus digne de cet idéal moral, que vous placez si haut? Faire le bien, sans même se demander s'il existe une rétribution, n'est-ce pas que cela est noble et fier?

— Nous n'y contredirons pas, et tout à l'heure nous exprimerons plus longuement notre avis. Pour l'instant, nous voudrions venger nos immortelles espérances du reproche de calcul ou de mercantilisme. « La sanction peut être utile pour appuyer le devoir, ce n'est pas elle qui le constitue. La raison de la sanction est absolue, comme celle du devoir. Dieu se doit à lui-même de fixer dans le bonheur la volonté qui s'est fixée dans le bien, de refuser le bonheur à la volonté, qui a refusé le bien. Et pourquoi? Parce que le bonheur et le bien, c'est une même chose. Ici-bas, tant que dure l'épreuve du libre arbitre, ces deux aspects du désirable peuvent être séparés, nous pouvons chercher le bonheur ailleurs que dans le bien, le bien peut se vendre à nous au prix de ce qui semblait être le bonheur. Mais quand les voiles seront tombés, quand les ombres seront dissipées, la séparation, la distinction même deviendra impossible; le Bien se montrera tel qu'il est, source unique de béatitude; vertu et félicité, vice et misère se confondront pour toujours. Ce n'est pas parce que l'homme vertueux aura fait un calcul qu'il sera béatifié; c'est parce qu'il aura fait son devoir. Plus il se sera oublié dans l'effort vertueux, plus grande sera sa récompense. La mesure de son désintéressement sera celle de son salaire. Aux âmes médiocres, éprises d'elles-mêmes jusque dans la pratique du bien, le bonheur moindre; aux âmes héroïques désoccupées d'elles-mêmes jusque dans le soin de leur salut, la félicité la plus haute...

« Aux grandeurs de l'homme répondent les exigences

austères du devoir, les provocations plus sublimes encore des conseils évangéliques. Aux faiblesses de l'homme répondent les promesses et les menaces d'outre-tombe. Faut-il séparer ces deux éléments distincts? Non, il faut les unir. La crainte, dit le Sage, est le commencement de la Sagesse; l'amour, dit l'Apôtre, en est l'achèvement. » (Mgr d'Hulst, *Conf. de Notre-Dame*, 1891, 5e Conf.)

Là est précisément l'erreur de nos adversaires : ils présument trop et de leurs propres forces et des forces de l'humanité en croyant que d'emblée on peut naturellement s'élever à ce faîte de toutes les perfections, qui est le désintéressement absolu. Combien davantage l'Évangile n'est-il pas dans la vérité! Notre nature est si mobile, la passion est si sauvage, elle nous prend parfois aux entrailles avec une telle violence que le Législateur ne pouvait trop nous donner des motifs de fidélité et de vertu. Aux penchants égoïstes il promet une immortalité de bonheur : ce sera le contrepoids des terrestres séductions. Mais il ne prétend pas arrêter là l'essor de notre vertu. C'est une invite à nous élever plus haut, toujours plus haut vers les régions de l'absolu désintéressement et de l'amour pur, qu'il nous propose comme suprême Idéal. Est-il jamais atteint, cet Idéal, durant la vie mortelle? Il y a tout lieu d'en douter.

Toujours est-il que la Philosophie spiritualiste tient compte des multiples tendances de notre nature pour la porter au bien. Elle est certainement plus dans la vérité que le grand Penseur de Kœnigsberg. Car enfin, admis qu'à certaines heures des âmes choisies d'esthètes, de philosophes, de poètes, des âmes heureusement douées pourront avoir de généreux mouvements, s'immoler même au devoir sans songer à la récompense. Entre nous, s'il s'agit de toute une vie, je ne dissimulerai pas certaines appréhensions. Pardonnez à mes craintes, ô impeccables, je crains qu'il ne vous soit difficile de tenir vos serments d'incorruptibilité. Je crains, ô raffinés, qu'en présence de telle perspective enivrante, de telle fascination plus irrésistible, votre fermeté d'âme ne commence à mollir, votre caractère à flancher. Peut-être, si éprouvée soit-elle, votre vertu sera prise en défaut ; la séduction sera peut-être la plus forte, et votre belle âme pourrait bien se laisser choir à quelque charmant méfait qu'aurait sans doute prévenu la crainte de l'au-delà. Nous savons bien que vous êtes les fractions choisies de l'humanité. Mais l'abbesse de Jouarre était également une de ces fractions choisies !...

Mettons les choses au mieux. Supposons que de belles âmes passent à travers la vie sans connaître ces défaillances. Elles ne constitueront jamais qu'une infime minorité. En masse savez-vous comment on raisonnera : nous ne devons pas attendre un au-delà rémunérateur ? A merveille ! il faut donc jouir sur la terre. Et alors de deux choses l'une : ou l'on est à même de se procurer toutes les jouissances, et l'on se vautrera dans le sensualisme le plus abject ; ou l'on n'a pas en main des aliments pour la passion ; à tout prix il faut les conquérir. Le socialisme et l'anarchie se chargeront de le prouver.

Car il ne faut pas espérer qu'avec les redondances creuses de nos modernes moralistes les vertus sociales seront plus florissantes que les vertus individuelles. La vertu sociale qu'est-elle, sinon la somme des vertus privées ? Croyez-vous d'ailleurs que la justice, la probité, la charité, l'abnégation, le dévouement, l'héroïsme indispensables à la prospérité d'un état soient d'une pratique plus facile que les vertus individuelles, strictement individuelles? La société pourra bien imposer des corvées, elle n'imposera jamais des devoirs, parce qu'elle n'atteint pas les consciences.

Les motifs ci-dessus allégués ont donc une valeur... insuffisante, tout autant qu'ils ne sont pas eux-mêmes appuyés par la foi à l'immortalité. Nul ne peut, hélas! l'ignorer. Il est dans la vie des heures de trouble, des heures de tentation et de ténèbres. Les flambeaux de la vertu vacillent dans notre conscience; les souffles brûlants de la passion se déchainent sur notre âme. Quelle force opposerez-vous à l'entraînement éperdu de cette effroyable puissance, qui semble devoir tout balayer à l'abîme? Qui vous soutiendra, pauvres roseaux tremblants, qui vous soutiendra dans la lutte, si ce n'est l'espoir de l'immortel triomphe? Et trouvez-vous que c'est trop se prémunir, trop s'armer que d'assigner à chacune de nos tendances naturelles des motifs déterminants de résistance?

Idéal, amour, vertu, c'est la vie tout entière qui n'a de consolations et de joies, de pâles joies, — les seules sur la terre, — qui n'a de sens aussi, d'encouragement, de direction, de but que par l'immortalité.

Dans son triste livre *L'Irréligion de l'avenir*, Guyau a écrit ces lignes imprégnées de mélancolie : « Quand le cadavre d'un marin a été jeté à la mer, les compagnons qui l'ont aimé relèvent le point exact de latitude et de longitude où son corps a disparu dans l'uniforme océan ; deux chiffres sur une feuille de papier sont le seul vestige qui subsiste alors d'une vie humaine. » Le jeune philosophe n'ose pas se promettre cette consolation posthume d'avoir son acte de décès dressé en bonne et due forme. Je confesse que cette considération me laisse plutôt indifférent. Ce qui n'est pas réjouissant du tout, c'est la certitude que le néant est là, entr'ouvert sous mes pas, et que tous les jours je me sens glisser un peu vers cette suprême fin de tout. Le gouffre m'engloutit insensiblement.

Nous le constatons ailleurs, nos modernes écrivains et en général les âmes réfléchies ont à cette pensée des affaissements dont on ne se relève pas. « Plus nous allons, dit Aurélien Scholl, plus l'espèce humaine se voûte. Le regard de l'homme se baisse vers la terre, son front se penche vers la boue. L'idéal n'est plus en haut. Pourquoi regarder encore un ciel auquel on ne croit plus? »

Que de contemporains pourraient faire leurs les plaintes si actuelles d'un auteur déjà vieilli : « Nous sommes une génération infortunée, une colonie errante dans l'infini du doute, cherchant comme Israël une tente de repos ; mais abandonnée, sans prophète, sans guide, sans étoile, et ne sachant même pas où dresser une tente dans l'immensité du désert. Voilà pourquoi l'ennui nous dévore, les passions nous égarent, et le suicide, démon des ténèbres, nous attend à notre chevet, ou nous attire le soir sur le bord des eaux. Nous n'avons plus de fond solide pour jeter l'ancre de notre volonté, et cette ancre inutile s'est brisée dans nos mains. Nous avons perdu la garde de nous-mêmes, l'empire de nos affections, la conscience de nos forces. Nous doutons même de notre existence éphémère, de notre rapide passage sur cette terre maudite, et l'on nous voit sans cesse arrêtés devant le spectacle de notre propre vie, comme qui s'agite dans la fièvre et se réveille en criant : « Que signifie ce rêve? » (*Lettres à Marcie.*)

Trait pour trait, on dirait vraiment que c'est là le tableau du drame d'épouvante qui se joue à cette heure dans les âmes. Et comment en serait-il autrement?

Que peut bien signifier notre existence, si nous ne sommes en effet que des lueurs passagères, que de fuyantes phosphorescences dans la vaste nuit du néant? D'où venons-nous, que sommes-nous, où allons-nous? Le néant répond-il à tout? Mais alors pourquoi une autorité, une Divinité, une justice, une morale, une croyance, une société et toutes ces choses appelées saintes et qu'il faudrait plutôt maudire puisqu'elles tyrannisent certains de nos instincts et empoisonnent le reste de bonheur que le néant nous abandonne? La vie ne serait-elle qu'une sinistre farce, comme le proclamait un dilettante fameux? Ce serait donc Nietzche qui aurait raison, lorsque, dans un accès d'anarchisme délirant, il s'écriait qu'il fallait lâcher la bride aux passions grondantes, à tous les penchants, et se ruer à tous les assouvissements? Mais encore, pourquoi et comment l'âme de l'humanité? Nous comprenons son corps, ses appétits, son animalité. L'âme et les réalités qui s'y rattachent, mystère.

Comme au contraire tout s'explique dès que nous croyons à la survivance d'outre-tombe! La vie devient une épreuve. Elle vaut surtout comme moyen; elle prépare, elle annonce l'immortalité qui en sera la récompense. Il faut s'appliquer à bien faire; l'entrée béatifiante dans l'absolu exige cette élaboration de notre psychisme.

L'existence est parfois très dure, très amère; la victoire ne s'achète qu'au prix des larmes et du sang. Mais toute épreuve emporte l'idée de fatigue, d'effort, de lutte, de douleur. Et le jour approche où la fièvre et l'agitation feront place à l'éternel repos. Encore une fois, tout s'explique en nous: et la dualité de notre être, et la nature, et le but de notre vie. L'ombre impénétrable du néant ne se projette pas sur toute notre existence. La tombe n'est pas un accomplissement, et les strophes du poète vous reviennent en mémoire :

> La tombe dit à la rose :
> « Des pleurs dont l'aube t'arrose
> Que fais-tu, fleur des amours? »
> La rose dit à la tombe :
> « Que fais-tu de ce qui tombe
> Dans ton gouffre ouvert toujours? »
>
> La rose dit : « Tombeau sombre,
> De ces pleurs je fais dans l'ombre
> Mes parfums d'ambre et de miel. »
> La tombe dit : « Fleur plaintive,
> De chaque âme qui m'arrive
> Je fais un ange du ciel. »
>
> (V. Hugo, *Voix intérieures*.)

Et c'est pourquoi l'espoir de l'immortalité ne console pas seulement notre vie. Il console aussi et surtout notre mort.

Au chant XIIe de sa *Messiade*, Klopstock nous fait assister à la mort de Marie-Magdeleine. Son frère Lazare se tient penché sur elle et lui redit les paroles d'immortel espoir, cependant qu'un ange chante sa délivrance.

« Trop faible pour supporter le ravissement que lui cause la voix du séraphin, l'âme de Marie se sépare enfin de son enveloppe de poussière... et c'est à la mort qu'elle adresse ses premières actions de grâce : « O toi, « si terrible sur la terre, qu'es-tu donc? Un doux et « court sommeil, un passage mystérieux aux délices « ineffables du ciel... » (*Messiade*, trad. Carlowitz, p. 262.)

C'est l'histoire de toutes les saintes morts. Pour le juste, le trépas n'est pas une fin, mais un commencement, un retour, l'éternelle arrivée.

CONCLUSION

Un soir de mai Silvio Pellico, enfermé au Spielberg, s'était haussé jusqu'à la petite ouverture barrée de son cachot. Le renouveau avait déployé toutes ses magnificences et les horizons indécis et vaporeux se fondaient dans le ciel. Mélancolie de prisonnier, ou nostalgie de ses campagnes milanaises, l'infortuné se prit à sangloter. « Ah! pourquoi ce ciel si bleu et ces horizons, ces champs et ces montagnes, ces forêts et ces parfums ne sont-ils pas les forêts et les parfums, les plaines et le ciel de ma chère Italie? Pourquoi toujours l'exil, les chaînes et l'abandon?... » Aussi quelle joie l'année d'après, lorsque sonna l'heure de la délivrance. Nulle course n'était assez rapide; son Italie était encore si loin!

Voilà ce qu'est la mort pour l'homme de bien : l'arrêt de grâce après la proscription. Nous sommes des étrangers, des prisonniers ici-bas. Comme l'illustre captif du Spielberg, au sein même des splendeurs de la création, nous sentons que notre patrie est ailleurs; et nous avons de ces reprises de navrante mélancolie céleste qui nous arrachent des larmes, quoi que nous en ayons. Oh! oui, nous avons beau l'orner de toute notre jeunesse, de toutes nos illusions, de toutes nos joies, la vie est triste, et nous sommes tristes, tristes jusqu'à l'écœurement, jusqu'à l'agonie; tristes des misères, des vulgarités, des vilenies qui nous entourent, tristes de nos faiblesses, de nos infirmités et de nos impuissances; tristes de notre pensée, qui, comme un aigle enfergé, se débat vainement pour prendre son essor; tristes de notre cœur, si meurtri, si solitaire, qui ne sait dans quelle âme épancher les flots d'affection douloureuse qui le remplissent; tristes de notre passé envolé, de notre présent si tourmenté, de notre avenir si incertain! tristes partout et toujours!...

Et c'est pourquoi la mort, c'est la liberté et le retour. Elle brise nos fers, elle nous introduit dans la patrie. C'est, à travers les ombres expirantes de notre heure dernière, le lever de l'éternelle aurore ; c'est l'aube de la béatitude sans déclin, qui blanchit les sommets de notre vie. On n'hésite pas à se laisser glisser dans la nuit, dans la mort, dans l'abîme ; on sait que l'on va se retrouver dans la lumière, dans la vie, sur le sein de Dieu.

Aussi, à l'instar de l'Apôtre, tous ces grands cœurs, que nous appelons des saints, ont-ils soupiré après l'heure fortunée de leur trépassement : « Oh ! qui me délivrera de ce corps de mort ! Dénouez, dénouez les liens qui m'attachent à la terre, et mon âme s'envolera vers le Dieu qui fut ici-bas ma consolation, et qui sera là-haut ma récompense ! » C'est l'idée de V. Hugo.

> Mon esprit altéré, dans l'ombre de la tombe
> Va boire un peu de foi, d'espérance et d'amour.
>
> (Dans les *Rayons et les Ombres.*)

Comment donc se fait-il que, plus particulièrement dans notre pays, tant d'esprits, d'ailleurs distingués, ne dissimulent aucunement une hostilité très prononcée contre ce dogme si consolant, si explicatif, si rationnel ? Comment se fait-il qu'ils entraînent des foules ? Sans doute cette croyance impose des devoirs ; mais elle apporte tant de joies !...

En face, au milieu du petit bourg, s'élève la vieille tour octogone, où depuis des siècles les cloches pleurent les tristesses de la vie et chantent l'*alleluia* de l'Immortalité. Parfois un brouillard épais s'abat sur la montagne. Pendant des jours plus de formes, plus de couleurs, plus de nature, plus de soleil. Rien que le vague et la nuit. Tout à coup l'airain s'ébranle, et, messager de la vie, vient redire à chacun que ce n'est pas fini d'agir et de souffrir, de prier et d'espérer.

Les préjugés courants, les influences du milieu, les passions peuvent amonceler un temps les ténèbres autour de la raison humaine. Mais qu'il prête l'oreille, au fond de son âme l'homme entendra gémir sa foi toujours vivante et résonner des accents qui chantent et affirment l'Immortalité. Et de nouveau l'homme élèvera ses yeux et son cœur vers le Ciel !

FIN

VU ET LU

A la Faculté de Philosophie de l'Institut catholique de Paris, par les RR. PP. Peillaube et Sertillanges, professeurs.

Paris, 1er Mars 1901.

E. Peillaube, Sertillanges.

VU ET PERMIS D'IMPRIMER

Le Recteur de l'Institut catholique de Paris.

Paris, 10 Mars 1901.

P. Péchenard.

LA CHAPELLE-MONTLIGEON. — IMP. DE N.-D. DE MONTLIGEON

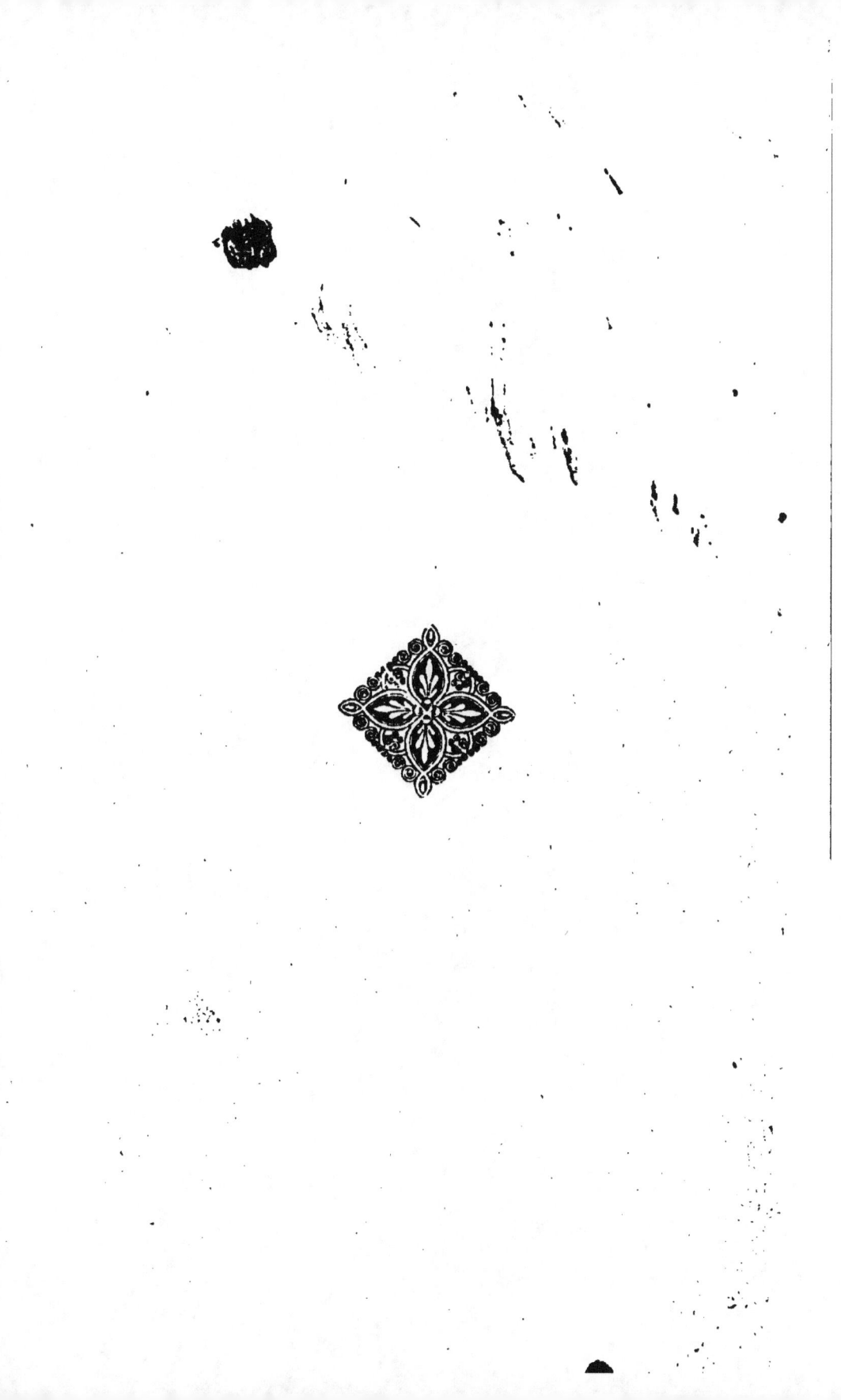